민법제요

민법제요

윤일구 지음

머리말

　민법제요(民法提要)를 저술하게 된 이유는 일반 학생들이 방대한 민법을 공부하기 위해 선택할 수 있는 교재가 많지 않았기 때문이다. 민법은 총 5편으로 민법총칙, 물권법, 채권법, 친족법, 상속법으로 구성되어 있으며, 이에 대한 각각의 기본서 또는 한 손으로 들기에도 버거운 단권화된 민법 관련 서적이 대부분이었다. 이러한 상황은 민법을 처음 접하는 학생들에게 큰 부담이 되었으며, 게다가 민법이라는 커다란 숲에서 길을 잃고 반드시 공부해야만 하는 중요한 쟁점들을 간과하게 되는 부작용을 가져왔다. 저자는 이러한 문제점을 인식하고 어떻게 보면 무모한 민법 단권화 작업을 시작하여 본서를 저술하게 되었다.

　서명(書名)에서도 유추할 수 있듯이 본서는 민법에 대한 요약서라고 할 수 있다. 서명을 정할 때, 우리 민법에서도 그 영향을 찾을 수 있는 로마법의 한 부분인 「법학제요」(Institutiones)에서 영감을 얻었다. 법학제요는 동로마 황제 Justinianus가 법학을 처음 공부하는 법학도를 위해 편찬하였던 것으로, 저자는 본서가 민법을 처음 공부하는 학생들에게 부족하지만 어느 정도의 길잡이가 되었으면 하는 바람을 깃고 있다. 따라서 주로 민법학자들에게 필요한 학설에 관한 설명은 대부분 요약정리하였으며, 민법의 기본 개념에 대한 이해를 통해 민법의 체계를 세울 수 있도록 노력하였다. 물론 본서의 물리적 한계로 인하여 민법의 모든 내용을 망라할 수는 없으므로, 부족한 부분은 보다 전문적인 교재를 참고하면 좋을 것 같다.

아무쪼록 본서가 세상에 나올 수 있도록 도움을 주신 주님과 항상 곁에서 버팀목이 되어 주는 콩이 그리고 한국학술정보 관계자들께 이 자리를 통해 깊은 감사를 드린다.

2021년 봄

목차

제3장 채권법

제4장 친족법

제5장 상속법

제1장 민법총칙

제1절 총설

Ⅰ. 민법의 의의

민법(民法)이란 사회구성원인 개인 간의 생활관계를 규율하는 법으로서, 다른 법과 구별되는 특징을 가지고 있는데, 민법은 ① 사법(私法) ② 실체법(實體法) ③ 일반법(一般法)이다. 즉 민법은 평등하고 수평적인 관계에 있는 자들의 생활관계를 규율한다는 점에서 공법(公法)과 구별되며,[1] 민법은 권리와 의무를 규율하며 이러한 권리 침해에 대한 구제수단을 규율하는 「민사소송법」이나 「민사집행법」 등과 같은 절차법(節次法)과 구별된다. 그리고 민법은 상대적으로 일반법에 속한다. 예컨대 어떤 사안에 민법과 상법이 충돌하면 특별법인 상법이 우선 적용되고 일반법인 민법은 적용이 배제되는데, 이를 "특별법우선의 원칙"이라고 한다.

Ⅱ. 민법의 법원

1. 법원의 의의

법원(法源)이란 법의 존재형식 또는 법의 발현형태를 말한다. 여기에는 일정한 재료에 문자로 기록된 경우와 그렇지 않은 경우로 나눌 수 있는데, 전자를 성문법(成文法), 후자를 불문법(不文法)이라고 한다. 이와 관련하여 「민법」 제1조는 "민사에 관하여 법률에 규정이 없으면 관습법에 의하고 관습법이 없으면 조리에 의한다."라고 규정한다.

2. 성문법

우리나라는 성문법주의 국가로서 헌법, 법률, 명령, 규칙, 자치법규에서 민사와 관련된 규정들은 모두 민법의 법원이 된다. 따라서 개인 간의 분쟁이 있는 경우, 「민법」

---

1) 사법과 공법의 성격을 모두 갖고 있는 사회법(社會法)도 있다.

제1조에 따라 먼저 이러한 성문법이 적용된다. 즉 민법은 성문법 우선주의를 취하고 있다.

3. 불문법

개인들의 생활관계는 다양하고 복잡하므로 모든 사안을 성문법에 규율할 수가 없다. 이러한 문제점에 대하여 「민법」 제1조는 성문법 우선주의를 취하면서도 관습법과 조리라는 불문법을 인정하여 이를 해결하려고 한다.[2] 보통 불문법주의 국가에서는 판례법, 관습법, 조리가 그 법원이 되는데, 민법은 이 중 관습법과 조리를 민법의 법원으로 삼고 있다.

관습법(慣習法)이란 사회에서 상당 기간 동안 계속되어 온 관행 중 사회구성원들이 이러한 관행을 법이라고까지 생각(법적 확신)하는 것을 말한다. 그리고 사회구성원들의 법적 확신은 법원의 판결을 통해 확인이 된다. 이러한 관습법의 예로는 분묘기지권, 명인방법 그리고 동산의 양도담보 같은 것이 있다. 하지만 주의할 점은 성문법이 있는 경우, 불문법의 적용은 배제된다는 점이다.[3]

조리(條里)란 사물의 본성 내지 사물의 이치를 말하는데, 민사에 관하여 관습법도 없을 경우 최종적인 판단(재판)의 기준이 되는 것이다.

Ⅲ. 민법전의 성립과 구성

1. 민법전의 성립

현행 우리의 민법전은 1958년 2월 22일 법률 제471호로 공포되고 1960년 1월 1일부터 시행되었다. 그런데 그 이전의 민법전을 의용(依用)민법 내지 구민법이라고 하며, 이는 유럽의 민법전을 계수한 일본 민법이 1910년 경술국치를 계기로 우리나라에 적용되었다. 따라서 우리 민법전은 외국법을 받아들인 계수법(繼受法)이라고 하겠다.

---

2) 물론 민법의 개정이나 특별법의 제정을 통하는 방법도 있지만 한계가 존재한다.

3) 보충적 효력설의 입장.

2. 민법전의 구성

민법전은 개인들의 다양하고 복잡한 생활관계를 규율하고 있기 때문에 조문의 수도 많다. 따라서 이러한 규정을 일정한 기준에 따라 구성하고 정리할 필요가 있는데, 이를 민법전의 구성 또는 민법전의 편별(編別)이라고 하며, 여기에는 사람에 관한 법, 물건에 관한 법, 소권에 관한 법으로 구성하는 로마식 구성법(Institutiones식 편별법)과 각칙 앞에 총칙을 두는 독일식 구성법(Pandekten식 편별법)이 있다.

우리 민법은 독일식 구성법을 따르며, 이에 따라 민법총칙, 물권법, 채권법, 친족법, 상속법으로 나누어져 있으며, 물권법과 채권법을 재산법, 친족법과 상속법을 가족법이라고 한다.

IV. 민법의 기본원리

1. 근대민법의 기본원리

법이란 그것이 제정될 당시의 정치·경제·사회상을 반영하고 있는 관계로 그것에 내재한 일정한 가치 내지 사상이 법규정에 영향을 준다. 우리 민법도 계수법으로서 근대 민법전의 시초로 평가되는 프랑스 민법전[4]의 영향을 받았으며, 그 결과 프랑스 민법전의 가치 내지 사상이 우리 민법전에도 반영되어 있다. 프랑스 민법전은 합리적이고 평등한 개인을 법의 수범자(受範者), 즉 추상적 인간상을 염두에 두고 다음의 기본원칙을 기초로 제정되었다.

근대민법의 3가지 기본원리는 첫째, 사유재산권 존중의 원칙으로 개인의 사유재산권(소유권)은 절대적으로 보장된다는 것이다.[5] 둘째, 사적자치의 원칙으로 자유롭고 평등한 개인은 국가적인 도움이나 간섭 없이 자기의 의사에 기초하여 법률관계를 형성할 수 있다고 하는 것이다.[6] 셋째, 과실책임의 원칙으로 자신의 귀책사유(고의, 과실)로 인한 위법행위로 타인에게 손해가 발생한 경우에만 책임을 진다는 것이다.[7]

---

4) 1804년 제정되었으며, 나폴레옹에 의하여 1807년 나폴레옹법전(Code Napoléon)으로 개칭되었다.

5) 「헌법」 제23조 제1항, 「민법」 제211조(소유권의 내용).

6) 사적자치의 원칙의 구체적 내용으로는 권리행사의 자유, 계약의 자유, 단체설립의 자유, 유언의 자유 등이 있다.

7) 우리 민법의 채무불이행(제390조)과 불법행위(제750조)가 과실책임의 원칙에 입각해 있다.

2. 기본원리에 대한 현대적 수정

근대민법의 기본원리를 기초로 각국의 민법전이 제정되었는데, 현대에 들어와 근대민법의 입법자들이 생각하지 못했던 다양한 문제점이 표출되기 시작하였다. 즉 추상적 인간상이 현실에서는 맞지 않는다는 것이다. 이에 따라 실생활에서 불평등하고 또한 비합리적인 판단을 하는 개인, 즉 구체적 인간상을 법의 수범자로 하여 근대민법의 기본원리에 일부 수정이 가해지게 되는데, 현대적 수정원리는 다음과 같다.

첫째, 소유권 상대의 원칙으로, 법이 인정한 권리를 행사하더라도 공공의 복리, 신의성실의 원칙(제2조) 등에 의한 제한을 받을 수 있다는 것이다.[8] 둘째, 계약공정의 원칙으로 계약은 공정하게 이루어져야 하며, 그렇지 않은 경우 공서양속(제103조), 불공정한 법률행위(제104조)로서 무효가 되거나 특별법의 제한[9]을 받을 수 있다는 것이다. 셋째, 중간책임·위험책임의 원칙으로 과실책임의 원칙에 따르면, 특히 불법행위(제750조)에 있어 피해자 측에서 가해자의 고의·과실, 인과관계 등을 증명해야 하는데, 실제로 공해소송이나 의료소송 등에서는 증명이 어려워 결국 손해배상을 받지 못하는 경우가 많다. 이러한 불합리성을 제거하기 위하여 입증책임의 완화 및 전환, 중간책임, 위험책임 등이 등장하게 되었다.[10]

V. 민법의 해석

1. 의의

구체적인 생활관계에 추상적인 법규범을 적용하기 위해서는 법규범이 가지는 의미나 내용을 명확하게 할 필요가 있는데, 이를 민법의 해석이라고 한다. 그리고 민법을 해석할 때, 그 기준 내지 목표가 되는 것이 법적 안정성과 구체적 타당성이다. 법적 안정성이란 민법의 해석이 사안에 따라 달라지지 않아야 한다는 것이고 구체적 타당성은 현실사회의 구체적인 실정이나 사회구성원의 법감정에 부합해야 한다는 것이다. 이처럼

---

8) 예컨대 「공익사업을 위한 토지 등의 취득 및 보상에 관한 법률」에 따른 토지수용이 그것이다.

9) 이러한 특별법으로는 「이자제한법」, 「주택임대차보호법」, 「근로기준법」 등이 있다.

10) 예컨대 「민법」 제758조 공작물책임에서 공작물의 점유자는 중간책임, 그 소유자는 위험책임을 진다.

민법을 해석할 때, 두 가지 기준 내지 목표를 따라야 하는데, 양자가 충돌하는 경우에는 법적 안정성을 우선에 두어야 한다.

2. 해석의 방법

해석의 방법에는 국가기관이 하는 해석인 유권(有權)해석과 법률가가 이론에 따라 하는 학리(學理)해석으로 나뉘는데, 일반적으로 해석이라고 하면 후자를 가리킨다. 해석의 방법에 대하여 부연하면, 민법 규정의 문자·문언의 의미를 명확하게 밝히는 문리적 해석,[11] 민법을 하나의 논리적인 체계로 파악하여 각 법조문의 관련성을 고려하여 해석하는 논리적 해석, 민법 제정자의 의도나 당시의 입법자료를 바탕으로 해석하는 역사적 해석 그리고 법의 목적이나 취지에 따라 법조문을 해석하는 목적론적 해석이 있다.

그 밖에 해석의 구체적인 기술로서는 확장해석, 축소해석, 반대해석, 물론해석, 유추해석 등이 있다. 여기서 물론(勿論)해석이란 법조문이 일정한 사안을 규정하고 있는 경우, 다른 사안에 대해서도 그 성질상 당연히 그 조문을 적용하는 해석의 기술이며, 유추(類推)해석이란 사안에 적용할 규정이 없는 경우, 그와 유사한 사안에 대해 규율하는 조문을 가져다 적용하는 것을 말한다. 참고로 준용(準用)이란 조문의 중복 기술을 피하기 위하여 사용하는 입법기술로서 유추와 다르다.

---

11) 문리적 해석은 성문법 국가인 우리 민법의 해석에서 출발점이 된다.

제2절 법률관계

Ⅰ. 법률관계의 의의

법률관계(法律關係)란 법에 의해 규율되는 생활관계를 말하며, 법률관계가 형성되면 이로부터 일정한 권리와 의무가 발생한다는 점에서 호의관계(好意關係)를 포함한 다른 생활관계와 차이를 보인다. 이러한 법률관계는 당사자의 법률행위(예컨대 계약)나 법률의 규정(예컨대 불법행위)에 의하여 형성된다. 특히 법률관계는 호의관계와 구별이 어려운 경우가 있는데, 당사자 간에 법적으로 구속당할 의사가 있었는지의 여부에 따라 판단할 것이다.[12]

Ⅱ. 권리와 의무

1. 권리

권리의 개념 내지 본질에 관하여는 의사설, 이익설, 권리법력설 등 다양한 견해가 있는데, 권리(權利)란 일정한 이익을 누리게 하기 위하여 법이 인정한 힘이라는 권리법력설이 지배적인 견해이다.

권리와 구별할 개념으로서 타인에게 일정한 법적 효과를 발생하게 하는 행위를 할 수 있는 법률상의 지위나 자격을 의미하는 권한(權限)이 있다. 예컨대 A로부터 토지를 매각할 대리권을 수여받은 B가 그 토지를 C에게 매매하는 경우, 매매의 효과는 A에게 발생하는데,[13] 이때 B가 갖는 대리권은 권리가 아닌 권한이다. 그리고 권리와 구별할 개념으로 권능이 있다. 권능(權能)이란 권리의 내용을 이루는 개개의 법률상의 힘을 말하는데, 예를 들어 어떤 물건에 대하여 소유권을 갖는 자는 그것을 사용·수익·처분

---

12) 그 밖에 호의관계가 법률관계로 변경되는 경우도 있다. 예컨대 호의동승 중 운전자의 과실에 의한 동승자의 손해 발생이 그것이다.

13) 「민법」 제114조(대리행위의 효력).

할 수 있는데,[14] 이러한 것들이 바로 권능으로, 권리인 소유권과 구별된다.

2. 의무

의무(義務)란 의무자 자신의 의사와 관계없이 일정한 행위를 하거나 하지 않아야 하는 법률상의 구속 내지 강제를 말한다. 일반적으로 권리와 의무는 대응하여 존재하지만 어느 한쪽만 있는 경우도 있다.[15]

의무의 종류에는 의무자가 의식적으로 적극적인 행위를 해야만 하는 작위(作爲)의무, 반대로 소극적으로 어떤 행위를 하지 않아야 하는 부작위(不作爲)의무, 그리고 상대방의 일정한 행위를 용인해야만 하는 수인(受認)의무가 있다. 예컨대 집합건물에서 위층 거주자는 아이들이 뛰지 않도록 주의를 기울여야 할 작위의무를 부담하지만, 아래층 거주자는 그것이 이웃 간에 발생하는 일반적인 소음이나 진동인 경우 참아야 할 수인의무가 있다.[16]

Ⅲ. 권리의 분류

1. 내용에 의한 분류

민법상의 권리, 즉 사권(私權)은 그 내용이 되는 생활이익을 기준으로 ① 재산권 ② 가족권 ③ 사원권 ④ 인격권 등으로 나눌 수 있다.

재산권(財産權)에는 사람이 특정 물건에 대하여 행사하는 배타적 권리인 물권(物權)[17]과 특정인이 특정인에게 일정한 행위를 청구할 수 있는 채권(債權)[18] 그리고 사람의 정신적인 창조물인 저작, 발명 등을 독점적으로 이용하는 것을 내용으로 하는 지적재산권[19] 등이 이에 해당한다. 가족권(家族權)은 친족관계에서 발생하는 권리로서 친권이나

---

14) 「민법」 제211조(소유권의 내용).

15) 권리만 있고 의무가 없는 것으로는 법정대리인의 동의 없는 법률행위에 있어 미성년자의 취소권(제140조)이 있다.

16) 「민법」 제217조(매연 등에 의한 인지에 대한 방해 금지).

17) 점유권, 소유권, 전세권, 저당권 등이 그 예이다.

18) 예컨대 주택매매계약이 체결된 경우, 매도인의 매수인에 대한 매매대금청구권이나 매수인의 매도인에 대한 주택에 대한 소유권이전등기청구권이 그것이다.

19) 지적재산권에 대해서는 민법이 아닌 특별법(예컨대 「저작권법」, 「특허법」, 「디자인보호법」 등)에서 규정한다.

부양 등에 관한 친족권과 상속권, 유류분권 등에 관한 상속권이 있다. 그 밖에 사원권(社員權)은 단체의 구성원이 갖는 권리를 말하는데, 여기에는 사원이 법인의 시설을 이용할 수 있는 권리나 사원총회에서의 결의권 등이 있다. 마지막으로 인격권(人格權)이란 인격의 주체로서 개인이 갖는 권리이며, 생명·신체·명예·신용·성명·정조·초상·사생활에 관한 권리 등을 그 내용으로 한다.[20]

2. 작용(효력)에 의한 분류

사권은 그 작용 또는 효력에 따라 ① 지배권 ② 청구권 ③ 형성권 ④ 항변권으로 나눌 수 있다. 지배권(支配權)이란 권리자가 타인의 협력 없이 곧바로 그 권리를 행사할 수 있는 것으로서 물권, 지적재산권, 친권 등이 여기에 속한다. 그리고 청구권(請求權)이란 권리자가 특정인에게 일정한 행위를 요구할 수 있는 권리를 말하는데, 채권적 청구권이 대표적인 예이다. 또한 형성권(形成權)이란 권리자의 일방적 의사표시에 의해 법률관계를 변동시키는 권리로서 취소권(제140조), 채권자취소권(제406조),[21] 상계권(제492조), 계약의 해제·해지권(제543조) 등이 여기에 속한다. 마지막으로 항변권(抗辯權)이란 상대방의 권리행사에 대하여 이를 저지할 수 있는 방어적인 권리를 말하는데, 보증인의 최고·검색의 항변권(제437조)과 동시이행의 항변권(제536조)이 대표적인 예이다.

3. 기타의 분류

의무자의 범위에 따른 분류방법으로서, 절대권(絶對權)은 모든 사람에 대하여 주장할 수 있는 권리를 말하고 상대권(相對權)은 특정인에 대해서만 주장할 수 있는 권리를 말한다. 예컨대 물권은 절대권이며, 채권은 상대권이다.

타인에 대한 양도·상속이 가능한지의 여부에 따라 일신전속권(一身專屬權)과 일신비전속권(一身非專屬權)으로 나뉜다. 예컨대 물권과 채권과 같은 재산권은 일신비전속권으로 양도·상속이 가능하지만, 가족권이나 인격권은 일신전속권으로 그러하지 아니하다.

---

20) 명예·신용·성명 등에 관한 인격권은 법인에게도 인정된다.
21) 채권자취소권은 소송을 통해 행사하여야 한다.

Ⅳ. 권리의 경합과 충돌

1. 권리의 경합

권리의 경합이란 하나의 사실이 수 개의 법률요건을 충족하여 여러 개의 권리가 발생하는 경우를 말한다. 예컨대 자동차의 임차인이 과실로 이를 파손한 경우, 임대인에게는 채무불이행에 따른 손해배상청구권과 불법행위에 따른 손해배상청구권이 발생하게 되는 것이 그것이다. 이때 여러 개의 권리는 동일한 목적을 갖기 때문에 그중 하나의 권리를 행사하면 나머지 권리는 소멸하게 되지만, 그 권리들은 각자 독립성을 갖기 때문에 존속이나 소멸에 있어서 영향을 받지 않는다.[22]

이와 구별할 개념으로서, 법조경합(法條競合)이 있는데, 이는 하나의 사실이 수 개의 법규가 정하는 요건을 충족시키지만, 그중 하나의 법규가 다른 하나를 배제하여 결국 그 법규만 적용되는 것을 말한다. 예컨대 공무원이 직무수행 중 불법행위로 타인에게 손해를 입힌 경우, 「민법」 제756조의 사용자책임과 「국가배상법」 제2조가 경합하게 되지만, 이때는 법조경합관계로 특별법인 「국가배상법」 제2조만 적용된다.

2. 권리의 충돌

권리의 충돌이란 동일한 객체에 대하여 서로 다른 주체 사이에 대립되는 권리가 발생한 경우를 말하며, 결과적으로 어느 한 주체의 권리가 다른 주체의 권리보다 우선하게 된다. 권리의 충돌은 가족법에서도 나타날 수 있지만 주로 재산법에서 문제가 된다.

(1) 물권과 물권

물권과 물권이 충돌하는 경우로서, 먼저 소유권과 제한물권이 충돌하면 제한물권이 우선한다. 왜냐하면 제한물권은 소유권에 대한 제한을 목적으로 하기 때문이다. 그리고 제한물권과 제한물권이 충돌하면 일반적으로 먼저 성립한 물권이 우선한다. 예컨대 건물에 저당권과 전세권이 차례로 등기된 경우, 건물에 대한 경매 절차에서 저당권자가 전세권자보다 먼저 배당을 받게 되는 것이 그것이다.

---

22) 위의 사례에서 불법행위에 따른 손해배상청구권이 3년의 소멸시효 완성으로 소멸되더라도 채무불이행에 따른 손해배상청구권은 여전히 존속하게 된다.

(2) 물권과 채권

물권과 채권이 충돌하는 경우에는 물권이 채권에 우선한다. 예컨대 A로부터 주택을 임차한 B는 그 이후 A로부터 주택을 매입한 새로운 소유자 C에게 자신의 임차권을 주장하지 못하는 것이 그것이다.[23)

(3) 채권과 채권

채권과 채권이 충돌하는 경우는 파산절차가 진행된 경우와 그렇지 않은 경우로 나누어 볼 수 있다. 먼저 파산절차가 진행된 경우에는 채권자평등의 원칙이 적용되어, 충돌하는 채권들의 발생원인, 발생시기, 금액 등과 무관하게 모든 채권은 평등하게 다뤄진다. 따라서 채권의 액수에 비례하여 안분되게 된다. 반면, 그 밖의 경우에서는 선행주의(先行主義)가 적용되므로, 누구든지 먼저 자신의 채권을 실행하여 채무자로부터 변제를 받을 수 있다.

V. 권리의 행사와 제한

1. 권리의 행사

권리의 행사란 권리자가 자신의 권리의 내용을 실현하는 것을 말한다. 근대민법의 3대 원리에 바탕을 둔 우리 민법은 권리행사의 자유를 원칙으로 하기 때문에 권리자는 자신의 의사에 따라 권리를 행사할 수도 있고 행사하지 않을 수도 있는 것이다.

권리의 행사방법은 권리의 종류에 따라 달라지는데, 지배권을 갖는 자는 그 객체를 지배해서 사실상 이익을 향유하는 모습으로 나타나고 청구권은 특정 상대방에 대하여 일정한 행위를 요구하고 그 이행을 수령하는 방법으로 나타난다. 그리고 형성권은 권리자가 일방적 의사표시를 함으로써, 항변권은 청구권자의 권리행사에 대하여 그것을 거절하는 방식으로 행사된다.

---

23) 자세한 내용은 「주택임대차보호법」 참조.

2. 권리행사의 제한

다른 사람과 더불어 사는 사회에서 권리행사의 무제한적인 행사는 인용될 수 없음이 자명하다. 그렇다고 해서 법이 일정한 이익을 누리게 하기 위하여 인정한 힘인 권리를 무작정 제한할 수는 없고 반드시 법에 근거해 이를 제한해야 하는데, 그것이 바로「민법」제2조 신의성실의 원칙이다.

(1) 신의성실의 원칙

신의성실(信義誠實)의 원칙이란 모든 사람들은 사회공동체의 일원으로서 상대방의 신뢰를 헛되이 하지 않도록 성의를 가지고 행동해야 하는 것을 말한다. 신의성실의 원칙은 일정한 관계를 맺고 있는 자 사이에서 자신의 행위에 의해 제공된 신뢰를 배신하지 말 것을 규정하고 있다. 이러한 신의성실의 원칙은 사법분야뿐만 아니라 공법분야에도 영향을 주고 있으며,[24] 이는 일반인에 대한 행위규범이며, 법관을 구속하는 재판규범이기도 하다.

「민법」제2조 제1항은 "권리의 행사와 의무의 이행은 신의에 좇아 성실히 하여야 한다."라고 규정하는데, 다른 민법 규정과 달리 추상적인 성격을 가지고 있어 그 구체적인 내용은 학설이나 판례[25] 등에 의해 보충되어야 하는 일반규정 내지는 백지(白紙)규정이다. 예컨대 애완동물을 매매하면서 매도인은 단순히 그 동물을 매수인에게 인도할 의무만 있는 것이 아니고 그 동물의 특성이나 유의사항을 알려줄 설명의무를 부담하게 되는데, 이러한 설명의무는 신의성실의 원칙에 그 기반을 두고 있다.

또한 신의성실의 원칙으로부터 ① 사정변경의 원칙 ② 실효의 원칙 ③ 모순행위 금지의 원칙이 파생되어 나온다. 사정변경의 원칙이란 법률행위의 기초가 된 객관적 사정이 그 후 당사자가 예견할 수 없었던 중대한 변경으로 인하여 처음 정해진 법률행위의 효과를 그대로 유지하는 것이 부당한 경우, 당사자는 법률행위의 내용을 변경하거나 계약을 해제·해지할 수 있다는 원칙이다.[26] 예컨대 회사의 이사가 부득이 회사와 제3자 사이의 계속적인 거래로 인한 채무에 대하여 보증인이 된 경우, 그 후 퇴사한 이

---

24)「민사소송법」제1조,「국세기본법」제15조.

25) 여행계약에서 기획여행업자의 여행자 보호의무(대판 2017.12.13. 2016다6293), 계약의 일률적인 해제권 행사의 제한(대판 1971.3.31. 71다352), 입원환자의 휴대품 도난을 방지하기 위해 필요한 조치를 해야 할 병원의 의무(대판 2003.4.11. 2002다63275) 등이 있다.

26) 사정변경의 원칙은 민법의 규정에서도 찾아볼 수 있다. 예컨대 제218조(수도 등 시설권), 제557조(증여자의 재산상태변경과 증여의 해제), 제627조(일부멸실 등과 감액청구, 해지권) 등.

사는 그 보증계약을 해지할 수 있다.[27] 그리고 실효(失效)의 원칙이란 권리자가 권리를 장기간 행사하지 않고 있기 때문에 상대방이 이제는 그 권리행사가 없을 것이라고 믿을 만한 정당한 사유가 있을 때, 그러한 권리행사는 인정되지 않는다는 원칙이다.[28] 판례는 면직 후 10년 가까이 법적 구제절차를 취한 일이 없고 「1980년 해직공무원의 보상 등에 관한 특별조치법」에 의한 보상금을 수령하고 8개월이 지난 후 면직무효확인의 소와 임금 또는 임금 상당 손해배상청구의 소를 제기하는 것은 신의칙에 반한 것이어서 실효의 원칙에 따라 권리행사가 허용되지 않는다고 한다.[29] 마지막으로 모순행위 금지의 원칙이란 어떤 행위에 의하여 어떤 사실의 존재를 표시한 자는 그것을 믿고 자신의 이해관계를 변경한 자에 대하여 기존의 표시한 것에 반하는 주장을 하지 못한다는 원칙이다.[30] 이를 반영한 것으로는 「민법」 제125조 대리권 수여의 표시에 의한 표현대리, 제452조 채권양도의 통지와 금반언의 규정 등이 있다.

(2) 권리남용 금지의 원칙

권리의 행사가 외관상 적법한 권리행사인 것처럼 보이지만 실제는 신의칙에 위반되어 정당한 권리행사로 볼 수 없는 경우를 말하며, 「민법」 제2조 제1항의 신의성실의 원칙(신의칙)과 표리의 관계에 있다.

권리의 행사가 권리남용이 되기 위한 요건으로는 첫째, 권리의 행사가 있고 그러한 권리행사가 신의칙에 위반될 것(객관적 요건), 둘째, 권리자에게 가해의사가 있어야 한다(주관적 요건). 어떤 권리의 행사가 신의칙에 위반한 것인가를 판단하는 것은 구체적인 사안마다 다양한 기준에 의해 판단되어야 하는데, 권리자의 이익과 상대방의 불이익을 비교형량하는 것도 그 하나의 기준이 될 것이다. 그리고 주관적 요건은 실제 소송에서 상대방이 증명을 해야 하는데, 이는 상당히 어려운 것으로 불이익을 입은 상대방 보호를 위하여 그 입증책임을 경감하여야 할 것이다.[31]

---

27) 대판 2002.5.31. 2002다1673.

28) 실효의 원칙은 소멸시효에 걸리지 않는 권리(예컨대 소유권)에 적용될 수 있다.

29) 대판 1992.11.13. 92다13080.

30) 영미법의 금반언(禁反言)의 원칙과 유사하다.

31) 판례는 주관적 요건과 관련하여 다양한 태도를 보이지만, "주관적 요건은 권리자의 정당한 이익을 결여한 권리행사로 보이는 객관적 사정에 의하여 추인할 수 있다."라고 하여 주관적 요건에 대한 완화를 시도하고 있는 판례들이 다수 있다(대판 1993.5.14. 93다4366; 대판 2005.3.24. 2004다71522).

(3) 위반의 효과

권리의 행사가 신의칙에 위반되거나 권리남용으로 판단되면, 그러한 권리행사는 적법한 권리의 행사로 인정되지 않으며, 그에 따른 법률효과도 발생하지 않는다. 그리고 경우에 따라서는 당해 권리의 박탈이나 제한[32) 또는 손해배상책임을 부담할 수도 있다. 한편 의무의 이행이 신의칙에 위반되는 경우에는 의무를 이행하지 않은 것으로 되는데, 예를 들어 기획여행업자가 여행자의 보호의무를 위반하여 여행자가 다친 경우, 그는 채무불이행책임을 부담하게 된다.

Ⅵ. 권리의 보호

"권리 위에 잠자는 자는 보호받지 못한다."라는 법격언처럼 권리는 권리자 자신이 스스로 주장·보호하는 것이 원칙이다. 하지만 권리 침해에 대한 법적 보호절차가 마련된 이후에는 공력구제(公力救濟)가 원칙이며, 이러한 사력구제(私力救濟)는 예외적으로 인정된다.

공력구제에는 ① 재판[33) ② 조정[34) ③ 중재[35) 등이 있으며, 사력구제에는 ① 정당방위(제761조 제1항) ② 긴급피난(제761조 제2항) ③ 자력구제(제209조) 등이 있다.

---

32) 친권의 상실 또는 일시 정지(제924조), 친권의 일부 제한(제924조의 2), 대리권·재산관리권의 상실(제925조)이 그러한 예이다.

33) 「민사소송법」, 「민사집행법」.

34) 「민사조정법」.

35) 「중재법」.

제3절 권리의 주체

법률관계로부터 발생하는 권리를 향유하거나 의무를 부담하는 자를 권리의 주체라고 하며,[36] 민법은 권리의 주체로서 자연인[37]과 법인에 대하여 규정하고 있다. 이하에서는 권리의 주체를 능력과 함께 설명한다.

I. 자연인

1. 권리능력

(1) 의의

「민법」제3조는 "사람은 생존한 동안 권리와 의무의 주체가 된다."라고 하여 권리능력에 대하여 규정한다. 즉 권리능력이란 권리의 주체가 될 수 있는 지위 또는 자격을 의미하며, 이를 인격(人格)이라고 한다.[38] 따라서 아직 출생하지 않은 태아나 사망한 자는 권리능력을 갖지 못한다. 구체적으로 사람은 언제 출생(권리능력의 시기)하고 언제 사망(권리능력의 종기)한 것으로 볼 것인가에 대하여 견해의 대립이 있지만, 출생은 전부노출설, 사망은 심장사설[39]에 의해 결정된다고 볼 것이다.

(2) 태아의 권리능력

태아는 아직 출생하지 않은 관계로 권리능력을 갖지 못하지만, 태아의 권리를 보호할 필요성이 있으므로 민법도 예외적으로 다음과 같이 태아의 권리능력을 인정한다. 즉 태아는 ① 불법행위에 따른 손해배상청구권(제762조) ② 상속권(제100조 제3항) ③ 대습상속권[40] ④ 유증의 수증자(제1064조) ⑤ 유류분권[41]을 갖는다. 여기서 불법행위

---

36) 통상적으로 권리 본위로 민법을 설명하기 때문에 의무의 주체보다는 권리의 주체라는 표현을 사용한다.

37) 「민법」제1편 제2장은 인(人)으로 규정하지만, 자연인과 법인을 포함하는 넓은 개념으로서의 인(人)과 구별하기 위해 자연인으로 표기한다.

38) 법인의 경우에는 법인격(法人格)이라고 한다.

39) ① 호흡의 정지 ② 심장 박동의 정지 ③ 양안의 동공이 확대되는 3가지 징후로 사망을 판단한다.

에 따른 손해배상청구권의 내용에는 두 가지가 있는데, 하나는 태아가 포태 중에 직접 입은 손해(제750조)이고 다른 하나는 직계존속의 사망에 따른 태아의 정신적 손해(제752조)에 관한 것이다. 그 밖에 태아는 상속순위에 관하여 이미 출생한 것으로 보기 때문에 상속에 관한 권리를 갖는다.

한편 태아가 사인증여(제562조)를 받거나 인지청구의 소(제863조)를 제기할 수 있는가에 관하여 견해의 대립이 있으나 증여자의 사망을 원인으로 하여 효력이 발생하는 사인증여는 계약이므로 유언자의 유언, 즉 단독행위에 의한 유증과 다르게 태아에게 인정되지 않는다고 새길 것이다. 또한 인지청구의 소(訴)는 혼인 외의 자가 부모를 상대로 친자관계를 발생시키기 위한 것으로 민법상 태아의 법정대리인이 없으므로 이러한 소는 제기하지 못한다고 할 것이다.[42]

민법은 이처럼 태아의 권리 보호가 문제 되는 곳에 개별적인 규정을 두고 태아를 보호하고 있는데,[43] 그 해석론과 관련하여 두 가지 견해의 대립이 있다. 즉 태아에게 특정한 권리능력을 인정하고 나중에 사산하면 그것을 소급하여 소멸시키는 해제조건설과 태아에게 이러한 권리능력을 주는 것을 유보하고 태아가 출생하면 개별적인 권리 발생시로 소급하여 권리능력을 인정하는 정지조건설이 그것이다. 해제조건설은 태아의 보호를 정지조건설은 거래의 안전을 보다 중시하는 견해로서 전자는 다수설, 후자는 판례의 입장이다.[44]

(3) 동시사망의 추정

「민법」 제30조는 "2인 이상이 동일한 위난으로 사망한 경우에는 동시에 사망한 것으로 추정한다."라고 하여 동시사망의 추정에 대하여 규정한다. 사망과 관련하여 상속권을 포함하여 다양한 법률효과가 발생하므로 사망의 유무나 시기는 상당히 중요한데, 이를 확정하기 어려운 경우를 대비하여 민법이 두고 있는 규정이다. 예컨대 아버지와 미성년 자녀(독자)가 배를 타고 가던 중 침몰하여 모두 사망한 경우, 만약 아버지가 먼저 사망하였다면 그 자녀는 어머니와 함께 공동상속인이 되고 결국 그 자녀로부터 상속을 받은 어머니가 단독상속인이 되지만, 반대의 경우라면, 아버지의 직계존속과 어머

---

40) 「민법」 제1001조(대습상속).

41) 「민법」 제1112조(유류분의 권리자와 유류분).

42) 반면, 생부나 생모는 태아를 인지(제855조)할 수 있다고 해석된다.

43) 이를 개별적 보호주의라고 하며, 일반적 보호주의와 구별된다.

44) 대판 1976.9.14. 76다1365.

니가 공동상속인이 된다.

하지만 동시사망의 추정 규정이 적용되면, 위 사례에서 아버지와 자녀는 동시에 사망한 것으로 되므로 부자간에 상속이 이루어지지 않아 결국 아버지의 직계존속과 어머니가 공동상속인이 되는 결과를 가져온다. 그리고 본조는 동시사망을 "추정(推定)"하고 있으므로 이러한 추정의 사실을 번복하기 위해서는 반대되는 사실의 입증, 즉 반증을 들어 이를 깨뜨릴 수 있다.[45]

2. 행위능력

(1) 의사능력

의사능력이란 자신의 행위의 의미와 그 행위에 따른 효과를 합리적으로 판단할 수 있는 정신적 능력을 말한다. 민법은 의사능력에 대하여 명문으로 규정하고 있지 않지만 사적자치의 원칙에 따라 당연히 인정된다고 할 것이다. 즉 온전한 판단능력을 갖고 법률행위를 한 경우에만 그 효력이 귀속되도록 하는 것이 사적자치의 원칙에 부합한다. 예컨대 술에 취해 인사불성이 된 사람이 자신의 친구에게 집을 선물하겠다고 증여계약을 체결한 경우, 그 효력을 인정할 수는 없을 것이다.

의사능력의 유무는 구체적인 법률행위와 관련하여 개별적으로 판단되어야 한다.[46] 그리고 의사능력이 없는 자, 즉 의사무능력자(예컨대 유아, 만취자, 백치)의 법률행위의 효력은 무효라고 할 것이며, 그 무효를 주장하기 위해서는 의사무능력자 스스로 그 행위 당시 그러한 능력이 없었다는 것을 입증해야 한다.

(2) 행위능력

1) 의의

사적자치의 원칙을 바탕에 둔 우리 민법은 의사능력제도를 통하여 능력이 부족한 자를 보호하고 있다. 하지만 의사능력제도에는 두 가지 문제점이 있다. 하나는 의사무능력을 주장하는 자가 그 사실을 입증해야 하는데, 이는 쉽지 않으며, 그 결과 의사무능력자를 보호하지 못할 수도 있다는 점이고 다른 하나는 의사무능력자와 거래한 상대방

---

45) 판례는 이와 관련하여 단순한 반증이 아닌 충분히 명확한 반증을 요구한다(대판 1998.8.21. 98다8974).
46) 대판 2009.1.15. 2008다58367.

은 그 무효로 인하여 예측하지 못한 손해를 입을 수 있다는 점이다. 이러한 문제점을 해결하기 위해 민법이 마련한 제도가 행위능력제도이며, 행위능력이란 민법상 단독으로 유효한 법률행위를 할 수 있는 지석능력을 말하는데, 이러한 행위능력이 없는 자(제한능력자)를 명확하게 하여 거래의 안전을 도모하고 그러한 자의 행위를 입증 없이 취소할 수 있도록 규정하여 그들을 보호함으로써 의사능력제도를 보완하고 있다.

민법상 제한능력자로는 ① 미성년자 ② 피성년후견인 ③ 피한정후견인 ④ 피특정후견인이 있으며, 이러한 제한능력자의 부족한 능력을 보충하기 위하여 후견제도를 두고 있다.

2) 미성년자

가. 성년기

미성년자란 19세에 이르지 못한 자를 말한다(제4조). 하지만 18세 이상의 미성년자라도 부모의 동의를 얻어 혼인을 하게 되면 성년으로 본다(제826조의 2). 여기서 연령을 계산할 때에는 출생일을 산입하여 계산한다(제158조).[47]

나. 미성년자의 능력

미성년자는 행위능력이 없으므로 단독으로 유효한 재산상의 법률행위를 하지 못하고 법정대리인의 동의가 있어야 그 법률행위는 유효하게 된다. 만약 동의가 없다면 그 법률행위는 취소할 수 있다(제5조). 하지만 미성년자에게 불이익이 되지 않는 법률행위는 단독으로 할 수 있는데, ① 권리만을 얻거나 의무만을 면하는 행위(제5조 제1항 단서) ② 처분이 허락된 재산의 처분행위(제6조)[48] ③ 영업이 허락된 미성년자의 그 영업에 관한 행위(제8조 제1항) ④ 대리행위(제117조) ⑤ 취소권의 행사(제140조) ⑥ 유언행위(제1061조)[49] ⑦ 법정대리인의 허락을 얻어 회사의 무한책임사원이 된 미성년자의 행위(「상법」 제7조) ⑧ 근로계약의 체결과 임금의 청구(「근로기준법」 제67조, 제68조)가 그것이다. 여기서 권리만을 얻거나 의무만을 면하는 행위로는 부담 없는 증여를 받는 행위(제554조), 채무면제의 청약에 대한 승낙, 제3자를 위한 계약에서 수익의 의사표시(제539조 제2항), 서면에 의하지 않은 증여의 해제(제555조) 등이 있다. 따라서 경제적

---

47) 이는 초일불산입의 원칙(제157조)에 대한 예외 중 하나이다.

48) 대판 2007.11.16. 2005다71659.

49) 만 17세 이상이면 적법한 유언을 할 수 있다. 이를 위반한 유언의 효력은 무효이다.

으로 유리한 매매계약을 체결하는 것과 같이 어떤 행위가 미성년자에게 권리와 동시에 의무도 가져오는 경우에는 법정대리인의 동의가 필요하다. 그리고 영업이 허락된 미성 년자의 그 영업에 관한 행위와 관련하여, 여기의 영업이란 영리를 목적으로 하는 독립 적·계속적 사업으로 법정대리인이 허락을 하는 경우에는 반드시 그 영업이 특정되어 야 한다.[50)]

다. 미성년자의 법정대리인

미성년자의 법정대리인에는 친권자와 미성년후견인이 있다. 「민법」 제909조 제1항은 "부모는 미성년자인 자의 친권자가 된다."라고 규정하며, 친권(親權)이란 자녀를 보호 하고 교양할 권리·의무를 총칭하는 말이다. 한편 미성년자에게 친권자가 없거나 친권 자의 친권의 상실·일시정지·일부 제한·대리권 및 재산관리권의 상실 또는 대리권과 재산관리권을 사퇴한 경우, 미성년후견인이 미성년자의 법정대리인이 된다(제928조). 이러한 미성년후견인은 먼저 부모의 유언에 따라 지정되는 지정후견인(제931조 제1항), 지정후견인이 없는 경우 가정법원이 선임하는 선임후견인(제932조)의 순서로 미성년자 의 법정대리인이 된다.

라. 법정대리인의 권한

친권자나 미성년후견인은 미성년자의 법률행위에 대하여 그 부족한 능력을 보충해 주는 역할을 하게 되는데, 이러한 지위에서 법정대리인은 미성년자의 법률행위에 대한 동의권(제5조 제1항), 미성년자의 재산상 법률행위의 대리권(제920조),[51)] 미성년자가 동의를 얻지 않고 행한 법률행위를 취소할 수 있는 취소권(제5조 제2항) 및 추인권(제 143조)을 갖는다.

3) 성년후견을 받는 자

가. 성년후견제도

성년자 중에서 사무를 처리할 능력이 부족한 경우, 법에서 정한 자의 청구에 의하여 가정법원이 선임한 후견인을 두는 것을 성년후견제도라고 한다. 이는 성년자이더라도

---

50) 포괄적인 영업의 허락이 있는 경우에는 제한능력제도의 취지를 벗어나기 때문이다.
51) 미성년자의 가족법상 법률행위에 대해서는 원칙적으로 대리권을 갖지 못한다(예외 제869조 제2항의 대락입양). 왜냐하면 가족법상의 법률행위에 있어서는 미성년자 본인의 의사가 중요하기 때문이다.

행위능력이 부족한 경우, 후견인을 통해 이를 보완하고 피성년후견인을 보호하는 목적을 갖고 있다. 민법에 따르면, 이러한 성년후견을 받는 자로는 ① 피성년후견인 ② 피한정후견인 ③ 피특정후견인의 세 유형이 있다.

나. 피성년후견인

「민법」 제9조 제1항은 "가정법원은 질병, 장애, 노령, 그 밖의 사유로 인한 정신적 제약으로 사무를 처리할 능력이 지속적으로 결여된 사람에 대하여, 본인, 배우자, 4촌 이내의 친족, 미성년후견인, 미성년후견감독인, 한정후견인, 한정후견감독인, 특정후견인, 특정후견감독인, 검사 또는 지방자치단체의 장의 청구에 의하여 성년후견개시의 심판을 한다."라고 규정하여, 협의의 성년후견[52)]에 대하여 규정하고 있다. 그리고 가정법원이 이러한 심판을 할 경우, 피성년후견인이 될 사람의 정신상태를 판단하기 위하여 원칙적으로 의사에게 감정을 시키고(「가사소송법」 제45조의 2 제1항) 또한 본인의 의사를 고려하기 위하여 심판에서 진술을 청취하여야 한다(「민법」 제9조 제2항, 「가사소송법」 제45조의 3). 가정법원은 심판이 확정되면, 후견등기 사무를 처리하는 사람에게 후견등기부에 등기할 것을 촉탁하여야 한다(「가사소송법」 제9조).

성년후견의 심판이 있는 경우, 원칙적으로 피성년후견인의 법률행위는 취소할 수 있지만(제10조 제1항), 가정법원은 취소할 수 없는 피성년후견인의 법률행위의 범위를 정할 수 있으며(제2항), 일상생활에 필요하고 그 대가가 과도하지 않은 법률행위는 성년후견인이 취소할 수 없다(제4항).

가정법원에 의해 선임된 성년후견인[53)]은 피성년후견인의 신상에 관한 사항, 재산관리에 관련된 권한 및 의무를 부담한다. 구체적으로는 재산조사와 목록작성(제941조), 피성년후견인의 신체침해를 수반하는 의료행위에 있어서 본인의 동의가 불가능한 경우의 동의권(제947조의 2 제3항), 재산관리에 대한 대리권(제949조 제1항), 가정법원이 취소할 수 없는 것으로 정한 것 이외의 법률행위에 대한 취소권(제10조 제1항, 제2항, 제140조) 등이 있다. 다만 피성년후견인이 거주하고 있는 건물 또는 그 대지에 관한 법률행위(예컨대 매도, 저당권 설정 등)에 대해서는 가정법원의 허가를 받아야 한다(제947조의 2 제5항).[54)]

---

52) 넓은 의미의 성년후견에는 협의의 성년후견, 한정후견, 특정후견이 포함된다.

53) 미성년후견인은 한 명이지만 성년후견인은 여러 명을 둘 수 있고 추가로 법인도 가능하다(제930조).

54) 주거환경의 변화가 피성년후견인에게 미치는 영향이 크기 때문에 둔 규정이다.

성년후견개시의 원인이 종료된 경우에는 가정법원은 일정한 자의 청구에 의하여 성년후견종료의 심판을 한다(제11조).

다. 피한정후견인

피한정후견인이란 질병, 장애, 노령, 그 밖의 사유로 인한 정신적 제약으로 사무를 처리할 능력이 부족한 경우, 일정한 자의 청구[55]에 의해 가정법원으로부터 한정후견개시의 심판을 받은 자를 의미한다(제12조 제1항). 한정후견개시의 심판 절차는 「가사소송법」과 「가사소송규칙」에 자세한 규정이 있으며, 심판이 확정되면 후견등기부에 등재가 된다.

가정법원은 피한정후견인이 한정후견인의 동의를 받아야 하는 행위의 범위를 정할 수 있으며(제13조 제1항), 한정후견인은 동의 없이 이루어진 법률행위에 대해 취소할 수 있다. 다만 일상생활에 필요하고 그 대가가 과도하지 않은 법률행위는 취소할 수 없다(제4항).

라. 피특정후견인

「민법」 제14조의 2는 "가정법원은 질병, 장애, 노령, 그 밖의 사유로 인한 정신적 제약으로 일시적 후원 또는 특정한 사무에 관한 후원이 필요한 사람에 대하여 본인, 배우자, 4촌 이내의 친족, 미성년후견인, 미성년후견감독인, 검사 또는 지방자치단체의 장의 청구에 의하여 특정후견의 심판을 한다."라고 하여 특정후견에 대하여 규정한다. 이는 다른 성년후견제도가 피후견인의 능력을 획일적으로 제한한 것에 대하여 잠정적인 제도 이용자의 탄력적인 수요충족을 위해 마련된 제도이다. 따라서 특정후견 심판은 본인의 의사에 반하여 할 수 없으며(제14조의 2 제2항), 특정후견심판에서 정해진 기간 또는 사무가 종료되면 특정후견도 종료가 된다(제3항 참조).

(3) 제한능력자의 상대방 보호

1) 보호의 필요성

법정대리인의 동의 없는 제한능력자의 법률행위가 있는 경우, 제한능력자 측에 취소권이 발생하며, 이러한 취소권은 일방적 의사표시로 인하여 당해 법률행위를 무효화시

---

55) 성년후견개시심판을 청구할 수 있는 자와 동일하다.

킬 수 있기 때문에 제한능력자와 거래한 상대방은 불안한 지위에 놓이게 된다. 민법은 제한능력자의 보호와 형평을 유지하기 위하여 제한능력자와 거래한 상대방을 보호하기 위한 몇 가지 제도를 마련하고 있다.

2) 상대방 보호의 내용

가. 최고권

제한능력자의 상대방은 제한능력자가 능력자가 된 경우에는 그에게, 아직 능력자가 되지 않은 경우에는 법정대리인에게 1개월 이상의 기간을 정하여 그 취소 여부에 대하여 확답을 촉구할 수 있는데, 이를 최고권이라고 한다(제15조).[56] 이상의 최고를 받은 자가 그 기간 내에 확답을 발송하지 않으면 그 행위를 추인한 것으로 보며, 다만 특별한 절차가 필요한 경우[57]에는 취소한 것으로 본다(제15조 제3항).

나. 철회권

제한능력자와 맺은 계약은 추인이 있을 때까지 상대방이 그 의사표시를 철회할 수 있다. 다만 상대방이 계약 당시에 제한능력자임을 알았을 경우에는 철회권을 행사하지 못한다(제16조 제1항). 이러한 철회권은 제한능력자에게도 할 수 있다(제3항).

다. 거절권

제한능력자의 단독행위는 추인이 있을 때까지 상대방이 거절할 수 있으며, 이러한 거절권은 제한능력자에게도 할 수 있다(제16조 제2항, 제3항). 그리고 철회권과 다르게 제한능력자의 단독행위 시 상대방이 제한능력자임을 알았을 경우에도 그 행사가 가능하다.

라. 취소권의 배제

제한능력자가 속임수로써 자기를 능력자로 믿게 하였거나 미성년자나 피한정후견인이 속임수로써 법정대리인의 동의가 있는 것으로 믿게 한 경우에는 제한능력자 측에서는 취소권을 행사할 수 없다(제17조). 이러한 제한능력자는 보호의 필요성이 없기 때문에 둔 규정이다. 판례는 "속임수"의 해석과 관련하여, 단순히 자기가 능력자라고 말한

---

56) 최고는 준법률행위로서 본인의 의사와 무관하게 법정된 효력이 발생하는 점에서 법률행위와 다르다.
57) 「민법」 제950조(후견감독인의 동의를 필요로 하는 행위).

것만으로는 부족하며 기망수단이 보다 적극적일 것을 요구한다.[58]

마. 그 밖의 제도

민법은 취소할 수 있는 법률행위에 관하여 일정한 사유가 있으면 이를 추인한 것으로 보는 법정추인제도를 두고 있으며(제145조), 취소권은 추인할 수 있는 날로부터 3년, 법률행위를 한 날로부터 10년이 경과하면 소멸하도록 규정한다(제146조).[59]

3. 책임능력

책임능력이란 법률상의 책임을 변식할 수 있는 정신능력 내지 지능을 의미하며, 책임능력이 없는 책임무능력자는 타인에게 불법행위를 가하더라도 손해배상책임을 부담하지 않는다(제753조, 제754조). 따라서 책임능력을 불법행위능력이라고도 한다. 책임능력의 유무는 사안에 따라 구체적으로 판단되어야 하며, 판례는 통상 만 12세를 전후하여 이를 판단하고 있다.[60]

4. 부재와 실종

(1) 서설

생활의 근거가 되는 곳을 주소라고 하는데(제18조), 사람은 이러한 주소를 근거로 생활을 하며 다양한 법률관계를 형성한다. 그런데 어떤 자가 그 주소 또는 거소[61]를 떠나 돌아오지 않는 경우, 그곳에 남아 있는 재산관계나 더 나아가 신분관계에 일정한 법적 조치를 해줄 필요가 있는데, 이러한 제도가 부재와 실종이다.

(2) 부재

종래의 주소나 거소를 떠나 당분간 돌아올 가능성이 없어, 그의 재산이 관리되지 못하고 방치되어 있는 자를 부재자라고 하는데, 이러한 경우 법원은 이해관계인이나 검

---

58) 대판 1971.12.14. 71다2045.
59) 이 기간은 제척기간이다.
60) 대판 2007.4.26. 2005다24318.
61) 「민법」 제19조(거소).

사의 청구에 의하여 재산관리에 필요한 처분[62]을 명하여야 한다(제22조 제1항). 민법의 부재제도는 부재자의 재산보호와 이해관계인의 이익을 보호하기 위한 목적을 갖고 있다. 하지만 본인이 재산관리인을 임명한 경우에는 원칙적으로 법원이 개입할 여지가 없으며(제2항), 다만 재산관리인의 권한이 본인의 부재중 소멸하였거나(예컨대 임기만료), 본인이 재산관리인을 선임하였지만 부재자의 생사가 분명하지 않게 된 경우에는 일정한 자의 청구에 의해 법원이 개입을 한다(제23조).

(3) 실종

1) 의의

부재자가 오랫동안 주소를 떠나 생사가 불분명하여 사망의 개연성이 커진 경우, 일정한 절차를 거쳐 그 자를 사망한 것으로 보는 것을 실종선고제도라고 한다.

2) 요건

실종선고의 요건으로는 부재자의 생사불분명의 상태가 일정기간 동안 지속되어야 하는데, 보통실종의 경우에는 부재자의 최후의 소식 시로부터 5년, 특별실종(전쟁실종·선박실종·항공기실종·위난실종)의 경우에는 전쟁의 종지 후, 선박의 침몰, 항공기의 추락, 기타 위난이 종료한 후로부터 1년의 기간이 경과한 후, 법원에 부재자의 이해관계인이나 검사의 청구가 있어야 한다(제27조). 판례는 이러한 청구를 할 수 있는 이해관계인은 그 실종선고로 인하여 일정한 권리를 얻고 의무를 면하는 등의 신분상 또는 재산상 이해관계를 갖는 자에 한한다고 판시한다.[63] 예컨대 아버지가 실종된 경우, 자녀는 청구권자이지만 조부는 후순위상속권자이므로 청구권자가 될 수 없다. 한편 법원은 이상의 요건이 충족되면, 6개월 이상의 기간을 정하여 부재자 본인이나 부재자의 생사를 아는 자에 대하여 신고하도록 공고하여야 하며(「가사소송규칙」 제54조), 법원은 위 기간이 경과할 때까지 신고가 없으면 실종선고를 한다.

3) 효과

실종선고를 받은 자는 실종기간(5년 또는 1년)이 만료한 때에 사망한 것으로 본다

---

62) 재산관리인의 선임이 대표적이다.

63) 대결 1992.4.14. 92스4.

(제28조). 실종선고의 효과는 추정이 아닌 간주(看做)이므로 이를 번복하기 위해서는 실종선고가 취소되어야 한다.[64] 주의할 점은 실종선고제도는 실종자의 권리능력을 박탈하는 것이 아니라 실종자의 기존 주소를 중심으로 하는 법률관계에 영향을 미칠 뿐이라는 것이다.

4) 실종선고의 취소

실종선고 후 실종자가 생존하고 있거나, 실종기간의 만료 시와 다른 시기에 사망한 사실 등이 있으면 법원은 본인, 이해관계인 또는 검사의 청구에 의해 실종선고를 취소하여야 한다(제29조 제1항 본문). 실종선고의 취소가 있으면, 처음부터 실종선고가 없었던 것과 같은 효과가 발생하는 것이 원칙이다. 하지만 이러한 원칙이 예외 없이 적용된다면, 실종선고를 믿고 행동한 이해관계인들에게 예측하지 못한 손해가 발생할 우려가 있기 때문에, 「민법」은 "실종 선고 후 그 취소 전에 선의(善意)로 한 행위의 효력에 영향을 미치지 아니한다."라고 규정한다(제29조 제1항 단서). 여기서 선의라는 것은 실종선고가 사실에 반함을 알지 못하는 것이다.

예를 들어 A의 실종선고로 인하여 건물을 상속받은 B가 이를 C에게 매각한 경우, 실종선고가 취소되더라도 B와 C가 모두 선의라면 그 계약은 유효로 A에게 건물을 반환할 필요가 없지만, 둘 중 한 명이라도 악의(惡意)라면 반환의무가 발생한다. 또한 잔존배우자가 재혼한 경우, 쌍방 모두 선의라면 구혼이 부활하지 않지만 재혼 당사자 중 한 명이라도 악의라면, 구혼이 부활하게 된다. 이때 구혼에는 재판상 이혼사유(제840조)가 발생되고 재혼관계는 중혼(重婚)이 되어 취소할 수 있게 된다(제816조).

그리고 실종선고의 취소가 있으면, 실종선고를 직접 원인으로 하여 재산을 취득한 자(예컨대 상속인)가 선의인 경우에는 그 받은 이익이 현존하는 한도에서 반환할 의무가 있고 악의인 경우에는 그 받은 이익과 이자 그리고 손해가 있으면 손해까지 배상할 의무가 있다(제29조 제2항).

---

64) 대판 1994.9.27. 94다21542.

Ⅱ. 법인

1. 의의

법인(法人)이란 법에 의해 법인격이 부여되어 있는 단체를 말하며, 사적자치의 원칙에 따라 단체설립의 자유가 인정된다. 이러한 단체는 근대 민법의 시행 전부터 존재하여 현재까지도 하나의 주체로서 활동하고 있으며, 이를 통해 법률관계를 단순화할 수 있다. 또한 민법은 단체설립의 자유를 보장하기 위하여 단체와 그 구성원의 재산을 분별하고 있다.

법인의 설립에 대하여, 민법은 비영리법인에 대하여 허가주의를 취하고 있는데(제32조), 이러한 허가는 행정청의 완전한 자유재량에 맡겨져 있기 때문에 단체설립의 자유와 어울리지 않으며, 「헌법」의 집회·결사의 자유(제21조)를 침해한다는 문제점이 있다. 따라서 자유설립주의나 준칙주의[65]로 개정하는 것이 필요하다.

법인의 본질, 즉 법인의 실체가 무엇인지에 관하여 권리와 의무의 주체는 자연인에 한하며, 법인은 법률에 의해 자연인과 동일한 효과가 부여되었을 뿐이라는 법인의제설과 본래부터 법인은 권리와 의무의 주체로서 사회적 실질을 갖는다는 법인실재설로 나뉜다.

2. 법인의 종류

(1) 영리법인·비영리법인

법인의 목적이 경제적 이익의 추구에 있는지의 여부에 따른 분류로서, 민법의 법인은 대부분 비영리법인이지만, 제39조 제1항에서 "영리를 목적으로 하는 사단은 상사회사설립의 조건에 좇아 이를 법인으로 할 수 있다."라고 하여 영리법인에 대하여 규정한다. 유의할 점은 비영리법인도 목적을 달성하기 위하여 본질에 반하지 않는 정도의 영리행위는 할 수 있다는 점이다.

---

65) 법률이 정하는 요건을 충족하면, 행정청의 허가나 인가 없이 법인이 성립하는 것으로 보는 태도이다. 준칙주의를 취하는 경우로는 상사회사(「상법」 제172조), 민법상의 영리법인(「민법」 제39조)이 있다.

(2) 사단법인·재단법인

법인의 실체가 일정한 목적을 위해 결합한 사람의 집합체면 사단법인(社團法人)이고 일정한 목적을 위해 출연된 재산이 실체이면 재단법인(財團法人)이다. 유의할 점은 재단법인의 경우에는 수익사업을 하더라도 이익을 분배해 줄 사원이 존재하지 않으므로 비영리 재단법인만 존재한다는 것이다.

3. 법인의 설립

(1) 사단법인의 설립

비영리 사단법인은 "학술, 종교, 자선, 기예, 사교 기타 영리 아닌 사업을 목적"으로 하며, 설립행위를 하여야 한다. 여기서 설립행위란 2인 이상이 일정한 사항을 기재한 정관을 작성하여 기명날인하는 것을 말한다(제40조).[66] 정관에 필요적으로 기재될 사항은 ① 목적 ② 명칭 ③ 사무소의 소재지 ④ 자산에 관한 규정 ⑤ 이사의 임면에 관한 규정 ⑥ 사원자격의 득실에 관한 규정 ⑦ 존립시기나 해산사유를 정하는 때에는 그 시기 또는 사유이며, 어느 하나라도 누락되면 정관은 무효가 된다.[67] 이러한 설립행위 후에 주무관청의 허가를 받아야 하며(제32조),[68] 허가 여부는 주무관청의 자유재량이므로 특별한 사정이 없는 한 그 여부를 행정소송으로 다툴 수 없다.[69] 이상의 요건이 갖추어지면 사단법인은 그 주된 사무소의 소재지에서 설립등기를 함으로써 성립한다(제33조).

(2) 재단법인의 설립

재단법인은 "학술, 종교, 자선, 기예, 사교 기타 영리 아닌 사업을 목적"으로 하며, 설립행위를 하여야 하는데, 재단법인의 설립행위는 설립자에 의한 일정한 재산의 출연과 일정한 사항을 기재한 정관을 작성하는 것이다(제43조).[70] 정관에 기재될 필요적 사항은 위에서 언급한 것 중 ①호부터 ⑤호를 말한다.

---

66) 비영리 사단법인의 설립행위는 요식행위이며, 합동행위(合同行爲)이다.

67) 정관에는 필요적 기재 사항 이외에 임의적 기재 사항도 기재할 수 있다.

68) 설립하고자 하는 사단법인의 목적이 다수의 행정청의 관할에 속하는 때에는 모든 주무관청의 허가를 얻어야 한다.

69) 대판 1996.9.10. 95누18437.

70) 재단법인의 설립행위는 요식행위이며, 단독행위(單獨行爲)이다.

설립자가 출연한 재산은 생전처분의 경우 법인이 성립된 때에 법인의 재산이 되며 (제48조 제1항), 유언을 통해 법인을 설립하는 경우에는 유언의 효력이 발생한 때로부터 법인에 귀속한 것으로 본다(제2항). 그런데 제48조는 물권변동에 관하여 형식주의를 취하는 제186조 및 제188조의 규정과 모순된다. 예컨대 A가 재단법인 B를 설립하기 위하여, 부동산 X를 출연한 경우, 제48조 제1항에 따르면 법인의 설립등기가 마쳐진 때에 X의 소유권이 B에게 귀속하지만, 제186조에 따르면 법인의 성립 후 B에게 소유권이전등기가 완료되는 시점에 X의 소유권이 B에게 귀속하기 때문이다. 이에 대해 판례는 출연자가 부동산을 출연한 경우 출연자와 법인 사이에는 제48조가 제3자와의 관계에서는 제186조가 적용된다고 판시한다.[71]

위의 요건이 갖추어진 경우, 주무관청의 허가를 받아 그 주된 사무소의 소재지에 설립등기를 마치면 재단법인이 성립하게 된다(제32조, 제33조).

4. 법인의 능력

(1) 권리능력

「민법」 제34조는 "법인은 법률의 규정에 좇아 정관으로 정한 목적의 범위 내에서 권리와 의무의 주체가 된다."라고 하여 법인의 권리능력에 대하여 규정한다. 법인은 자연인과 다르게 민법상 모든 권리와 의무의 주체가 되는 것이 아니라 제한된 범위 내에서만 권리와 의무의 주체가 되는 것이다. 그 내용에는 ① 법인의 성질상 제한 ② 법률상 제한[72] ③ 정관으로 정한 목적상 제한이 있다. 여기서 성질상 제한이라는 것은 법인은 생명·신체·정조 등과 같은 인격권이나 가족권을 향유할 수 없다는 것을 의미한다.[73]

(2) 행위능력

법인은 자연인과 다르게 행위능력의 문제가 발생하지 않으며, 법인은 권리능력의 범위 내에서 행위능력을 갖는다. 그리고 법인은 현실적으로 그의 대표기관(예컨대 이사, 청산인 등)을 통해 법률행위를 하는데, 이때 법인과 대표기관의 관계는 대리와 유사하므로 법인의 대표에는 대리에 관한 규정이 준용된다(제59조 제2항).

---

71) 대판(전합) 1979.12.11. 78다481.

72) 「민법」 제81조(청산법인).

73) 반면, 인격권 중에서 명예·성명·신용과 같은 권리 및 재산권은 법인도 향유할 수 있다.

(3) 불법행위능력

「민법」제35조 제1항은 "법인은 이사 기타 대표자가 그 직무에 관하여 타인에게 가한 손해를 배상할 책임이 있다."라고 하여 법인의 불법행위능력을 규정하고 있다. 예컨대 법인의 이사가 직무와 관련하여 금전을 차용하여 사적인 용도로 소비한 경우, 이러한 금전채무에 대해 법인이 책임을 지는 것을 말한다. "직무에 관하여"의 의미에 대하여 판례는 외형상 직무수행행위라고 볼 수 있는 행위[74]뿐만 아니라 직무행위와 사회관념상 견련관계에 있는 행위도 이에 포함된다고 한다.[75] 그리고 민법 제35조 제1항은 제750조의 특별규정이므로 법인의 불법행위가 성립하기 위해서는 대표기관의 고의·과실, 위법성, 손해의 발생, 인과관계 등과 같은 일반불법행위의 요건을 충족해야 한다.

한편 피해자 보호를 위하여 법인이 불법행위책임을 지는 것(제35조 제1항 1문)과 별도로 대표기관 자신도 손해배상책임을 부담하는데(제2문), 양자는 부진정연대채무의 관계에 있게 된다. 그리고 이와 같은 법인의 불법행위책임이 성립하지 않는 경우, 그 사항의 의결에 찬성하거나 그 의결을 집행한 사원, 이사 및 기타 대표자가 연대하여 배상하도록 규정한다(제35조 제2항).

5. 법인의 기관

(1) 이사

「민법」제57조는 "법인은 이사를 두어야 한다."라고 규정하여, 이사를 모든 법인의 필수기관으로 하고 있다. 따라서 이사가 없거나 결원이 있는 경우, 이로 인하여 손해가 생길 염려가 있는 때에는 법원은 이해관계인이나 검사의 청구에 의하여 임시이사를 선임해야 한다(제63조). 이사는 대외적으로 법인의 사무에 관하여 법인을 대표하며(제59조), 대내적으로는 법인의 사무를 집행한다(제58조). 그리고 이사는 선량한 관리자의 주의로 그 직무를 수행하여야 한다(제61조). 이사가 집행하는 법인의 사무에는 재산목록의 작성(제55조 제1항), 사원명부의 작성(제55조 제2항), 사원총회의 소집(제70조 제1항), 파산신청(제79조), 청산에 관한 사무(제82조), 각종 법인등기 의무(제49조, 제50조) 등이 있다.

---

74) 대판 2004.2.27. 2003다15280.
75) 대판 1990.3.23. 89다카555.

(2) 감사

감사는 법인의 재산 및 이사의 업무집행을 감독하는 임의기관으로 정관 또는 총회의 결의로 감사를 둘 수 있다(제66조). 구체적인 감사의 직무는 「민법」제67에서 규정하는데, 이는 예시적 조항으로 명시된 것 이외의 직무를 할 수 있다고 해석된다.

(3) 사원총회

사원총회는 사단법인을 구성하는 모든 사원들로 구성된 집합체로서 최고의 의사결정기관이며, 사단법인의 필수기관이다. 매년 1회 이상 이사에 의해 소집되는 통상총회(제69조) 및 이사 또는 감사가 필요하다고 인정하거나 총 사원의 5분의 1 이상이 회의의 목적사항을 제시하여 이사에게 청구[76]하여 소집되는 임시총회(제70조 제2항, 제67조 4호)가 있다.

사원총회는 정관으로 이사 또는 기타 임원에게 위임한 사무 이외의 사항을 결정하며(제68조), 정관의 변경(제42조)과 임의해산(제78조)은 정관에 의해서도 박탈하지 못하는 총회의 전권사항이다. 총회의 결의는 민법이나 정관에 다른 규정[77]이 없으면 사원 과반수의 출석과 출석사원의 결의권의 과반수로 결정한다(제75조 제1항).

6. 정관의 변경

정관(定款)의 변경이란 법인이 동일성을 유지하면서 그 기초가 되는 사항을 변경하는 것을 말한다. 사단법인은 일정한 목적을 위해 결합된 사원들로 구성되기 때문에 정관에 다른 규정이 없는 경우 총 사원 3분의 2 이상의 동의와 주무관청의 허가를 얻어 변경이 가능하다(제42조). 하지만 재단법인은 설립자의 의사에 따라 출연된 재산이 그 실체이므로 정관의 변경은 원칙적으로 불가능하며, 예외적으로 ① 변경방법이 정관에 정해진 경우(제45조 제1항) ② 정관에 변경방법이 없더라도 법인의 목적달성 또는 재산보전을 위하여 필요한 경우, 명칭 또는 사무소의 소재지의 변경(제2항) ③ 재단법인의 목적을 달성할 수 없을 때, 주무관청의 허가를 얻어 설립자나 의사에 의한 정관의

---

76) 소수 사원의 총회소집권을 소수사원권(少數社員權)이라고 하며, 5분의 1이라는 수는 정관에서 증감할 수 있으나 박탈할 수는 없다.

77) 예컨대 사단법인 정관의 변경은 총 사원 3분의 2 이상의 동의(제42조 제1항), 사단법인의 해산결의는 4분의 3(제78조)이 필요하다.

변경(제46조)이 허용된다.

7. 법인의 소멸

(1) 의의

자연인은 사망하면 곧바로 권리능력이 소멸하고 상속이 개시되지만, 법인은 상속을 생각할 수 없으므로 일정한 절차를 거쳐 권리능력이 소멸하게 된다.

(2) 해산

법인에게 일정한 사유가 있는 경우, 본래의 적극적인 활동을 멈추고 청산절차에 들어가는 것을 해산이라고 한다. 민법은 법인의 공통된 해산사유로서 ① 존립기간의 만료 또는 정관에서 정한 해산사유의 발생 ② 목적의 달성 또는 달성의 불능 ③ 파산 ④ 성립허가의 취소를 규정하고(제77조 제1항), 사단법인의 특유한 해산사유로서 ① 사원이 없게 된 때 ② 사원총회의 해산결의를 규정하고 있다(제2항).

(3) 청산

청산이란 해산된 법인이 잔존 사무를 처리하고 잔존 재산을 정리하는 절차를 말하며, 청산에 관한 규정은 제3자의 이해관계에 영향을 미치기 때문에 강행규정이다.[78] 그리고 해산한 법인은 청산의 목적 범위 내에서만 권리·의무가 있다(제81조). 법인이 해산하면 파산의 경우에는 파산관재인이 청산인이 되지만, 정관 또는 총회의 결의로 달리 정한 바가 없다면 이사가 청산인이 되어 청산사무를 처리하는 기관이 된다(제82조).

청산사무로는 ① 해산등기와 해산신고(제85조, 제86조) ② 현존사무의 종결(제87조 1호) ③ 채권의 추심 및 채무의 변제(2호) ④ 잔여재산의 인도(3호) ⑤ 파산신청(제93조) ⑥ 청산종결의 등기[79]와 신고(제94조) 등이 있다. 잔여재산의 인도와 관련하여, 법인의 채무를 변제한 이후에도 남은 재산은 먼저 정관에서 지정된 자에게 귀속되고(제80조 제1항), 지정된 자가 없는 경우에는 이사 또는 청산인이 주무관청의 허가를 얻어

---

78) 대판 1980.4.8. 79다2036.
79) 법인의 청산종결 등기가 완료되었더라도 잔존한 청산사무가 있다면, 법인에게는 그 범위 내에서 권리능력이 존재한다. 즉 청산사무가 완전히 종료되어야 법인의 권리능력이 소멸한다.

그 법인의 목적에 유사한 목적을 위하여 그 재산을 처분할 수 있다(제2항). 위 두 가지 방법에 의하여도 처분되지 않는 재산은 국고에 귀속된다(제3항).

8. 법인 아닌 사단·재단

(1) 의의

법인의 실질을 갖추었으나 주무관청의 허가 또는 설립등기가 없는 단체를 법인 아닌 사단·재단이라고 하는데, 이러한 단체는 설립요건을 갖추지 못했기 때문에 원칙적으로 권리능력을 갖지 못한다. 그러나 사회에서 존재하고 일정한 역할을 하고 있기 때문에 규율의 필요성이 있다. 「민법」은 법인 아닌 사단의 소유형태로서 총유를 규정하고(제275조)[80] 「민사소송법」에서는 소송상 당사자능력(제52조)을 「부동산등기법」에서는 등기능력을 규정하고 있다(제26조).

(2) 법인 아닌 사단

법인 아닌 사단의 예로써는 종중이 있다. 판례에 따르면, 종중이란 공동선조의 후손들에 의하여 선조의 분묘수호 및 봉제사와 후손 상호 간의 친목을 목적으로 형성되는 자연발생적인 종족단체로서 선조의 사망과 동시에 후손에 의하여 성립하는 것이며, 종중의 규약이나 관습에 따라 선출된 대표자 등에 의하여 대표되는 정도로 조직을 갖추고 지속적인 활동을 하고 있다면 비법인 사단으로서 단체성이 인정된다고 한다.[81] 그리고 여기서 "공동선조의 후손들"에 관하여 종래의 관습법은 여성을 제외하였으나, 전원합의체 판결에 의하여 성년 여성들에게도 종원의 자격을 인정하였다.[82]

그 밖에 법인 아닌 사단으로 교회가 있는데, 특히 교회의 분열에 따른 재산귀속의 문제와 관련하여 판례는 교인들은 총유에 속하는 교회의 재산을 각자 사용·수익할 수 있는데, 교인들이 교회를 탈퇴하는 경우에는 이러한 권리를 상실하고 교회의 재산은 잔존 교인들의 총유로 귀속됨이 원칙이라고 한다.[83] 또한 교단에 소속되어 있던 지교회의 교인들 중 의결권을 갖는 3분의 2 이상의 찬성이 있으면 교단을 탈퇴한 교회로서

---

80) 총유(總有)란 관리·처분의 권능은 사원총회에 속하고 사용·수익의 권능은 각 사원에게 속하는 공동소유 형태의 하나이다.
81) 대판 1994.9.30. 93다27703.
82) 대판(전합) 2005.7.21. 2002다1178.
83) 대판(전합) 2006.4.20. 2004다37775.

존속하고 종전 교회 재산은 탈퇴한 교회 소속 교인들의 총유로 귀속된다고 한다.[84]

(3) 법인 아닌 재단

법인 아닌 재단이란 설립자의 재산출연 행위 및 정관의 작성은 있지만, 주무관청의 허가나 설립등기가 없는 단체를 말하며, 재단법인 설립절차 중에 있는 단체가 여기에 해당한다. 법인 아닌 재단에도 소송상 당사자능력이나 등기능력이 인정된다. 그리고 법인 아닌 재단에 대한 재산의 소유형태와 관련된 규정은 없지만,[85] 법인 아닌 재단의 채무는 그 재단의 재산으로 책임을 부담할 뿐 재단 대표자의 개인재산으로 부담할 것은 아니라고 새길 것이다.

---

84) 대결 2006.6.9. 2003마1321.

85) 비법인 재단의 단독소유로 해석할 수 있다.

제4절 권리의 객체

권리의 객체란 권리의 작용이 미치는 대상을 말하는데, 이러한 권리의 객체는 권리의 종류에 따라 다르다. 예컨대 물권의 객체는 물건이며, 채권의 객체는 채무자의 일정한 행위가 된다. 민법은 총칙편에서 권리의 객체로서 물건에 관해서만 규정하고 있다.[86]

Ⅰ. 물건

1. 의의

「민법」제98조는 "본법에서 물건이라 함은 유체물 및 전기 기타 관리할 수 있는 자연력을 말한다."라고 규정한다. 여기서 중요한 것은 관리가 가능해야 물건으로 다루어진다는 것이다. 즉 관리 가능성이란 그 물건을 배타적으로 지배할 수 있다는 의미로서 관리가 가능하다면 전기나 공기와 같이 무체물이더라도 민법상 물건이 될 수 있으며, 해나 달처럼 유체물이더라도 관리 가능성이 없으면 민법상 물건이 아니다.

그 밖에 사람의 신체나 그 일부는 물건이 될 수 없는데, 이는 인간의 존엄성에 비추어 당연하다고 할 것이다(비인격성). 따라서 장기, 혈액, 모발은 물건이 될 수 없으나 신체로부터 분리되면 물건이 되는 경우도 있다.[87] 그리고 시체는 특수한 목적의 물건이며, 이에 대한 소유권은 제사를 주재하는 자에게 있다고 할 것이다.[88]

또한 물권의 객체로서 물건은 독립된 것이어야 하며, 독립된 것인가의 여부는 사회통념에 따라 결정된다.[89] 이는 물권법이 일물일권주의(一物一權主義)를 취하기 때문이다.[90]

---

86) 권리의 객체 모두를 총칙 편에서 규율하는 것은 불가능하며, 물건에 대한 규정은 물권 이외의 다른 권리에도 관련이 있다. 예컨대 상속권의 대상인 동산과 부동산 같은 상속재산이 그것이다.

87) 이와 반대로 물건이지만 신체에 부착되면 물건성이 상실되는 경우도 있다(예컨대 의족, 의수 등).

88) 대판(전합) 2008.11.20. 2007다27670.

89) 물건에 대하여 독립성을 요구하는 것은 물권법의 일물일권주의(一物一權主義) 때문이다.

90) 일물일권주의를 인정하는 이유는 ① 물건의 일부나 다수의 집단 위에 하나의 물권을 인정할 필요가 없다는 것 ② 이에 대한 공시가 곤란하기 때문이다.

2. 부동산과 동산

(1) 서설

민법은 물건을 부동산과 동산으로 구분하고[91] 각기 다른 규정과 법리가 적용되도록 하고 있다. 그 이유는 일반적으로 부동산의 경제적 가치가 동산보다 높고 동산의 경우에는 이동성이 있어 공시가 곤란하지만 부동산은 그렇지 않다는 점 때문이다. 구체적으로 부동산과 동산은 ① 공시방법(제186조, 제188조) ② 취득시효의 요건(제245조, 제246조) ③ 선의취득의 인정 여부(제249조) ④ 무주물 선점(제252조) ⑤ 부합(제256조, 제257조) ⑥ 용익물권의 인정 여부(제279조, 제291조, 제303조) ⑦ 재판관할에 대한 특별규정의 유무(「민사소송법」 제20조) ⑧ 강제집행절차 및 방법(「민사집행법」 제78조, 제188조) 등에서 차이를 보인다.

(2) 부동산

부동산이란 토지 및 그 정착물을 말한다(제99조 제1항). 여기서 "토지"란 사람의 생활과 활동에 이용하는 땅을 말하는데, 토지의 소유권은 정당한 이익 있는 범위 내에서 토지의 상하에 미치므로(제212조), 토지에 묻혀 있는 암석, 토사, 지하수 등은 토지 소유자에게 속한다고 할 것이나 미채굴의 광물에 대한 소유권은 국가에 있다(「광업법」 제2조). 토지는 연속되어 있으므로 이를 측량 후 구분하며, 이를 지적공부에 등록하여 지번이 부여됨으로써 독립성이 인정된다.[92][93] 그리고 "그 정착물"도 독립성을 갖춘 경우 토지와 별개의 부동산으로 취급된다. 이하에서는 관련된 것들을 차례로 살펴본다.

토지 위의 정착물로서 대표적인 것으로 건물이 있다. 이와 관련하여 건물이 언제 독립성을 갖추어 토지와 별개의 부동산이 되는가의 문제가 있다.[94] 판례에 따르면, 독립된 부동산으로서의 건물이라고 하기 위해서는 최소한의 기둥과 지붕 그리고 주벽이 이루어지면 된다고 한다.[95]

---

91) 물건은 강학상 단일물·합성물·집합물, 융통물·불융통물, 가분물·불가분물, 대체물·불대체물, 특정물·불특정물, 소비물·비소비물 등으로 나뉜다.

92) 관련 법으로는 「공간정보의 구축 및 관리 등에 관한 법률」이 있다.

93) 대판 1995.6.16. 94다4615.

94) 예컨대 토지의 매매가 이루어지는 경우, 건물이 독립성을 갖추고 있다면, 건물은 토지와 함께 이전되지 않지만, 독립성을 갖추지 못한다면 토지의 일부분으로 함께 매각된다.

95) 대판 2003.5.30. 2002다21592.

그 밖에 수목이나 수목의 집단은 토지의 정착물로서 토지의 구성부분이 되지만[96] ①
「입목에 관한 법률」에 따라 소유권 보존등기를 하거나[97] ② 관습법상 인정되는 명인방
법[98]을 갖추게 되면 토지와 독립된 별개의 부동산으로 다루어진다(「입목에 관한 법률」
제3조 제1항).

이와 관련하여 유의할 것으로 「민법」 제256조 본문은 "부동산의 소유자는 그 부동산
에 부합한 물건의 소유권을 취득한다."라고 규정하지만, 판례는 토지에 대한 소유권이
없는 자가 권원 없이 경작한 입도(立稻)라 하더라도 성숙하였다면 그에 대한 소유권은
경작자에게 귀속된다고 판시한다.[99]

(3) 동산

동산이란 부동산 이외의 물건을 말한다(제99조 제2항). 따라서 관리할 수 있는 자연
력(예컨대 전기)도 동산이라고 할 것이다. 금전도 동산이지만 일반적으로 개성은 없고
가치 그 자체라고 파악되므로 동산에 관한 규정이 적용되지 않는 경우가 있다(예컨대
제250조 단서). 또한 선박·자동차·항공기·중기는 동산이지만 부동산으로 취급된다
(準不動産).

3. 주물과 종물

물건의 소유자가 어떤 물건(主物)의 일상적인 사용을 돕기 위하여 자기 소유의 다른
물건(從物)을 이에 부속하게 하는 경우가 있는데, 종물은 경제적인 측면에서 주물의 효
용을 높이므로 법률적으로도 그들의 운명을 함께하도록 할 필요가 있다. 이것이 주물
과 종물이론이다(제100조).

종물이 되기 위한 요건은 ① 주물의 일상적인 사용에 이바지할 것[100] ② 독립한 물
건일 것 ③ 일정한 장소적 관계에 있을 것 ④ 동일한 소유자에게 속할 것이다.

이상의 요건에 따라 어떤 물건이 종물로 인정되면, 종물은 주물의 처분에 따른다(제

---

96) 대결 1998.10.28. 98마1817.

97) 「입목에 관한 법률」에 따라 소유권 보존의 등기를 받은 수목의 집단을 입목(立木)이라고 한다.

98) 토지의 주위에 울타리를 치고 그 안에 수목을 정원수로 심어 가꾸어 온 사실만으로는 명인방법을 갖추었다고 보기 어렵다
고 한다(대판 1991.4.12. 90다20220).

99) 대판 1979.8.28. 79다784. 이는 우리 사회가 과거 농경사회였기 때문으로 보이나 비판의 여지가 있다.

100) 호텔의 각 방실에 시설된 TV, 전화기 등은 그 건물 자체의 효용을 높이는 것이 아니므로 종물이 아니다(대판 1985.3.26.
84다카269).

100조 제2항). 예컨대 주유소의 주유기는 종물로서 주유소의 경매 시 주유기도 함께 처분된다.[101] 그리고 종물에 관한 민법 제100조는 임의규정으로 종물만 별도로 처분할 수도 있다.

4. 원물과 과실

어떤 물건으로부터 발생하는 경제적 수익을 과실(果實)이라고 하며, 그러한 과실을 산출하는 물건을 원물(元物)이라고 한다. 민법이 이를 규정하는 이유는 원물로부터 과실이 분리되었을 때, 과실의 소유자를 확정하기 위함이며, 과실에는 천연과실과 법정과실이 있다.

천연과실(天然果實)이란 물건의 용법에 의하여 수취하는 산출물을 말하며(제101조 제1항), 예컨대 사과나무의 사과, 토지에서 채취한 광물 등을 말한다. 천연과실은 그 원물로부터 분리하는 때에는 이를 수취할 권리자에게 속하는데(제102조 제1항),[102] 원칙적으로 과실의 수취권자는 원물의 소유자이지만(제211조), 선의의 점유자(제201조), 지상권자(제279조), 전세권자(제303조), 유치권자(제323조), 질권자(제343조), 저당권자(제359조), 매도인(제587조), 임차인(제618조), 친권자(제923조) 등이 과실의 수취권자가 된다.

법정과실(法定果實)이란 물건의 사용 대가로 받는 금전 기타의 물건을 말하며(제101조 제2항), 예컨대 토지에 대한 차임, 소비대차에 따른 이자 등을 말한다. 이러한 법정과실은 수취할 권리의 존속기간일수의 비율로 취득한다(제102조 제2항).

---

101) 대판 1995.6.29. 94다6345.
102) 천연과실의 귀속과 관련하여 민법은 게르만법의 생산자주의가 아닌 로마법상의 분리주의를 따른다.

제5절 권리의 변동

Ⅰ. 서설

1. 의의

권리의 변동이란 권리의 발생·변경·소멸을 의미한다. 권리의 발생에는 그러한 권리발생이 타인의 권리에 기반을 두고 있는지의 여부에 따라 원시취득[103]과 승계취득[104]으로 나뉜다. 이를 구분하는 이유는 ① 무권리자로부터의 취득 가능 여부 ② 이전 권리에 있던 하자 및 제한이 다음 권리에 그대로 존속하는지의 여부에서 차이를 보이기 때문이다. 한편 권리의 변경이란 권리가 동일성을 유지하면서 그 권리의 주체, 내용, 작용에 있어서 변화를 일으키는 것을 말한다. 예컨대 건물의 소유자가 전세권을 설정하게 되면, 그 범위 내에서 제한을 받게 되는 것이 그것이다. 마지막으로 권리의 소멸에는 권리 자체가 완전히 사라지는 절대적 소멸과 권리의 주체가 변경되어 권리가 타인에게 이전하는 상대적 소멸로 나누어진다. 예를 들어 건물의 소실은 전자의 예이고 매매에 의한 소유권의 이전은 후자의 예이다.

2. 권리변동의 원인

권리변동은 일정한 법률요건이 있는 때에 발생한다. 법률요건이란 법률효과를 발생시키는 데 필요한 원인으로써 여기에는 법률행위, 준법률행위, 사실행위, 사무관리(제734조), 부당이득(제741조), 불법행위(제750조) 등이 있다. 예컨대 A가 자신의 자전거를 B에게 주기로 하는 계약을 체결하고 이를 이행하면, 그 효과로서 자전거의 소유권이 B에게 이전하게 되는데, 여기서 계약(법률행위)이 법률요건인 것이다.

법률요건으로서 법률행위(法律行爲)란 의사표시에 따라 그 법적 효과가 발생하는 것이며, 준법률행위(準法律行爲)란 의사표시는 있지만, 그 법적 효과는 법률이 정하는 효

---

103) 건물의 신축, 선의취득(제249조), 무주물 선점(제252조), 유실물 습득(제253조), 매장물 발견(제254조), 인격권·가족권의 취득 등은 원시취득의 예이다.
104) 승계취득의 원인은 증여(제554조), 매매(제563조), 상속(제1005조) 등이다.

과가 발생한다.[105] 마지막으로 사실행위(事實行爲)란 행위자의 의사와 무관하게 행위의 결과에 일정한 법적 효과를 인정하는 것을 말한다. 길을 걷다가 500원짜리 동전을 줍는 경우, 그 소유권을 점유자에게 귀속시키는 것과 같은 무주물선점이 사실행위에 속한다(제252조 제1항).

Ⅱ. 법률행위

1. 법률행위와 의사표시

법률요건 중의 하나인 법률행위는 사적자치를 실현하는 중요한 수단이 된다. 왜냐하면 자신의 생각과 표시에 따라 그에 따른 법적 효과가 발생하기 때문이다. 따라서 사적자치의 원칙을 바탕으로 하는 민법은 법률행위 자유의 원칙을 인정하고 있다.

이러한 법률행위의 핵심적 요소는 의사표시(意思表示)인데, 의사표시란 일정한 사법상 법률효과의 발생을 의욕하고 이를 외부에 표시하는 행위를 말하며, 크게 효과의사와 표시행위로 나누어진다. 예컨대 서점에서 책을 구입하는 경우, 이러한 계약(법률행위)은 책을 구입하겠다는 생각(효과의사)과 점원에게 계산하는 것(표시행위)으로 구분된다.

여기서 의사표시가 효력을 갖는 근거가 의사에 있는지 아니면 표시에 있는지에 따라 의사주의와 표시주의가 대립하며, 이를 의사표시의 본질론이라고 한다. 의사주의는 표의자 보호를 표시주의는 거래의 안전을 중시하는 견해이다. 한편 민법은 표시주의에 가까운 절충주의를 채택하고 있는 것으로 평가된다.

2. 법률행위의 요건

법률행위가 권리의 발생·변경·소멸과 같은 법적 효과를 발생시키기 위해서는 일단 법률행위가 성립해야 하며, 다음으로 성립한 법률행위가 효력을 발생하기 위한 요건을 갖추어야 한다. 이때 전자를 법률행위의 성립요건, 후자를 법률행위의 효력요건이라고 한다.

---

105) 예컨대 제한능력자와 거래한 상대방의 최고(제15조 제1항).

(1) 성립요건

법률행위의 일반적 성립요건에는 ① 당사자 ② 목적 ③ 의사표시가 있으며, 특정 법률행위에서 요구되는 특별 성립요건으로는 요식성이나 요물성이 요구되는 경우, 이를 갖추는 것이다. 예컨대 광고에서 정한 행위를 완료하는 행위를 통해 현상광고계약(제675조)을 성립시키는 것이 그것이다.

(2) 효력요건

법률행위의 일반적 효력요건은 ① 당사자의 능력 ② 목적의 확정성·실현 가능성·적법성·사회적 타당성·공정성 ③ 의사와 표시의 일치 및 의사표시에 하자가 없을 것이다. 또한 특별 효력요건은 법률의 규정이나 당사자의 약정에 의해 요구될 수가 있는데, 예를 들어 조건부 법률행위에 있어서 조건의 성취(제147조)나 유언에 있어서 유언자의 사망(제1073조 제1항)이 그것이다.

3. 법률행위의 종류

(1) 의사표시의 수(數)에 따른 분류

법률행위에는 반드시 의사표시가 있으므로, 의사표시의 개수에 따라 ① 단독행위(1개) ② 계약(2개)[106] ③ 합동행위(2개 이상)로 나눌 수 있다. 단독행위에는 법률행위를 취소하는 것(제142조)과 같이 상대방 있는 단독행위와 재단법인의 설립행위(제43조)와 같이 상대방 없는 단독행위가 있다. 그리고 계약은 청약과 승낙이라고 하는 서로 대립하는 2개의 의사표시의 합치에 의해 성립하는 법률행위이며, 합동행위는 동일한 목적을 위해 2개 이상의 의사표시가 평행적·구심적으로 합치되어 성립하는 법률행위로서 사단법인의 설립행위(제40조)가 이에 속한다.

(2) 법률효과에 따른 분류

법률행위 후 이행의 문제가 남는지의 여부에 따라 채권행위와 물권행위로 나누어진다. 채권행위는 채권을 발생시키는 법률행위로서 그 이후 이행의 문제가 남지만, 물권

---

106) 전형계약 중 하나인 조합은 예외적으로 의사표시가 2개 이상일 수 있다(제703조).

행위는 물권의 변동을 발생시키는 법률행위로서 이행의 문제가 남지 않는다.[107] 따라서 채권행위를 의무부담행위, 물권행위를 처분행위라고 한다. 예컨대 부동산에 관한 매매계약을 체결하고 1개월 후 등기를 이전하기로 약정한 경우, 매매계약을 체결하는 것은 채권행위이고 1개월 후 등기관련 서류를 수수하거나 등기에 협력하는 것은 물권행위라고 할 수 있다. 하지만 현실매매에 있어서는 채권행위와 물권행위가 동시에 이루어지기 때문에 구별이 어렵다.

4. 법률행위의 목적

(1) 확정성

법률행위의 목적은 확정되어 있거나 확정할 수 있어야 한다. 따라서 선택채권(제380조)은 유효하다. 반면, 이러한 확정성이 없는 법률행위는 무효이다.

(2) 실현 가능성

법률행위의 목적은 실현 가능하여야 한다. 그러므로 목적이 실현 불가능한 법률행위는 무효가 된다. 이러한 실현 가능성의 유무는 사회통념에 따라서 결정된다. 그리고 실현 가능성이 없는 경우를 불능이라고 하는데, 여기에는 법률행위 성립 당시부터 실현 불가능한 원시적 불능과 법률행위 성립 당시에는 실현 가능했지만 그 이후 불능이 된 후발적 불능으로 나누어진다. 그리고 후발적 불능은 채무자의 귀책사유의 유무에 따라 채무불이행(제390조) 또는 위험부담(제537조)의 문제로 귀결된다.

(3) 적법성

법률행위가 효력을 발생하려면 그 목적이 법률을 위반해서는 안 된다. 「민법」 제105조는 "법률행위의 당사자가 법령 중의 선량한 풍속 기타 사회질서에 관계없는 규정과 다른 의사표시를 한 때에는 그 의사에 의한다."라고 규정한다. 즉 법령 중 이러한 사회질서와 무관한 규정을 임의규정, 유관한 규정을 강행규정[108]이라고 하는데, 강행규정에

---

107) 따라서 물권행위를 함에 있어서 처분자에게는 처분할 수 있는 권한이 있어야 한다.

108) 강행규정에는 효력규정과 단속규정이 있으며, 효력규정을 위반하는 경우에는 사법상의 효과가 부정되지만, 단속규정은 벌칙의 적용만 있을 뿐 사법상의 효과는 유지된다. 예컨대 의료인이 아닌 자가 의료계약을 체결하고 이를 이행한 경우, 「의료법」 제27조는 단속규정이므로 벌칙(제87조)을 받는 것은 별도로 하고 환자는 치료비를 지급해야만 한다.

위반한 법률행위는 무효가 된다.

(4) 사회적 타당성

법률행위의 내용은 선량한 풍속 기타 사회질서에 적합하여야 하며, 이를 위반하는 경우, 그 법률행위는 무효가 된다(제103조). 이를 간략하게 공서양속(公序良俗)이라고 한다. 제103조는 일반조항 내지 백지조항으로서 그 구체적인 내용은 판례나 학설에 의해 채워질 수밖에 없다. 판례에 따르면, 법정에서 증언의 대가로 통상적으로 용인될 수 있는 수준을 넘는 급부를 지급하기로 하는 계약,[109] 매도인의 배임행위에 제2매수인이 적극 가담하여 이루어진 부동산 이중매매의 경우,[110] 부첩계약의 종료를 해제조건으로 하는 증여계약,[111] 이른바 씨받이 계약,[112] 도박자금에 제공할 목적으로 이루어진 소비 대차계약[113] 등을 공서양속 위반으로 판시한다. 한편 법률행위의 내용이 공서양속에 위반된 것은 아니지만, 행위자의 동기나 목적이 이에 반하는 경우 이를 무효로 할 것인가의 문제가 있다. 판례는 이러한 불법적인 동기가 상대방에게 표시되거나 알려진 경우에는 공서양속에 위반되는 것으로 판단한다.[114]

제103조에 위반한 법률행위는 무효가 되며, 이러한 무효는 절대적 무효로서 선의의 제3자에 대하여도 주장할 수 있다.[115] 구체적으로 이러한 법률행위가 채권행위인 경우, 아직 이행 전이라면 이행하지 않더라도 채무불이행책임(제390조)을 부담하지 않는다. 그리고 이행 후라면 이행한 것은 불법원인급여(제746조 본문)가 되어 그 반환을 청구하지 못한다.

(5) 공정성

「민법」 제104조는 "당사자의 궁박, 경솔 또는 무경험으로 인하여 현저하게 공정을 잃은 법률행위는 무효로 한다."라고 규정한다. 이를 불공정한 법률행위 또는 폭리행위

---

109) 대판 1994.3.11. 93다40522.

110) 대판 1994.3.11. 93다55289.

111) 대판 1966.6.21. 66다530. 반면, 부첩관계를 해소하면서 금원을 지급하는 경우에는 유효라고 판시한다(대판 1980.6.24. 80다458).

112) 대구지법 1991.9.17. 91가합8269.

113) 대판 1973.5.22. 72다2249.

114) 대판 1996.10.11. 95다1460.

115) 대판 1996.10.25. 96다29151.

라고 한다. 불공정한 법률행위의 요건으로는 ① 객관적 요건으로서 급부와 반대급부 사이에 현저한 불균형 ② 피해자의 궁박, 경솔, 무경험을 폭리행위자가 이용하였어야 한다. 판례에 따르면, 무학문맹의 노인이 시가 700만 원 상당의 가옥을 267만 원에 매도한 경우,[116] 삼청교육대에 다녀온 계주가 1,300만 원 이상의 채권이 있었음에도 일부만을 변제받고 1,000만 원 이상의 채권을 포기하는 약정을 맺은 경우,[117] 서울시 공무원들이 토지에 관한 매매계약을 체결하면서 평당 단가 2,100원으로 기재해야 할 것을 21,000원으로 오기한 경우[118] 등에서 폭리행위를 인정한다.

　법률행위가 폭리행위에 해당하면, 그 법률행위는 절대적 무효가 되며, 추인하더라도 유효로 되지 않는다. 구체적으로 이러한 법률행위가 채권행위인 경우, 아직 이행 전이면 이행할 필요가 없고 이행 후라면 피해자는 지급한 것을 부당이득으로 반환청구할 수 있지만(제741조, 제746조 단서), 폭리행위자는 지급한 것의 반환을 청구할 수 없다(제746조 본문).

Ⅲ. 의사표시의 불일치·하자

　의사표시에 따라 법률행위가 효력을 발생하기 위해서는 의사와 표시가 일치해야 하고 의사표시의 형성과정에서 외부의 부당한 간섭이 없어야 한다. 민법은 이와 관련하여 4가지 유형을 규정하고 있다.

1. 진의 아닌 의사표시

　진의 아닌 의사표시(비진의표시)란 표의자가 진의 아님을 알면서 하는 의사표시를 말하는데, 이때 그러한 의사표시를 신뢰한 상대방을 보호하기 위하여 이를 유효로 규정한다(제107조 제1항 본문). 하지만 상대방의 신뢰가 보호할 필요가 없는 경우, 즉 상대방이 표의자의 진의 아님을 알았거나 알 수 있었을 경우에는 무효로 한다(제107조 제1항 단서). 예컨대 친구에게 복권이 당첨되면 당첨금의 절반을 주겠다고 하는 것이

---

116) 대판 1979.4.10. 79다275.

117) 대판 1992.4.14. 91다23660.

118) 대판 1977.5.10. 76다2953.

이에 해당한다.

비진의표시가 되기 위해서는 표의자의 의사(진의)와 표시가 일치하지 않아야 하는데, 판례는 사직의 의사표시에 관하여는 "진의"란 특정한 내용의 의사표시를 하고자 하는 표의자의 생각을 말하는 것이지 진정으로 마음속에서 바라는 사항을 뜻하는 것은 아니라고 한다.[119]

2. 통정한 허위의 의사표시

「민법」 제108조 제1항은 "상대방과 통정한 허위의 의사표시는 무효로 한다."라고 규정한다. 채권자의 추심을 피하기 위하여 자신의 부동산을 친구와 합의하에 증여 후 등기해 두는 것이 그러한 예이다. 그리고 허위표시가 되기 위해서는 표의자가 다른 표시를 하는 데 대하여 상대방과 합의가 있어야 한다. 따라서 타인을 위하여 제3자가 은행을 직접 방문하여 소비대차계약서에 주채무자로서 서명·날인한 경우에는 특별한 사정[120]이 없는 한 제3자는 허위표시임을 주장하지 못한다.[121]

허위표시는 당사자 사이에서는 언제나 무효이지만, 선의의 제3자에게는 대항하지 못한다(제108조 제2항).[122] 여기서 "선의"라는 것은 그러한 법률행위가 통정의 허위표시임을 알지 못하는 것을 말하며, "제3자"란 통정한 허위표시를 유효한 것으로 믿고 그것을 기초로 새로운 이해관계를 맺은 자를 의미한다.[123] 위의 사례에서 채권추심을 피해 자신의 부동산을 친구에게 등기한 경우, 당사자 사이에서는 무효를 주장하여 그 반환을 청구할 수 있지만, 만약 친구가 이러한 사정을 모르는 제3자에게 처분한 경우에는 그 반환을 청구할 수가 없다. 이러한 효과는 부동산에 대한 공신력(선의취득)을 인정하지 않는 우리 민법에 있어 공신력을 인정하는 효과를 가져온다.

---

119) 대판 2003.4.25. 2002다11458. 반면, 대판 1991.7.12. 90다11554.

120) 대판 2002.10.11. 2001다7445.

121) 대판 1998.9.4. 98다17909. 이러한 경우에는 제3자에게 채무부담의사가 있는 것으로 해석되므로 제107조도 적용되지 않으며, 결국 명의대여자인 제3자가 책임을 부담한다.

122) 이러한 무효를 상대적 무효라고 한다.

123) 대판 2003.3.28. 2002다72125.

3. 착오로 인한 의사표시

착오로 인한 의사표시란 표의자가 의사와 표시가 불일치한 것을 모르면서 착각에 빠져 한 의사표시를 말한다(제109조). 사람의 능력은 불완전하기 때문에 의사가 표시되는 전 과정에 거쳐 착오가 발생할 수 있으며, 여기에는 동기의 착오,[124] 의미(내용)의 착오, 표시상의 착오, 표시기관의 착오 등이 있다. 의미의 착오란 표시행위 자체에는 착오가 없지만 표시행위의 내용을 잘못 이해한 경우로서 착오의 가장 일반적인 모습이다. 예컨대 홍콩에서 시계를 구입하면서 가격표의 달러가 홍콩달러(HKD)라고 생각하고 결제했는데, 미국달러(USD)인 경우가 그것이다.

착오로 인한 의사표시는 표의자의 보호와 거래의 안전 중 어디에 무게를 둘 것인가의 문제로서, 민법은 ① 법률행위의 중요부분에 관한 착오일 것 ② 표의자에게 중과실이 없을 것을 그 요건으로 하여 조화롭게 해결하고 있다. 법률행위의 중요부분을 판단함에 있어 판례는 "표의자가 그러한 착오가 없었더라면 그 의사표시를 하지 않으리라고 생각될 정도로 중요한 것이어야 하고 보통 일반인도 표의자의 처지에 섰더라면 그러한 의사표시를 하지 않았으리라고 생각될 정도로 중요한 것이어야 한다."라고 판시한다.[125] 그리고 표의자에게 중과실[126]이 없다면, 착오로 인한 의사표시를 취소할 수 있다(제109조 제1항 단서).

4. 사기·강박에 의한 의사표시

사기·강박에 의한 의사표시란 표의자의 의사표시가 타인의 사기 또는 강박과 같은 부당한 간섭을 받아 이루어진 의사표시를 말한다(제110조). 이를 하자 있는 의사표시라고도 한다. 이러한 의사표시는 표의자의 자유로운 의사형성 과정을 거쳐 나온 것이 아니므로, 취소권이 발생한다(제110조 제1항). 먼저 사기에 의한 의사표시에는 타인의 고의[127]에 의한 기망행위가 있어야 하는데, 이는 원칙적으로 적극적인 작위에 의할 것이

---

124) 동기의 착오란 의사형성 과정에서 착오가 발생하여 그 착오가 의사결정에 영향을 미치며, 그 결과 표의자의 의도와 실제로 행한 표시가 일치하는 특징이 있다. 이에 대해 판례는 동기의 착오가 제109조의 착오로 인한 의사표시로서 고려되기 위해서는 그 동기를 의사표시의 내용으로 삼을 것이 상대방에게 표시되어야 한다고 판시한다(대판 2000.5.12. 2000다12259).

125) 대판 2020.3.26. 2019다288232.

126) 중과실이란 표의자의 직업, 행위의 종류, 목적 등에 비추어 보통 요구되는 주의를 현저하게 결여한 것을 말한다(대판 1995.12.12. 94다22453).

127) 여기의 고의는 2단계의 고의로서, 표의자를 기망하여 착오에 빠뜨린다는 고의와 착오에 빠진 표의자로 하여금 구체적인 의사표시를 하게 하려는 고의를 말한다.

지만, 예외적으로 타인에게 설명의무가 있는 경우에는 침묵과 같은 부작위도 기망행위가 될 수 있다.[128] 또한 기망행위는 위법성이 있어야 하는데, 이는 거래상 요구되는 신의성실의 원칙을 위반한 것으로 구체적인 경우에 여러 사항을 고려하여 판단되어야 한다. 예컨대 백화점에서 정상가격을 할인된 가격으로 표시하여 판매한 변칙세일의 경우, 위법성이 있다고 할 것이다.[129]

그 밖에 강박에 의한 의사표시는 표의자가 타인의 해악의 고지에 의해 공포심을 갖고서 행한 의사표시이다. 주의할 것은 만약 표의자가 강박행위에 의해 의사결정의 자유를 완전히 박탈당한 상태에서 이루어진 의사표시는 무효가 된다는 점이다.[130] 또한 강박행위는 위법해야 하는데, 부정행위에 대한 고소나 고발은 원칙적으로 정당한 권리행사가 되어 위법성이 없으나 부정한 이익을 취득하기 위해 이를 이용하는 경우에는 위법성이 있다고 볼 수 있다.[131]

사기·강박에 의한 의사표시는 취소할 수 있으며, 상대방 있는 의사표시에 관하여 제3자가 사기·강박을 한 경우에는 상대방이 그 사실을 알았거나 알 수 있었을 때에만 취소할 수 있다(제110조 제2항).[132] 그리고 사기·강박에 의한 의사표시는 선의의 제3자에게 대항하지 못한다(제3항). 제3자의 선의는 추정되므로 취소를 주장하는 자가 제3자의 악의를 입증해야 한다.[133]

Ⅳ. 의사표시의 효력 발생

1. 입법주의

일정한 법적 효과의 발생을 목적으로 하는 의사표시는 경우에 따라 상대방에게 전달되어야 그 효력이 발생한다.[134] 매매계약에서 매수인의 의사표시, 취소의 의사표시 등이 그러한 예이다. 특히 상대방 있는 의사표시 중 격지자 사이에는 표의자의 의사표시

---

128) 대판 2007.6.1. 2005다5812. 반면, 대판 2002.9.4. 2000다54406.

129) 대판 1993.8.13. 92다52665. 반면, 대판 2001.5.29. 99다55601.

130) 대판 1984.12.11. 84다카1402.

131) 대판 1992.12.24. 92다25120.

132) 대판 1990.2.27. 89다카24681.

133) 대판 1970.11.24. 70다2155.

134) 상대방 없는 의사표시나 상대방 있는 의사표시라도 대화자 사이에서는 문제 되지 않는다.

가 언제 상대방에게 전달된 것으로 볼 것인지에 대하여 ① 표백주의 ② 발신주의 ③ 도달주의 ④ 요지주의의 대립이 있다.

2. 민법의 태도

「민법」 제111조 제1항은 "상대방이 있는 의사표시는 상대방에게 도달한 때에 그 효력이 생긴다."라고 하여 도달주의를 원칙으로 하고 있다. 여기서 "도달"이란 의사표시가 상대방의 지배권 내에 들어가 그 내용을 알 수 있는 상태가 되었다고 인정되는 것을 말한다.[135] 한편 민법은 도달주의를 원칙으로 하면서도 예외적으로 발신주의를 취하는 규정을 두고 있는데, 예를 들어 제한능력자의 상대방이 한 추인 여부의 확답 촉구(제15조 제1항), 사원총회의 소집의 통지(제71조) 등이 그것이다.[136]

의사표시는 행위능력자에게 하여야 한다. 따라서 표의자가 제한능력자에게 의사표시를 한 경우에는 그 의사표시로서 대항할 수 없다(제112조 본문). 다만 그 상대방의 법정대리인이 의사표시가 도달한 사실을 안 후에는 그러하지 않다(단서).

한편 표의자가 과실 없이 상대방을 알지 못하거나 상대방의 소재를 알지 못하는 경우, 의사표시는 민사소송법 공시송달의 방법에 의해 송달할 수 있으며(제113조),[137] 공시송달 후 2주가 지나면 그 효력이 생긴다(「민사소송법」 제196조 제1항).

V. 대리

1. 서설

대리(代理)란 타인(대리인)이 본인의 이름으로 의사표시를 하거나 의사표시를 수령하고 이로 인하여 발생한 법률효과를 직접 본인에게 귀속시키는 제도이다. 예컨대 건물의 소유자가 대리인에게 건물 임대차에 대한 대리권을 수여하고, 이에 따라 대리인이 임차인과 계약을 체결하면 그 법적 효과를 대리인이 아닌 건물 소유자가 받는 것이다.

---

135) 대판 1983.8.23. 82다카439.

136) 도달주의의 예외로서 발신주의를 취하는 이유는 ① 법률관계의 신속한 확정이 필요하거나 ② 다수의 의사표시에 있어 그 효력을 일률적으로 정할 필요가 있기 때문이다.

137) 「민사소송법」 제195조(공시송달의 방법).

이처럼 대리는 법률행위의 행위자와 그 법적 효과의 귀속자가 분리되는 특징이 있다. 이와 같은 대리제도는 사적자치를 확장하는 기능과 사적자치를 보충하는 기능을 수행한다.

대리와 구별할 개념으로는 먼저 간접대리가 있는데, 간접대리(間接代理)란 대리인이 자기의 이름으로 법률행위를 하고 먼저 그 효과를 받지만, 그 이후 취득한 권리를 본인에게 이전하는 것으로 위탁매매가 그 예이다(「상법」 제101조). 이는 법률행위의 효과가 직접 본인에게 귀속되는 대리와 다르다.[138] 또한 대리는 본인이 결정한 효과의사를 상대방에게 표시하거나 그대로 전달하는 사자(使者)와 구별된다. 왜냐하면 대리에서는 효과의사를 본인이 아닌 대리인이 결정하기 때문이다.

대리는 법률행위에 관한 제도로서 재산법상의 법률행위에만 인정되며, 친족법상의 행위에는 원칙적으로 대리가 허용되지 않는다. 그리고 준법률행위 중 의사의 통지(예컨대 최고)나 관념의 통지(예컨대 사원총회 소집통지)에는 대리가 허용된다.[139] 하지만 사실행위(예컨대 무주물 선점)나 불법행위에는 대리가 허용되지 않는다.

2. 대리의 종류

(1) 임의대리 · 법정대리

본인의 의사, 즉 수권행위(授權行爲)에 의해 대리권이 부여되는 대리가 임의대리이고 법률의 규정에 의해 대리권이 부여되는 대리가 법정대리이다. 예컨대 미성년자의 친권자는 미성년자의 법정대리인이 되며(제911조), 부부는 서로 일상가사에 대하여 대리권이 있다(제827조).

(2) 유권대리 · 무권대리

본인으로부터 수여받은 정상적인 대리권이 있는 대리가 유권대리(有權代理)이고 이러한 대리권이 없는 대리가 무권대리(無權代理)이다. 무권대리는 다시 협의의 무권대리와 표현대리로 나뉘는데, 이에 대해서는 후술한다.

---

138) 민법상 대리를 직접대리(直接代理)라고 한다.
139) 하지만 준법률행위 중 감정의 표시(예컨대 제841조의 사후용서)에는 대리가 허용되지 않는다.

3. 대리권

대리제도는 3면 관계, 즉 ① 본인과 대리인의 관계 ② 대리인과 상대방의 관계 ③ 상대방과 본인의 관계로 나누어 살펴볼 수 있는데, 먼저 대리권을 중심으로 한 본인과 대리인의 관계를 설명한다.

(1) 의의

대리권이란 대리인이 본인의 이름으로 의사표시를 하거나 이를 수령하여 법률행위의 효과를 본인에게 귀속시킬 수 있는 법률상의 지위 또는 자격을 말한다. 이러한 대리권은 법정대리에 있어서는 법률의 규정에 따라, 임의대리에 있어서는 본인의 수권행위에 의해 발생한다. 여기서 유의할 점은 수권행위는 본인과 대리인 사이의 기초적 내부관계를 발생시키는 행위(예컨대 위임)와는 별개의 것이라는 점이다.[140]

(2) 대리권의 범위

법정대리권의 범위는 개별적인 법률규정의 해석에 따라 결정되며,[141] 이러한 규정은 대체로 강행규정의 성격을 띤다. 반면, 임의대리권의 범위는 수권행위의 해석에 의해 결정되며, 해석에도 불구하고 그 범위가 명확하지 않은 경우, 민법의 보충규정에 따라 보존행위, 대리의 목적인 물건이나 권리의 성질을 변하게 하지 않는 범위 내에서의 이용 또는 개량행위만 가능하고 처분행위는 하지 못한다(제118조).

(3) 대리권의 제한

1) 자기계약·쌍방대리의 금지

자기계약이란 대리인이 한편으로는 본인을 대리하고 다른 한편으로는 대리인 자신이 상대방으로서 계약을 맺는 것을 말하며, 쌍방대리란 대리인이 각기 다른 본인의 대리인으로서 계약을 맺는 것을 말한다. 이는 본인의 이익을 해칠 염려가 있기 때문에 원칙적으로 금지하고 있다(제124조).[142] 하지만 본인의 허락이 있거나 채무의 이행은 자기

---

140) 대판 1962.5.24. 4294민상251.

141) 예컨대 법인이 선임한 재산관리인의 권한(제25조), 미성년 자녀에 대한 친권자의 보호·교양의무(제913조), 후견인의 임무(제941조), 선임된 상속재산관리인의 권리·의무(제1040조) 등이다.

142) 대결 2004.2.13. 2003마44.

계약·쌍방대리가 허용된다(제124조 단서). 예컨대 법무사가 부동산의 매도인과 매수인을 대리하여 소유권이전등기를 하는 것은 이미 성립하고 있는 이해관계를 처리하는 것에 불과한 채무의 이행이므로 쌍방대리의 제한을 받지 않는다. 자기계약·쌍방대리의 금지 규정을 위반한 경우, 그 대리인의 행위는 협의의 무권대리로서 유동적 무효가 된다.

2) 공동대리

공동대리란 다수의 대리인이 있는 경우, 그 대리인 모두가 함께 대리하는 것을 말하며, 이 중 1인이라도 참여하지 않으면 대리권의 행사에 하자가 있게 된다. 따라서 공동대리도 각각의 대리인의 측면에서 보면 대리권의 제한이 된다. 복수의 대리인이 있는 경우, 공동대리인지 단독대리인지는 법률의 규정(예컨대 제909조)이나 수권행위에서 정해지지만, 이러한 정함이 없다면 각자 대리가 원칙이다(제119조).

(4) 대리권의 남용

대리권의 남용이란 대리인이 대리권의 범위 내에서 대리행위를 하였으나 이러한 행위가 오로지 대리인 자신이나 제3자의 이익을 꾀하기 위해서 이루어진 경우를 말한다. 대리제도의 본질상 이러한 배임적 행위가 있더라도 그 효과는 본인에게 귀속되는 것이 맞지만, 상대방이 이를 알았거나 알 수 있었을 경우에도 그 효과를 본인에게 귀속시켜 그러한 상대방을 보호하는 것은 타당하지 않다고 할 것이며, 이러한 대리 효과 귀속을 부정하기 위한 학설의 대립이 있다. 판례는 대부분 제107조 제1항 단서 유추적용설에 따라 배임적 의사를 알았거나 알 수 있었다면 이에 대한 책임을 본인이 부담하지 않는 것으로 판시한다.[143]

(5) 대리권의 소멸

「민법」 제127조는 법정대리·임의대리의 공통된 소멸사유로서 ① 본인의 사망 ② 대리인의 사망 ③ 성년후견의 개시 또는 파산을 명시하고 있다.[144] 피성년후견인도 대리인이 될 수 있지만(제117조), 대리인이 된 후 성년후견이 개시되거나 파산한 경우,

---

143) 대판 2007.4.12. 2004다51542.

144) 임의대리에서 본인이나 대리인의 사망의 경우, 위임사무를 긴급처리 해야 하는 때에는 예외적으로 대리권은 소멸하지 않고 존속한다(제691조).

본인과 대리인 사이의 신임관계에 영향을 주기 때문에 이러한 것도 대리권의 소멸사유가 된다.

그 밖에 임의대리의 특유한 소멸사유로는 ① 원인된 법률관계의 종료(제128조 1문) ② 수권행위의 철회(2문)가 있으며, 법정대리의 특유한 소멸사유는 법정대리를 규정하고 있는 각각의 조문에 명시되어 있다.[145]

4. 대리행위

(1) 현명주의

대리인은 상대방과 대리행위를 할 때, 그 권한 내에서 본인을 위한 것임을 표시하여야 하는데(제114조 제1항), 이를 현명주의(顯名主義)라고 한다. 예컨대 A의 대리인 B와 같이 대리행위가 본인인 A를 위한 것임을 밝히는 것이다. 이를 인정하는 이유는 상대방의 신뢰보호에 있다. 판례는 대리인이 본인의 이름으로 한 의사표시에도 현명이 있다고 한다.[146]

현명주의에 위반한 경우, 그 의사표시는 대리인 자신을 위한 것으로 본다(제115조 본문). 따라서 대리행위로 인하여 발생한 권리・의무는 본인이 아닌 대리인에게 귀속된다. 다만 현명을 하지 않았지만, 상대방이 대리인으로서 한 것임을 알았거나 알 수 있었을 때에는 대리의 효과가 본인에게 귀속된다(제115조 단서).

(2) 대리행위의 하자

대리행위의 하자, 즉 의사의 흠결, 사기, 강박, 악의, 과실로 인하여 영향을 받을 때에는 대리인을 표준으로 하여 결정한다(제116조 제1항). 그 이유는 실제 대리행위를 하는 자는 대리인이기 때문이다. 그런데 유의할 점은 만약 대리인이 상대방의 기망행위에 의해 대리행위를 한 경우에 발생한 취소권은 대리인이 아닌 본인에게 발생하며, 대리인이 취소권을 행사하기 위해서는 본인으로부터 이에 대한 수권을 받아야 한다는 것이다.

---

145) 예컨대 제22조 제2항(부재자의 재산의 관리), 제924조(친권의 상실) 등이 있다.

146) 대판 1987.6.23. 86다카1411.

(3) 대리인의 능력

대리인은 행위능력자임을 요하지 않는다(제117조). 왜냐하면 대리의 효과가 본인에게 귀속되기 때문이다. 따라서 미성년자나 피성년후견인도 대리인이 될 수 있다. 다만 유의할 점은 대리인은 최소한 의사능력은 가지고 있어야 한다는 것이다.[147]

5. 대리의 효과

대리제도의 3면 관계 중 상대방과 본인의 관계를 살펴보면, 본인은 대리행위를 하지 않았지만 이로 인한 대리의 효과는 본인에게 직접 귀속된다(제114조). 따라서 상대방과 본인 사이에는 일정한 법률관계가 발생하게 된다.

6. 복대리

복대리(復代理)란 복대리인에 의한 대리를 말하며, 복대리인은 대리인이 그의 권한 내에서 대리인 자신의 이름으로 선임한 본인의 대리인이다. 대리인이 복대리인을 선임할 수 있는 권능을 복임권이라고 하는데, 임의대리인에게는 원칙적으로 복임권이 없으며, 예외적으로 본인의 승낙이나 부득이한 사유가 있는 때에 한하여 복임권이 인정된다(제120조).[148] 왜냐하면 임의대리인은 본인의 신임을 받는 자이며 또한 언제든지 사임할 수 있기 때문이다. 그리고 임의대리인이 복대리인을 선임한 때에는 본인에 대하여 그 선임·감독에 관한 책임을 진다(제121조 제1항). 한편 법정대리인에게는 원칙적으로 복임권이 있는데(제122조), 그 이유는 법률의 규정에 의해 대리인이 되었고 또한 사임하기도 쉽지 않으며, 법정대리인의 권한이 광범위하기 때문이다. 법정대리인은 임의대리인과 다르게 선임·감독에 과실이 있는지의 여부를 묻지 않고 모든 책임을 부담한다(제122조 본문).[149]

복대리인은 그 권한 내에서 본인을 대리하는데, 그 권한은 대리인의 대리권 범위 내로 제한된다. 그리고 복대리인은 본인이나 제3자에 대하여 대리인과 동일한 권리·의무가 있다(제123조).

---

147) 의사무능력자가 한 대리행위의 효과는 무효이므로 본인에게 법적 효과가 발생하지 않는다.

148) 대판 1999.9.3. 97다56099.

149) 무과실책임이다.

7. 무권대리

(1) 서설

무권대리(無權代理)란 대리권 없이 행한 대리행위를 말하는데, 이러한 무권대리는 협의의 무권대리와 표현대리로 나누어진다.

(2) 표현대리

1) 의의

표현대리(表現代理)란 대리인에게 대리권이 없음에도 불구하고 마치 대리권이 있는 것과 같은 외관이 있고 또한 그러한 외관의 발생에 본인이 어느 정도 책임이 있는 때, 상대방이 이를 신뢰하였다면 유권대리의 효과를 발생시키는 무권대리를 말한다. 이러한 표현대리는 상대방(거래안전)을 보호하기 위한 목적이 있으며, 민법은 표현대리로서 3가지 유형을 규정하고 있다.

2) 대리권 수여의 표시에 의한 표현대리

「민법」 제125조 본문은 "제3자에 대하여 타인에게 대리권을 수여함을 표시한 자는 그 대리권의 범위 내에서 행한 그 타인과 제3자 간의 법률행위에 대하여 책임이 있다." 라고 규정한다. 이러한 표현대리가 인정되기 위해서는 본인이 제3자에 대하여 어떤 자에게 대리권을 수여했음을 표시해야 하며, 표시의 방법에는 제한이 없다.[150] 또한 "타인"은 표시된 대리권의 범위 내의 대리행위를 하여야 한다. 그렇지 않고 그 대리권의 범위를 넘은 대리행위를 한 경우에는 제126조가 적용된다. 그리고 "제3자"가 "타인"에게 대리권이 없다는 사실을 몰랐거나 그렇게 믿는 데 과실이 없어야 한다(제125조 단서). 즉 상대방의 선의·무과실이 요건이 된다.

이상의 요건이 갖추어지면, 본인은 표현대리의 효과를 받게 된다.[151]

3) 권한을 넘은 표현대리

「민법」 제126조는 "대리인이 그 권한 외의 법률행위를 한 경우에 제3자가 그 권한이

---

150) 대판 1998.6.12. 97다53762.

151) 표현대리가 인정되어 본인에게 손해가 발생한 경우, 표현대리인에게 불법행위책임(제750조)을 물을 수도 있을 것이다.

있다고 믿을 만한 정당한 이유가 있는 때에는 본인은 그 행위에 대하여 책임이 있다."라고 규정한다. 이러한 표현대리의 특징은 본인으로부터 수여받은 기본적인 대리권이 표현대리인에게 있다는 사실이다. 따라서 타인의 인감이나 위임장을 절취·위조하여 계약을 체결한 경우에는 표현대리의 문제가 발생하지 않는다. 그리고 본조의 표현대리가 성립하기 위해서는 표현대리인과 상대방 사이에 대리행위가 있어야 한다. 그러므로 타인의 재산을 본인의 것이라고 하면서 상대방과 법률행위를 한 경우에는 제126조가 적용되지 않는다.[152] 한편 권한을 넘은 표현대리가 성립하기 위해서는 상대방의 보호할 만한 신뢰가 있어야 하는데, 제126조는 "정당한 이유"로 표현한다. 판례는 정당한 이유를 상대방의 선의·무과실로 새긴다.[153]

이상의 요건이 충족되면, 본인은 표현대리인의 대리행위로 인한 효과를 받게 된다. 그 밖에 제126조가 법정대리에도 적용되는가의 문제가 있는데, 판례는 이를 긍정하는 태도를 취한다.[154] 따라서 부부의 일상가사대리권[155]을 기본 대리권으로 하여 제126조가 적용될 수 있다.[156]

4) 대리권 소멸 후의 표현대리

「민법」 제129조는 "대리권의 소멸은 선의의 제3자에게 대항하지 못한다. 그러나 제3자가 과실로 인하여 그 사실을 알지 못한 때에는 그러하지 아니하다."라고 하여, 대리권 소멸 후의 표현대리에 대하여 규정한다. 본조가 적용되기 위해서는 대리인이 이전에는 대리권이 있었지만 대리행위 당시에는 그 대리권이 소멸하고 없어야 하며, 기존 대리권 범위 내의 대리행위를 했어야 한다. 그리고 상대방이 선의·무과실이라면 표현대리의 효과가 본인에게 귀속하게 된다. 판례는 제129조를 임의대리 이외에 법정대리에도 적용한다.[157]

---

152) 대판 2001.1.19. 99다67598.

153) 대판 1987.5.26. 86다카1821.

154) 대판 1997.6.27. 97다3828.

155) 「민법」 제827조(부부간의 가사대리권).

156) 대판 1981.6.23. 80다609. 반면, 대판 1993.9.28. 93다16369.

157) 대판 1975.1.28. 74다1199.

(3) 협의의 무권대리

1) 의의

무권대리 중에서 표현대리를 제외한 것이 협의의 무권대리이다. 즉 본인이 수여한 대리권도 없고 또한 표현대리에도 해당하지 않기 때문에 이러한 무권대리의 효과는 본인에게 발생하지 않는다. 하지만 민법은 이를 확정적 무효로 하지 않고 유효의 가능성을 열어 두고 있다.

2) 본인과 상대방의 관계

협의의 무권대리에 있어 원칙적으로 본인은 아무런 책임을 부담하지 않지만, 본인이 이를 추인하면 자신에게 그 대리의 효과를 발생시킬 수 있다(제130조). 여기서 추인이란 불완전한 법률행위를 이후에 확정하여 효력을 갖게 하는 일방적인 의사표시로서 형성권의 성질을 갖는다. 추인의 의사표시는 상대방 또는 무권대리인에게 명시적 또는 묵시적으로 할 수 있다.[158] 또한 본인은 추인거절권을 행사하여, 무권대리 행위를 확정적 무효로 만들 수도 있다.

한편 상대방은 상당한 기간을 정하여 본인에게 그 추인 여부의 확답을 최고할 수 있으며, 본인이 그 기간 내에 확답을 발(發)하지 않으면 추인을 거절한 것으로 본다(제131조). 또한 계약 당시에 대리권이 없음을 몰랐던 상대방은 본인이나 대리인에 대하여 이를 철회하여 그 법률행위를 무효화시킬 수 있다(제134조).

3) 상대방과 무권대리인의 관계

협의의 무권대리가 표현대리의 요건을 갖추지 못하고 또한 본인이 이를 추인하거나 상대방이 철회하지 않는 경우, 상대방은 자신의 선택에 따라 무권대리인에게 계약의 이행 또는 손해배상책임[159]을 물을 수 있도록 한다(제135조 제1항). 하지만 상대방이 그 대리인에게 대리권이 없다는 사실을 알았거나 알 수 있었을 때 또는 무권대리인이 제한능력자일 경우[160]에는 이러한 책임을 묻지 못한다(제135조 제2항).

---

158) 대판 1981.4.14. 81다151. 반면, 대판 1990.3.27. 88다카181.

159) 무권대리인의 고의 또는 과실을 요구하지 않는 무과실책임이다.

160) 이는 제한능력자를 보호하기 위함이다.

4) 본인과 무권대리인의 관계

본인이 무권대리행위를 추인하지 않으면 양 당사자 사이에 아무런 법률관계도 발생하지 않는다. 다만 요건을 충족한 경우, 법률규정에 의한 법률관계(예컨대 불법행위)는 생길 수 있다.

VI. 법률행위의 무효와 취소

1. 서설

법률행위의 무효와 취소는 법률행위가 성립요건을 갖추었으나 효력요건을 갖추지 못하여 법률효과가 발생하지 않는 경우와 관련이 있다. 따라서 이는 법률행위의 불성립과 구별해야 한다. 왜냐하면 법률행위의 무효와 취소는 법률행위 성립 이후의 문제이기 때문이다. 민법에서 어떤 법률행위를 무효로 할 것인지 아니면 취소로 할 것인지는 입법정책의 문제이다.

2. 무효

(1) 의의

법률행위의 무효(無效)란 법률행위가 성립한 때부터 법률상 효력이 당연히 발생하지 않는 것을 말한다. 그러므로 무효의 원칙적 모습은 절대적·확정적 무효이다.

(2) 원인

민법상 무효의 원인으로는 의사무능력자의 법률행위, 법률행위의 목적의 원시적 불능, 강행규정(효력규정) 위반행위, 반사회질서의 법률행위(제103조), 불공정한 법률행위(제104조), 진의 아닌 의사표시의 예외(제107조 제1항 단서), 통정한 허위의 의사표시(제108조) 등이 있다.

(3) 무효의 종류

법률행위의 당사자뿐만 아니라 제3자에게도 주장할 수 있는 무효를 절대적 무효라고 하며, 법률행위의 당사자 사이에서만 주장할 수 있는 무효를 상대적 무효라고 한다(예컨대 제107조 제2항). 그리고 전부무효는 법률행위의 전부가 무효인 경우이고, 일부무효는 그 일부만이 무효인 경우이다. 법률행위의 일부분이 무효이면 전부무효가 원칙이지만, 그 무효부분이 없더라도 법률행위를 하였을 것이라고 인정될 때에는 나머지 부분은 유효가 된다(제137조).[161] 그 밖에 당해 법률행위가 유효로 될 가능성이 전혀 없는 무효를 확정적 무효라고 하며, 추후 유효가 될 가능성이 남아 있는 무효를 유동적 무효라고 한다. 예컨대 협의의 무권대리(제130조), 토지거래허가 구역 내에 있는 토지에 매매계약 시 관할관청의 허가를 받지 않은 경우(「부동산 거래신고 등에 관한 법률」 제11조 제6항) 등이 유동적 무효이다.

(4) 무효의 효과

법률행위가 성립하였더라도 그 효력은 발생하지 않으며, 무효인 법률행위에 따른 의무가 이행되지 않았으면 이행할 필요가 없고, 만약 이행이 되었다면 부당이득(제741조)으로 반환을 청구할 수 있으나 불법원인급여(제746조)의 제한이 있을 수 있다. 그리고 무효는 누구라도 그 무효를 주장할 수 있다는 점에서 취소와 차이점을 보인다.

(5) 무효행위의 전환

무효인 법률행위가 다른 법률행위의 요건을 구비하고 당사자가 그 무효를 알았더라면 다른 법률행위를 하였을 것이라고 인정될 때에는 다른 법률행위로서 효력을 갖는데, 이를 무효행위의 전환이라고 한다(제138조). 예컨대 혼인 외의 자녀를 혼인중의 친생자로 신고한 경우, 인지로서의 효력은 있다.[162]

(6) 무효행위의 추인

원칙적으로 무효인 법률행위는 추인하여도 유효가 되지 않지만, 당사자가 그 무효임

---

161) 대판 2010.3.25. 2009다41465.
162) 대판 1976.10.26. 76다2189. 이는 「가족관계의 등록 등에 관한 법률」에 신설되었다(제57조 제1항).

을 알고 추인한 경우에는 새로운 법률행위로 보는데, 이를 무효행위의 추인이라고 한다(제139조). 이러한 추인은 무효의 원인이 소멸된 이후에 가능하므로 당해 법률행위가 반사회질서의 법률행위(제103조)이거나 불공정한 법률행위(제104조) 또는 강행규정 위반인 경우(제105조)에는 추인하더라도 그 효력이 없다.[163)

3. 취소

(1) 의의

법률행위의 취소(取消)란 일단 유효하게 성립한 법률행위의 효력을 취소권자의 의사표시에 따라 법률행위 시로 소급하여 무효로 하는 것을 말한다. 그러므로 법률행위에 취소의 원인이 있더라도 취소하지 않으면 그 법률행위는 계속해서 유효하게 된다.

(2) 취소의 원인

민법상 취소사유로는 제한능력자의 법률행위(제5조 제2항, 제10조 제1항, 제13조 제4항), 착오로 인한 의사표시(제109조 제1항), 사기·강박에 의한 의사표시(제110조 제1항) 등이 있다.

(3) 취소권

무효와 다르게 취소는 취소권자만이 할 수 있는데,「민법」제140조는 "취소할 수 있는 법률행위는 제한능력자, 착오로 인하거나 사기·강박에 의하여 의사표시를 한 자, 그의 대리인 또는 승계인만이 취소할 수 있다."라고 규정한다. 여기서 "승계인"이란 포괄승계인(예컨대 상속인)이나 취소권자의 지위를 승계한 특정승계인(예컨대 계약인수인)도 포함된다고 새길 것이다.

취소권은 형성권이므로 취소권자의 상대방에 대한 일방적인 의사표시로 한다(제142조).

---

163) 대판 1994.6.24. 94다10900.

(4) 취소의 효과

법률행위가 취소되면 처음부터 무효인 것으로 본다(제141조 본문). 즉 소급효가 있으며, 당사자 간에 서로 이행한 것이 있으면 서로 자신이 받은 이익을 부당이득으로써 반환하여야 한다(제741조). 그리고 그 반환의 범위는 제748조에 따라 이루어지는데, 제한능력자의 경우에는 그 행위로 인하여 받은 이익이 현존하는 한도에서 상환할 책임이 있다(제141조 단서). 즉 제한능력자는 선의이든 악의이든 관계없이 현존의 이익만 반환하면 된다.[164] 여기서 현존의 이익이란 받은 이익이 그대로 있거나 또는 변형된 경우, 또는 지출의 절약도 현존의 이익이므로 반환의 범위에 포함된다. 예컨대 미성년자가 법정대리인의 동의 없이 100만 원을 빌려서 70만 원은 유흥비로 탕진하고 30만 원은 원룸 임대료로 사용했다면, 현존의 이익은 30만 원이 된다.

(5) 취소할 수 있는 법률행위의 추인

취소할 수 있는 법률행위의 추인이란 취소할 수 있는 법률행위를 취소하지 않겠다고 하는 취소권자의 의사표시를 말하며, 이는 취소권의 포기라고 할 것이다. 이러한 추인에 의해 취소할 수 있는 법률행위는 확정적으로 유효하게 된다. 예컨대 미성년자가 성년이 된 이후 취소할 수 있는 법률행위를 추인하는 것이나 착오를 벗어난 자가 착오로 인한 법률행위를 추인하는 것이 그것이다. 그리고 한 번 추인을 하게 되면 더 이상 취소를 하지 못한다(제143조 제1항).

(6) 법정추인

법정추인이란 취소할 수 있는 법률행위에 일정한 사실이 있으면 법률상 당연히 추인하는 것으로 보는 제도이다(제145조). 그 사유로는 ① 전부나 일부의 이행 ② 이행의 청구 ③ 경개 ④ 담보의 제공 ⑤ 취소할 수 있는 행위로 취득한 권리의 전부나 일부의 양도 ⑥ 강제집행이 있다. 다만 법정추인이 되기 위해서는 취소의 원인이 종료하여야 하며, 위와 같은 사유에 이의를 보류하지 않아야 한다.

---

164) 부당이득의 반환범위를 규정한 제748조에 따르면 선의의 수익자는 현존의 이익만을 반환하면 되며, 악의의 수익자는 받은 이익, 이자, 손해의 배상까지 하여야 한다.

(7) 취소권의 단기소멸

「민법」 제146조는 "취소권은 추인할 수 있는 날로부터 3년 내에 법률행위를 한 날로부터 10년 내에 행사하여야 한다."라고 하여, 취소권의 상대방을 보호하고 있다. 따라서 이 기간은 제척기간이다. 여기서 "추인할 수 있는 날"이란 취소의 원인이 종료된 날을 의미한다.

VII. 법률행위의 부관

1. 서설

법률행위의 부관(附款)이란 법률행위의 효과를 제한하기 위하여 법률행위의 내용으로 부가되는 약관을 의미한다. 이러한 부관은 사적자치의 원칙상 당연히 인정되며, 민법은 부관으로서 조건과 기한을 규정하고 있다.

2. 조건

조건(條件)이란 법률행위의 효력발생 또는 소멸을 장래의 불확실한 사실의 성취 여부에 의존하게 하는 법률행위의 부관을 말한다. 이러한 조건에는 대표적으로 정지조건과 해제조건이 있는데, 정지조건(停止條件)은 법률행위의 효력발생을 장래의 불확실한 사실의 성취에 의존하게 하는 조건이며, 해제조건(解除條件)은 법률행위의 효력소멸을 이에 의존하게 하는 조건을 말한다. 예컨대 취업하면 자동차를 사주겠다는 것은 정지조건이 부착된 증여계약이 된다. 판례에 따르면, 약혼예물의 수수는 혼인의 불성립을 해제조건으로 하는 증여와 유사한 성질을 가진다고 판시한다.[165]

법률행위에 조건을 붙이는 것은 사적자치의 원칙상 자유롭게 인정되지만, 예외적으로 가족법상의 행위(예컨대 혼인),[166] 어음·수표행위(「어음법」 제1조, 「수표법」 제1조), 단독행위에는 일반적으로 조건을 붙이지 못한다.

---

165) 대판 1996.5.14. 96다5506.

166) 유언은 가족법상의 행위임에도 예외적으로 조건을 붙일 수 있다(제1073조 제2항).

3. 기한

기한(期限)이란 법률행위의 효력발생 또는 소멸을 장래에 발생할 것이 확실한 사실에 의존하게 하는 법률행위의 부관을 말한다. 기한의 대표적인 것으로는 시기와 종기가 있는데, 시기(始期)는 법률행위의 효력발생을 장래의 확실한 사실의 발생에 의존하게 하는 기한을 말하며, 종기(終期)는 법률행위의 효력소멸을 이에 의존하게 하는 기한을 말한다. 예컨대 다음 달 1일에 일정한 금전을 증여하겠다는 것은 시기가, 올해 말까지만 상가를 임대하겠다는 것은 종기가 붙은 법률행위가 된다.

조건을 붙일 수 없는 법률행위는 대체로 기한도 붙이지 못하는 것이 일반적이다. 따라서 가족법상의 행위에 기한을 붙이지 못하지만, 어음과 수표행위에 시기(이행기)를 붙이는 것은 가능하다.

제6절 기간

Ⅰ. 서설

기간(期間)이란 어느 시점에서 어느 시점까지 계속된 시간을 말한다. 이러한 기간은 법률행위에 의해서 정해지는 경우가 일반적이지만, 법률의 규정[167]이나 재판상의 처분에 의해 정해지는 경우도 있다. 민법은 제155조 이하에서 기간의 계산에 관한 규정을 두고 있는데, 본 규정은 기간에 관한 보충적 규정이다. 따라서 기간의 계산은 법령, 재판상의 처분 또는 법률행위에 다른 정함이 있으면 민법은 적용되지 않는다(제155조). 하지만 민법상 기간의 계산에 관한 규정은 사법관계뿐만 아니라 공법관계에도 적용된다.[168]

Ⅱ. 기간의 계산방법

1. 자연적 계산방법

기간을 시, 분, 초로 정한 때에는 자연적 계산방법을 따른다. 이는 기간을 시간에 따라서 그대로 계산하는 방법이다. 따라서 기간의 기산점은 즉시 기산하고(제156조), 기간의 만료점은 정해진 시, 분, 초가 경과하는 시점이다. 예컨대 오전 10시부터 3시간 동안 자전거를 임대하는 경우, 기산점은 오전 10시이고 만료점은 오후 1시가 된다.

2. 역법적 계산방법

기간을 일, 주, 월, 연으로 정한 때에는 역법적 계산방법을 따른다. 이는 역(曆)에 따라 기간을 계산하는 방법이다. 이 방법에 따른 기산점은 초일을 계산에 넣지 않고 다음

---

167) 「민법」 제4조(성년), 제27조(실종의 선고), 제162조(채권, 재산권의 소멸시효) 등.
168) 대판 2009.11.26. 2009두12907.

날을 기산점으로 삼는데, 이를 초일불산입(初日不算入)의 원칙이라고 한다(제157조 본문). 하지만 여기에는 두 가지의 예외, 즉 ① 그 기간이 오전 0시부터 시작하는 때(제157조 단서)[169] ② 연령을 계산할 때(제158조)에는 초일을 산입한다.

기간의 만료점은 기간 말일의 종료로 그 기간이 만료한다(제159조). 그리고 기간을 주, 월, 연으로 정한 경우에는 이를 일(日)로 환산하지 않고 역에 의해 계산한다(제160조 제1항). 그런데 주, 월, 연의 처음부터 기간을 계산하지 않는 경우에는 최후의 주, 월, 연에서 그 기산일에 해당한 날의 전일로 기간이 만료한다(제2항). 예를 들어 1월 5일 금전소비대차계약을 체결하면서 1년 후에 변제하기로 한 경우, 그 기산점은 1월 6일이며, 만료점은 다음 해 1월 5일 24시가 된다.

그 밖에 월, 연으로 정한 경우, 최종의 월에 해당일이 없는 때에는 그 월의 말일로 기간이 종료하며(제160조 제3항), 기간의 말일이 토요일 또는 공휴일이면 기간은 그 다음 날 만료한다(제161조). 예컨대 12월 30일에 2달 후라고 한 경우, 기산점은 12월 31일이고 만료점은 다음 해 2월 31일이 되는데, 2월에는 해당하는 날이 없기 때문에 다음 해 2월 28일이 만료점이 된다.

---

169) 예컨대 오는 6월 15일부터 3일간 책을 빌려주는 계약을 체결한 경우, 6월 15일이 기산점이다.

제7절 소멸시효

I. 서설

시효(時效)란 일정한 사실상태가 장기간 계속된 경우, 그 상태가 진정한 권리관계에 부합하는가를 묻지 않고 그 사실상태를 권리관계로 인정하는 제도이며, 여기에는 소멸시효와 취득시효가 있는데, 전자는 민법총칙에서 후자는 물권법에서 규정하고 있다.

소멸시효(消滅時效)란 권리자가 자신의 권리를 오랫동안 행사하지 않는 경우, 그의 권리를 소멸시키는 제도이다.[170) 이러한 시효제도를 인정하는 이유는 ① 법질서 안정 ② 증거보전의 곤란을 구제 ③ 보호가치의 약화[171) 때문이다.

II. 제척기간

소멸시효와 구별할 개념으로 제척기간이 있는데, 제척기간(除斥期間)이란 법에서 정한 권리의 존속기간으로 권리자는 반드시 그 기간 내에 당해 권리를 행사하여야 한다. 예컨대 취소권과 같은 형성권은 상대방의 지위를 불안정하게 하므로 신속하게 그 법률관계를 확정할 필요가 있는데, 그러한 취소권에서 규정한 기간은 제척기간이 되는 것이다(제146조). 요컨대 소멸시효는 권리행사의 태만을 문제 삼는 것이지만, 제척기간은 법률관계의 조속한 확정과 관련된다.

제척기간의 적용을 받는 권리의 행사방법과 관련하여, 판례는 원칙적으로 제척기간 내에 재판상 또는 재판 외의 권리행사가 있으면 권리가 보전되지만, 예외적인 경우에는 재판상 행사해야 한다고 판시한다.[172) 그리고 소멸시효와 제척기간을 구별하는 일반적인 기준은 법률 규정에 "시효로 인하여…"라고 명시되어 있으면 소멸시효이고 그렇지 않으면 제척기간인데, 명확한 기준은 아니며, 이러한 문구뿐만 아니라 권리의 성

---

170) 이와 유사한 제도로서 실효의 원칙이 있는데, ① 근거 규정이 다르고 ② 소멸시효의 대상이 되지 않는 권리도 실효의 원칙이 적용될 수 있다는 점에서 구별된다.

171) 이른바 "권리 위에 잠자는 자는 보호받지 못한다."

172) 대판 2002.4.26. 2001다8097.

질, 규정의 취지 등도 함께 고려해서 판단하여야 한다.

제척기간과 소멸시효기간은 ① 중단의 유무 ② 정지의 유무 ③ 시효이익의 포기 ④ 주장의 필요성173) ⑤ 소급효의 유무 ⑥ 기산점174)에서 차이를 보인다.

Ⅲ. 소멸시효의 요건

1. 소멸시효의 대상이 되는 권리

민법은 소멸시효의 대상이 되는 권리로서 채권과 소유권 이외의 재산권을 규정하고 있다(제162조). 소유권은 항구성이 있기 때문에 소멸시효의 대상이 아니며,175) 가족권이나 인격권도 그 대상이 아니다. 이와 관련하여, 등기권리자가 등기의무자에게 등기신청에 협력할 것을 청구할 수 있는 등기청구권은 채권적 청구권으로 10년의 소멸시효에 걸리는데, 판례는 ① 부동산을 매수한 자가 그 목적물을 인도받은 경우,176) 부동산을 인도받아 사용·수익하다가 제3자에게 그 부동산을 처분한 경우177)에는 소위 권리 위에 잠자는 자라고 볼 수 없으므로 등기청구권은 시효로 인하여 소멸하지 않는다고 판시한다. 그 밖에 소유물 반환청구권과 같은 물권적 청구권은 물권의 속성으로부터 나오는 것으로 이는 물권과 별도로 소멸시효에 걸리지 않는다고 할 것이다.178)

2. 권리의 불행사

소멸시효는 권리행사의 태만, 즉 권리 불행사를 문제 삼는 것으로 소멸시효로 권리가 소멸하기 위해서는 권리자가 권리를 행사할 수 있음에도 불구하고 이를 행사하지 않아야 한다. 따라서 소멸시효는 권리를 행사할 수 있는 때로부터 진행한다(제166조 제1항). 여기서 "권리를 행사할 수 있는 때"라는 것은 법률상 장애가 없는 것을 말하는데, 구체적으로 조건이 성취되었거나 기한이 도래한 경우를 의미한다. 예컨대 A가 B에

---

173) 제척기간은 당사자의 주장과 관계없이 법원이 직권으로 고려한다(대판 1996.9.20. 96다25371).
174) 소멸시효는 권리 행사가 가능한 시점부터 시효가 진행되지만, 제척기간은 권리 행사의 가능 여부와 무관하게 권리가 발생한 시점부터 진행한다.
175) 물론 취득시효의 대상은 된다.
176) 대판(전합) 1976.11.6. 76다148.
177) 대판(전합) 1999.3.18. 98다32175.
178) 대판 1982.7.27. 80다2968.

게 금전을 1년간 빌려준 경우, 채권의 소멸시효는 계약체결 시가 아닌 1년 후 변제기가 도래한 때부터 진행한다. 따라서 채무자의 소재를 모르거나 권리자의 질병 또는 법률적 지식의 부족 등은 사실상 장애로서 소멸시효의 진행에 영향을 주지 못한다.

그 밖에 확정기한부 채권은 기한이 도래한 때,[179] 불확정기한부 채권은 기한이 객관적으로 도래한 때가 소멸시효의 기산점이 된다. 그리고 기한을 정하지 않은 채권은 채권이 발생한 때로부터 소멸시효가 진행되는데, 왜냐하면 이러한 채권은 채권자가 언제든지 그 권리를 행사할 수 있기 때문이다.[180]

3. 소멸시효기간

일반적인 채권의 소멸시효 기간은 10년이며(제162조 제1항), 소유권 이외의 재산권의 소멸시효 기간은 20년이다(제2항). 그 밖에 불법행위에 따른 손해배상청구권은 3년의 특칙이 있다(제766조 제1항).[181]

민법은 채권 중에서 단기소멸시효에 걸리는 채권을 규정하고 있다. 먼저 3년의 단기소멸시효에 걸리는 채권으로는 ① 이자, 부양료, 급료, 사용료 기타 1년 이내의 기간으로 정한 금전 또는 물건의 지급을 목적으로 한 채권[182] ② 의사, 조산사, 간호사 및 약사의 치료, 근로 및 조제에 관한 채권 ③ 도급받은 자, 기사 기타 공사의 설계 또는 감독에 종사하는 자의 공사에 관한 채권 ④ 변호사, 변리사, 공증인, 공인회계사 및 법무사에 대한 직무상 보관한 서류의 반환을 청구하는 채권 ⑤ 변호사, 변리사, 공증인, 공인회계사 및 법무사의 직무에 관한 채권 ⑥ 생산자 및 상인이 판매한 생산물 및 상품의 대가[183] ⑦ 수공업자 및 제조자의 업무에 관한 채권이 있으며(제163조), 1년의 단기소멸시효에 걸리는 채권으로는 ① 여관, 음식점, 대석, 오락장의 숙박료, 음식료, 대석료, 입장료, 소비물의 대가 및 체당금의 채권 ② 의복, 침구, 장구 기타 동산의 사용료의 채권 ③ 노역인, 연예인의 임금 및 그에 공급한 물건의 대금채권 ④ 학생 및 수업자의 교육, 의식 및 유숙에 관한 교주, 숙주, 교사의 채권이 있다.[184]

---

179) 예컨대 4월 20일에 대여금을 반환하기로 한 경우, 채권자는 그때부터 권리를 행사할 수 있으므로 소멸시효는 4월 21일부터 진행한다.

180) 확정기한부 채권, 불확정기한부 채권, 기한의 정함이 없는 채권에 대하여는 「민법」 제387조 참조.

181) 상행위로 생긴 채권의 소멸시효는 5년이다(「상법」 제64조).

182) 1개월 단위로 지급되는 집합건물의 관리비 채권이 이에 해당한다(대판 2007.2.22. 2005다65821).

183) 이는 상행위로 생긴 채권이므로 5년의 소멸시효에 걸리지만, 민법에 더 단기의 시효를 규정하고 있으므로 3년의 소멸시효의 대상이 된다(대판 1966.6.28. 66다790).

184) 이러한 채권을 단기소멸시효의 적용을 받도록 한 이유는 일상적으로 빈번하게 발생하며, 금액도 상대적으로 소액이므로

판결이나 이와 동일한 효력을 갖는 것(예컨대 조정)에 의해 확정된 채권은 그것이 단기의 소멸시효에 해당한 것이라도 그 소멸시효는 10년으로 된다(제165조).

Ⅳ. 소멸시효의 중단

1. 의의

소멸시효의 중단(中斷)이란 그동안 진행되었던 소멸시효의 기간을 없애고 새롭게 다시 소멸시효를 시작하게 하는 것을 말한다(제178조). 민법에서 규정하고 있는 소멸시효의 중단사유는 권리불행사의 상태를 깨뜨리는 것들이다.

2. 소멸시효의 중단사유

(1) 청구

청구란 권리자가 소멸시효의 완성으로 이익을 얻을 자에 대하여 권리를 주장하는 것으로, 여기에는 재판상 청구뿐만 아니라 재판 외의 청구도 포함된다(제168조 제1호). 먼저 재판상 청구란 소(訴)를 제기하는 것을 말하는데, 원칙적으로 민사소송만을 의미한다. 다만 판례는 행정소송이라고 할지라도 사권의 실현수단으로 소송이 제기된 경우에는 예외적으로 시효중단의 효력을 인정한다.[185] 재판상 청구에 의해 시효중단의 효력이 발생하는 시기는 소를 제기한 때이며, 재판상 청구가 있더라도 소의 각하, 기각 또는 취하가 있으면 시효중단의 효력은 발생하지 않는다(제170조 제1항). 그 밖에 파산절차참가(제171조), 지급명령(제172조), 화해를 위한 소환(제173조 1문), 임의출석(제173조 2문)에 의해서도 소멸시효 중단의 효력이 있다.

한편 재판 외의 청구로서 최고가 있는데, 최고(催告)란 채권자가 채무자에 대하여 채무의 이행을 청구하는 행위로 시효중단의 효력이 있다.[186] 하지만 최고를 한 이후 재판상 청구와 같은 보다 강력한 수단을 행사하지 않으면 시효중단의 효력이 없으므로(제174조), 이는 시효기간의 만료가 임박할 경우, 다른 강력한 중단방법을 취할 예비수

가능한 조속히 법률관계를 확정할 필요가 있기 때문이다.
185) 대판(전합) 1992.3.31. 91다32053.
186) 대판 2003.5.13. 2003다16238.

단으로서 실익이 있을 뿐이다.

(2) 압류·가압류·가처분

압류·가압류·가처분은 모두 권리의 실행행위이고 반드시 재판상의 청구를 전제로 하지 않기 때문에 전술한 청구와는 별도의 시효중단 사유로 인정하고 있다(제168조 제1호). 이러한 압류·가압류·가처분은 권리자의 청구에 의하여 또는 법률의 규정에 따르지 않아서 취소된 경우에는 시효중단의 효력이 없다(제175조).

(3) 승인

승인이란 시효의 이익을 받을 자가 권리자에 대하여 당해 권리를 인정한다고 표시하는 것인데(제168조 제3호), 승인의 표시에는 특별한 방식이 요구되지 않기 때문에 명시적이건 묵시적이건 불문한다. 그러므로 일부변제[187]나 기한유예의 청구 등도 승인에 해당한다.

V. 소멸시효의 정지

1. 의의

소멸시효의 정지(停止)란 권리자에게 시효를 중단시키는 것이 곤란하거나 불가능한 사유가 발생한 경우, 일정한 기간 동안 시효의 진행을 저지하다가 이러한 사유가 제거된 때에 나머지 시효기간을 진행시키는 제도이다. 예컨대 상대방에 대한 청구를 하려고 하는데, 자연재해가 발생하여 교통이나 통신이 두절된 경우가 그것이다.

2. 소멸시효의 정지사유

소멸시효의 정지사유로는 ① 제한능력자와 관련된 시효정지(제179조, 제180조 제1항) ② 부부 사이의 권리와 시효정지(제180조 제2항) ③ 상속재산에 관한 권리와 시효

---

187) 대판 1996.1.23. 95다39854.

정지(제181조) ④ 천재 기타 사변과 시효정지(제182조)가 있다.

Ⅵ. 소멸시효의 효력

1. 소멸시효 완성의 효과

민법은 소멸시효와 관련하여 "소멸시효가 완성한다."라고 규정할 뿐 이에 대한 효과에 대하여 구체적인 설명이 없다.[188) 따라서 소멸시효 완성의 효과와 관련하여 학설의 대립이 있지만, 소멸시효의 완성으로 당해 권리는 당연히 소멸한다고 새길 것이며,[189) 다만 소송에서 변론주의의 원칙상 시효이익을 받으려는 자는 시효완성의 사실을 원용해야 할 것이다.[190)

2. 소멸시효의 소급효

소멸시효는 그 기산일에 소급하여 효력이 생긴다(제167조). 따라서 채권의 소멸시효가 완성된 경우, 채무자는 기산일 이후의 이자를 지급할 필요가 없다.

3. 소멸시효 이익의 포기

소멸시효 이익의 포기는 소멸시효 완성 전에는 미리 포기하지 못한다(제184조 제1항). 그 이유는 채권자가 자신의 우월적 지위를 이용하여 미리 채무자로 하여금 시효의 이익을 포기하도록 강요할 우려가 있기 때문이다. 이런 취지에서 소멸시효는 법률행위에 의해 이를 배제, 연장 또는 가중하지 못하지만, 이를 단축 또는 경감하는 것은 가능하다(제2항).

---

188) 예컨대 「민법」 제162조부터 제164조 참조.

189) 절대적 소멸설이라고 하며, 단지 당해 권리의 소멸을 주장할 수 있는 원용권이 생길 뿐이라는 상대적 소멸설도 있다. 그런데 학설에 따른 차이는 거의 없다.

190) 대판 1991.7.26. 91다5631.

제2장

물권법

제1절 총설

Ⅰ. 서설

1. 물권법의 의의

물권법(物權法)이란 권리의 주체가 권리의 객체인 물건을 배타적으로 지배하는 것을 내용으로 하는 것으로 채권법과 함께 재산법의 영역에 속한다. 사람은 사회생활을 하면서 다양한 물건을 소유하고 지배하게 되는데, 문제는 이러한 물건(특히 부동산)의 수량이 제한적이기 때문에 이와 관련된 다양한 분쟁이 발생될 소지가 있다. 따라서 생활관계를 규율하는 민법이 사람의 물건에 대한 지배관계에 대하여 일정한 규율을 통해 질서를 유지하게 되는데, 이것이 바로 물권법이다. 이러한 이유 때문에 물권법은 채권법과 다르게 강행규정성을 띤다.

2. 물권법의 법원(法源)

물건의 지배관계에 관하여 분쟁이 발생할 경우, 그러한 분쟁해결의 기준 및 재판의 근거가 되는 것은 무엇인가? 물권법정주의를 규정하고 있는 「민법」 제185조에 따르면 "물권은 법률 또는 관습법에 의하는 외에 임의로 창설하지 못한다."라고 규정하여, 물권법의 법원으로 성문법과 불문법을 인정하고 있다.

성문법의 법원 중에서 가장 중요한 것은 바로 민법 제2편 제185조부터 제372조까지이다. 물론 그 밖에 「부동산등기법」, 「가등기담보 등에 관한 법률」, 「유실물법」 등 다양한 특별법이 물권법의 법원이 된다.

불문법의 법원으로 민법은 관습법을 규정하고 있는데, 법률과 관습법의 관계가 문제가 된다. 여기에 다양한 학설의 대립이 있으나 민법 제1조에서 살펴본 것처럼 관습법은 보충적 효력만 있다고 새기는 것이 바람직할 것이다. 관습법에서 인정하는 것으로는 관습상의 법정지상권, 분묘기지권 등이 있다.

3. 물권의 종류

민법은 점유권, 소유권, 지상권, 지역권, 전세권, 유치권, 질권, 저당권의 8개의 물권을 규정하고 있다.[1]

(1) 본권과 점유권

본권은 법률상 물건을 지배할 수 있는 권리이고 점유권은 사실상 물건을 지배할 수 있는 권리이다.

(2) 소유권과 제한물권

본권은 소유권과 제한물권으로 나뉘는데, 소유권은 완전물권으로서 그 물건을 전면적으로 지배하는 것을 그 내용으로 하는데, 여기에는 사용·수익·처분권능이 포함된다. 반면, 제한물권은 소유권에 대한 제한 위에서 성립하고 그 내용도 제한되어 있다.

(3) 용익물권과 담보물권

제한물권은 다시 용익물권과 담보물권으로 나뉘는데, 용익물권은 그 물건이 갖는 사용가치를 지배하는 것이고 담보물권은 그 물건이 갖는 교환가치를 지배하는 것을 그 내용으로 한다. 지상권, 지역권, 전세권은 용익물권에 속하고 유치권, 질권, 저당권은 담보물권에 속한다.

Ⅱ. 물권의 효력

1. 우선적 효력

물권은 다른 물권이나 채권에 대하여 우선적 효력을 갖는다. 우선적 효력이라는 것은 권리의 충돌이 발생했을 때, 다른 권리보다 우선하는 효력을 갖는 것을 의미한다. 여기에는 물권과 물권이 충돌한 경우와 물권과 채권이 충돌한 경우로 나누어 살펴볼

---

[1] 특별법에서 규정하는 물권도 다수 존재한다. 예컨대 공장저당권, 공장재단저당권, 광업재단저당권, 입목저당권, 소형 선박저당권, 자동차저당권, 항공기저당권, 건설기계저당권, 가등기담보권 등이 그것이다.

수 있다.

(1) 물권과 물권

소유권과 제한물권이 충돌하는 경우, 원칙적으로 제한물권이 소유권보다 우선하는 효력을 갖는다. 예컨대 소유자가 자신의 토지에 지상권을 설정한 경우, 지상권 설정 기간 동안 소유자는 지상권자에게 토지 반환을 청구하지 못한다.

반면, 소유권 위에 설정된 제한물권 상호 간에는 성립의 선후에 따라 그 우선적 효력이 발생한다. 어떤 건물에 먼저 전세권이 설정되고 나중에 저당권이 설정된 상태에서 저당권이 실행된다면, 전세권자의 전세금반환청구권이 저당권자의 피담보채권보다 우선하게 된다.

(2) 물권과 채권

물권과 채권이 충돌하는 경우에는 물권이 채권에 우선한다. 왜냐하면 물권은 절대권으로 모든 사람에게 주장할 수 있는 권리인 반면, 채권은 상대권으로 특정인, 즉 채무자에 대해서만 주장할 수 있는 권리이기 때문이다. 예를 들어 어떤 건물에 임차권이 설정되었는데, 후에 건물의 소유자가 변경된 경우 임차인은 그 임차권을 새로운 소유자에게 주장하지 못한다.

하지만 특별법에 따라 채권자에게 물권자에 준하는 지위를 인정하거나 설정 순위와 무관하게 물권보다 채권을 우선하는 경우도 있다. 전자의 예로는 「주택임대차보호법」상의 대항력을 갖춘 임차인이 있고 후자의 예로는 「근로기준법」상의 임금우선특권, 「주택임대차보호법」상의 소액보증금 우선변제권을 갖는 임차인을 들 수 있다.

2. 물권적 청구권

(1) 개념

물권은 물건을 배타적으로 지배할 수 있는 지배권이자 절대권이므로 어떤 사람이든지 그러한 물권의 지배를 인정해야 하며, 만약 그러한 물권의 지배를 침해하는 경우에는 위법하다는 평가를 받게 된다.[2] 이와 같은 물권의 힘을 반영하는 것이 바로 물권적

---

2) 이러한 경우 불법행위 책임(「민법」 제750조)도 문제 될 수 있다. 다만 물권적 청구권과 요건 및 효과에서 차이를 보인다.

청구권이다. 즉 물권적 청구권은 물권에 대한 물권자의 권리 실현이 어떤 사정 때문에 방해당하고 있거나 방해당할 염려가 있는 경우, 방해자에 대하여 그 방해의 제거 또는 예방에 필요한 행위를 청구할 수 있는 물권자의 권리이다. 민법은 점유권과 소유권에서 물권적 청구권을 인정하고 이를 다른 물권에 준용하고 있다.

(2) 종류

물권적 청구권은 그 기반이 되는 권리가 무엇인지에 따라 점유권에 기한 물권적 청구권[3]과 본권에 기한 물권적 청구권[4]으로 나누어지는데, 대체로 ① 물권적 반환청구권 ② 물권적 방해제거청구권 ③ 물권적 방해예방청구권으로 구성되어 있다. 예컨대 누군가가 권원 없이 소유자의 토지 위에 불법건축물을 짓고 생활하는 경우, 토지소유자는 소유권에 기한 물권적 청구권을 행사하여 그 소유권을 보호할 수 있다.

(3) 그 밖의 문제

물권적 청구권은 물권으로부터 발생하는 권리로서 채권적 청구권과 다르며, 두 청구권이 충돌하는 경우 물권적 청구권이 우선한다. 또한 물권과 분리하여 물권적 청구권만을 양도하지 못하며, 소유권을 양도하면서 그에 기한 물권적 청구권을 전 소유자에게 유보하여 둘 수도 없다.[5] 그리고 소유권에 기한 물권적 청구권은 소멸시효의 대상이 되지 않는다.[6]

물권적 청구권의 발생요건으로는 침해의 사실, 침해의 위법성이 필요하며, 침해자의 귀책성, 즉 고의 또는 과실은 그 요건이 아니다. 그리고 현재 자신의 물권을 침해당하고 있거나 그러한 염려가 있는 자는 물권적 청구권을 행사할 수 있지만 물권적 청구권 행사의 상대방은 현재 그러한 침해를 하고 있는 자이다. 예를 들어, A의 토지 위에 B가 불법 건축을 하고 그 건축물을 C에게 매도한 경우, A는 B가 아닌 C를 상대로 물권적 청구권을 행사할 수 있을 뿐이다.

---

3) 「민법」 제204조(점유자의 상환청구권), 제205조(점유의 회수), 제206조(점유의 보유).

4) 「민법」 제213조(소유물반환청구권), 제214조(소유물방해제거, 방해예방청구권), 제290조(준용규정), 제301조(준용규정), 제319조(준용규정), 제370조(준용규정).

5) 대판(전합) 1969.5.27. 68다725.

6) 대판 1982.7.27. 80다2968.

제2절 물권의 변동

Ⅰ. 서설

1. 물권변동의 의의

물권의 변동이란 물권의 발생, 변경, 소멸을 말한다. 예컨대 어떤 사람이 건물을 신축하여 그 건물에 대한 소유권을 취득한 다음, 다른 사람에게 건물을 담보로 제공하여 저당권을 설정하고 그 후 그 건물을 매각하여 매수인에게 소유권을 이전해 주는 것이 바로 물권의 변동이다. 이러한 물권의 변동은 권리 주체의 측면에서 보면 물권의 득실변경이라고 할 수 있다.

민법은 물건을 부동산과 동산으로 나누고 있으므로[7] 물권의 변동도 부동산 물권변동과 동산 물권변동으로 나눌 수 있으며, 여기에는 다른 규정과 법리가 적용되어 공시방법, 공신력, 취득시효 등에서 차이를 보인다.

그 밖에 물권의 변동은 법률행위에 의한 물권변동과 법률행위에 의하지 않는 물권변동으로 나뉜다. 전자의 예로는 매매계약을 통한 소유권의 이전이 있고 후자의 예로는 취득시효, 무주물선점, 유실물습득, 매장물발견, 부합, 혼화, 가공 등과 같은 법률규정에 따른 물권변동이 있다.

2. 공시의 원칙

물권은 채권과 다르게 모든 사람이 의무자가 되는 절대권이며, 물권 보호를 위해 물권적 청구권이 인정됨을 살펴보았다. 그렇다면 물권자 이외의 자에게는 어떤 특정한 물건이 누군가에 속하는지를 알려줘야 할 것인데, 이러한 것을 공시(公示)라고 한다. 민법은 공시의 원칙을 취하여, 물권의 변동은 공시방법에 따라 공시되도록 하고 있는데, 물권의 공시방법은 물건이 부동산인지 동산인지에 따라 달라진다. 전자의 경우에는 부동산 등기를 후자의 경우에는 점유 내지 인도를 그 공시방법으로 하고 있다.

---

7) 「민법」 제99조(부동산, 동산).

3. 공신의 원칙

공신(公信)의 원칙이란 공시방법을 믿고 거래한 자가 추후 거래 상대방이 물건의 소유자가 아님이 밝혀지더라도 일정한 요건하에서 그 물건의 소유권을 취득하도록 인정하는 것을 말한다. 이처럼 공신의 원칙은 공시의 원칙과 밀접한 관련을 맺고 있지만 공시의 원칙을 취한다고 해서 반드시 공신의 원칙을 인정하는 것은 아니다. 우리 민법은 동산에 있어서는 공신력을 인정하지만,[8] 부동산에 있어서는 공신력을 부정하고 있다. 예를 들어 A가 소유자로 등기된 부동산에 대하여 B가 등기를 위조하여 자기 앞으로 이전등기를 마친 다음 이를 C에게 매각하고 등기를 완료한 경우, 공신의 원칙을 부정하는 우리 민법에서는 A가 C로부터 자신의 부동산을 회복할 수 있게 된다. 이처럼 공신의 원칙은 진정한 권리자의 보호와 거래 안전의 보호의 충돌 문제가 내포되어 있다.

Ⅱ. 물권행위

1. 물권행위의 의의

물권행위(物權行爲)란 물권변동을 일으키는 법률행위를 말하며, 여기서 법률행위란 의사표시를 불가결의 요소로 하는 법률요건으로 법률행위가 있으면 일정한 권리변동의 효과가 나타나는 것처럼 물권행위가 있으면 일정한 물권변동의 효과가 발생한다.

물권행위는 이행의 문제를 남기지 않는다는 측면에서 채권행위(債權行爲)와 다르다. 예컨대 A와 B가 토지에 대한 매매계약을 체결하면, 그 이후 A는 토지를 B에게 인도해야 하는 의무를 부담하고 B는 A에게 매매대금을 지급해야 할 의무를 부담하게 되는데, 여기서 매매계약은 이행의 문제가 남기 때문에 채권행위가 된다. 반면, 약정기일에 A가 토지에 대한 등기관련 서류를 B에게 이전하면 자신의 의무, 즉 이행의 문제는 더 이상 남지 않으므로 이러한 행위는 물권행위가 된다. 여기서 주의할 점은 물권행위는 이행의 문제가 남지 않기 때문에 반드시 물권행위 시에는 A에게 처분권한이 있어야 한다는 점이다. 따라서 처분권한이 없는 자의 물권행위는 무효가 된다. 반면, 채권행위

---

8) 「민법」 제249조(선의취득) 평온, 공연하게 동산을 양수한 자가 선의이며 과실 없이 그 동산을 점유한 경우에는 양도인이 정당한 소유자가 아닌 때에도 즉시 그 동산의 소유권을 취득한다.

시에는 A는 타인의 토지를 매매의 목적물로 삼아도 무관하며 이는 유효이다.[9] 이처럼 물권행위와 채권행위는 서로 구별되는 개념이지만 실제 거래에서는 양자가 하나로 합쳐져 행하여지는 경우도 있다.

2. 물권행위와 공시방법

물권변동과 관련하여 당사자 사이에 물권행위만으로 그 효력이 발생하는지 아니면 또 다른 요건이 갖추어져야 그 효력이 발생하는지에 대하여 크게 두 가지의 입법주의가 있다.

(1) 의사주의(대항요건주의)

의사주의는 당사자의 의사표시의 합치, 즉 물권행위만 있으면 공시방법을 갖추지 않더라도 물권변동의 효력이 발생한다는 입법주의이다. 의사주의는 프랑스 민법과 일본 민법이 채택하고 있으며, 의사주의에 따를 경우, 제3자에게 예측하지 못한 손해가 발생할 수 있으므로 부동산 물권에 대해서는 공시방법을 갖춰야 제3자에 대해 그 물권변동을 가지고 대항할 수 있다고 한다.

(2) 형식주의(성립요건주의)

형식주의는 당사자의 의사표시, 즉 물권행위뿐만 아니라 공시방법을 갖추어야만 물권변동의 효력이 발생한다고 보는 입법주의이다. 형식주의에 따를 경우, 물권행위는 있지만 공시방법을 갖추지 못하면 제3자에 대한 관계뿐만 아니라 당사자 사이에서도 물권변동의 효력은 발생하지 않는다. 형식주의는 독일 민법, 오스트리아 민법, 스위스 민법이 채택하고 있다. 우리 민법은 부동산 물권변동에 관해서는 등기를 동산 물권변동에 관해서는 인도를 공시방법으로 규정함으로써 형식주의를 취하고 있다.[10]

(3) 물권행위와 공시방법의 관계

형식주의를 따르고 있는 우리 민법상 물권행위와 공시방법이 어떤 관계에 있는지에

---

9) 「민법」 제569조(타인의 권리의 매매).

10) 「민법」 제186조(부동산물권변동의 효력), 제188조(동산물권양도의 효력).

대해 다음과 같은 견해의 대립이 있다. ① 물권적 의사표시와 공시방법이 결합되어 물권행위를 이룬다는 견해 ② 물권적 의사표시만이 물권행위를 이룬다는 견해 등이 그것이다. 생각건대 부동산 매매에 관한 일반적인 거래 관행을 고려할 때, 물권적 의사표시만이 물권행위이고 공시방법은 물권변동을 위한 또 하나의 요건으로 해석하는 것이 바람직하다. 예를 들어 부동산 매매에서 매도인은 잔금을 수령하고 동시에 등기관련 서류를 매수인에게 인도하는데, 이로써 매도인과 매수인의 의무부담행위는 남지 않게 된다(물권적 의사표시=물권행위). 그 후 매수인이 등기를 함으로써 소유권의 이전이 된다(공시방법).[11]

---

11) 「부동산등기법」 제23조(등기신청인) ① 등기는 법률에 다른 규정이 없는 경우에는 등기권리자와 등기의무자가 공동으로 신청한다.

제3절 부동산 등기

Ⅰ. 서설

1. 부동산 등기 일반

법률행위에 의한 부동산 물권의 변동이 일어나기 위해서는 물권행위 외에 등기라는 요건을 갖춰야 한다. 따라서 이러한 부동산 물권의 변동을 이해하기 위해서는 등기에 관한 일반적인 지식이 필요하다. 등기에 관하여는 민법의 특별법이라고 할 수 있는 「부동산등기법」과 「부동산등기규칙」에 상세한 규정을 두고 있다.

그런데 부동산에 대한 공적장부로는 등기부 이외에 대장(臺帳)[12]이 있다. 양자의 차이점을 살펴보면 다음과 같다. ① 등기부는 부동산에 관한 권리관계를 대장은 그 현황을 명확하게 규정하는 데 목적이 있다. ② 등기부는 법원, 대장은 시장·군수·구청장이 소관청이다. 여기서 양자가 불일치하는 경우도 있는데, 이러한 경우 어떻게 처리하는지가 문제 된다. 왜냐하면 등기부에도 부동산의 현황이 기재가 되어 있고 대장에도 그 부동산의 권리 변동 관계가 기재되어 있기 때문이다. 위에서 언급한 것처럼 등기부는 부동산에 관한 권리관계를 명확하게 공시하는 것이 목적이므로 등기부와 대장에 기재된 권리 변동상에 차이가 있다면, 등기부를 기초로 대장을 정리하고 반면, 당해 부동산의 실체와 관련하여 차이가 있다면, 대장을 기초로 등기부를 정리한다.

2. 등기부와 등기기록

부동산 등기부는 부동산에 대한 실체와 권리관계를 기재한 공적장부로서 「부동산등기법」 제14조에 따르면, 등기부는 토지등기부와 건물등기부로 구분된다. 그리고 등기부를 어떻게 편성할 것인지와 관련하여 인적 편성주의와 물적 편성주의가 있는데, 우리 법은 물적 편성주의에 따른다. 즉 1필의 토지 또는 1동의 건물에 대하여 1개의 등기기록을 사용한다.[13] 그런데 1동의 건물을 구분한 건물에 있어서는 1동의 건물에 속하는

---

12) 대장에는 토지에 대한 것으로 토지대장과 임야대장이 있고 건물에 대한 것으로 건축물대장이 있다.

13) 「부동산등기법」 제15조(물적 편성주의).

전부에 대하여 1개의 등기기록을 사용하도록 하여 예외를 두고 있다.

등기기록[14]은 부동산의 표시에 관한 사항을 기록하는 표제부와 소유권에 관한 사항을 기록하는 갑구(甲區), 소유권 이외의 권리에 관한 사항을 기재하는 을구(乙區)로 구성되어 있다. 다만 구분건물(집합건물)의 경우에는 위에서 설명한 것처럼 1동의 건물 전체에 대한 표제부, 구분건물에 대한 표제부, 갑구, 을구의 순서로 기록이 되어 있다.

등기기록은 부동산에 관한 권리관계를 공시하기 위한 것이므로, 누구든지 수수료를 내고 등기기록을 열람할 수 있다. 열람의 방법은 등기기록에 기록된 등기사항을 전자적 방법으로 그 내용을 보거나 그 내용을 기록한 서면을 교부 받는 방법에 따른다.[15]

3. 등기의 종류

(1) 보존등기 · 권리변동의 등기

보존(保存)등기는 미등기 부동산에 대하여 맨 처음 행하여지는 등기를 말한다. 예컨대 건물을 신축한 자 또는 수용으로 인하여 소유권을 취득하였음을 증명하는 자의 신청에 의한 등기이다. 이러한 보존등기의 신청에 의해 등기기록이 만들어지고 그 이후의 당해 부동산에 대한 등기(권리변동의 등기)는 모두 이 보존등기를 기초로 하여 이루어진다.

(2) 등기의 내용에 따른 분류

새로운 등기원인에 의하여 등기용지에 새로운 사항을 기입하는 등기를 기입등기라고 하며, 소유권보존등기, 소유권이전등기 등이 여기에 속한다. 일반적으로 등기라고 하면 이러한 기입등기를 의미한다. 그리고 등기가 마쳐진 후 그 등기에 착오나 빠진 부분이 있을 때 이를 바로잡기 위해 이루어지는 등기를 경정(更正)등기라고 한다.[16] 예컨대 경료된 등기에 소유자의 성명이나 주소가 잘못된 경우, 이를 시정하는 것이 경정등기이다. 그 밖에 어떤 등기가 이루어진 후에 등기된 사항에 변경이 생겨서 등기와 실체관계가 불일치한 경우, 이를 바로잡기 위한 등기가 변경등기이다. 예를 들어 등기가 이루어

---

14) 등기기록이란 1필의 토지 또는 1개의 건물에 관한 등기정보자료를 말한다(「부동산등기법」 제2조 제3호). 반면, 등기부란 전산정보처리조직에 의하여 입력 · 처리된 등기정보자료를 대법원 규칙으로 정하는 바에 따라 편성한 것을 말한다.(동법 제2조 제1호).

15) 「부동산등기법」 제19조(등기사항의 열람), 「부동산등기규칙」 제31조(열람의 방법).

16) 「부동산등기법」 제32조(등기의 경정).

진 후에 저당권자의 주소가 변경되었을 때, 그 주소를 변경하는 것이 변경등기이다. 그리고 기존 등기의 전부를 말소하는 등기를 말소등기,[17] 등기가 부적법하게 말소된 경우 또는 멸실된 경우, 이를 회복하는 등기를 회복등기라고 한다. 마지막으로 부동산이 멸실된 경우에 행하여지는 등기를 멸실등기라고 한다.[18]

(3) 등기의 방법 내지 형식에 따른 분류

주등기란 독립한 번호를 붙여서 하는 등기로서, 표제부의 경우에는 표시번호란에 갑구 또는 을구에는 순위번호란에 독립된 번호가 붙여지는 등기이다. 따라서 이를 독립등기라고도 하며, 등기의 대부분은 주등기(독립등기)이다.

반면, 부기등기란 기존의 주등기의 등기번호를 그대로 사용하는 등기로서, 기존의 등기와의 동일성을 유지하게 하거나 또는 기존 등기의 순위를 유지할 필요가 있을 때 행하여진다.

(4) 등기의 효력에 따른 분류

등기가 직접적으로 물권변동의 효력을 발생시키는지의 여부에 따라 종국등기와 가등기로 나뉜다. 종국등기는 물권변동의 효력을 발생시키는 등기로서 대부분의 등기는 여기에 속한다. 반면, 물권변동과 무관하지만 부동산 물권변동을 목적으로 하는 청구권을 보전하기 위해 이루어지는 등기를 가등기(假登記)라고 한다. 예컨대 부동산에 대한 매매계약을 체결한 매수인은 매도인에 대해 소유권이전등기청구권을 갖지만 매도인은 이중매매계약을 통해 다른 사람에게 당해 부동산의 소유권을 이전할 수 있다. 이를 위해 매수인은 자신이 매도인에 대하여 갖는 청구권을 보전하기 위해 가등기를 해 두면, 그 이후 다른 사람(제2매수인)에게 소유권이 이전되더라도 매수인이 당해 부동산의 소유권을 취득할 수 있다. 즉 매수인이 추후 본등기(종국등기)를 하게 되면, 가등기의 본등기순위보전의 효력에 따라 제2매수인의 등기보다 매수인의 등기가 선순위가 되어 제2매수인의 등기는 무효가 된다. 이처럼 가등기는 청구권을 보전하기 위한 목적으로 행하여지지만 변칙적으로 채권담보의 목적으로 행하여지는 경우도 있는데, 이러한 가등기를 담보가등기라고 하며, 이에 대해서는 「가등기담보 등에 관한 법률」이 적용된다.

---

17) 일부만을 바로잡는 변경등기와 차이가 있다.
18) 「부동산등기법」 제43조(멸실등기의 신청).

4. 등기절차

(1) 등기의 신청

등기는 법률에 다른 규정이 없는 경우에는 등기권리자와 등기의무자가 공동으로 신청하는 것이 원칙이다.[19] 이를 공동신청주의라고 하며, 이처럼 공동으로 신청하도록 하는 이유는 부동산물권변동에 있어 이해관계를 달리하는 당사자 모두를 등기절차에 참여하도록 함으로써 등기의 진정을 꾀하기 위해서이다. 여기서 등기권리자란 등기 실행에 의해 이익을 얻는 자를 말하고 등기의무자란 반대로 불이익을 받는 자를 말한다. 예컨대 주택의 소유자 A가 B에게 그 소유권을 이전하는 경우, A는 등기의무자이고 B는 등기권리자가 된다. 그리고 등기의 신청은 대리인에 의해 할 수도 있으며, 이 경우 자기계약·쌍방대리의 금지 조항(민법 제124조)은 적용되지 않는다.

한편 「부동산등기법」은 공동신청주의에 대한 예외로서 다음과 같이 단독신청을 인정한다. 즉 상속을 원인으로 하는 등기,[20] 부동산표시의 변경이나 경정등기,[21] 미등기 부동산에 대한 소유권보존등기[22] 등은 단독으로 신청하는데, 이러한 경우는 공동신청이 아니더라도 등기가 제대로 행하여질 수 있는 경우나 등기의 성질상 등기의무자가 없는 경우이다.

(2) 등기신청에 대한 심사

등기신청이 있으면 등기관은 접수절차를 진행하게 되며, 신청이 적법하면 이를 등기하고 그렇지 않으면 신청을 각하(却下)해야 한다. 그런데 등기관은 신청에 대한 심사를 어디까지 할 수 있는가? 관련법에 규정이 없지만 등기관은 등기절차법상의 적법성 여부만을 심사할 수 있다고 하는 형식적 심사주의에 따르고 있다고 평가된다.[23] 이에 따르면 등기절차의 신속성은 보장된다. 반면, 등기신청의 원인까지도 등기관이 심사할 수 있다고 하는 실질적 심사주의에 따르면 등기의 진정성을 확보할 수 있는 장점은 있지만 그 절차가 지연됨으로 인해 등기절차의 신속성을 해치는 단점도 있다.

---

19) 「부동산등기법」 제23조(등기신청인).
20) 「부동산등기법」 제23조 제3항.
21) 「부동산등기법」 제23조 제5항.
22) 「부동산등기법」 제65조.
23) 대판 1987.9.22. 87다카1164.

(3) 등기의 실행

등기관이 등기신청을 심사한 결과 신청이 적법한 것으로 판단되면 등기를 실행하며, 등기를 마쳤을 때에는 신청인 등에게 등기완료의 통지를 해야 한다.[24] 그리고 등기관이 새로운 권리에 대한 등기를 마쳤을 때에는 등기필정보를 작성하여 등기권리자에게 통지하여야 한다.[25] 과거에는 등기신청 시 신청서, 등기원인을 증명하는 서면 그 밖에 등기의무자의 권리에 관한 등기필증[26] 등을 제출해야 했는데, 「부동산등기법」의 개정으로 등기필증이 삭제되었다.[27] 따라서 본법 시행 전에 등기필증을 교부받은 등기의무자는 등기신청 시 등기필증을 제출하거나 아니면 이에 갈음하여 등기필정보를 첨부하여 등기신청을 할 수 있다.

5. 등기의 효력

등기관에 의해 등기가 이루어지면 그 등기에 어떤 효력이 인정되는가? 앞에서 가등기에 대한 설명을 했기 때문에 이하에서는 본등기(종국등기)의 효력 위주로 살펴본다.

(1) 권리변동적 효력

물권행위 외에 유효한 등기가 이루어지면 부동산에 대한 물권변동의 효력이 발생한다. 예컨대 부동산매매에서 매수인이 자기 명의로 등기를 경료하게 되면 그때부터 당해 부동산의 새로운 소유자가 된다. 이러한 권리변동적 효력은 등기의 효력 가운데 가장 중요한 것이다.

여기서 주의할 점은 등기가 이루어졌다는 것은 실제로 등기부에 기재가 된 때를 말하고 단순히 등기가 신청된 때를 의미하는 것은 아니다. 그러므로 등기 서류를 제출하였다는 사실만으로는 권리변동의 효력이 발생하지 않는다.

---

24) 「부동산등기법」 제30조.

25) 「부동산등기법」 제50조.

26) 등기필증이란 신청된 어떤 등기가 완료되면 등기관은 일정한 내용을 적고 등기소인을 찍어 등기권리자에게 발급하였던 문서로서 적법한 등기가 이루어지도록 종전 「부동산등기법」에 두었던 제도이다.

27) 「부동산등기법」은 2020.2.4. 일부 개정되어 2020.8.5.부터 시행되었다.

(2) 대항적 효력

부동산에 설정된 제한물권, 즉 지상권, 지역권, 전세권, 저당권 등에 관하여는 일정한 사항을 등기할 수 있고 이러한 사항이 등기되면 이를 제3자에게 대항할 수 있는데, 이를 대항적 효력이라고 한다. 예를 들어 전세권 등기에는 전세금이나 존속기간을 등기할 수 있는데, 이러한 사항이 등기되면 약정의 당사자뿐 아니라 그 이외의 다른 사람에게도 이를 주장할 수 있게 된다.

(3) 순위확정적 효력

같은 부동산에 관하여 등기한 권리의 순위는 법률에 다른 규정이 없으면 등기한 순서에 따르는데,[28] 이를 순위확정적 효력이라고 한다. 그리고 등기의 순서는 등기기록 중 같은 구(區)에 있을 때에는 순위번호에 따르고 다른 구에 있을 때에는 접수번호의 선후에 따른다.

(4) 추정적 효력

등기의 추정적 효력이란 어떤 등기가 있으면 그에 대응하는 실체적 권리관계가 존재하는 것으로 추정하는 효력을 말한다. 예컨대 현재 A명의의 등기가 무효이더라도 그에 부합하는 권리가 실체법상으로도 존재하는 것으로 추정된다. 따라서 당해 부동산의 실제 소유자인 B는 자신이 소유자라는 것을 증명하여 이러한 추정을 번복해야 한다. 즉 등기의 추정적 효력에 의해 입증책임이 전환된다.

등기의 추정력이 등기기록에 기재된 등기원인에도 미치는지에 대해 학설의 대립이 있지만 판례는 긍정한다. 따라서 미성년자인 자녀로부터 증여를 원인으로 친권자에게 이전된 등기가 있다면 이는 적법한 절차를 거친 것으로 추정한다.[29][30] 그 밖에 담보물권의 등기는 그 담보물권의 존재뿐 아니라 피담보채권의 존재까지도 추정된다.

---

28) 「부동산등기법」 제4조(권리의 순위).

29) 대판 2002.2.5. 2001다72029.

30) 「민법」 제921조(친권자와 그 자 간 또는 수인의 자 간의 이해상반행위).

제4절 부동산 물권의 변동

Ⅰ. 법률행위에 의한 부동산 물권변동

1. 민법 제186조

「민법」 제186조는 "부동산에 관한 법률행위로 인한 물권의 득실변경은 등기하여야 그 효력이 생긴다."라고 규정하여 형식주의 내지 성립요건주의를 선언하고 있다. 여기의 '법률행위'는 물권행위를 말하며, '등기'는 물권변동의 또 다른 요건이다.[31] 따라서 부동산을 매각하고 인도 및 점유가 없더라도 등기만 있으면 물권변동의 효력이 발생하는 점에서 동산 물권변동과 차이가 있다. 그리고 '물권의 득실변경'은 권리 주체의 측면에서 보면 권리의 발생, 권리의 변경, 권리의 소멸을 의미한다. 민법 제186조가 일반적으로 적용되는 경우는 부동산에 관한 매매계약, 증여계약, 교환계약 등이 있으며, 설정계약으로는 지상권, 지역권, 전세권 그리고 저당권 설정계약 등이다.

본조는 부동산 물권 중에서 소유권, 지상권, 지역권, 전세권, 저당권의 득실변경에 적용이 되며, 점유권과 유치권은 여기에 포함되지 않는다. 그 밖에 부동산은 아니지만 권리질권도 본조가 적용된다.

2. 원인행위의 실효

(1) 문제의 소재

물권행위의 원인행위(原因行爲)인 채권행위가 무효·취소 또는 해제로 인하여 효력을 잃은 경우, 그에 기하여 발생한 물권변동의 효력이 당연히 상실되어 물권이 본래의 권리자에게 자동으로 복귀하는지 아니면 이러한 경우에도 민법 제186조가 적용되어 원상회복을 위한 등기가 필요한지의 문제이다. 예컨대 A의 기망행위에 의해 부동산을 매각한 B가 추후 취소권을 행사하여 당해 매매계약을 소급하여 무효로 만든 경우, B는 말소등기 없이 자신의 부동산을 회복하는가이다. 이러한 문제는 물권행위의 독자성(獨

---

31) 여기에는 다양한 견해가 있지만 본서에서는 등기는 물권행위와 구분되는 또 하나의 요건으로 파악한다.

自性), 무인성(無因性)의 문제와 연관되어 있으며 차례로 살펴본다.

(2) 물권행위의 독자성

물권행위의 독자성이란 물권행위가 원인행위인 채권행위로부터 독립되어 있다는 것인데, 주의할 점은 실제 거래에서 채권행위와 물권행위가 항상 별도로 이루어진다는 의미가 아니라는 것이다. 즉 양자가 분리되는 경우도 있고 또 합체되어 나타나는 경우(현실매매)도 있으며, 물권행위만 있는 경우[32]도 있다. 예를 들어 A가 자신의 부동산을 B에게 매각하는 계약을 1월 1일 체결하고 2월 1일 중도금을 지급 받은 후, 3월 1일 잔금을 받고 등기관련 서류를 B에게 교부, 3월 2일 B가 등기한 경우를 보면, 채권행위는 1월 1일, 물권행위는 3월 1일 성립하였으며, 3월 2일 등기에 의해 비로소 B가 당해 부동산의 소유자가 되었는데, 여기서 채권행위와 물권행위가 분리되어 나타나는 것을 볼 수 있다.

물권행위의 독자성을 인정하는 것이 다수설과 판례의 태도이며, 독자성을 인정하는 경우 비로소 물권행위의 무인성 또는 유인성을 논할 수 있다.

(3) 물권행위의 무인성

물권행위의 무인성이란 채권행위가 무효·취소 또는 해제되어도 물권행위는 아무런 영향을 받지 않는다는 것을 말한다. 앞의 사례에서 B가 취소권을 행사하여 매매계약을 무효로 만들더라도 물권행위는 영향을 받지 않고 유효하므로 여전히 당해 부동산의 소유자는 A가 된다. 이러한 경우 B가 소유권을 회복하기 위해서는 부당이득 반환청구권[33]의 행사와 말소등기가 필요하다. 반면, 물권행위의 유인성을 따르게 되면, 매매계약이 민법 제110조 사기에 의한 의사표시로 취소가 되면 당연히 물권행위도 효력을 잃게 되므로 등기를 말소하지 않더라도 물권은 당연히 복귀하게 된다. 판례는 물권행위의 무인성을 부정하는 입장에서 계약이 해제된 경우, 물권은 당연히 복귀함을 판시한다.[34]

생각건대 물권행위는 채권행위와 독자적인 개념으로 파악할 수 있고 원인행위인 채권행위가 실효되면 당연히 당해 부동산은 원래의 권리자에게 복귀한다고 새길 것이다.

---

32) 예컨대 A가 자신의 옷을 쓰레기통에 버리는 행위를 살펴보면, A의 의무부담행위라고 할 수 있는 채권행위는 없고 오로지 소유권 포기의 의사, 즉 물권행위만 존재한다.

33) 「민법」 제741조(부당이득의 내용).

34) 대판 1995.5.12. 94다18881.

(4) 제3자 보호의 문제

이처럼 물권행위의 유인성설을 따를 경우, 거래의 안전 또는 제3자 보호의 문제가 나타난다. 위의 사례에서 A의 기망에 의해 매매계약을 체결한 B가 취소권을 행사하지 않는 동안 A가 당해 부동산을 C에게 이전한 경우, 나중에 B가 취소권을 행사하여 당해 매매계약을 무효로 만들어 그 부동산에 대한 소유권을 회복하면 이러한 사정을 모르고 있던 C는 예측하지 못한 손해를 입게 된다. 특히 우리 민법은 부동산에 관하여 공신의 원칙을 취하고 있지 않기 때문에 이러한 제3자 보호의 필요성이 두드러진다고 할 것이다.

민법은 거래의 안전 또는 제3자 보호를 위해 제107조 제2항(진의 아닌 의사표시), 제108조 제2항(통정한 허위의 의사표시), 제109조 제2항(통정한 허위의 의사표시), 제110조 제3항(사기·강박에 의한 의사표시) 그리고 제548조 제1항 단서(해제의 효과) 규정을 두고 있다.

3. 중간생략등기

(1) 의의

중간생략등기란 부동산 물권이 최초 양도인으로부터 중간취득자에게 그리고 최종 양수인에게 순차적으로 이전되는 경우, 중간취득자의 등기를 생략하여 최초 양도인으로부터 직접 최종 양수인에게 이루어지는 등기를 말한다. 이러한 중간생략등기는 물권변동과정이 제대로 기록되지 않으며, 실제 부동산 관련 세금(등록세, 취득세, 양도소득세 등)을 회피하는 수단으로 널리 사용되어 왔다. 이에 대한 대책으로 1990년 「부동산등기특별조치법」이 제정되어 현재 시행되고 있다. 이 법에 따르면, 조세부과를 면하기 위해 중간생략등기를 한 경우에는 일정한 벌칙과 과태료를 부과하고 있다.[35] 그렇다면 이러한 규정은 효력규정인가 아니면 단속규정인가? 만약 효력규정으로 새긴다면, 중간생략등기의 합의까지 무효로 볼 것이며, 단속규정이라면 중간생략등기의 합의, 즉 사법상 효력까지 당연히 없어지는 것은 아니며, 다만 그 위반에 따른 제재를 받을 뿐이다.

학설과 판례는 「부동산등기특별조치법」의 금지규정을 단속규정으로 이해하고 있다.[36]

---

[35] 「부동산등기 특별조치법」 제8조(벌칙), 제11조(과태료).

(2) 유효성

「부동산등기특별조치법」의 금지 규정을 단속규정으로 새기는 경우, 중간생략등기는 유효인가? 이에 대해 학설은 무효설, 조건부 유효설, 유효설 등으로 나뉜다. 여기서 다수의 견해인 조건부 유효설은 일단 최초 양도인, 중간취득자, 최종 양수인 3자의 합의가 있으면 유효하다고 하며, 3자의 합의가 없으면 최종 양수인은 최초 양도인에 대하여 직접 소유권이전등기를 청구할 수 없다고 한다.

판례에 따르면, 중간생략등기는 3자의 합의가 있을 때 유효하며, 관계당사자 전원의 합의가 있으면 등기청구권이 인정된다고 한다.[37] 하지만 이러한 합의가 없더라도 이미 중간생략등기가 마쳐졌다면 그 무효를 주장하지 못하고 또 그 말소를 청구하지도 못한다고 판시한다.[38] 만약 관계당사자 전원의 합의가 없다면, 최종 양수인은 중간취득자를 대위하여 최초 양도인에 대하여 중간취득자에게 소유권이전등기를 할 것을 청구할 수 있을 뿐이다.[39]

4. 명의신탁에 의한 등기

(1) 의의

판례 이론으로 정립된 명의신탁(名義信託)에 의한 등기란 대내적 관계에서는 신탁자가 소유권을 보유하여 관리·수익하면서 등기기록의 소유자 명의만을 수탁자로 하여 두는 것을 말한다.[40] 하지만 이러한 명의신탁은 각종 투기, 탈세 또는 재산의 은닉 등 다양한 불법이나 탈법적인 수단으로 악용되었고 이에 대해 1990년 「부동산등기특별조치법」 그리고 1995년 「부동산 실권리자 명의 등기에 관한 법률(이하: 부동산실명법)」을 제정하여 보다 강력하게 명의신탁을 규제하게 되었다. 이 법의 시행으로 명의신탁에 대한 판례 이론은 일정한 경우에만 예외적으로 적용되게 되었다.

---

36) 대판 1998.9.25. 98다22543.

37) 당사자 전원이 동시에 합의할 필요는 없고 최초 양도인과 중간취득자의 합의 그리고 최초 양도인과 최종 양수인의 합의가 있으면 족하다.

38) 대판 1980.2.12. 79다2104; 대판 2005.9.29. 2003다40651.

39) 「민법」 제404조(채권자대위권).

40) 본래 명의신탁은 일본 식민지 시대에 종중이 권리능력을 갖지 못하여 토지 또는 임야를 종중 명의로 사정받지 못하자 종중의 대표자 명의로 사정받아 등기하게 된 것이 그 시초이다.

(2) 「부동산실명법」의 내용

「부동산실명법」은 부동산에 관한 소유권뿐만 아니라 기타의 물권에 관한 명의신탁을 규율한다. 그리고 누구든지 부동산에 관한 물권을 명의신탁약정에 따라 명의수탁자의 명의로 등기해서는 안 되며, 이러한 명의신탁약정은 무효로 규정한다(「부동산실명법」 제3조, 제4조).

다만 채무의 변제를 담보하기 위하여 채권자가 부동산에 관한 물권을 이전 받거나(양도담보) 이를 가등기하는 경우(가등기담보), 부동산의 위치와 면적을 특정하여 2인 이상이 구분소유하기로 하는 약정을 하고 그 구분소유자의 공유로 등기하는 경우(상호명의신탁), 신탁법에 따라 신탁재산인 사실을 등기하는 경우는 본법의 적용이 없다(「부동산실명법」 제2조 제1호).

그리고 종중 부동산의 명의신탁, 배우자 명의신탁, 종교단체의 명의로 그 산하 조직이 보유한 부동산에 관한 물권을 등기한 경우, 조세 포탈, 강제집행의 면탈 또는 법령상 제한의 회피를 목적으로 하지 않는 경우에는 본법을 적용하지 않는다(「부동산실명법」 제8조).

요컨대 「부동산실명법」의 규정에 따라 명의신탁에 대한 기존 판례 이론이 적용되는 경우는 ① 상호명의신탁 ② 종중의 명의신탁 ③ 배우자의 명의신탁 ④ 종교단체의 명의신탁으로 제한된다고 할 것이다.

(3) 명의신탁이론

전술한 ①~④의 경우에는 「부동산실명법」이 적용되지 않는 관계로 그러한 명의신탁약정은 무효가 아닌 유효로 판단되며, 여기에는 명의신탁에 대한 판례 이론이 적용된다. 예컨대 종중(명의신탁자)이 종중재산을 종중 대표자(명의수탁자) 명의로 등기하여 두기를 약정한 경우, 대내적으로는 명의신탁자인 종중이 명의수탁자인 종중 대표자에 대한 관계에서 소유권을 그대로 보유하며 계속하여 신탁재산인 종중재산을 관리 및 수익하게 된다. 따라서 종중은 특별한 사정이 없는 한 명의신탁약정을 해지하여 종중 대표자로부터 종중재산을 반환 받을 수 있다. 반면, 대외적인 관계에서는 종중재산에 대한 명의수탁자인 종중 대표자가 그 소유자로 취급된다. 따라서 종중 대표자의 그 재산에 대한 처분행위는 완전히 유효하게 되며, 그 취득자가 선의이든 악의이든 불문한다. 또한 종중 대표자의 채권자들은 그 재산에 대해 강제집행 및 경매를 할 수 있다.

Ⅱ. 법률행위에 의하지 않는 부동산 물권변동

1. 민법 제187조

「민법」제187조는 "상속, 공용징수, 판결, 경매 기타 법률의 규정에 의한 부동산에 관한 물권의 취득은 등기를 요하지 아니한다. 그러나 등기를 하지 아니하면 이를 처분하지 못한다."라고 규정한다. 따라서 제187조에서 규정하는 사유에 의한 부동산 물권의 득실변경에는 등기가 필요하지 않고 등기가 없더라도 물권변동의 효력이 발생하게 된다. 하지만 단서 규정에 따라 취득한 부동산을 처분하기 위해서는 반드시 등기가 필요하다는 점에 유의해야 한다.

2. 구체적 내용

(1) 상속

상속이 개시되면, 피상속인의 모든 권리와 의무는 포괄적으로 상속인에게 승계가 된다(제1005조). 따라서 피상속인의 부동산도 마찬가지인데, 민법 제187조에서 등기를 요하지 않은 이유는 무주(無主)의 부동산이 발생하지 않도록 하기 위함이다.[41] 왜냐하면 자연인은 사망에 의해 권리능력을 상실하게 되는데, 상속인에게 제186조에 따라 등기를 하도록 한다면 일정한 공백이 발생하기 때문이다. 그리고 여기의 상속에는 포괄적 유증도 포함되는 것으로 해석된다.[42] 그 밖에 상속인은 자기 앞으로 등기하지 않더라도 부동산에 대한 권리를 취득하지만 이를 처분하기 위해서는 반드시 등기를 해야 하는데, 이 경우 상속인은 단독으로 등기를 신청할 수 있다.[43]

(2) 공용징수

공용징수(수용)란 사업시행자가 공익사업을 위해 개인이 소유하고 있는 토지의 소유권 기타 재산권을 법률에 근거하여 강제적으로 취득하는 것을 말한다. 수용절차에 대해서는 「공익사업을 위한 토지 등의 취득 및 보상에 관한 법률(이하; 토지보상법)」이

---

41) 「민법」제252조(무주물의 귀속).

42) 「민법」제1078조(포괄적 수증자의 권리의무).

43) 「부동산등기법」제23조(등기신청인) 제3조.

규정하고 있다. 간략하게 절차를 살펴보면 다음과 같다. 먼저 사업시행자는 공익사업의 수행을 위해 국토교통부 장관의 사업인정 전에 토지 소유자 등과 협의 및 계약을 통해 그 대상을 취득하거나 사용할 수 있고 사업인정 후에는 관련 토지 등을 수용절차에 의해 취득하거나 사용할 수 있다. 그 가운데 협의취득은 사적인 계약을 통해 소유권을 취득하는 것이므로 수용에 해당하지 않고 따라서 민법 제186조에 따라 소유권이전등기가 이루어진 경우, 사업시행자가 그 소유권을 취득하게 된다(승계취득). 반면, 수용절차에서 협의가 이루어지지 않은 경우에는 사업시행자는 토지수용위원회의 재결을 받아 수용의 개시일에 당해 부동산에 대한 권리를 취득하게 되는데, 이러한 수용에 의한 취득의 법적 성질은 원시취득이다. 따라서 그 위에 존재하는 다른 권리는 소멸하게 된다. 그리고 사업시행자는 수용 또는 사용의 개시일까지 관할 토지수용위원회가 재결한 보상금을 지급하거나 공탁하여야 한다.44)

(3) 판결

민법 제187조의 '판결'은 형성판결만을 의미한다. 즉 물권의 변동이 발생하는 결과를 가져오는 판결만을 말한다. 예를 들어 채권자의 사해행위의 취소 및 원상회복을 구하는 소송에 따른 판결이 여기에 속한다(제406조). 반면, 매매를 원인으로 하는 매수인의 소유권이전등기청구권을 행사하는 소송에 따른 판결, 즉 이행판결이나 확인판결은 여기에 해당되지 않으며, 필요한 경우 추가적인 등기가 필요하다.

(4) 경매

민법 제187조가 규정하는 '경매'란 국가기관이 하는 공경매를 의미하며, 여기에는 「민사집행법」에 의한 경매와 「국세징수법」에 의한 경매 등이 있다. 따라서 개인들에 의해 이루어지는 사경매는 여기에 해당하지 않는다. 공경매의 경우, 매수인(경락인)이 매각부동산의 소유권을 취득하는 때는 매각대금을 모두 완납한 때이며, 매각대금이 지급되면 법원사무관 등은 매각허가결정의 등본을 붙여 등기를 촉탁하여야 한다.45)

---

44) 「토지보상법」 제40조(보상금의 지급 또는 공탁).
45) 「민사집행법」 제144조(매각대금 지급 뒤의 조치).

(5) 기타 법률의 규정

'기타 법률의 규정'에서 '법률'은 관습법을 포함한 넓은 의미로 새겨야 할 것이며, 여기에 해당되는 것으로는 ① 소멸시효에 의한 물권의 멸실 ② 신축 건물의 소유권의 원시취득46) ③ 혼동에 의한 물권의 소멸(제191조) ④ 첨부에 의한 소유권의 귀속 ⑤ 법정지상권의 취득 ⑥ 관습법상 법정지상권의 취득47) ⑦ 분묘기지권의 취득 ⑧ 용익물권의 존속기간 만료에 의한 소멸 ⑨ 법정대위에 의한 저당권의 이전 ⑩ 피담보채권의 소멸에 의한 저당권의 소멸 등이 있다.

---

46) 대판 2002.4.26. 2000다16350.
47) 대판 1966.9.20. 66다1434.

제5절 동산 물권의 변동

Ⅰ. 서설

동산 물권의 변동도 부동산 물권 변동과 마찬가지로 법률행위에 의한 동산 물권의 변동과 법률행위에 의하지 않은 동산 물권의 변동으로 나누어 볼 수 있다. 그런데 민법은 동산에 관하여는 공신의 원칙(선의취득)을 인정하고 있으므로 법률행위에 의한 동산 물권 변동을 권리자로부터의 동산 취득과 무권리자로부터의 동산 취득으로 나누어 차례로 살펴본다.

Ⅱ. 법률행위에 의한 동산 물권의 변동

1. 권리자로부터의 동산 물권의 취득

(1) 성립요건주의(형식주의)

민법은 동산 물권의 변동에 대해서도 부동산 물권의 변동과 동일하게 성립요건주의를 취하고 있다. 따라서 물권행위 외에 추가로 인도가 있어야 물권변동의 효력이 발생한다(제188조 제1항). 다만 동산 물권변동에 있어서 성립요건주의는 부동산 물권변동에 비해 약화된 형태로 나타난다.

(2) 인도

인도(引渡)란 물건에 대한 사실상의 지배, 즉 점유를 이전하는 것을 말한다. 이러한 인도는 법률행위에 의한 동산 물권변동의 공시방법이자 물권변동을 위한 또 하나의 요건이 된다. 민법에 따르면 직접 점유를 이전하는 현실의 인도 외에 몇 가지 관념적 인도 방법을 규정하고 있다. 즉 간이인도, 점유개정, 목적물반환청구권의 양도가 그것이다.

간이인도(簡易引渡)란 양수인이 이미 그 동산을 점유하고 있는 경우, 현실의 인도 없이 당사자의 의사표시만으로 소유권의 이전이 일어나는데, 이러한 인도를 말한다(제188조 제2항). 그리고 점유개정(占有改定)이란 동산의 양도인이 양도 후에도 점유매개관계를 형성하여 양도인은 종래와 같이 점유를 계속하면서 직접점유를, 양수인에게 간접점유를 취득시키는 인도 방법이다(제189조). 마지막으로 반환청구권의 양도란 양도인이 타인을 통해 점유하고 있는 경우, 타인에 대하여 갖는 반환청구권을 양수인에게 양도함으로써 양수인에게 간접점유를 취득시키는 것을 말한다(제190조).

요컨대 민법은 동산 물권의 변동에 있어 현실인도 외에 간이인도, 점유개정, 목적물 반환청구권의 양도에 의한 인도를 통해서도 물권변동이 일어나는 것으로 보고 있다.

하지만 위와 같은 원칙에는 예외가 있다. 즉 동산이지만 인도가 아닌 등기나 등록을 요구하는 경우로서 자동차,[48] 항공기,[49] 20톤 이상의 기선과 범선, 100톤 이상의 부선[50] 등이 있다. 그 밖에 건설기계의 소유자는 건설기계를 등록하여야 하지만, 매매를 한 경우에는 시·도지사에게 신고하여야 한다.[51]

2. 무권리자로부터의 동산 물권의 취득

(1) 선의취득

「민법」제249조는 "평온, 공연하게 동산을 양수한 자가 선의이며 과실 없이 그 동산을 점유한 경우에는 양도인이 정당한 소유자가 아닌 때에도 즉시 그 동산의 소유권을 취득한다."라고 규정하여, 동산에 대한 공시방법을 믿고 거래한 자의 신뢰를 보호하고 있는데, 이를 선의취득이라고 한다. 민법은 부동산에 대해서는 공신력을 인정하지 않지만 이처럼 동산에 대해서는 공신력을 인정하고 있다.

선의취득의 대상이 되는 것은 점유에 의해 공시되는 동산에 한정된다. 따라서 자동차, 항공기 같은 동산은 선의취득의 대상이 되지 못한다. 여기서 문제가 되는 것은 금전이 선의취득의 대상이 되는가이다. 왜냐하면 금전은 물건으로서의 성격보다는 가치로서의 성격이 중요하기 때문이다. 학설은 금전은 가치의 표상으로서 일반적인 물건(동산)이 아니므로 선의취득에 대한 규정이 적용되지 않는다는 견해와 금전도 하나의 물건으로 파악하는 견해로 나뉘는데, 전자가 다수설이다. 생각건대 금전은 특수한 동산으

---

48) 「자동차관리법」제6조(자동차 소유권 변동의 효력).

49) 「항공안전법」제9조(항공기 소유권 등).

50) 「선박등기법」제2조(적용범위), 제3조(등기할 사항).

51) 「건설기계관리법」제3조(등록 등), 제5조(등록사항의 변경신고).

로서 가치의 표상이라고 할 것이다. 따라서 민법의 선의취득에 관한 규정은 적용되지 않으며, 다만 기념주화나 수집의 대상이 되는 금전 등은 물건으로서의 성격을 갖고 여기에는 선의취득에 관한 규정이 적용된다고 할 것이다.

(2) 요건

1) 양도인에 관한 요건

선의취득에 있어서 양도인은 당해 동산을 점유하고 있으며, 무권리자이어야 한다. 예컨대 타인의 자전거를 사용대차하여 점유하고 있는 사용차주가 여기에 속한다.

2) 양수인에 관한 요건

양수인은 평온 및 공연하게 동산을 양수해야 하며, 양수인은 양도인이 무권리자임을 몰랐거나(선의) 모르는 데 과실이 없어야 한다(무과실). 따라서 거래행위가 있었지만 상대방의 의사에 반해 폭력으로 강취했거나 거래행위를 숨기면서 드러내지 않고 했을 경우에는 강포 및 은비에 의한 동산의 양수가 되므로 선의취득이 인정되지 않는다. 또한 양도인이 무권리자임을 알았거나(악의) 또는 모르는 데 과실이 있다면(과실) 선의취득이 부정된다.

그 밖에 양수인은 당해 동산에 대한 점유를 취득해야 하는데, 점유의 네 가지 유형 모두에 의해 선의취득이 인정되는가에 대한 견해의 대립이 있다. 일반적으로 현실인도에 의한 점유, 간이인도에 의한 점유, 목적물반환청구권의 양도에 의한 점유취득은 인정하지만 점유개정에 의한 점유취득은 부정한다. 위의 사례에서 A의 자전거를 사용대차하여 점유하고 있는 B를 소유자로 인식하고 매매계약을 체결한 C가 B와 임대차계약을 맺은 후 B에게 계속하여 자전거를 점유하게 만드는 경우가 점유개정에 의한 점유취득이다. 점유개정에 의한 점유취득을 부정하는 견해에 따르면, 이러한 점유개정의 경우에는 지배상태가 불충분하므로 공시방법을 신뢰한 자보다는 오히려 진정한 권리자를 보호하는 것이 바람직하다는 이유를 든다.

3) 거래행위

선의취득은 동산 물권의 취득과 관련된 개별적인 거래행위가 있는 경우에 적용된다. 즉 매매나 증여계약을 통해 양수인이 당해 동산을 점유하게 된 경우, 또는 양도인의 질권설정[52])이나 대물변제를 통해서도 선의취득이 가능하다. 따라서 상속, 회사의 합병 등과 같은 포괄적 승계에 의해서는 선의취득이 인정되지 않는다. 그리고 개별적인 거래행위는 유효한 법률행위여야 한다. 즉 양도인이 무권리자라고 하는 점을 제외하고는 아무런 흠이 없는 거래행위가 있어야 한다. 예컨대 타인의 물건을 점유하고 있는 자가 명정자인 경우, 이러한 의사무능력자로부터 동산을 양수한 자는 선의취득으로 그 동산의 소유권을 취득할 수 없다.

(3) 효과

선의취득의 요건이 갖추어지면 양수인은 즉시 동산에 대한 소유권 또는 질권을 취득한다.[53]) 그리고 선의취득은 원시취득으로 그 동산 위에 존재하는 타물권의 부담이 없는 완전한 소유권을 취득하게 된다. 여기서 타물권이라는 것은 유치권과 질권을 의미한다.

(4) 선의취득에 관한 특칙

민법은 제249조에 의해 선의취득이 이루어진 경우에도 몇 가지 특칙을 두고 있다. 즉 「민법」 제250조는 "전조의 경우에 그 동산이 도품이나 유실물인 때에는 피해자 또는 유실자는 도난 또는 유실한 날로부터 2년 내에 그 물건의 반환을 청구할 수 있다. 그러나 도품이나 유실물이 금전인 때에는 그러하지 아니하다."라고 규정하고, 제251조는 "양수인이 도품 또는 유실물을 경매나 공개시장에서 또는 동 종류의 물건을 판매하는 상인에게서 선의로 매수한 때에는 피해자 또는 유실자는 양수인이 지급한 대가를 변상하고 그 물건의 반환을 청구할 수 있다."고 한다. 이를 도품 및 유실물에 관한 특칙이라고 한다.

여기서 도품은 절도 또는 강도에 의해 점유자의 의사에 반하여 점유를 상실한 물건을 말하고 유실물은 점유자의 의사에 의하지 않고서 그의 점유를 이탈한 물건으로 도품이 아닌 것을 의미한다. 유의할 것은 유실물의 경우, 습득자가 「유실물법」에 따라 처리를 하는 경우에는 유실물의 소유권이나 보상금 청구권을 취득하지만, 이에 따라 처리하지 않은 경우 선의취득에 관한 특칙이 적용되어 본래의 소유자에게 그 동산을 반

---

52) 선의취득은 동산에 대한 소유권 취득뿐 아니라 질권 취득도 포함한다. 「민법」 제343조에 의한 「민법」 제249조의 준용.

53) 이러한 권리의 취득은 확정적이라고 할 것이다. 따라서 선의취득자가 임의로 선의취득의 효력을 거부하고 종전 소유자에게 동산을 반환 받아 갈 것을 요구할 수 없다(대판 1998.6.12. 98다6800).

환해야 한다는 것이다.

민법 제250조 단서의 '금전'은 어떤 것을 의미하는가? 앞에서 논의한 것처럼 여기의 금전은 가치의 표상으로서의 금전이 아닌 물건으로서의 금전이라고 할 것이다. 예를 들어 A의 1988년 서울 올림픽 기념 10,000원짜리 주화를 B가 절취하여 C에게 매각한 경우, A는 그 주화에 대한 점유를 상실한 날로부터 2년 내 C에 대하여 그 반환을 청구할 수 있는 것이다. 그런데 C가 위 주화를 동전수집상 D로부터 매수한 경우, A에 대하여 C 자신이 지급한 대가를 변상하여 줄 것을 청구할 수 있다.[54]

Ⅲ. 법률행위에 의하지 않은 동산 물권의 변동

민법이 규정하는 법률행위에 의하지 않은 동산 물권의 득실변경 사유는 다양하다. 예컨대 동산에 대한 점유취득시효(제246조), 무주의 동산에 대한 소유권의 취득(제252조), 유실물에 대한 소유권의 취득(제253조), 매장물에 대한 소유권의 취득(제254조), 첨부에 의한 동산의 물권 변동(제256조부터 260조) 등이 그것이다. 이에 관하여는 소유권에서 자세히 다룬다.

---

54) 「민법」 제251조에서 취득자가 갖는 권리는 항변권이 아니라 청구권이다. 따라서 취득자는 소유자에 대하여 대가변상을 하지 않으면 그 물건을 반환하지 않겠다고 거절할 수 없다.

제6절 점유권

Ⅰ. 서설

1. 점유권의 의의

「민법」 제192조는 제1항에서 "물건을 사실상 지배하는 자는 점유권이 있다." 제2항 본문에서 "점유자가 물건에 대한 사실상의 지배를 상실한 때에는 점유권이 소멸한다." 라고 규정하고 있는데, 이로부터 점유권의 개념을 파악할 수 있다. 즉 물건에 대한 사실 상의 지배를 점유라고 하고 그러한 권리를 점유권이라고 한다. 이러한 점유권은 점유할 수 있는 권리인 본권과는 구별된다. 그리고 점유권은 본권과 함께 하는 경우도 있고 그 렇지 못한 경우도 있다. 예컨대 A가 태블릿 PC를 선물로 받은 경우, A는 그 물건에 대 한 본권인 소유권과 점유권을 동시에 갖지만, 이를 B가 절취한 경우 B에게는 점유할 수 있는 본권은 없고 단지 점유권만 인정된다.

그렇다면 점유권은 단지 물건을 사실상 지배만 하면 인정이 되는 것인가? 즉 다른 의 사표시는 필요하지 않은가? 여기에 대해 점유권은 물건에 대한 사실상의 지배와 점유의 의사가 필요하다는 주관설과 점유의사는 필요하지 않다는 객관설로 나뉘는데, 우리 민 법은 객관설을 취한다. 다만 점유의사는 필요하지 않더라도 점유설정의사는 필요하다는 것이 통설의 견해이다. 예컨대 바람에 의해 A의 마당에 날아온 이웃집 빨래에 대해 A 에게는 그 물건에 대해 점유설정의사가 없으므로 A의 점유권은 부정된다고 할 것이다. 추가적으로 의사능력만 있으면 이러한 점유설정의사는 가능하다고 새길 것이다.

이처럼 물건에 대한 사실상의 지배가 있으면 점유권이 인정되지만, 민법은 점유를 관념화하여 몇 가지 예외를 인정하고 있다. 즉 사실상 물건에 대한 지배를 하고 있지만 점유권을 부정하는 점유보조자(민법 제195조)[55]가 있는가 하면, 물건에 대한 지배가 없지만 점유권을 인정하는 상속인의 점유(제193조), 간접점유(제194조) 등을 인정하고

---

[55] 가사상, 영업상 기타 유사한 관계에 의하여 타인의 지시를 받아 물건에 대한 사실상 지배를 하는 자를 점유보조자라 하며, 이때 물건에 대한 점유자는 점유보조자가 아니라 점유주(타인)이다. 예컨대 가사도우미, 가게의 점원 등이 여기에 속한다. 점유보조자에게 점유를 인정하지 않는 이유로는 첫째, 점유보조자를 굳이 점유자로서 보호할 필요가 없기 때문이고 둘째, 점유보조자에게 점유권을 인정한다면 점유주에게 이러한 권리를 행사할 우려가 있기 때문이다. 따라서 이들은 점유자가 아 니기 때문에 방해자에 대하여 방해배제청구권(제205조)을 행사할 수 없지만 점유주를 위하여 자력구제권(제209조)은 행사 할 수 있다.

있다.

2. 점유의 종류

(1) 직접점유·간접점유

간접점유란 일정한 법률관계(점유매개관계)에 기하여 타인을 매개로 하여 간접적으로 점유하는 것을 말하며, 이러한 경우 그 타인(점유매개자)의 점유를 직접점유라 한다. 「민법」 제194조는 "지상권, 전세권, 질권, 사용대차, 임대차, 임치 기타의 관계로 타인에게 물건을 점유하게 한 자는 간접으로 점유권이 있다."고 규정한다. 예컨대 임대차에서 임대인은 간접점유자이고 임차인은 직접점유자이다. 이처럼 간접점유자에게 점유권을 인정하는 이유는 사회관념상 간접점유자가 직접점유자를 통해 간접적으로 물건에 대한 지배력을 미치고 있으므로 이들을 보호할 필요성이 있기 때문이다. 따라서 임차물을 제3자가 절취한 경우, 임대인은 그 물건을 먼저 임차인에게 반환할 것을 청구할 수 있고 부득이한 경우에는 임대인 자신에게 반환할 것을 청구할 수 있다(제207조).

(2) 자주점유·타주점유

자주(自主)점유란 소유의 의사를 가지고 하는 점유를 말한다. 여기서 소유의 의사란 소유자와 같은 배타적 지배를 사실상 행사하고자 하는 의사를 의미한다. 따라서 타인의 물건을 절취한 자도 자주점유자로 평가된다. 반면, 타주(他主)점유란 소유의 의사 없이 하는 점유를 말한다.

판례에 따르면, 양자는 "점유취득의 원인이 된 권원의 성질이나 점유와 관계있는 모든 사정에 의하여 외형적·객관적으로 결정되는 것"이라고 판시한다.[56] 그러므로 부동산을 증여받은 자의 점유나 매수인의 점유는 원칙적으로 자주점유가 되며, 명의수탁자의 부동산에 대한 점유는 자주점유라고 할 수 없다.

「민법」 제197조 제1항은 "점유자는 소유의 의사로 선의, 평온 및 공연하게 점유한 것으로 추정한다."라고 하여, 점유자는 일단 자주점유자로 추정하고 있다. 따라서 점유자는 스스로 자주점유임을 증명할 필요가 없고 상대방에게 그 점유가 타주점유라는 것을 입증할 책임이 인정된다.

---

56) 대판(전합) 1997.8.21. 95다28625.

이와 같은 자주점유의 추정은 판례에 따르면 몇 가지 사유에 의해 번복되는데, ① 전형적인 타주점유의 권원에 의하여 점유한 사실이 증명된 경우 ② 외형적·객관적으로 보아 점유자가 타인의 소유권을 배척하고 점유할 의사를 갖고 있지 아니하였던 것으로 볼 만한 사정이 증명된 경우[57] ③ 악의의 무단점유가 입증된 경우[58]가 그것이다.[59]

(3) 선의점유·악의점유

선의(善意)점유란 점유할 권리(본권)가 없음에도 불구하고 본권이 있다고 잘못 믿고서 하는 점유이고 악의(惡意)점유는 본권이 없음을 알면서 또는 본권의 유무에 관하여 의심을 품으면서 하는 점유를 말한다. 예컨대 식당에서 타인의 신발을 자기의 신발이라고 착각해서 신고 나온 경우가 바로 선의의 점유가 된다.

점유자는 선의로 점유한 것으로 추정된다(제197조 제1항). 그러나 선의의 점유자가 본권에 관한 소에서 패소한 때에는 그 소가 제기된 때로부터 악의의 점유자였던 것으로 본다(제2항).

(4) 과실 있는 점유·과실 없는 점유

이는 선의점유와 관련하여, 본권이 있다고 잘못 믿는 데 과실이 있으면 과실 있는 점유이고 그렇지 않으면 과실 없는 점유가 된다. 민법 제197조에는 점유자의 무과실을 추정하는 내용이 없으므로, 점유자의 무과실은 추정되지 않고 무과실을 주장하는 자가 자신에게 본권이 있다고 믿는 데에 과실 없음을 증명해야 한다.

(5) 평온점유·강포점유

평온(平穩)점유란 점유자가 그 점유를 취득하는 데 법률상 용인할 수 없는 폭력이나 협박을 사용하지 않는 것을 말하고 강포(强暴)점유란 그러한 것을 사용한 점유를 말한다. 점유자는 원칙적으로 평온점유가 추정된다(제197조 제1항).

---

57) 점유자가 진정한 소유자라면 통상 취하지 아니할 태도를 나타내거나 소유자라면 당연히 취했을 것으로 보이는 행동을 취하지 않은 경우로서, 예컨대 타인의 토지를 점유하면서 토지 소유자에게 지료를 지급하는 행위는 소유자라면 취하지 아니할 태도를 보인 것이므로 자주점유의 추정은 번복된다.

58) 예컨대 국유지임을 알면서 철조망을 임의로 제거하고 대지에 대한 점유를 한 경우, 이는 악의의 무단점유로서 「민법」 제197조 제1항의 자주점유의 추정은 깨지게 된다.

59) 대판(전합) 1997.8.21. 95다28625.

(6) 공연점유·은비점유

공연(公然)점유는 남몰래 하지 않는 점유를 말하고 은비(隱祕)점유는 남몰래 하는 점유를 말한다. 예컨대 타인의 토지에 몰래 시신을 매장하는 것은 '평온'이라는 요건을 충족하지 못하여 관습법상의 물권인 분묘기지권을 취득하지 못한다. 민법 제197조 제1항에 의해 점유자는 공연하게 점유한 것으로 추정된다.

Ⅱ. 점유권의 효력

1. 권리의 추정

점유자가 점유물에 대하여 행사하는 권리는 적법하게 보유한 것으로 추정한다(제200조). 여기서 권리는 소유권에 머무르지 않고 점유할 권리라면 다른 물권이든 채권이든 묻지 않는다. 예컨대 임차인이 자전거를 점유하고 있다면, 그 임차인에게는 임차권이 적법하게 있는 것으로 추정되는 것이다. 따라서 임차인의 점유를 부정하는 자가 임차권 없음을 주장 및 입증해야 한다.[60]

주의할 점은 이러한 권리 추정은 동산에만 인정되며, 부동산에는 앞에서 다룬 등기의 추정력이 인정된다는 것이다.

2. 점유자와 회복자의 관계

(1) 서설

타인의 물건을 적법한 권원 없이 점유한 자는 본권자가 반환청구권을 행사하면 그 물건을 반환해야 한다(물권적 청구권). 하지만 점유자와 본권자(회복자) 사이에 해결해야 하는 다른 문제들이 남는다. 예를 들어 다른 사람의 자동차를 자신의 차라고 착각하여 사용하다가 소유자에게 반환한 경우를 생각해 보면, 사용하는 동안의 이익은 누가 취득하며, 또한 운전 중에 사고로 차량 파손이 있는 경우 어떻게 하며, 만약 점유자가

---

60) 하지만 그러한 임차권을 부정하는 자가 물건의 소유자인 경우에는 「민법」 제200조의 권리 추정이 인정되지 않는다는 것이 통설과 판례의 견해이다. 그러므로 이러한 경우에는 임차인이 스스로 적법하게 임차권을 취득한 사실에 대해 주장 및 입증해야 한다.

차량을 정비한 경우 그 비용은 누가 부담해야 하는지 등 다양한 문제가 발생하는데, 이를 해결하기 위한 규정이 민법 제201조부터 제203조까지이다.

(2) 과실취득권

여기서 과실(果實)이란 천연과실과 법정과실을 말하며(제101조), 넓게 해석하여 원물자체의 사용에 따른 이익도 포함되는 것으로 해석한다. 따라서 위의 사례에서 타인의 자동차를 일정 기간 사용함에 따른 사용이익도 과실로 평가될 수 있다.

민법은 제201조 제1항에서 선의의 점유자는 점유물의 과실을 취득하며, 제2항과 제3항에서 악의의 점유자 및 폭력, 은비에 의한 점유자는 수취한 과실을 반환해야 하며, 소비하였거나 과실로 인하여 훼손 또는 수취하지 못한 경우에는 그 과실의 대가를 보상해야 한다고 규정한다. 여기서 선의의 점유자란 과실수취권을 포함하는 본권을 가지고 있다고 착각하고 있는 점유자를 말한다. 따라서 과실수취권을 포함하지 않는 본권(예컨대 질권)을 가지고 있다고 착각하여 점유한 경우에는 선의의 점유자가 아니다.[61] 앞의 사례에서 타인의 자동차를 자기 소유라고 착각한 자는 과실수취권을 포함하는 본권, 즉 소유권을 갖는다고 착각한 자이므로 그동안의 사용이익을 취득한다고 할 것이다. 하지만 선의의 점유자이더라도 불법행위의 구성요건을 갖추게 되면 손해배상책임을 지는 것은 별도의 문제이다.[62]

(3) 점유물의 멸실 또는 훼손에 대한 책임

점유자가 타인의 물건을 점유하면서 고의·과실로 이를 멸실 또는 훼손시키면 민법 제750조 불법행위에 따른 손해배상책임을 부담하게 된다. 하지만 민법은 제202조에서 이에 대한 특칙을 두고 있다.[63] 왜냐하면 일정한 선의의 점유자에게 불법행위에 기한 손해배상책임을 지게 하는 것은 가혹하기 때문이다. 따라서 선의의 점유자가 그 물건을 자주점유하고 있는 때에는 현존의 이익을 배상하면 족하고 반면, 악의의 점유자나 선의의 점유자이지만 타주점유인 경우에는 점유물의 멸실 또는 훼손에 대한 모든 손해

---

61) 대판 2000.3.10. 99다63350.

62) 대판 1966.7.19. 66다994.

63) 「민법」 제202조와 제750조의 관계에 대하여 회복자에게 청구권이 모두 발생할 수 있다는 견해와 제202조만이 적용된다는 견해로 나뉜다. 판례(대판 1966.7.19. 66다994)는 전자의 입장이다. 생각건대 두 권리 모두 발생하고 선택적으로 행사할 수 있다고 새기면 제202조 규정이 의미를 잃게 되고 제202조만 적용된다고 하면 피해자의 손해를 간과하는 문제가 있다. 위의 사례에서 선의의 점유자가 자주점유한 타인의 차량을 과실로 파손한 경우, 파손된 상태 그대로 소유자에게 반환하게 되는 경우를 생각해 보라.

를 배상해야 한다.

(4) 점유자의 비용상환청구권

점유자는 점유물을 보존하기 위해 지출한 금액 기타 필요비의 상환을 회복자에게 청구할 수 있다(제203조 제1항). 이러한 필요비에는 보존비, 수선비, 사육비, 각종 세금 등이 포함된다. 이처럼 점유자가 필요비 상환을 청구할 수 있는 이유는 필요비(必要費)란 본래 그 물건의 소유자가 당연히 지출해야 하는 비용이고 이를 그대로 반환한다면 그에 상당하는 부당이득을 회복자가 얻기 때문이다. 이런 취지에서 만약 점유자가 과실(사용이익 포함)을 취득했다면 통상의 필요비에 대한 상환청구권은 인정되지 않는다(제1항 단서).

「민법」제203조 제2항은 "점유자가 점유물을 개량하기 위하여 지출한 금액 기타 유익비에 관하여는 그 가액의 증가가 현존한 경우에 한하여 회복자의 선택에 좇아 그 지출금액이나 증가액의 상환을 청구할 수 있다."고 하여 점유자의 유익비상환청구권을 인정하고 있다. 예컨대 타인의 자동차를 점유한 자가 차량의 성능을 높이기 위해 엔진 튜닝을 한 경우, 이러한 비용이 유익비(有益費)가 될 수 있다. 한편 점유자가 유익비상환을 청구하는 경우에 법원은 회복자의 청구에 의하여 상당한 상환기간을 허여할 수 있다(제3항).

이러한 점유자의 비용상환청구권은 점유 당시의 본권자 외에 현재의 회복자에게도 그 상환을 청구할 수 있으며, 점유자의 비용상환청구권은 점유자가 점유물을 반환할 때 발생하는 것으로 회복자의 반환청구에 대하여 비용상환청구권을 갖고 항변할 수 없다. 다만 이러한 경우, 점유자가 유치권을 행사한다면, 동시이행의 효과를 얻을 수 있다.

3. 점유보호청구권

점유보호청구권이란 점유가 침해당하거나 침해당할 염려가 있을 때, 그 점유자에게 본권이 있는지를 불문하고 점유 그 자체를 보호하기 위해 인정되는 일종의 물권적 청구권을 말한다. 그 내용으로는 점유를 침탈당한 때 그 물건의 반환 및 손해배상을 청구할 수 있는 점유물반환청구권(제204조), 점유의 방해가 있는 때 그 방해의 제거 및 손해배상을 청구할 수 있는 점유물방해제거청구권(제205조), 점유의 방해를 받을 염려가 있는 때 그 방해의 예방 또는 손해배상의 담보를 청구할 수 있는 점유물방해예방청구권(제206조)이 있다.

이와 같은 점유보호청구권은 본권에 기한 물권적 청구권(예컨대 소유권에 기한 물권적 청구권)과 다르게 '있어야 할 상태'를 보호하는 것이 아니라 '현재의 물적 지배상태'를 보호하는 것이므로, 권리의 행사기간과 상대방에 대한 일정한 제한이 있다. 즉 점유자는 자기의 점유물을 침탈한 자에 대하여 침탈당한 날로부터 1년 내에 점유물반환청구권을 행사해야 하며(제204조 제3항),[64] 만약 그 침탈자가 점유물을 이러한 사정을 모르는 자에게 매각한 경우, 그 매수인에게 점유물반환청구권을 행사하지 못한다(제2항). 그리고 주의할 점은 물권적 청구권은 불법행위와 다르게 상대방의 고의 또는 과실을 요건으로 하지 않으며, 점유보호청구권의 상대방은 현재 점유를 하고 있거나 현재 방해의 염려를 만들어 내는 자이다.

4. 자력구제

「민법」 제209조는 점유를 부당하게 침탈 또는 방해당한 경우, 점유자에게 자력구제를 인정하고 있다. 국가에 의한 권리구제 체계가 완성된 단계에서는 원칙적으로 자력구제와 같은 사력(私力)구제는 금지되지만 점유권의 특성상 그 예외를 인정하고 있다. 따라서 점유물이 침탈되었을 때에는 일정한 요건에 따라 이를 탈환할 수가 있는데, 점유물이 부동산인 경우에는 침탈 후 즉시[65] 가해자를 배제하여 이를 탈환할 수 있고 동산인 경우에는 현장에서 또는 추적하여 이를 탈환할 수 있도록 규정한다(제2항). 그러므로 가해자의 점유에 대한 침해가 완료되면 제209조의 자력구제가 아닌 물권적 청구권을 통해 구제받아야 한다. 예를 들어 A의 책을 B가 절취한 경우, A는 B를 추적하여 그 책을 탈환할 수 있지만 만약 다음 날이 되었다면 자력구제(자력탈환권)를 행사하지 못하고 점유보호청구권을 행사하여 그 책을 반환 받아야 한다. 그렇지 않으면 질서를 유지하기 어렵게 되기 때문이다.

---

64) 판례는 1년의 기간을 소멸시효가 아닌 제척기간으로 이해한다(대판 2002.4.26. 2001다8097).
65) 「민법」 제209조 제2항에서는 직시(直時)라는 단어를 사용한다.

제7절 소유권

I. 서설

1. 소유권의 의의

소유권(所有權)이란 물건을 전면적으로 지배할 수 있는 권리로서, 여기에는 사용권능, 수익권능, 처분권능이 포함되어 있다(제211조).[66] 사용·수익이란 물건의 사용가치를 파악하는 것으로서 물건의 이용, 과실의 수취 등을 말하며, 처분이란 물건의 교환가치를 파악하는 것으로 물건의 소비, 파괴, 담보권의 설정 등을 말한다.

근대민법의 원리 중 하나인 사유재산권 존중의 원칙(소유권 절대의 원칙)에 따라 어떤 물건의 소유자라면 아무런 제약 없이 그 권리를 행사할 수 있었지만, 현대국가에 들어와 공공의 복리나 신의성실의 원칙 등에 의해 제한을 받게 되었다. 그러나 이와 같은 소유권의 제한은 제211조에서도 명시되었듯이 법률에 의한 제한이어야 한다.[67]

이상과 같은 법률상 제한이 있더라도 소유권은 완전한 물권으로서 보호의 대상이며, 소유권의 부당한 침해에 대하여 소유자는 소유물반환청구권(제213조), 소유물방해배제청구권(제214조 전단), 소유물방해예방청구권(제214조 후단)을 행사할 수 있고 만약 침해행위에 위법성이 있다면 불법행위가 성립되어 손해배상청구권(제750조)을 행사할 수도 있다.

2. 부동산소유권

(1) 토지소유권의 범위

물건으로서의 토지는 연속하고 있으므로 그 지표에 선을 그어 경계를 삼고 이를 구획하며, 지적공부(토지대장·임야대장)에 등록되어 지번이 부여됨으로써 특정이 된

---

[66] 이하에서는 사용권능, 수익권능, 처분권능을 사용권, 수익권, 처분권으로 표기한다. 「민법」 제211조에서 "소유자는 법률의 범위 내에서 그 소유물을 사용, 수익, 처분할 권리가 있다."고 규정하는데, 여기서 '권리'는 권리에 속한 개별적인 힘을 의미하는 '권능'을 말한다는 점을 유의해야 한다.

[67] 「대한민국 헌법」 제23조 제1항 모든 국민의 재산권은 보장된다. 그 내용과 한계는 법률로 정한다.

다.68) 토지의 소유권은 정당한 이익이 있는 범위 내에서 토지의 상하에 미친다(제212조). 그러므로 토지 소유권은 지표면뿐만 아니라 정당한 이익이 있는 범위 내에서 공중이나 지하에도 미친다고 할 것이다. 따라서 지하수는 토지의 구성부분에 해당하므로 토지소유자가 자유롭게 사용할 수 있다. 하지만 광물의 경우에는 「광업법」에 따라 국가가 이에 대한 소유권을 갖는다.69)

(2) 건물의 구분소유

1동의 건물을 구분하여 그 각각을 다수가 소유하는 것을 건물의 구분소유라고 한다(제215조). 이러한 건물의 구분소유에 관한 법률로는 민법 이외에 「집합건물의 소유 및 관리에 관한 법률(이하; 집합건물법)」이 있다. 「집합건물법」에 따르면, 건물 1동의 각 부분을 소유하는 권리를 구분소유권이라고 하는데, 구분소유권이 인정되기 위해서는 1동의 건물의 각 부분이 구조상·이용상 독립성을 가져야 하며, 추가로 구분건물로 하겠다는 소유자의 의사가 필요하다.70) 그러므로 1동의 건물의 일부분이 독립성을 갖춘 경우에도 소유자의 의사가 없다면 그 건물은 1개의 건물이다.

「집합건물법」에서 사용하는 주요한 용어를 살펴보면 다음과 같다. 전유(專有)부분이란 구분소유권의 목적인 건물의 부분을 말하며, 전유부분 이외의 건물부분이나 전유부분에 속하지 않는 건물의 부속물 그리고 규약에 의해 공용부분으로 된 부속 건물은 공용(共用)부분이 된다(제2조 3호, 4호). 공용부분은 원칙적으로 구분소유자 전원의 공유(共有)에 속하며, 이때 각 공유자의 지분은 그가 가지는 전유부분의 면적의 비율에 의하나 규약으로 다르게 정할 수 있다(제10조). 그 밖에 구분소유자는 건물의 소유자로서 건물이 있는 대지를 이용할 권리가 있어야 하는데, 이러한 권리를 대지사용권이라고 한다(제2조 6호). 대지사용권과 구분소유권은 매우 밀접한 관계에 있으므로 「집합건물법」은 두 권리를 일체화시키고 있다. 즉 구분소유자의 대지사용권은 그의 전유부분의 처분에 따르도록 하고, 전유부분과 분리하여 대지사용권만을 처분할 수 없도록 하고 있다(제20조).

구분소유권에는 민법상 상린관계와 유사한 권리, 의무가 수반되는데, 구분소유자는 건물의 보존에 해로운 행위 기타 건물의 관리 및 사용에 관하여 구분소유자의 공동의

---

68) 이와 관련된 법으로는 「공간정보의 구축 및 관리 등에 관한 법률(약칭: 공간정보관리법)」이 있다.

69) 「광업법」 제2조(국가의 권능) 국가는 채굴되지 아니한 광물에 대하여 채굴하고 취득할 권리를 부여할 권능을 갖는다.

70) 소유자의 이러한 의사는 구분행위, 즉 건축물대장에 구분건물로 등록하면 인정되고 구분소유물이라는 뜻의 등기까지 있을 필요는 없다(대판 1999.9.17. 99다1345).

이익에 어긋나는 행동을 해서는 안 되며(제5조), 이익에 어긋나는 행동을 한 경우 다른 구분소유자에 대한 손해의 보상, 일정한 자에 의한 그러한 행위의 정지, 그 행위의 결과 제거 및 예방에 필요한 조치의 청구, 더 나아가 구분소유권의 경매 등을 청구할 수 있도록 규정한다(제43조부터 제45조).

(3) 상린관계

상린(相隣)관계란 서로 이웃한 자들의 부동산 이용관계를 의미하며, 이러한 관계에서 나오는 권리를 상린권이라고 한다. 민법은 제216조부터 제244조까지 상린관계에 대해 규정하고 있는데, 구체적인 내용은 다음과 같다. 토지소유자가 경계나 그 근방에서 담 또는 건물을 축조하거나 수선하기 위하여 필요한 범위 내에서 이웃 토지의 사용을 청구할 수 있는 인지사용청구권(제216조), 타인의 토지를 통과하지 않으면 수도, 가스관 등을 시설할 수 없거나 과다한 비용이 소요되는 경우 토지소유자에게 인정되는 수도 등의 시설권(제218조), 어느 토지와 공로 사이에 그 토지의 용도에 필요한 통로가 없는데 주위토지를 통행하지 않으면 공로에 출입할 수 없거나 과다한 비용이 드는 경우 주위토지를 통행하거나 필요한 경우 통로를 개설할 수 있는 토지소유자의 주위토지통행권(제219조), 그 밖에 물에 관한 상린관계 규정(제221조부터 제236조), 수지·목근의 제거권(제240조) 등 다양한 규정이 있다.

이와 같은 상린관계를 규율하는 규정 중 최근 사회적 문제가 되고 있는 층간소음이나 각종 생활방해와 관련된 것으로 민법은 다음과 같은 생활방해금지 규정을 두고 있다. 즉 제217조 제1항은 "토지소유자는 매연, 열기체, 액체, 음향, 진동 기타 이에 유사한 것으로 이웃 토지의 사용을 방해하거나 이웃 거주자의 생활에 고통을 주지 아니하도록 적당한 조처를 할 의무가 있다."고 하여 토지소유자에게 일정한 의무를 부과하고 있으며, 제2항은 "이웃 거주자는 전항의 사태가 이웃 토지의 통상의 용도에 적당한 것인 때에는 이를 인용할 의무가 있다."고 하여 이웃 거주자에게 수인(용인)의무를 부과하고 있다. 다만 수인한도를 넘는 경우, 이웃 거주자는 토지 소유자(또는 점유자)에 대하여 적당한 조처나 물권적 청구권을 행사할 수 있고 더 나아가 이웃 거주자에게 손해가 발생한 경우에는 손해배상청구권도 행사할 수 있다.

3. 소유권의 취득

(1) 서설

물건(부동산, 동산)에 대한 소유권을 취득하는 모습은 크게 두 가지로 나타난다. 하나는 법률행위에 의한 소유권의 취득이고 다른 하나는 법률행위에 의하지 않은 소유권의 취득이다. 법률행위에 의한 소유권의 취득은 물권적 합의와 공시방법(등기, 인도에 의한 점유 이전)으로 이루어지는 것인데, 이미 기술하였다. 법률행위에 의하지 않은 소유권의 취득에는 취득시효, 선의취득, 선점, 습득, 발견, 부합, 혼화, 가공 등이 있는데, 선의취득은 동산의 물권변동에서 언급했으므로 나머지를 살펴본다.

(2) 취득시효

1) 취득시효의 의의

시효제도의 개념과 존재이유는 소멸시효에서 언급한 바와 같다. 취득시효(取得時效)란 어떤 자가 권리자인 것처럼 물건이나 권리를 일정 기간 점유하고 있는 경우, 그가 진실한 권리자인지를 묻지 않고 소유자로 인정하는 제도를 말한다. 본래 취득시효제도의 기원인 로마법의 사용취득(usucapio)에 따르면, 정당하게 부동산을 취득한 자를 보호하기 위한 제도로 출발했으나 현재는 그 범위가 확대되었다.[71]

민법은 취득시효를 먼저 물건의 소유권에 대한 취득시효와 소유권 이외의 재산권에 대한 취득시효(제248조)[72]로 나누며, 다시 물건의 소유권에 대한 취득시효를 부동산 소유권에 관한 것(제245조)과 동산 소유권에 관한 것(246조)으로 나누어 규정하고 있다.

2) 부동산 소유권에 대한 취득시효

가. 점유 취득시효

「민법」 제245조 제1항은 "20년간 소유의 의사로, 평온, 공연하게 부동산을 점유하는 자는 등기함으로써 그 소유권을 취득한다."고 규정한다. 점유 취득을 할 수 있는 주체는 권리능력을 갖는 자이고 법인 아닌 사단이나 재단도 이에 포함된다.[73] 점유 취득시

---

71) 로마법의 사용취득에 있어 정당한 원인(iusta causa)이란 매매, 증여, 가자의 설정 등을 의미하였다.

72) 취득시효의 대상이 되는 권리로는 분묘기지권, 지상권, 지역권, 질권, 광업권, 어업권, 지적재산권 등이 있다. 다만 점유를 수반하지 않는 저당권이나 법률규정에 의해 성립하는 유치권은 취득시효의 대상이 되지 않는다.

73) 대판 1970.2.10. 69다2013에서 법인격이 없는 문중 또는 종중도 취득시효 완성으로 인한 소유권을 취득할 수 있다고 판시

효의 객체는 부동산이며, 반드시 타인 소유일 필요는 없다. 따라서 본인 소유의 부동산에 대해서도 점유 취득시효가 인정된다.[74] 그리고 국유재산 중 행정재산이 아닌 일반재산에 대해서는 점유 취득시효가 가능하다.

점유자는 소유의 의사(자주점유), 평온, 공연하게 점유해야 하며, 이는 모두 제197조제1항에 의해 추정이 되므로, 점유자의 시효취득을 막으려는 자가 타주점유, 강포, 은비 점유임을 증명해야 한다.[75] 또한 이러한 점유는 20년간 계속되어야 하는데, 점유자는 자기의 점유만을 주장할 수도 있고 자기의 점유와 전 점유자의 점유를 아울러 주장할 수도 있다(제199조). 그리고 20년의 기산점과 관련하여, 시효기간 중 계속해서 등기명의자가 동일한 경우에는 기산점을 어디에 두어도 무방하지만,[76] 시효기간 만료 후이해관계 있는 제3자가 있는 경우에는 기산점을 임의로 선택할 수 없다고 판시한다.[77] 하지만 취득시효 완성 후 등기명의가 변경되고 그 후 다시 취득시효가 완성된 때에는 등기명의 변경 시를 새로운 기산점으로 삼아도 무방하다고 한다.[78] 요컨대 기산점을 임의로 선택할 수 있는가에 대하여 고정시설과 역산설로 견해가 나뉘는데,[79] 판례는 고정시설을 원칙으로 하고 소유자 변동이 없거나 소유자 변동이 있더라도 소유자 변동 시점이 새로운 취득시효의 기산점이 되는 경우에는 그 예외를 인정하고 있다.

점유취득시효의 요건이 갖추어지면 점유자는 시효기간 만료 당시의 부동산 소유자에 대하여 소유권이전등기청구권을 취득한다. 본래 점유취득시효는 법률행위에 의하지 않은 부동산 물권의 변동이므로 민법 제187조에 따라 등기를 요하지 않는다고 할 것이나 제245조 제1항에서는 등기를 요구하고 있다. 따라서 점유취득시효는 제187조의 예외라고 할 것이다. 그리고 점유자가 갖는 등기청구권의 법적 성질은 채권적 청구권이므로

한다.

74) 대판 2001.7.13. 2001다17572.

75) 대판 1986.2.25. 85다카1891.

76) 대판 1976.6.22. 76다487.

77) 대판 1977.6.28. 77다47.

78) 대판(전합) 1994.3.22. 93다46360.

79) 점유기간의 기산점과 관련하여, 고정시설은 기산점이 고정되어 있다는 것이다. 즉 점유자가 점유를 시작한 날 또는 이전 점유자의 점유를 승계한 날만을 기산점으로 삼을 수 있다는 것이다. 반면, 역산설은 점유취득을 주장하는 시점으로부터 거꾸로 20년을 거슬러 올라가 그 임의의 시점을 기산점으로 삼을 수 있다는 견해이다. 두 학설은 등기명의자(소유자)의 변경이 없을 때에는 차이가 없으나 이해관계가 있는 제3자가 있는 때에는 차이를 보이게 된다. 예를 들어, A 소유의 토지를 B가 20년간 점유했지만 취득시효를 주장하지 않고 5년이 지난 시점(B의 점유기간 25년)에 토지 소유권이 C에게 이전되고 다시 또 5년이 흐른 시점에 B가 취득시효를 주장하는 경우(B의 점유기간 30년)를 생각해 보자. 먼저 고정시설에 의하면 B는 20년의 점유기간이 완성된 시점에 소유자 A에 대하여 '등기청구권'이라는 채권을 갖지만, 새로운 물권자인 C에게 그러한 권리를 주장하지 못하게 된다. 반면, 역산설을 따르게 되면, B는 취득시효를 주장하는 현시점으로부터 20년을 거슬러 올라가 A가 소유자였을 때의 임의의 시점부터 점유를 시작하게 되고 현재의 소유자인 C에게 그러한 등기청구권을 주장하게 되는데, 이는 민법의 법리에 부합하지 않는다.

소멸시효의 대상이 되지만, 부동산에 대한 점유가 계속되는 경우에는 시효로 소멸하지 않는다고 한다.[80]

점유취득시효의 주요한 효과로서, 점유취득시효가 완성되더라도 점유자 명의로 등기하기 전이라면 여전히 등기명의인이 당해 부동산의 소유자이므로 당해 부동산을 제3자에게 처분하더라도 불법행위가 되지 않음이 원칙이지만,[81] 점유자가 취득시효를 주장하거나 소유권이전등기의 청구소송을 제기한 뒤 이러한 처분이 이루어진 경우(이행불능)에는 불법행위가 되며, 이때 부동산을 취득한 제3자가 이와 같은 불법행위에 적극 가담했다면 이는 반사회질서에 해당되어 무효가 된다.[82]

그리고 취득시효에는 소멸시효의 중단에 관한 규정이 준용되므로(제247조 제2항), 점유취득시효 기간인 20년이 경과하기 전, 소유자가 당해 부동산을 제3자에게 처분하더라도 이는 취득시효의 중단사유[83]에 해당하지 않으므로 점유자는 시효기간 완성 시 등기명의자에 대하여 취득시효를 주장할 수 있다.[84] 하지만 시효 기간의 경과 후, 소유자가 당해 부동산을 제3자에게 처분한다면, 점유자는 그 제3자에 대하여 취득시효를 주장할 수 없다.[85] 왜냐하면 제3자의 권리는 물권이지만 점유자의 등기청구권은 채권에 불과하기 때문이다.

마지막으로 점유취득시효에 의한 소유권취득의 성질에 대하여 견해가 나뉘지만, 판례는 원시취득이라고 한다. 따라서 당해 부동산의 전 소유자의 권리 위에 존재했던 모든 제한은 취득시효의 완성과 함께 소멸하게 된다. 예컨대 소유자가 시효기간 완성 전에 지상권을 설정한 경우, 점유자는 지상권의 부담이 없는 완전한 부동산을 취득하게 된다.[86] 그리고 취득시효로 인한 소유권취득의 효과는 점유를 개시한 때에 소급한다 (제247조 제1항). 하지만 주의할 점은 점유취득시효에서 소급효를 인정한다는 것은 점유기간 동안 점유자의 점유를 정당한 것으로 만드는 소극적인 의미를 갖는다는 것이다.

---

80) 대판 1995.2.10. 94다28468. 다만 대판 1996.3.8. 95다34866에 따르면, 점유자가 그 부동산에 대한 점유를 상실한 때로부터 10년간 이를 행사하지 않으면 소멸시효가 완성한다.

81) 대판 2006.5.12. 2005다75910.

82) 대판 1999.9.3. 99다20926.

83) 「민법」 제168조(소멸시효의 중단사유).

84) 대판 1989.4.11. 88다카5843.

85) 대판 1991.6.25. 90다14225.

86) 다만 대판 2006.5.12. 2005다75910에 따르면, 시효완성 후 소유자가 이러한 물권을 설정했다면, 점유자는 그러한 부담 있는 소유권을 취득하게 된다고 판시한다. 이러한 판례의 입장은 시효완성 후 소유자로부터 당해 부동산을 인도 받은 제3자에게 점유자가 대항할 수 없다는 법리와 그 궤를 같이한다.

따라서 점유자가 등기를 완료한 후 점유기간 동안 원래 소유자의 적법한 권리 행사에 대해 부당이득이나 불법행위를 주장할 수 없다.

나. 등기부 취득시효

「민법」 제245조 제2항은 "부동산의 소유자로 등기한 자가 10년간 소유의 의사로 평온, 공연하게 선의이며 과실 없이 그 부동산을 점유한 때에는 소유권을 취득한다."라고 하여 등기부 취득시효를 규정한다. 등기부 취득시효 요건은 앞에서 살펴본 점유 취득시효의 요건과 대동소이하므로, 추가된 요건에 대해서만 설명하도록 한다. 한 가지 주의할 점은 등기부 취득시효라고 해서 등기가 핵심이 아니라 점유가 핵심이라는 것이다.

등기부 취득시효는 일단 점유자 명의의 등기가 있어야 한다. 그런데 이러한 등기는 적법·유효한 것일 필요가 없으며 무효의 등기라도 무방하다.[87] 그리고 자주점유, 평온, 공연, 선의, 무과실의 점유가 10년간 계속되어야 하며, 무과실은 추정되지 않는다. 판례는 선의 및 무과실은 시효기간 내내 계속될 필요는 없으며, 점유를 개시한 때 갖추고 있으면 충분하다는 입장이다.[88]

위의 요건이 갖추어지면 점유자는 즉시 부동산의 소유권을 취득한다. 이미 점유자가 당해 부동산의 소유자로 등기가 된 상태이므로 점유 취득시효처럼 별도의 등기가 필요하지는 않다.

3) 동산 소유권에 대한 취득시효

가. 장기 점유 취득시효

10년간 소유의 의사로 평온, 공연하게 동산을 점유한 자는 그 소유권을 취득한다(제246조 제1항).

나. 단기 점유 취득시효

소유의 의사로 평온, 공연, 선의, 무과실로 5년간 동산을 점유한 자는 그 소유권을 취득한다(제246조 제2항).

---

87) 대판 1998.1.20. 96다48527.
88) 대판 1993.11.23. 93다21132.

(3) 무주물 선점

무주(無主)의 동산을 소유의 의사로 점유한 자는 그 소유권을 취득한다(제252조 제1항). 무주라는 것은 주인이 없는 물건을 의미하며, 원래부터 소유자가 없거나 소유자가 있었지만 소유권을 포기한 물건을 말한다. 따라서 야생동물도 무주물이 되어 선점(先占)의 대상이 되지만 다시 야생상태로 돌아가면 무주물이 된다(제3항). 하지만 광업법의 적용을 받는 미채굴의 광물이나 무주의 부동산은 국유이므로 선점의 대상이 되지 않는다(제2항).

그리고 학술, 기예 또는 고고의 중요한 재료가 되는 무주물을 선점하더라도 소유권을 취득하지 못하는데(제255조 제1항), 이때 이러한 무주물을 점유하는 자는 국가에 대하여 적당한 보상을 청구할 수 있는지 의문이다. 왜냐하면 민법은 습득자나 발견자에 대해서만 보상청구권을 인정하고 있기 때문이다(제255조 제2항). 생각건대 이는 입법의 흠결이며, 이러한 동산을 선점한 자에 대해서도 보상청구권을 인정해야 할 것이다(유추적용).

(4) 유실물 습득

점유자의 의사에 의하지 않고 그의 점유를 이탈한 물건으로서 도품이 아닌 것을 유실물이라고 하는데, 이러한 유실물은 「유실물법」이 정한 절차에 따라 공고한 후 6개월 내에 소유자가 권리를 주장하지 않으면 습득자가 그 소유권을 취득한다(제253조). 따라서 소유자가 나타난 경우 습득자는 그 소유권을 취득하지 못한다. 이러한 경우, 습득자는 소유자에 대하여 물건가액의 5~20% 이하의 범위에서 보상금을 청구할 수 있다. 다만 보상금청구권은 물건을 반환한 후 1개월이 지나면 소멸한다(「유실물법」 제5조, 제6조).

(5) 매장물 발견

「민법」 제254조 본문은 "매장물은 법률에 정한 바에 의하여 공고한 후 1년 내에 그 소유자가 권리를 주장하지 아니하면 발견자가 그 소유권을 취득한다."라고 한다. 여기서 매장물이란 토지 기타 물건에 묻혀 외부에서 쉽게 발견할 수 없는 상태에 있고 현재 소유자가 누구인지 분명하지 않은 물건을 말한다. 매장물도 유실물과 동일하게 「유실물법」의 적용을 받는다. 그리고 매장물이 학술, 기예, 고고의 중요한 재료가 되는 물건인 경우에 소유자는 국가이며, 이때 발견자는 국가에 대하여 적당한 보상을 청구할 수 있다(「민법」 제255조).

(6) 첨부

첨부(添附)란 어떤 물건에 다른 물건이 결합하거나 노력이 부가되어 이를 사회관념상 분리할 수 없는 경우를 말하며, 여기에는 부합, 혼화, 가공의 세 유형이 있다. 이와 관련하여 민법은 첨부의 결과로 생긴 물건을 분리하지 않고 1개의 물건으로 취급하며, 새로운 소유자를 정하고 관련된 자들의 이해관계를 조정하는 규정을 두고 있다. 왜냐하면 위와 같은 합성물을 서로 분리하기 위해서는 과다한 비용이 들거나 분리하더라도 그 물건이 훼손되기 때문이다.

1) 부합

부합은 소유자를 달리하는 여러 개의 물건이 결합하여 1개의 물건으로 되는 것이며, 민법은 부동산에의 부합과 동산 사이의 부합으로 나누어 규정한다.

먼저 부동산의 소유자는 그 부동산에 부합한 물건의 소유권을 취득하는 것이 원칙이다(제256조 본문). 예컨대 A의 토지 위에 B가 무단으로 건물을 건축하던 중 토지저당권의 실행으로 매수인 C가 토지소유권을 취득하는 경우, 부합물인 B의 건물이 독립성을 갖추지 못한 경우에는 건물에 대한 소유권도 C가 취득하게 된다. 그리고 부동산에 부합되는 물건은 부동산뿐만 아니라 동산도 가능하다. 하지만 예외적으로 부합한 물건이 타인의 권원에 의해 부속된 때에는 부속시킨 물건은 그 타인의 소유가 된다(제256조 단서). 여기서 권원이란 지상권, 전세권, 임차권 등을 의미한다.[89] 판례에 따르면, 권한 없이 타인의 토지에 심은 수목은 임야소유자에게 귀속하지만,[90] 권원에 기하여 수목을 심은 경우에는 식재자에게 소유권이 있다고 한다.[91] 다만 농작물의 경우에는 무권원에 의한 식재의 경우에도 경작자에게 소유권을 인정한다.[92]

동산과 동산이 부합하여 훼손하지 않으면 분리할 수 없거나 그 분리에 과다한 비용

---

89) 「민법」 제256조(부동산에의 부합)에서는 '부합'과 '부속'이라는 용어가 사용되는데, '부합'은 부동산에 결합 후 구성부분이 되어 독립성이 없는 것을 말하고 '부속'이란 독립성이 있는 것을 의미한다. 따라서 부동산에 '부합'된 물건의 소유권은 원칙적으로 토지소유자에게 속하지만, 타인의 권원에 의해 '부속'된 물건의 소유권은 그 타인에게 속한다. 주의할 것은 타인의 권원에 의해 '부합'된 물건의 소유권은 토지소유자에게 속한다는 점이다.

90) 대판 1989.7.11. 88다카9067.

91) 대판 1990.1.23. 89다카21095.

92) 대판 1979.8.28. 79다784.

이 드는 경우, 그 합성물의 소유권은 주된 동산의 소유자에게 속하고 부합한 동산의 주종을 구별할 수 없는 때에는 동산의 소유자는 부합 당시의 가액의 비율로 합성물을 공유한다(제257조).

2) 혼화

혼화(混和)란 동산과 동산이 서로 섞이는 것을 말한다. 쌀과 보리가 섞이거나 기름과 기름이 섞이는 것이 그 예이다. 이러한 혼화에 대하여는 동산 사이의 부합에 관한 규정인 제257조가 준용된다(제258조).

3) 가공

가공(加工)이란 타인의 동산에 가공자의 노력이 들어가 새로운 물건이 만들어지는 것이다. 가공한 물건의 소유권은 원칙적으로 원재료의 소유자에게 속하지만, 가공으로 인한 가액의 증가가 원재료의 가액보다 현저히 다액인 때에는 가공자의 소유로 된다(제259조).

4) 첨부의 효과

부합, 혼화, 가공에 의하여 물건의 소유자가 결정되는데, 이때 소유권을 상실한 자는 소유권을 취득한 자에 대하여 부당이득 규정[93]에 따른 보상을 청구할 수 있다(제261조).

---

[93] 「민법」 제741조(부당이득의 내용), 제748조(수익자의 반환범위) 등.

제8절 전세권

Ⅰ. 서설

1. 전세권의 의의

전세권이란 전세금을 지급하고 타인의 부동산을 점유하여 그 부동산의 용도에 좇아 사용·수익하며, 전세권이 소멸한 경우 그 부동산에 대하여 전세금을 우선변제 받을 수 있는 물권을 말한다(제303조). 비교법적으로 이러한 전세권은 우리 민법의 고유한 제도로 이해되고 있으며, 과거 건물에 대한 임대차를 물권으로 입법화한 것이다.

2. 전세권의 법적 성질

전세권자는 전세권설정자의 부동산을 점유하고 그 존속기간 동안 용도에 좇아 사용하고 수익할 수 있는 권능을 갖기 때문에 용익물권의 성질을 갖는다. 또한 전세권이 소멸한 경우 지급한 전세금을 반환 받지 못할 때에는 목적 부동산을 경매 신청하여 우선변제 받을 수 있으므로 담보물권의 성질을 갖는다.

Ⅱ. 전세권의 취득

1. 설정계약에 의한 전세권 취득

일반적인 다른 물권과 동일하게 전세권은 전세권설정자(부동산의 소유자)와 전세권자 사이의 전세권설정계약과 등기에 의해 발생한다(제186조).[94] 전세권의 대상이 되는 타인의 부동산에는 건물과 토지가 포함되며, 이러한 점은 지상권과 다르다.[95] 하지만

---

94) 「부동산등기법」 제72조에 따르면, 전세금 또는 전전세금, 범위, 존속기간, 위약금 또는 배상금, 「민법」 제306조 단서의 약정, 전세권설정이나 전전세의 범위가 부동산의 일부인 경우에는 그 부분을 표시한 도면의 번호가 전세권의 등기사항이다.
95) 지상권은 타인의 토지에 건물 기타 공작물이나 수목을 소유하기 위하여 그 토지를 사용하는 용익물권이다(「민법」 제279조).

토지 중 농경지는 전세권의 대상이 되지 않음을 명시하고 있다.[96]

전세권설정계약에서 전세금의 지급은 전세권의 성립요건인가? 「민법」 제303조 제1항에 따르면 "전세권자는 전세금을 지급하고"라고 명시하고 있는데, 통설과 판례는 전세금의 지급을 전세권의 성립요건으로 파악하고 있다. 그렇다면 전세권설정계약을 체결할 경우, 반드시 전세권자가 전세금을 현실적으로 지급해야 하는지의 문제가 있다. 예를 들어 A가 B에 대하여 금전채권을 갖고 있는데, B의 건물에 대해 전세권을 취득하면서 전세금을 기존의 금전채권으로 갈음하기로 약정한 경우 A는 전세권을 취득할 수 있을까? 판례에 따르면 "전세금의 지급은 전세권 성립의 요소가 되는 것이지만 그렇다고 하여 전세금의 지급이 반드시 현실적으로 수수되어야만 하는 것은 아니고 기존의 채권으로 전세금의 지급에 갈음할 수도 있다."고 판시한다.[97]

전세권설정계약의 당사자들 간에 전세금을 수수하는 이유와 관련하여, 전세금의 기능을 살펴보면 다음과 같다. 첫째, 당해 부동산에 대한 용익의 대가로서의 의미 둘째, 보증금의 기능 셋째, 전세권자가 전세권설정자에게 금전을 차용해 주는 의미, 즉 신용수수의 기능을 한다고 할 것이다.

2. 그 밖의 사유에 의한 전세권 취득

위와 같은 전세권설정계약과 등기에 의한 경우 외에 전세권의 양도 또는 상속에 의해서 전세권을 취득할 수 있다.

Ⅲ. 전세권의 존속기간

1. 존속기간을 정한 경우

전세권설정계약에서 당사자가 전세권의 존속기간을 정한 경우에는 사적자치의 원칙에 따라 그 기간이 전세권의 존속기간이 된다. 다만 민법에서 이에 대한 제한으로 최장존속기간과 최단존속기간을 규정하고 있다. 먼저 전세권의 존속기간은 10년을 넘지 못

---

96) 「민법」 제303조 제2항.
97) 대판 1995.2.10. 94다18508.

하며, 당사자가 약정한 기간이 10년을 넘는 때에는 10년으로 단축된다(제312조 제1항). 그리고 건물에 대한 전세권의 존속기간을 1년 미만으로 정한 때에는 그 기간은 1년으로 된다(제312조 제2항).

전세권의 존속기간이 만료가 된 경우, 당사자는 합의에 의하여 그 기간을 갱신할 수 있지만 그 기간은 갱신한 날로부터 10년을 넘지 못한다. 이러한 갱신을 합의에 의한 갱신이라고 한다.

민법 제312조 제4항에 의하면, 건물에 대한 전세권과 관련하여 법정갱신을 인정하고 있다. 즉 건물의 전세권설정자가 전세권의 존속기간 만료 전 6월부터 1월 사이에 전세권자에 대하여 갱신 거절의 통지 또는 조건을 변경하지 않으면 갱신하지 않겠다는 뜻을 통지하지 않는 경우에는 그 기간이 만료된 때에 전 전세권과 동일한 조건으로 다시 전세권을 설정한 것으로 본다.[98]

2. 존속기간을 정하지 않은 경우

당사자가 전세권설정계약에서 존속기간을 정하지 않은 경우, 각 당사자는 언제든지 상대방에 대하여 전세권의 소멸을 통보할 수 있고, 상대방이 이 통고를 받은 날로부터 6월이 경과하면 전세권이 소멸한다.

IV. 전세권의 효력

1. 전세권자의 사용 및 수익권

전세권자는 목적 부동산을 점유하여 그 부동산의 용도에 좇아 사용하고 수익할 수 있다. 따라서 설정계약에서 금지하지 않는 한 전세권자는 전세권의 존속기간 내에서 타인에게 다시 전세권을 설정할 수 있으며(전전세), 그 밖에 일정한 차임을 받고 타인에게 목적 부동산을 임대할 수 있다. 하지만 설정계약에서 이를 금지할 수 있다는 점에 유의해야 한다.

---

[98] 「주택임대차보호법」 제6조 제1항에도 이와 유사한 법정갱신 제도가 있는데, 임대인이 임대차 기간이 끝나기 6월 전부터 2 개월 전까지 임차인에게 이러한 통지를 않으면 갱신이 된다는 차이점이 있다.

또한 전세권자는 목적물을 점유 받아 사용하면서 목적물의 현상을 유지하고 그 통상의 관리에 속한 수선을 해야 할 의무를 부담하기 때문에 임차인과 달리 필요비상환청구권을 갖지 못한다(제309조).

2. 법정지상권[99]

대지와 건물이 동일한 소유자에게 속한 경우, 건물에 전세권을 설정한 때에는 그 대지소유자의 특별승계인은 전세권설정자에 대하여 지상권을 설정한 것으로 본다(제305조 제1항). 만약 전세권설정자에게 이러한 지상권을 인정하지 않는다면, 건물에 대한 전세권자에게 불이익이 생길 수 있기 때문이다.[100]

3. 전세금증감청구권

전세금이 목적 부동산에 관한 조세·공과금 기타 부담의 증감이나 경제사정의 변동으로 인하여 상당하지 않게 된 경우에는 당사자는 그 증감을 청구할 수 있다. 다만 전세금 증액의 경우에는 대통령령이 정하는 기준에 따른 비율을 초과하지 못한다.[101] 이러한 전세금증감청구권의 법적 성질은 일종의 형성권이다. 따라서 일방의 의사표시에 의해 그 효력이 발생한다고 할 것이다. 하지만 주의할 점은 위와 같은 제한은 전세권이 존속하는 기간 중 행사된 전세금증감청구권에 대한 제한인 점이다. 즉 당사자가 재계약을 하거나 전세권 존속기간이더라도 당사자가 합의한 경우에는 대통령령에서 정한 제한을 받지 않는다.

4. 전세권의 처분

전세권자는 전세권을 양도하거나 전세권을 담보로 제공할 수 있다(전세권 저당권). 물론 설정계약에서 이를 금지할 수 있지만 전세권자에게 이러한 처분의 자유는 인정된

---

99) 「민법」은 제305조와 제366조에서 법정지상권에 대해 규정하며, 그 밖에 특별법에 따른 두 가지의 법정지상권이 있다.

100) 만약 토지매도인과 당해 토지의 특별승계인 사이에 토지 사용에 관한 지상권이나 임차권이 발생했다면, 건물의 전세권자는 그러한 권리를 활용하면 된다(제304조 제1항). 따라서 법정지상권이 발생하는 경우는 토지매도인(건물의 전세권설정자)에게 지상권이나 임차권이 없는 경우에 적용된다.

101) 「민법 제312조의2 단서의 시행에 관한 규정」 제2조에 따르면, 전세금의 증액청구의 비율은 약정한 전세금의 20분의 1을 초과하지 못한다. 또한 제3조는 증액청구는 전세권설정계약이 있는 날 또는 약정한 전세금의 증액이 있은 날로부터 1년 이내에는 하지 못함을 명시하고 있다.

다. 전세권 양도의 방법은 전세권 양도인(전세권자)과 전세권 양수인 사이의 합의와 전세권 이전등기에 의해 이루어지며, 전세권이 양도되면 양수인은 전세권설정자에 대하여 양도인과 동일한 권리·의무가 있다. 따라서 전세권 존속기간이 종료한 경우, 전세권 양수인은 전세권설정자에 대하여 전세금반환청구를 할 수 있다.[102]

Ⅴ. 전세권의 소멸

1. 전세권의 소멸사유

전세권의 소멸사유는 다양한데, 먼저 존속기간의 만료, 혼동, 전세권에 우선하는 저당권의 실행에 의한 경매, 토지수용 등으로 소멸한다. 그리고 전세권자가 전세권설정계약 또는 그 목적물의 성질에 의하여 정하여진 용법으로 이를 사용·수익하지 않은 경우에 전세권설정자는 전세권의 소멸을 청구할 수 있다(제311조 제1항). 또한 전세권의 존속기간을 정하지 않은 경우 각 당사자는 상대방에 대하여 전세권의 소멸 통고를 할 수 있음을 앞에서 살펴보았다.

전세권자는 자신의 전세권을 포기할 수 있는가? 원칙적으로 권리행사의 자유에 의해 자신의 전세권을 포기하는 것은 허용된다고 하겠지만, 문제는 전세금이 신용수수의 기능을 한다는 점이다. 즉 전세권자의 일방적인 전세권 포기는 전세권설정자에게 부여된 기한의 이익의 포기를 강제하여 전세금반환채무를 발생시키므로 허용되지 않는다고 해석할 것이다.

2. 전세권 소멸의 효과

전세권이 소멸하면, 전세권자는 전세목적물의 인도와 전세권 등기 말소에 필요한 서류를 전세권설정자에게 교부해야 한다. 그리고 전세권설정자는 전세금을 반환하여야 하는데, 이러한 의무는 동시이행의 관계에 있다(제317조).
만약 전세권설정자가 전세금의 교부를 지체한다면, 전세권자는 전세목적물의 경매를

---

102) 전세권 양도에 의하여 면책적 채무인수가 이루어진다.

법원에 청구할 수 있고, 후순위권리자 기타 채권자보다 우선변제를 받을 수 있다. 전세권자가 경매를 청구하기 위해서는 전세목적물의 인도와 전세권 등기 말소에 필요한 서류를 교부하여 전세권설정자를 이행지체에 빠뜨려야 한다.[103]

이와 관련하여 경매절차에서 전세권과 저당권이 충돌하는 경우를 생각해 보자. 1순위가 전세권이고 2순위가 저당권인 경우, 만약 전세권자가 경매를 신청하면 전세권과 저당권은 모두 소멸하고 등기 순서에 따라 전세권자가 우선변제를 받게 된다. 반면, 저당권자가 경매를 신청하면 전세권은 소멸하지 않으며, 경락인은 전세권의 부담이 있는 소유권을 취득하게 된다. 다만 전세권자가 배당절차에서 배당을 요구한다면 전세권은 소멸한다.

반대로 1순위가 저당권이고 2순위가 전세권인 경우, 전세권이 후순위이므로 누가 경매를 신청하든지 두 권리는 모두 소멸하고 등기의 선후에 따라 배당이 이루어진다.

3. 부속물매수청구권 및 유익비상환청구권

전세권이 소멸한 경우, 전세권자는 그 목적물을 원상에 회복해야 하며, 부속시킨 물건은 수거할 수 있다. 그러나 전세권설정자가 그 부속물의 매수를 청구한 경우에는 전세권자는 정당한 이유 없이 거절하지 못한다(제316조 제1항).

전세권자는 목적물의 현상 유지 및 수선의무가 있으므로 필요비 상환을 청구할 수 없으나 유익비에 대해서는 청구할 수 있다(제310조).

---

103) 대결 1977.4.13. 77마90.

제9절 저당권

Ⅰ. 서설

1. 저당권의 의의

저당권이란 저당권자가 채무자 또는 제3자가 제공한 부동산 기타 목적물을 인도받지 않고 단지 관념상으로만 지배를 하다가 채무자의 채무이행이 없는 경우 그 목적물로부터 우선변제를 받을 수 있는 물권이다(제356조). 저당권은 원칙적으로 약정담보물권이라는 점에서 질권과 동일하지만 담보목적물 및 목적물의 점유를 수반하지 않는 점에서 차이를 보인다.

2. 저당권의 법적 성질

저당권은 타인이 제공한 부동산 기타 목적물에 대한 직접 지배를 목적으로 하는 용익물권이 아니라 목적물의 교환가치를 지배하는 가치권의 성질을 갖는다. 따라서 타인의 부동산 위에 성립하는 타물권이다.

또한 저당권은 담보물권이므로 담보물권으로서의 공통적인 특성, 즉 통유성을 갖는다. 첫째, 저당권은 피담보채권에 부종하므로 계약의 불성립·무효·취소에 의해 피담보채권이 영향을 받는다. 예컨대 금전소비대차계약이 불공정한 법률행위에 해당하여 무효가 된 경우, 저당권설정계약에서 발생한 저당권도 말소등기가 없더라도 무효가 된다. 둘째, 저당권은 피담보채권에 수반한다. 따라서 피담보채권이 상속 또는 양도가 된 경우, 저당권도 상속인 또는 양수인에게 이전한다. 셋째, 저당권에는 불가분성이 있다. 즉 채무자가 채무의 전부를 변제하지 않는 경우 저당권자는 자신의 저당권을 말소해 줄 의무가 없다.[104] 마지막으로 저당권은 물상대위성이 있는데, 저당권자는 저당목적물의 멸실, 훼손 또는 공용징수로 인하여 저당권설정자가 받을 금전 기타 물건에 대해 저당권을 행사할 수 있다.[105]

---

104) 「민법」 제370조에서 제321조 준용.
105) 「민법」 제370조에서 제342조 준용.

Ⅱ. 저당권의 성립

1. 설정계약에 의한 저당권의 취득

저당권은 당사자 사이의 저당권설정의 합의와 등기에 의해 성립한다. 저당권설정계약은 저당권에 의해 담보가 되는 피담보채권을 발생시키는 계약(예컨대 금전소비대차계약)과 함께 이루어지는 것이 일반적이다.

저당권설정계약의 당사자는 저당권설정자와 저당권자인데, 저당권을 설정하는 자는 일반적으로 채무자이지만 제3자라도 상관없다. 이러한 자를 물상보증인이라고 한다. 또한 저당권설정은 처분행위이므로 설정자에게 처분권한이 있어야 한다. 그리고 저당권자는 원칙적으로 채권자에 한한다. 왜냐하면 저당권은 담보물권으로서 부종성이 있기 때문에 피담보채권을 갖는 자가 저당권도 보유해야 한다.[106]

저당권이 설정되기 위해서는 저당권설정계약과 함께 등기가 이루어져야 하며, 채권자, 채무자의 성명 또는 주소, 채권액 등을 기록한다.[107] 그런데 저당권 등기가 불법 말소된 경우, 저당권도 소멸하는가? 판례에 따르면 저당권설정등기는 저당권의 성립요건일 뿐 존속요건은 아니라고 한다. 따라서 저당권은 소멸하지 않으며, 저당권자는 말소 당시의 소유자를 상대방으로 하여 말소회복등기를 청구할 수 있다.

저당목적물이 될 수 있는 것은 등기 또는 등록이 가능한 것이며, 구체적으로는 민법상 부동산(토지, 건물), 지상권, 전세권이며 다른 법에 의해 입목, 광업권, 어업권, 공장재단, 광업재단, 선박, 자동차, 항공기, 건설기계 등이 그 대상이 된다.

2. 그 밖의 사유에 의한 저당권의 취득

저당권은 법률의 규정에 의해 성립하는 경우도 있다.[108]

---

106) 판례는 일정한 조건에서 채권자가 아닌 제3자 명의의 저당권 설정도 가능하다고 판시한다(대판 1995.9.26. 94다33583).
107) 「부동산등기법」 제48조, 제75조.
108) 수급인의 목적 부동산에 대한 저당권설정청구권(제666조), 임차지상의 건물에 대한 법정저당권(제649조).

Ⅲ. 저당권의 효력

1. 저당권의 효력이 미치는 범위

(1) 목적물의 범위

저당권의 효력이 미치는 목적물의 범위는 저당권이 실행된 경우, 경락인이 어떤 목적물까지 취득할 것인가의 문제에 귀결된다. 민법은 제358조에서 저당부동산 외에 부합된 물건 및 종물에까지 그 효력이 미침을 규정한다. 예컨대 저당권설정자가 건물에 저당권을 설정하고 그 이후 증축을 한 경우, 증축된 부분은 건물에 부합된 것으로 파악되어 경락인이 그 소유권을 취득할 수 있다. 물론 이와 다른 계약을 하거나 법률에 특별한 규정이 있는 경우에는 그러하지 않다. 여기의 특별한 규정의 예로는 민법 제256조 단서가 있는데,[109] 예를 들어 저당건물의 전세권자가 자신의 전세권에 기하여 부속시킨 물건에는 저당권의 효력이 미치지 않는다.

저당권은 저당부동산의 종물에까지 효력을 미치는데, 그 효력이 저당부동산의 종된 권리에까지 미치는지에 대한 의문이 있다. 예컨대 건물에 저당권이 설정되었고 건물을 위해 토지에 지상권이 설정된 경우, 건물에 경매가 이루어지면 경락인은 지상권까지 취득하는가이다. 판례는 저당권의 효력은 저당부동산의 종된 권리에도 미침을 판시하고 있다.[110]

마지막으로 과실에 대한 수취권은 누구에게 속하는 것인가? 본래 저당권은 가치권으로서 목적물에 대한 사용 및 수익권능은 저당권설정자에게 있으므로 원칙적으로 과실수취권은 저당권설정자에게 있다. 하지만 이러한 원칙을 고수할 경우, 저당권설정자가 과실 수취를 위해 경매절차를 지연시킬 우려가 있으므로 저당권자가 저당부동산에 대한 압류를 하게 되면 그때부터 과실에도 저당권의 효력이 미친다고 할 것이다(제359조).

(2) 담보되는 범위

저당권은 원본, 이자, 위약금, 채무불이행으로 인한 손해배상 및 저당권의 실행비용을 담보한다. 하지만 지연배상에 대해서는 원본의 이행기일을 경과한 후의 1년분에 한

---

109) 「민법」 제256조(부동산에의 부합) 부동산의 소유자는 그 부동산에 부합한 물건의 소유권을 취득한다. 그러나 타인의 권원에 의하여 부속된 것은 그러하지 아니하다.

110) 대판 2001.2.9. 2000다62179.

하여 저당권을 행사할 수 있으며(제360조), 이러한 제한은 채무자에게는 적용되지 않는다는 점에 주의하여야 한다. 예를 들어 채무자(저당권설정자)가 채권자(저당권자)에 대하여 1,000만 원의 원본채무와 지연배상금 3년분인 300만 원의 채무를 부담하고 있는데, 당해 부동산에 후순위 전세권이 설정된 경우, 채무자는 모든 채무, 즉 1,300만 원을 변제해야 저당권의 소멸을 주장할 수 있는 반면 채권자는 전세권자에게 1,100만 원에 대해서만 우선변제권을 주장할 수 있다는 것이다. 민법 제360조는 목적 부동산에 이해관계를 갖게 되는 제3자를 보호하기 위한 규정으로 그 규정의 성격은 강행규정으로 이해된다.

2. 우선변제적 효력

저당권자는 경매절차에서 일반채권자 및 후순위 물권자보다 우선하여 변제를 받을 수 있다. 다만 일반채권자 중에서 대항요건과 계약서에 확정일자인을 당해 저당권보다 우선하여 갖춘 보증금 우선 변제권을 갖는 임차인과 대항요건을 갖춘 소액보증금 최우선 변제특권을 갖는 임차인에게는 우선변제적 효력을 주장하지 못한다.[111]

유치권은 우선변제적 효력이 없지만 유치권자는 채권의 변제를 받을 때까지 목적물을 유치할 수 있기 때문에 사실상 우선변제를 받게 된다. 그 밖에 동일한 부동산 위에 여러 개의 저당권이 설정된 경우 그들의 순위는 설정등기의 선후에 따른다.

「국세기본법」 제35조에 따르면, 국세는 다른 채권에 우선하는 효력을 갖는다. 여기서 국세는 저당물 소유자에게 부과되는 국세와 저당물 자체에 부과되는 국세로 나눌 수 있는데, 전자의 경우에는 국세채권의 발생일(법정기일)과 저당권 성립일의 선후에 따라 우선순위를 정하고 후자의 경우에는 저당권 성립일 이후에 발생한 국세라도 저당권에 우선한다.[112]

「근로기준법」 제38조 제2항에 따르면, 최종 3개월분의 임금 및 재해보상금은 저당권에 의해 담보되는 채권보다 우선하여 변제되어야 한다. 이는 근로자의 기본적 생활을 보장하고 향상시키기 위한 목적을 위해 규정되었다. 따라서 저당권이 설정된 이후 미지급된 임금에 대해서는 저당권자보다 근로자의 임금채권(최종 3개월분의 임금, 재해

---

111) 「주택임대차보호법」 제3조 제1항(임차권의 대항요건), 제3조의 2 제2항(보증금 우선변제권), 제8조 제1항(일정 보증금에 대한 최우선 변제특권).

112) 「국세기본법」 제35조 제3항 "제1항에도 불구하고 해당 재산에 대하여 부과된 상속세, 증여세 및 종합부동산세는 법정기일 전에 설정된 제1항 각호의 권리에 의하여 담보된 채권 또는 임대차보증금반환채권보다 우선한다."

보상금)이 우선하게 된다.

3. 저당권의 실행

채무자가 이행지체에 빠진 경우, 저당권자는 저당목적물을 매각하고 환가하여 그로 부터 자신의 채권을 변제받을 수 있는데, 이를 저당권의 실행이라고 한다. 이러한 저당 권의 실행에는 공적실행과 사적실행이 있는데, 이하에서 나누어 살펴본다.

저당권의 공적실행이란 「민사집행법」에 따른 저당권 실행을 위한 경매를 말한다. 경 매절차는 ① 경매신청 ② 경매개시결정 및 압류 ③ 매각 ④ 배당의 순서로 진행이 된 다. 경매절차에서 저당부동산을 취득하는 시기는 매수인이 매각대금을 모두 지급한 때 이며, 등기는 필요하지 않다(민법 제187조). 그리고 매각부동산 위에 설정된 저당권은 부동산의 매각으로 소멸한다. 그 밖의 다른 권리, 즉 지상권, 전세권, 등기된 임차권은 저당권의 성립시기와 비교하여 그 소멸 여부가 결정된다. 예컨대 저당권보다 먼저 설 정된 전세권이 있는 경우, 저당권의 실행으로 인해 전세권이 소멸하지 않고 매수인(경 락인)이 이를 인수하게 된다.

저당권의 사적실행이란 저당권을 설정하면서 채무자가 변제기에 채무를 변제하지 못 하면 그 채무의 변제에 갈음하여 부동산의 소유권을 채권자에게 이전하기로 하는 소유 권 이전의 방법 또는 법률이 정하지 않은 방법으로 저당부동산을 임의로 현금화하기로 하는 것을 말하는데, 이러한 저당권의 사적실행을 유저당이라고 한다.[113] 특히 소유권 이전의 방법 중 대물변제예약과 관련해서는 채권자 측의 폭리행위가 문제가 된다.[114]

4. 저당권과 용익관계

저당권이 설정되더라도 용익권능은 여전히 저당권설정자에게 남아 있기 때문에 설정 자는 저당목적물에 지상권, 지역권, 전세권 그리고 임차권 등을 설정하는 것은 가능하 다. 하지만 저당권이 실행이 되면 저당목적물에 설정된 위 권리들은 영향을 받게 되는 데, 이하에서 구체적으로 살펴본다.

---

113) 「민법」 제339조(유질계약의 금지) "질권설정자는 채무변제기 전의 계약으로 질권자에게 변제에 갈음하여 질물의 소유권 을 취득하게 하거나 법률에 정한 방법에 의하지 아니하고 질물을 처분할 것을 약정하지 못한다." 민법은 이처럼 질권에는 유질계약 금지 규정을 두고 있지만 저당권에는 그러하지 않다.

114) 대물변제예약을 하면서 가등기까지 경료한 경우에는 「가등기담보 등에 관한 법률」이 적용되지만, 가등기가 없는 경우에는 「민법」 제607조와 제608조가 적용된다.

(1) 저당권과 용익권

저당권의 공적실행에서 기술한 것처럼 용익권이 등기 또는 대항력을 갖춘 시기와 저당권 등기의 선후에 따라 저당권이 실행된 경우 그 존속 여부가 결정된다. 여기서 유의할 점은 기준이 되는 저당권 등기는 실행이 된 저당권이 아니라 당해 등기부에 기재된 최선순위 저당권이 기준이 된다는 점이다. 예를 들어 X부동산의 등기부에 1순위 저당권자 A, 2순위 전세권자 B, 3순위 저당권자 C가 있는 경우, C의 저당권이 실행된다면 A의 저당권보다 후순위의 용익권인 B의 전세권은 소멸되어, 경락인은 전세권의 부담 없는 부동산을 취득하게 된다. 왜냐하면 저당권은 가치권이고 그 만족은 저당목적물의 매각대금으로부터 얻어야 하기 때문이다. 따라서 후순위 저당권이 실행되면 선순위 저당권도 함께 소멸하게 된다.

(2) 법정지상권

「민법」 제366조는 "저당물의 경매로 인하여 토지와 그 지상건물이 다른 소유자에게 속한 경우에는 토지 소유자는 건물 소유자에 대하여 지상권을 설정한 것으로 본다."라고 하여 법정지상권을 인정한다. 예컨대 A소유의 X토지 위에 A가 Y건물을 신축하였지만 아직 보존등기를 하지 않은 경우, A가 X토지에 대해 B에게 저당권을 설정하고 그 후 저당권이 실행되어 C가 매수인이 되었다면, C는 A에 대하여 Y건물에 대한 토지 용익권이 없음을 이유로 철거를 주장할 수 있다. 이러한 결과는 사회·경제적으로 바람직하지 않고 게다가 저당권자나 매수인에게 기대 이상의 이익을 줄 수 있기 때문에 민법은 C가 A에게 건물 소유를 위한 지상권을 설정한 것으로 본다.

이처럼 법정지상권은 용익권과 가치권의 충돌 시 이해관계를 조절하기 위한 규정이므로 당사자가 특약을 통해 배제할 수 없는 강행규정의 성격을 갖는다고 할 것이다.

(3) 일괄경매권

토지에 대해 저당권을 설정한 자는 저당권의 성립 후 토지에 건물을 축조하는 것은 얼마든지 가능하다. 그런데 만약 토지에 대한 저당권이 실행된 경우에는 설정자에게 건물을 위한 법정지상권이 성립되지 않는 관계로 문제가 생길 수 있다. 이와 관련하여 민법 제365조는 저당권자의 선택에 의해 저당목적물인 토지와 함께 그 지상의 건물도 함께 경매 신청할 수 있도록 규정하고 있다. 그러나 저당권자는 그 건물의 경매대가에 대하여는 우선변제를 받을 권리가 없다. 이처럼 저당권자에게 일괄경매권을 인정하는 이유는 건물철거의 방지와 경매를 용이하게 하여 저당권자를 보호함에 있다.

(4) 제3취득자

저당부동산의 제3취득자란 저당부동산의 매수인, 전세권자, 지상권자를 말한다. 이들의 용익권은 저당권의 존재에 의하여 아무런 영향을 받지 않지만 저당권이 실행되면, 자신의 권리를 잃게 된다. 이들의 지위는 흡사 채무는 없지만 책임이 있는 물상보증인의 지위와 유사한데, 민법은 이러한 제3취득자를 보호하기 위해 이들이 경매에 참가하여 매수인이 될 수 있도록 하며(제363조 제2항), 저당권자에게 채무를 변제하고 저당권의 소멸을 청구할 수 있다(제364조). 또한 저당물의 제3취득자가 그 부동산의 보존, 개량을 위하여 필요비 또는 유익비를 지출한 경우 저당물의 매각대금에서 우선적으로 상환받을 수 있다(제367조).

Ⅳ. 저당권의 처분

저당권자는 피담보채권의 변제기가 되면, 채무자로부터 변제를 받거나 저당권을 실행하여 채권의 만족을 얻을 수 있다. 하지만 변제기 이전에 저당권자가 자신이 투하한 자본을 회수할 수 있는 방법은 없는 것일까? 이하에서 살펴본다.

1. 저당권부 채권의 양도

담보물권에서 인정되는 수반성에 따라 피담보채권의 이전과 함께 저당권의 이전이 함께 이루어져야 한다. 먼저 피담보채권의 이전은 채권 이전의 방법에 의하는데, 채권의 이전은 저당권자(채권양도인)와 채권양수인 사이의 계약에 따라 효력이 생긴다. 다만 채권양수인이 채무자에게 대항하기 위해서는 채무자의 통지나 승낙이 필요하다(제450조). 그리고 저당권의 이전은 당사자의 물권적 합의와 등기를 통해 효력이 발생한다.

2. 저당권부 채권의 입질

현행법상 질권은 동산과 권리에도 설정이 가능하므로, 저당권부 채권에도 질권 설정이 가능하다. 그리고 저당권부 채권의 입질에 대하여는 저당권등기에 질권의 부기등기를 하여야 그 효력이 저당권에 미친다(제348조).

V. 저당권의 소멸

저당권은 물권 일반에 공통하는 소멸원인에 의해 소멸한다. 예컨대 저당목적물이 소멸하면, 저당권도 소멸한다. 그리고 피담보채권이 소멸시효 기타의 사유로 소멸하면, 저당권의 부종성 때문에 저당권도 소멸한다(제369조). 다만 피담보채권과 별도로 저당권만이 소멸시효에 걸리지 않는다. 그 밖에 저당권 실행에 따른 경매나 제3취득자의 변제에 의해서도 저당권은 소멸한다.

VI. 특수한 저당

1. 공동저당

동일한 채권을 담보하기 위하여 여러 개의 부동산에 저당권을 설정한 경우, 이를 공동저당이라고 한다(제368조). 예를 들어 A가 B에 대한 5,000만 원의 채권을 담보하기 위하여 B 소유의 X토지(시가 6,000만 원)와 그 지상 건물 Y(시가 4,000만 원) 위에 저당권을 설정하는 것을 말한다. 공동저당의 경우, 저당권은 1개가 아니고 각각의 부동산에 설정된 것으로 본다. 이러한 공동저당은 채권자와 채무자 모두에게 이익이 되는 측면이 있다. 즉 채권자의 입장에서는 어느 한 부동산의 담보가치가 하락하더라도 다른 것으로부터 변제를 받을 수 있다는 점, 채무자의 입장에서는 여러 개의 담보물을 모아 보다 많은 신용을 얻을 수 있다는 점 때문이다.

공동저당권자는 그의 선택에 따라 어느 저당목적물로부터도 그의 채권의 전부 또는 일부를 우선변제 받을 수 있다. 하지만 이런 원칙을 고수하게 되면 각 부동산의 소유자 또는 후순위저당권자의 이해관계에 중대한 영향을 미치게 되므로 민법은 동시배당의 경우와 이시배당에 관한 규정을 두고 있다.[115]

2. 근저당

근저당이란 계속적 거래관계로부터 발생하는 불특정 다수의 채권을 장래의 결산기에 일정한 한도액의 범위 내에서 담보하는 저당권이다(제357조). 계속적 거래관계에 있는 당사자 사이에서는 채권 및 채무가 수시로 발생, 소멸하고 그 금액도 증감변동한다. 또한 경우에 따라 채무액이 0이 되는 경우도 발생하는데, 이러한 경우에 일반적인 저당권은 피담보채권과 함께 소멸하게 된다. 여기서 장래의 불특정한 채권을 담보할 뿐만 아니라 저당권의 소멸에 있어서 부종성을 완화한 것이 바로 근저당이다.

근저당권은 근저당권의 물권적 합의와 등기에 의해 성립하며, 설정계약에는 근저당권에 의하여 담보할 채권의 최고액과 피담보채권의 범위를 결정하는 기준이 정해져 있어야 한다. 또한 담보할 채권의 최고액은 반드시 등기가 되어야 하며,[116] 여기의 최고액에는 이자가 포함되므로 이자에 관한 등기를 따로 할 수 없다.

근저당권은 최고액의 한도 내에서 실제로 존재하는 채권을 담보하기 때문에 만약 결산기에 확정된 채권액이 최고액을 넘고 있더라도 최고액까지 우선변제를 받게 되고 채권액이 최고액보다 적으면 실제 채권액만큼 우선변제를 받게 된다.

---

115) 「민법」 제368조(공동저당과 대가의 배당, 차순위자의 대위)
① 동일한 채권의 담보로 수 개의 부동산에 저당권을 설정한 경우에 그 부동산의 경매대가를 동시에 배당하는 때에는 각 부동산의 경매대가에 비례하여 그 채권의 분담을 정한다.
② 전항의 저당부동산 중 일부의 경매대가를 먼저 배당하는 경우에는 그 대가에서 그 채권 전부의 변제를 받을 수 있다. 이 경우에 그 경매한 부동산의 차순위저당권자는 선순위저당권자가 전항의 규정에 의하여 받을 수 있는 금액의 한도에서 선순위자를 대위하여 저당권을 행사할 수 있다.
116) 「부동산등기법」 제75조 제2항.

제3장 채권법

제1절 총설

Ⅰ. 서설

1. 채권법의 의의

채권법(債權法)이란 특정인이 특정인에 대하여 일정한 것을 청구하는 것을 내용으로 하는 법으로서 물권법과 함께 재산법의 영역에 속한다. 물권법은 물건의 배타적 지배를 채권법은 그러한 것의 이동에 관한 법이라고 할 수 있다. 그리고 채권법은 특정인 사이, 즉 채권자와 채무자의 권리와 의무를 다루기 때문에 그 규정은 물권법과 다르게 임의규정성을 띠는 경우가 많다. 따라서 임의규정인 채권법의 규정과 다른 당사자의 합의는 유효하다고 할 것이다.

채권과 채무를 발생시키는 채권관계는 크게 두 가지의 원인에 의해 발생하는데, 첫째는 법률행위에 의한 채권관계이고, 둘째는 법률행위에 의하지 않은 채권관계이다. 예컨대 A가 자신의 책을 B에게 일정한 금액에 판매하겠다고 약정한 경우(제563조)가 전자의 예이고 C가 실수로 D의 핸드폰을 떨어뜨려 고장 낸 경우(제750조)가 후자의 예이다. 위의 두 경우 모두 채권관계 당사자들에게 일정한 권리와 의무가 발생한다. 따라서 채권은 물권과 다르게 특정인에 대해서만 주장할 수 있는 상대권이다.

2. 채권법의 법원(法源)

채권법의 법원도 민법 제1조의 법원에서 논의한 내용이 그대로 적용된다. 따라서 성문법이 우선 적용되고 불문법이 보충적으로 적용되는데, 성문법에는 「민법」 제3편 채권에 관한 규정(제373조부터 제766조)과 주요한 특별법으로는 「주택임대차보호법」, 「상가건물 임대차보호법」, 「약관의 규제에 관한 법률」, 「이자제한법」, 「대부업 등의 등록 및 금융이용자 보호에 관한 법률」, 「할부거래에 관한 법률」, 「방문판매 등에 관한 법률」, 「보증인 보호를 위한 특별법」, 「제조물 책임법」, 「자동차손해배상 보장법」, 「국가배상법」 등이 있다. 그 밖에 불문법으로서 채권에 관한 관습법도 채권법의 법원이 된다.

3. 채권의 효력

(1) 대내적 효력

채권자는 채무자에 대하여 일정한 행위를 요구할 수 있는데, 이와 같은 채권의 효력을 청구력이라고 한다. 그리고 채무자의 급부가 있는 경우에 그것을 수령하고 적법하게 보유할 수 있는 효력을 급부보유력이라고 한다. 따라서 채무자가 이행한 것을 채권자가 수령하고 보유하는 것에는 법률상 원인이 있으므로 부당이득[1]이 되지 않는다. 이러한 청구력과 급부보유력은 채권의 기본적 효력 내지 최소한도의 효력이다.

그런데 채무자가 자발적으로 급부를 이행하지 않는 경우, 채무의 내용을 강제적으로 실현할 수 있는 힘을 실현강제력이라고 하는데, 여기에는 소구력과 집행력이 있다. 소구력(訴求力)이란 채무자의 급부가 이루어지지 않는 경우, 법원에 이행판결을 구할 수 있는 힘을 말하며, 집행력(執行力)이란 법원의 이행판결(집행권원)에도 불구하고 이행이 이루어지지 않는 경우에 법원을 통해 이를 강제 실현하는 것을 말한다. 이러한 절차와 방법에 대해서는 「민사소송법」과 「민사집행법」이 규율한다. 위와 같은 실현강제력과 관련된 것으로 자연채무라는 개념이 있는데, 이는 소구력이 없는 채무를 말한다. 예컨대 부제소의 합의가 있는 채무, 채무자가 승소의 종국판결을 받은 후에 소를 취하한 경우의 채무[2] 등은 자연채무로서 이해된다.

(2) 대외적 효력

채권의 대외적 효력이란 제3자에 의한 채권침해를 말한다. 채권이란 채권관계의 당사자인 채무자에 의해 그 채권의 실현이 방해되는 경우가 일반적이지만 채권관계에 속하지 않은 제3자가 채권침해를 한 경우, 어떻게 채권을 보호할 것인가의 문제가 바로 대외적 효력의 문제이다. 먼저 제3자의 채권침해가 있는 경우, 불법행위의 성립요건을 갖춘다면 손해배상청구권이 발생한다는 데 학설이 대체로 일치하며, 판례는 특히 위법성의 요건을 강조한다.[3] 그 밖에 채권자는 제3자의 채권침해에 대하여, 방해배제청구권을 행사할 수 있는지의 문제가 있다. 왜냐하면 채권은 물권과 다르게 물권적 청구권

---

1) 「민법」 제741조(부당이득의 내용).

2) 「민사소송법」 제267조(소취하의 효과) 제2항.

3) 대판 2001.7.13. 98다51091; 대판 2003.3.14. 2000다32437; 대판 2009.10.29. 2008다82582.

이 인정되지 않기 때문이다. 이에 대해 학설은 일치하지 않으며, 판례는 공시방법(예컨대 등기)을 갖춘 채권의 경우에는 방해배제청구권을 인정한다.[4]

(3) 책임재산 보전의 효력

책임재산 보전에 관하여 민법은 채권자대위권(제404조)과 채권자취소권(제406조)을 규정하고 있는데, 이에 대해서는 후술하도록 한다.

---

4) 대판 2002.2.26. 99다67079.

제2절 채권의 목적

I. 서설

1. 채권의 목적의 의의

채권의 목적이란 채권자가 채무자에 대하여 청구할 수 있는 일정한 행위를 말하며, 급부 또는 이행행위로 불린다. 예컨대 금전소비대차계약이 체결된 경우, 소비차주는 소비대주에게 약정한 금전을 지급할 것을 청구할 수 있는데, '약정한 금전의 지급'이 위 계약에서 채권의 목적이 되며, 이후 소비대주는 이행기가 도래한 경우 그 반환을 청구할 수 있는데, '금전의 반환' 또한 채권의 목적이 된다. 유의할 것은 채권의 목적과 채권의 목적물은 구분해야 한다. 위 사례에서 채권의 목적물은 소비대차계약의 객체인 '금전'을 말한다.

2. 채권의 목적의 요건

채권법은 사적자치의 원칙이 강하게 적용되는 법 영역이므로 당사자는 다양한 채권의 목적을 위해 채권관계를 형성할 수 있다. 하지만 여기에는 법률행위의 일반적 유효요건에서 설명했던 제한이 따르게 된다. 즉 채권의 목적은 확정성, 실현 가능성, 적법성, 사회적 타당성이 있어야 한다.

채권은 재산권으로, 채권의 목적은 반드시 재산적 가치가 있어야 하는가? 이에 대해 「민법」제373조는 "금전으로 가액을 산정할 수 없는 것이라도 채권의 목적으로 할 수 있다."라고 하여 금전적 가치가 없는 것도 채권의 목적이 될 수 있다.

3. 채무의 구조

(1) 주된 급부의무

주된 급부의무란 계약의 유형을 결정하는 의무를 말한다. 예를 들어 A가 자신의 임야를 B의 토지와 바꾸기로 하는 계약을 체결하는 경우, 그들의 채무를 보면 위 계약이 교환계약5)임을 알 수 있는데, A와 B의 이러한 채무를 주된 급부의무라고 한다. 주된 급부의무는 법률행위(예컨대 계약) 또는 법률의 규정에 의해 발생한다. 만약 채무자가 이러한 주된 급부의무를 이행하지 않는 경우에는 채권자는 채무불이행을 이유로 하는 손해배상청구권이나 일정한 요건하에서 그러한 계약을 없었던 것으로 만드는 해제권이나 해지권을 행사할 수 있다. 그리고 채권자는 주된 급부의무의 불이행 시 그 이행을 소구할 수 있다.

(2) 부수의무

부수의무란 주된 급부의무가 제대로 실현될 수 있도록 부여된 의무를 말한다. 예를 들어 A가 인터넷 쇼핑몰 판매자 B로부터 아이스크림을 구입했는데, B가 냉동포장을 해서 발송하는 것이 바로 그것이다. 여기서 매도인 B의 주된 급부의무는 아이스크림의 인도이지만, 이러한 주된 급부의무의 실현을 돕기 위해 냉동포장을 하는 것은 부수의무가 된다. 이와 같은 부수의무가 발생하는 근거는 주로 신의성실의 원칙6)이다. 만약 채무자가 부수의무를 위반하는 경우에 채권자는 계약을 해제하거나 해지할 수 있을 것인가? 원칙적으로 부수의무 위반의 경우에는 손해배상청구권만 발생하고 계약의 해제·해지권은 발생하지 않는다. 그리고 주된 급부의무와 마찬가지로 채권자는 채무자에게 부수의무 위반의 경우, 그 이행을 소구할 수 있다.

(3) 보호의무

보호의무란 주된 급부의무 및 그 실현과 관련성이 적지만 상대방이 가지고 있는 법익을 보호하고 배려할 의무를 말한다. 예컨대 여행계약7)에서 여행사가 여행자의 생명,

---

5)「민법」제596조(교환의 의의).

6)「민법」제2조(신의성실).

7)「민법」제674조의2(여행계약의 의의).

신체, 재산 등을 보호해야 하는 의무가 그것이다. 이러한 보호의무는 주로 신의성실의 원칙으로부터 발생하며, 이를 위반한 경우에는 계약의 해제·해지권은 발생하지 않고 손해배상청구권만 발생한다. 하지만 주된 급부의무 및 부수의무와 다르게 소에 의해 이행 강제할 수 없다고 할 것이다.

4. 급부의 유형

(1) 작위급부 · 부작위급부

급부의 내용이 채무자의 적극적인 행위이면 작위(作爲)급부, 반대로 채무자의 소극적인 행위이면 부작위(不作爲)급부라고 한다. 예컨대 고용계약[8])에서 노무자가 약정한 노무를 제공하거나 사용자가 보수를 지급하는 것은 작위급부이며, 수분양자들이 동일한 업종의 상가를 개업하지 않기로 하는 경업금지약정으로부터 나오는 수분양자들의 의무는 부작위급부가 된다.

이들을 구분하는 실익은 채무불이행의 효과로서 강제이행과 관련하여 나타난다. 원칙적으로 작위급부는 강제이행이 가능하지만 부작위급부는 강제이행이 불가능하며, 다만 그 의무 위반으로 유형적 결과가 생긴 경우 대체집행이 가능할 뿐이다.[9])

(2) 주는 급부 · 하는 급부

작위급부는 주는 급부와 하는 급부로 나뉜다. 전자는 물건의 인도를 내용으로 하는 급부이고 후자는 그 밖의 작위를 내용으로 하는 급부를 말한다. 예컨대 임치계약[10])에서 수치인이 임치물을 보관하는 것은 하는 급부이고 임치물을 임치인에게 반환해야 하는 의무는 주는 급부가 된다.

(3) 가분급부 · 불가분급부

급부의 본질 또는 가치를 손상하지 않고 분할하여 실현할 수 있는지에 따라 가분급부와 불가분급부로 나뉜다. 예컨대 금전의 지급과 같은 급부는 가분급부이고 자동차 1

---

8) 「민법」 제655조(고용의 의의).
9) 「민법」 제389조(강제이행) 제3항.
10) 「민법」 제693조(임치의 의의).

대의 인도는 불가분급부가 된다. 양자의 구별 실익은 다수당사자의 채권·채무관계에서 두드러진다.

(4) 일시적 급부·계속적 급부

일시적 급부는 1회의 이행에 의해 완결되는 급부를 말하고 계속적 급부는 채무자가 급부를 완료하려면 계속적인 이행이 필요한 급부를 말한다. 예컨대 음식점에서 음식을 먹고 음식값을 지불하는 것은 일시적 급부이고 매일 아침 우유를 공급하기로 하는 경우는 계속적 급부가 된다. 이들의 구별 실익은 계약의 해제 및 해지에서 나타난다.

(5) 결과채무·수단채무

채무자가 채권관계에서 정해진 일정한 결과를 발생시켜야 채무이행이 되는지, 아니면 일정한 결과를 위해 노력만 하면 설사 결과가 발생하지 않더라도 적법한 채무이행이 되는지에 따라 결과채무와 수단채무로 나뉜다. 예컨대 집을 건축하기로 하는 도급계약[11]에서 수급인의 의무가 결과채무라면 약정한 건축물을 완성해야 자신의 의무를 다하는 것이 되고, 만약 수단채무라면 건축을 마무리하지 못했더라도 최선의 노력을 다했다면 자신의 의무를 다한 것으로 평가가 된다. 이와 같은 수급인의 의무는 결과채무이므로 건축을 완료해야 적법한 채무이행이 된다.

Ⅱ. 법정된 채권의 목적

사적자치의 원칙에 따라 권리의 주체인 사회구성원들은 다양한 내용을 채권의 목적으로 삼을 수 있다. 이에 대해 민법은 채권관계에서 빈번하게 발생하는 5가지의 채권의 목적에 대하여 규정하고 있는데, 차례대로 기술하도록 한다.

---

11) 「민법」 제664조(도급의 의의).

1. 특정물채권

(1) 의의

특정물채권이란 개별적·구체적으로 특정되어 있는 물건의 점유를 이전하는 것을 목적으로 하는 채권을 말한다(제374조). 예컨대 A가 자신의 장갑을 B에게 선물하기로 하는 증여계약[12]을 체결한 경우, A는 약정한 그 장갑을 B에게 이전할 채무를 부담하게 되는데, 이러한 것을 특정물채권(무)이라고 한다. 이러한 특정물채권은 계약과 같은 법률행위로부터 발생하기도 하지만 법률의 규정에 의해 발생하기도 한다. 예를 들어 매매계약이 무효가 된 경우, 매도인은 인도한 그 물건을 부당이득으로 반환 청구할 수 있는데, 이때 매도인의 채권이 특정물채권이다.

(2) 선관주의의무

「민법」 제374조에 따르면, "특정물의 인도가 채권의 목적인 때에는 채무자는 그 물건을 인도하기까지 선량한 관리자의 주의로 보존하여야 한다."라고 하여, 특정물채권의 채무자에게 선관주의의무(善管主義義務)를 인정하고 있다. 선관주의의무란 거래상 일반적으로 평균인에게 요구되는 정도의 주의, 즉 행위자의 직업 및 사회적 지위 등에 따라 보통 일반적으로 요구되는 정도의 주의를 의미하며, 이를 게을리한 것을 추상적 과실이라고 한다. 한편 민법은 일정한 경우에 특별히 주의의무를 경감하여 행위자 자신의 구체적인 주의능력에 따른 주의만을 요구하기도 하는데, 이를 구체적 과실이라고 한다.[13] 따라서 선관주의의무 위반을 판단할 때, 채무자의 개인적인 능력은 고려되지 않는다.

(3) 선관주의의무의 존재 기간

특정물채권의 채무자는 법문에 따라 '그 물건을 인도하기까지' 선량한 관리자의 주의로 보존해야 하는데, 그 기간이 문제 된다. 즉 약정된 이행기까지를 의미하는지 아니면 실제로 인도하는 날까지를 의미하는지 의문이지만 채무자가 실제로 특정물을 채권

---

12) 「민법」 제554조(증여의 의의).

13) 구체적 과실을 규정하는 「민법」 제695조(무상수치인의 주의의무)는 "자기 재산과 동일한 주의"라는 표현을 사용한다. 「민법」에서 일반적으로 과실이라고 하면 추상적 과실을 의미하며, 추상적 과실이 원칙이다.

자에게 인도할 때까지 그러한 의무를 부담한다고 새길 것이다.

(4) 특정물의 인도 장소

특정물채권에 있어 특정물의 인도 장소는 채무의 성질 또는 당사자의 의사표시에 의해 1차적으로 정해지고 이에 의해 정해지지 않을 때에는 채권성립 당시 그 특정물이 있었던 장소가 인도 장소가 된다(제467조 제1항).

(5) 특정물의 멸실: 채무불이행의 문제 또는 위험부담의 문제

채무자가 선관주의의무를 위반하여, 그 결과 목적물이 멸실·훼손된 경우에는 채무불이행에 따른 손해배상책임을 부담하게 된다.[14] 반면, 채무자가 선관주의의무를 다했음에도 목적물이 멸실·훼손되는 결과가 발생한다면, 채무자는 이에 대한 법적 책임을 부담하지 않으며 손해는 채권자에게 귀속된다.[15]

2. 종류채권

(1) 의의

종류채권은 급부되어야 할 물건이 종류와 수량에 의해 정해지는 채권을 의미한다(제375조 제1항). 예컨대 이천쌀 10kg짜리 5포대, 조지아산 레드 와인 10병을 인도하여야 하는 채무가 그것이다. 여기서 유의할 점은 종류채권의 목적은 주로 대체물인 경우가 많으나 부대체물도 그 목적이 될 수 있다.

(2) 목적물의 품질

종류채권의 채무자가 인도해야 할 목적물의 품질은 법률행위의 성질[16]이나 당사자의 의사에 의해 결정되고 이러한 기준에 의해 결정되지 않는다면 중등품질의 물건으로 인도하면 된다(제375조 제1항). 만약 채무자가 품질에 미달되는 물건을 인도하는 경우, 그

---

14) 대판 1991.10.25. 91다22605.

15) 이처럼 채권자가 부담하는 위험을 급부위험이라고 하는데, 쌍무계약에서의 대가위험과는 구별된다.

16) 소비대차(제598조)나 소비임치(제702)에 있어서 소비차주나 수치인은 처음에 받은 물건과 동일한 품질의 물건을 반환하여야 한다.

것은 채무의 내용에 좇은 이행이 아니기 때문에 채권자는 수령을 거절하고 적합한 품질의 물건을 급부할 것을 요구할 수 있다. 반대로 정해진 품질을 초과한 물건을 인도하는 경우는 어떠한가? 이에 대한 학설의 대립이 있는데, 반드시 약정보다 고품질의 물건 인도가 채권자에게 유리하다고 단정할 수 없으므로 상황에 따라 판단해야 할 것이다.

(3) 종류채권의 특정

급부의 목적이 종류와 수량에 의해 정해지는 종류채무가 실제 이행되려면 수많은 종류물 중 일정한 수량의 물건이 선정되어야 하는데, 이를 종류채권의 특정이라고 한다. 종류채권을 특정하는 방법으로 첫째, 채무자가 이행에 필요한 행위를 완료한 때 둘째, 채권자의 동의를 얻어 이행할 물건을 지정한 때를 규정하고 있지만(제375조 제2항), 그 밖에 사적자치의 원칙에 따라 당사자의 합의에 의해서도 정해질 수 있다.

특정의 방법 중 '채무자가 이행에 필요한 행위를 완료한 때'라는 것은 채무의 종류에 따라 달라질 수 있다. 먼저 채무자가 목적물을 채권자의 주소지에서 급부하여야 하는 채무를 지참채무라고 하는데,[17] 이러한 지참채무의 경우에는 채무자가 채무의 내용에 좇아 현실적으로 변제의 제공(현실제공)을 한 때 특정이 이루어진다(제460조). 예컨대 전자제품 대리점에서 냉장고를 구매한 경우, 판매자가 냉장고를 소비자의 집 앞에 배달하면 특정이 된다. 그 밖에 채권자가 채무자의 주소지에 와서 목적물을 받아 가야 하는 채무를 추심채무라고 하는데, 추심채무의 경우에는 채무자가 목적물을 분리해 채권자가 언제든지 수령할 수 있는 상태에 두고 채권자에게 이를 통지(구두제공)한 때에 특정이 생긴다. 마지막으로 송부채무가 있는데, 송부채무의 개념과 송부채무에 있어서 특정의 방법에 관하여 학설의 대립이 있다.[18] 생각건대 송부채무란 채무자가 채권자의 주소 또는 제3의 장소로 발송하면 모든 의무를 면하는 채무이며, 이때 채무자가 목적물을 분리·지정하여 운송기관을 통해 발송한 때에 특정이 된다고 할 것이다.

(4) 특정의 효과

종류채권의 목적물이 특정되면 그 특정된 물건이 채권의 목적물이 된다. 다시 말해서 종류채권이 특정물채권으로 바뀌게 된다. 따라서 채무자는 선관주의 의무로 목적물

---

17) 「민법」제467조(변제의 장소) 제2항은 특정물 인도 채무를 제외한 채무의 변제는 채권자의 현주소에서 해야 한다고 규정하는데, 민법은 변제와 관련하여 이러한 지참채무를 원칙으로 한다.

18) 송부채무에 대하여 기존의 통설은 채권자 또는 채무자의 주소 이외의 제3지에 목적물을 송부하는 채무가 송부채무라고 한다.

을 실제 인도 시까지 보존할 의무를 부담하게 된다. 그리고 특정의 효과로서 급부위험이 채무자에게서 채권자에게 이전하게 된다. 즉 종류채권의 채무자는 특정 전까지는 조달의무를 부담하므로 그전에 목적물이 멸실되더라도 동일한 다른 물건을 구해서 인도해야 하지만 특정 후에는 특정된 그 물건만이 채권의 목적물이 되므로 특정물이 멸실된 이후에는 다른 물건으로 급부할 의무는 없다.

3. 금전채권

(1) 의의

금전채권이란 일정한 금전의 지급을 목적으로 하는 채권을 말한다. 금전채권은 단독행위나 계약과 같은 법률행위나 부당이득, 불법행위와 같은 법률의 규정에 의해 발생하며, 오늘날 사회에서 중요한 역할을 하고 있다.

(2) 종류

금전채권은 금액채권, 금종채권, 특정금전채권, 외화채권으로 나뉜다. 금액채권은 일정액의 금전의 지급을 목적으로 하는 채권으로 이는 본래 의미의 금전채권이다. 매수인이 매매대금으로 70만 원을 지급해야 하는 경우가 그 예이다. 이러한 금액채권은 종류채권과 유사하지만 지급되는 급부 자체는 의미가 없고 화폐가치가 중요하므로, '특정'이 필요하지 않다. 금액채권은 다른 특약이 없는 한, 채무자의 선택에 따라 각종의 통화로 변제할 수 있다.[19] 금전 대신 수표나 어음을 교부하는 것이 유효한 변제가 되는가에 대해서는 논의의 여지가 있다.

금종(金種)채권이란 일정한 종류에 속하는 통화의 일정량을 급부하는 것을 목적으로 하는 것이다. 예컨대 차주가 100만 원을 5만 원권 지폐로 지급해야 하는 것이 그 예이다. 그런데 그 종류의 통화가 변제기에 강제통용력을 잃으면 어떻게 되는가? 이러한 경우, 민법은 "채무자는 다른 통화로 변제하여야 한다."라고 규정한다(제376조).

특정금전채권은 특정한 금전의 급부를 목적으로 하는 채권으로, 예컨대 1988년 제작된 500원짜리 주화를 인도하기로 하는 것이 그것이다. 이러한 특정금전채권은 특정물채권에 해당된다. 마지막으로 외화채권은 외국 금전의 지급을 목적으로 하는 채권이다.

---

19) 통화란 국가가 법률로써 강제통용력을 인정한 금전을 말하며, 한국은행이 발행한 한국은행권과 주화가 통용된다(「한국은행법」 제48조, 제53조).

외국 금전은 우리나라에서는 통화로서 효력이 없지만, 국제간 거래의 편의를 위하여 몇 가지 관련 규정을 두고 있다. 민법 제377조 제1항에 따라 채권의 목적이 외화채권인 경우, 채무자는 자기가 선택한 그 나라의 각 종류의 통화로 변제할 수 있다. 예컨대 100유로를 지급하기로 했으나 채무자가 50유로짜리 지폐 2장을 지급하는 것이다. 그리고 채권액이 다른 나라 통화로 지정된 때, 채무자는 지급할 때에 있어 이행지의 환금시가에 의해 우리나라 통화로 변제할 수 있다(제378조). 여기서 환산시기가 문제 되는데, 판례와 학설에 따르면 이행기가 아니라 현실로 이행하는 때라고 한다.[20]

(3) 금전채권의 특수성

금전채권은 채무불이행과 관련하여 몇 가지 특수성을 갖는다. 첫째, 채무불이행의 유형과 관련하여 금전채권에는 이행불능은 없고 이행지체만 있을 뿐이다.[21] 둘째, 채무불이행의 요건과 관련하여 금전채권의 채무자는 과실 없음을 이유로 손해배상책임을 면하지 못한다(제397조 제2항 후단).[22] 셋째, 채권자는 금전채무의 불이행에 따른 손해의 발생 및 손해액을 증명할 필요가 없다(제397조 제2항 전단).[23] 마지막으로 금전채무의 불이행에 관한 손해를 정형화시켰다는 점이다. 이와 관련하여 「민법」 제397조 제1항 본문은 "금전채무불이행의 손해배상액은 법정이율[24]에 의한다."라고 하고 제1항 단서는 "그러나 법령의 제한에 위반하지 아니한 약정이율이 있으면 그 이율에 의한다."라고 규정한다.[25] 따라서 채무자는 실제의 손해가 얼마인지를 묻지 않고 일정한 이율에 의하여 산정된 금액을 손해배상으로 지급해야 한다.

---

20) 대판(전원) 1991.3.12. 90다2147.

21) 예컨대 금전소비대차에서 채무자가 변제기일에 돈이 없어 변제를 못 하는 경우, 채무자가 무자력이라고 해서 이행불능이 되는 것은 아니다. 왜냐하면 채무자는 다른 방법을 통해 변제할 금전을 마련할 수 있기 때문이다.

22) 본래 채무불이행이 성립하기 위해서는 과실책임의 원칙상 채무자의 고의 또는 과실이 존재해야 한다. 하지만 금전채권에 있어서는 예외적으로 무과실책임을 인정하고 있다.

23) 일반적으로 채무불이행에 따른 손해배상청구권을 행사하기 위해서는 채권자가 자신에게 손해가 발생했고 발생한 손해액이 얼마인지를 증명해야 한다. 그런데 민법이 이러한 규정을 둔 이유는 금전채권에 관해 손해의 증명이 어려운 경우가 있고 또한 금전은 이자가 발생하는 것이 보통이기 때문이다.

24) 「민법」 제379조(법정이율) 이자 있는 채권의 이율은 다른 법률의 규정이나 당사자의 약정이 없으면 연 5분으로 한다.

25) 여기서 주의할 점은 「민법」 제397조 제1항의 "약정이율"은 당사자가 별도로 약정한 '손해배상의 이율'과 다르다는 것이다. 예를 들어, 금전소비대차계약에서 원금에 대한 이자율을 10%로 정했는데 채무불이행이 발생했다면 채권자는 법정이율 (5%)이 아닌 10%의 손해배상금을 청구할 수 있다("약정이율" 적용). 만약 무이자부 금전소비대차계약이라면 이러한 경우에 채권자는 법정이율 5%에 따른 손해배상청구가 가능하다. 그런데 금전소비대차계약에서 약정이율 10%, 채무자의 채무불이행 시 손해배상 이율을 20%로 정했다면, 채무불이행 시 손해배상액은 '손해배상의 이율'인 20%에 따라 결정된다('손해배상의 이율' 적용).

4. 이자채권

(1) 의의

이자채권이란 이자의 지급을 목적으로 하는 채권을 말한다. 일반적으로 이자는 원본액, 사용기간, 이율을 그 요소로 한다. 이러한 이자는 당사자의 합의에 의해 발생하는 경우도 있고 법률의 규정에 의해 발생하는 경우도 있는데, 전자를 약정이자, 후자를 법정이자라고 한다.

(2) 이자채권의 성질

이자채권은 원본채권의 종된 권리로서 원본채권의 성립과 존속에 영향을 받게 되는데, 이를 부종성(附從性)이라고 한다. 따라서 원본채권이 소멸하면 이자채권도 소멸하고 원본채권이 양도되면 이자채권도 양도된다. 그런데 이러한 부종성은 이미 변제기가 된 이자채권에 있어서는 상당히 약화된다. 예컨대 원금 100만 원을 1년간 대출하면서 매월 말 이자 1만 원을 지급하기로 약정했는데, 채권자가 1개월 후 원금 지급 채무를 면제하더라도 이미 발생한 1개월분의 이자 1만 원은 원칙적으로 존속한다. 주의할 점은 원본채권이 소멸시효에 의하여 소멸하는 경우에는 소멸시효의 소급효 및 종된 권리에도 소멸시효의 효력이 미치므로 이미 발생한 이자채권도 소멸한다는 것이다.[26]

또한 이자채권은 하나의 권리로서, 원본채권과 별도로 소를 제기할 수도 있고 양도할 수도 있으며, 담보로 제공하거나 압류도 가능한데, 이를 이자채권의 독립성이라고 한다.

(3) 이율

이율은 당사자 간의 합의에 의해 자유롭게 정해질 수 있는데, 이러한 이율을 약정이율이라고 한다. 그런데 이러한 약정이율이 없는 경우에는 법률이 정한 이자, 즉 법정이율이 적용된다. 법정이율은 민사에 관하여는 연 5%이고 상사에 관하여는 연 6%이다.[27]

---

26) 「민법」 제167조(소멸시효의 소급효), 제183조(종속된 권리에 대한 소멸시효의 효력).

27) 「상법」 제54조(상사법정이율).

(4) 이자의 제한

당사자의 합의에 의해 이율(약정이율)은 자유롭게 정할 수 있음이 원칙임을 살펴봤다. 하지만 이율을 당사자의 자율에만 맡기는 경우에는 많은 문제점을 수반하므로, 특별법에 의한 이자의 제한이 가해지게 된다. 이자의 제한과 관련된 특별법으로는 「이자제한법」, 「대부업 등의 등록 및 금융이용자 보호에 관한 법률」이 있다.

「이자제한법」은 금전소비대차계약에 있어서의 약정이자에 적용되며, 대차원금이 10만 원 미만인 경우에는 적용되지 않는다(제2조). 본법에 따르면 최고이자율은 연 25%를 초과하지 않는 범위에서 대통령령[28]으로 정한다. 최고이자율을 초과하는 이자 부분은 무효가 되며,[29] 채무자가 최고이자율을 초과하는 이자를 임의로 지급한 때에는 초과 지급된 이자 상당액은 원본에 충당되고, 원본이 소멸된 때에는 그 반환을 청구할 수 있다. 그리고 제3조에 따르면, "선이자를 공제한 경우에는 그 공제액이 채무자가 실제 수령한 금액을 원본으로 하여 제2조 제1항에서 정한 최고이자율에 따라 계산한 금액을 초과하는 때에는 그 초과부분은 원본에 충당한 것으로 본다."라고 하여 이자의 사전공제에 대한 규정을 두고 있다. 그 밖에 이자에 다시 이자를 지급하기로 하는 복리약정은 최고이자율을 초과하지 않는 한 유효로 규정한다(제5조).

「대부업 등의 등록 및 금융이용자 보호에 관한 법률」은 대부업자, 대부중개업자, 여신금융기관[30]의 대부계약에 적용이 되며, 연 100분의 27.9 이하의 범위에서 대통령령[31]으로 정하는 이율을 초과할 수 없으며, 초과하는 부분에 대한 이자계약은 무효가 된다(제8조).

5. 선택채권

(1) 의의

선택채권이란 여러 개의 서로 다른 내용의 급부 가운데 선택에 의하여 그중 하나의 급부를 목적으로 하는 채권을 말한다(제380조). 예컨대 졸업선물로 최신 스마트폰과 100만 원 현금 중 어느 하나를 선물하기로 하는 경우에 선택채권이 발생한다. 선택채

---

[28] 「이자제한법」 제2조 제1항의 최고이자율에 관한 규정에 따르면 현재 연 24%이다.

[29] 「이자제한법」 제8조에서는 법정된 최고이자율을 초과한 경우에는 1년 이하의 징역 또는 1천만 원 이하의 벌금에 처하도록 규정한다.

[30] 본법에서 "여신금융기관"이란 법령에 따라 인가 또는 허가 등을 받아 대부업을 하는 금융기관을 말한다(제2조 4호).

[31] 「대부업 등의 등록 및 금융이용자 보호에 관한 법률 시행령」 제5조(이자율의 제한)에 따르면, 현재 연 24%이다.

권은 복수의 채권이 아니라 하나의 채권이며, 법률행위 또는 법률의 규정(「민법」 제135조, 제203조, 제626조 등)에 의해 발생한다. 이러한 선택채권은 종류채권과 유사한 면이 있지만 급부의 개성이 중시된다는 점, 급부의 수가 한정되어 있다는 점 등에서 차이를 보인다.

(2) 선택채권의 특정

선택채권에서 채무가 이행되려면 급부가 하나로 확정되어 단순채권으로 변경되어야 한다. 즉 선택의 대상인 여러 개의 급부 중에서 이행할 급부가 결정되는 것을 선택채권의 특정이라고 한다. 민법은 특정의 방법으로 선택에 의한 특정과 급부 불능에 의한 특정(제385조) 두 가지를 두고 있으나 사적자치의 원칙(계약자유의 원칙)상 당사자의 합의에 의한 특정도 가능하다.

선택을 할 수 있는 선택권은 일종의 형성권이며, 누가 선택권을 갖는지는 법률행위 또는 법률의 규정에 따라 정해진다. 따라서 선택권자는 채권자, 채무자뿐만 아니라 제3자도 될 수 있다. 그런데 만약 위와 같은 방법에도 선택권자가 정해지지 않는 경우, 선택권은 채무자에게 속한다(제380조). 그리고 선택의 방법은 상대방에 대한 의사표시로 한다. 선택이 있으면, 선택채권은 하나의 급부를 목적으로 하는 단순채권으로 변하는데, 반드시 특정물채권으로 되는 것은 아니다. 즉 위의 사례에서 보듯이 최신 스마트폰을 선택하면 종류채권으로 100만 원의 현금을 선택하면 금전채권으로 변한다.

선택채권은 급부불능에 의해서도 특정이 되는데, 원시적 불능과 후발적 불능으로 나누어 설명한다. 먼저 채권의 목적으로 선택할 여러 개의 행위 중에 처음부터 불능한 것이 있으면(원시적 불능), 채권의 목적은 잔존한 것에 존재한다(제385조 제1항). 다음으로 후발적 불능의 경우, 선택권자의 과실에 의해 수 개의 행위 중 하나가 불능이 된다면, 채권의 목적은 잔존한 것에 존재한다(제385조 제1항).[32] 반면, 선택권이 없는 자의 과실에 의해 이러한 불능이 초래된다면, 채권자가 선택권자인 경우, 채권자는 잔존한 것을 선택하거나 아니면 불능인 것을 선택하여 채무불이행책임을 물을 수 있다. 만약 선택권자가 채무자라면, 불능인 것을 선택하여 채무를 면할 수 있다.

---

32) 물론 이러한 경우, 손해배상을 청구할 수 있는 것은 별개의 문제이다.

제3절 채무불이행

Ⅰ. 서설

1. 채무불이행의 의의

채무자에게 책임 있는 사유로 채무의 내용에 좇은 이행이 이루어지지 않고 있는 상태를 통틀어 채무불이행(債務不履行)이라고 하며,[33] 그 효과로서 손해배상청구권이 발생한다(제390조). 민법은 제387조부터 제399조까지 이에 관한 규정을 두고 있다.

2. 채무불이행의 유형

민법은 채무불이행의 유형으로 이행지체와 이행불능에 관한 규정만을 두고 있는데, 학설은 일반적으로 불완전이행이라는 채무불이행의 유형을 추가로 인정하고 있다.[34] 이러한 채무불이행의 구체적인 내용은 이하에서 설명하기로 한다.

3. 채무불이행의 일반적 요건

(1) 고의 또는 과실

과실책임주의의 원칙상 채무불이행의 일반적 요건으로 채무자의 고의 또는 과실이 요구된다(제390조 단서). 고의(故意)란 자기의 행위로부터 일정한 결과가 발생할 것을 인식하면서도 그러한 행위를 하는 심리상태를 말하며, 과실(過失)이란 자기의 행위로부터 일정한 결과가 발생할 것을 인식했어야 함에도 불구하고 부주의로 말미암아 그러한 행위를 하는 심리상태를 말한다. 과실은 그 사람이 속하는 사회적 지위나 직업 등에 따라 보통 일반적으로 요구되는 주의를 위반한 경우인 추상적 과실과 행위자 자신의 평

---

33) 채무자의 귀책사유(고의 또는 과실)에 의한 채무불이행 이외에 넓은 의미로 "급부장애"라는 표현도 사용된다. 급부장애는 이러한 채무불이행뿐만 아니라 채권자지체, 위험부담, 이행거절 등을 포함한 개념으로 사용된다.

34) 최근 이러한 채무불이행의 3가지 유형(3유형론)에 대한 비판이 제기되는데, 우리 민법은 제390조에서 채무불이행에 관한 일반규정을 두고 있기 때문에 반드시 위와 같은 3가지 유형에 한정되지 않는다고 한다(열린 유형론).

상시의 주의를 게을리한 구체적 과실로 나뉜다. 법규정에서는 전자를 "선량한 관리자의 주의"라고 하며(제374조), 후자를 "자기 재산과 동일한 주의"라고 한다(제695조). 또한 부주의의 정도에 따라 현저하게 주의를 게을리한 경우를 중과실, 다소라도 주의를 게을리한 경우를 경과실이라고 한다. 법에서 과실이라고 하면 보통 경과실을 의미하며, 중과실의 경우에는 특별히 "중대한 과실"이라고 표현한다.[35] 요컨대 민법에서 과실의 원칙적인 모습은 추상적 경과실이라고 할 수 있다.

그런데 「민법」 제391조는 이행보조자의 고의, 과실이라는 표제하에 "채무자의 법정대리인이 채무자를 위하여 이행하거나 채무자가 타인을 사용하여 이행하는 경우에는 법정대리인[36] 또는 피용자의 고의나 과실은 채무자의 고의나 과실로 본다."라고 하여 채무자의 책임을 확대하고 있다. 이러한 규정을 둔 이유는 채무자가 타인을 사용하여 이익을 얻기 때문에 그로 인해 발생한 손해도 부담시키는 것이 합리적이라는 판단 때문이다. 여기서 이행보조자로서 피용자란 채무자가 채무의 이행을 위해서 사용하는 자이며, 반드시 채무자의 지시 또는 감독을 받는 관계에 있어야 하는 것이 아니라고 한다.[37]

(2) 위법성

불법행위의 성립요건으로서의 위법성과 다르게[38] 채무불이행의 요건으로서 위법성에 대한 명문의 규정은 없지만, 일반적으로 이를 요건으로서 인정한다. 위법성(違法性)이란 문자 그대로 법을 위반하는 것을 말하는데, 여기서 법이란 실정법뿐만 아니라 선량한 풍속 기타 사회질서[39]를 포함하는 넓은 개념으로 이해한다. 따라서 채무자가 자신의 채무를 이행하지 않으면 일단 위법성의 요건이 충족되지만, 만약 채무자에게 동시이행의 항변권이나 기한의 유예 등과 같은 위법성 조각사유가 있다면 위 요건이 소멸되어 채무불이행이 성립하지 않게 된다. 이처럼 위법성은 소극적인 요건으로 작용한다.

---

35) 예컨대 「민법」 제109조 제1항.

36) 친권자, 후견인, 부재자의 재산관리인, 유언집행자, 부부(일상의 가사대리권).

37) 대판 2002.7.12. 2001다44338. 이에 대해 이행보조자의 고의나 과실을 채무자의 것으로 간주하기 위해서는 그 보조자에 대하여 선임·지휘·감독 등을 할 수 있어야 한다는 견해도 있다. 예컨대 매도인이 택배업체를 통해 물건을 배송하는 경우, 택배업체의 귀책사유에 의해 물건이 파손되면 이에 매도인이 책임을 부담해야 하는지의 여부에서 차이를 보이게 된다.

38) 「민법」 제750조(불법행위의 내용).

39) 「민법」 제103조(반사회질서의 법률행위).

Ⅱ. 이행지체

1. 이행지체의 의의

이행지체란 채무의 이행기가 도래하였고 또한 이행이 가능함에도 불구하고 채무자의 책임 있는 사유로 그 이행이 이루어지지 않고 있는 채무불이행의 한 유형을 말한다.

2. 이행지체의 요건

(1) 이행기의 도래

이행지체가 성립하기 위해서는 먼저 이행기가 도래해야 한다. 민법은 이에 대해 3가지 유형으로 나누어 규정하고 있다. 첫째, 확정기한부채무의 경우에는 그 기한이 도래한 때(다음 날)부터 채무자는 지체책임을 부담한다(제387조 제1항 1문). 예컨대 5월 15일까지 물건을 인도하기로 약정했다면, 5월 16일부터 채무자는 지체책임을 부담하게 된다. 그런데 이러한 원칙에는 몇 가지 예외가 있다. 추심채무나 그 밖에 채무를 이행하려면 채권자의 협력이 필요한 채무에서 그러한 협력이 없는 경우, 당사자 쌍방의 채무가 동시이행관계에 있는 경우,40) 변제기한이 있는 지시채권이나 무기명채권의 소지인이 증서를 제시하여 이행을 청구하지 않는 경우41) 등이다.

둘째, 불확정기한부채무의 경우에는 채무자가 기한이 도래함을 안 때(다음 날)부터 지체책임이 있다(2문). 예컨대 2층 건물의 건축에 대한 도급계약을 체결하면서, 수급인이 1층 공사를 완료하면 공사대금의 절반을 지급하기로 한 경우, 도급인이 1층 공사가 완료되었다는 사실을 안 다음 날부터 지체책임이 발생한다. 물론 공사대금에 관한 채권자인 수급인이 그 사실을 채무자에게 최고한 때에도 그다음 날부터 지체책임을 부담한다고 할 것이다.

셋째, 기한이 없는 채무의 경우에는 채권자로부터 이행청구를 받은 때(다음 날)부터 지체책임이 있다(제387조 제2항). 예컨대 친구에게 반환일을 정하지 않고 책을 빌려준 경우, 책의 소유자가 반환청구를 한 다음 날부터 그 친구는 지체책임을 지게 된다. 그런데 이러한 원칙에는 다음과 같은 예외가 있다. 소비대차계약에서 반환시기의 약정이

---

40) 「민법」 제536조(동시이행의 항변권).
41) 「민법」 제517조(증서의 제시와 이행지체), 제524조(준용규정).

없는 때에는 대주는 상당한 기간을 정하여 반환을 최고하여야 하며, 그 기간이 경과하여야 지체책임이 발생한다(제603조 제2항 본문). 그리고 불법행위로 인한 손해배상채무에 있어서는 그 채무의 성립과 동시에 가해자는 지체책임을 부담한다.[42]

그 밖에 이행기가 도래하지 않았음에도 일정한 사유가 있는 경우, 채권자가 즉시 이행을 청구할 수 있도록 하는데, 이와 관련된 제도가 기한의 이익의 상실이다. 기한의 이익이란 이행기가 도래하지 않음으로 얻는 이익을 말하는데, 상대방을 신뢰할 수 없는 사유가 생겼을 때에는 이러한 이익을 박탈하는 것을 기한의 이익의 상실이라고 한다. 기한의 이익의 상실 사유로는「민법」제388조에서 채무자가 담보를 손상, 감소 또는 멸실하게 한 때(1호), 채무자가 담보제공의무를 이행하지 아니한 때(2호)를「채무자 회생 및 파산에 관한 법률」제425조에서 채무자가 파산선고를 받은 때를 규정하고 있다. 유의할 점은 기한의 이익의 상실사유가 발생하였더라도 채권자가 즉시 이행을 청구할 수도 있고 기한의 이익을 유지시킬 수도 있다는 것이다.

(2) 이행이 가능할 것

이행지체가 되기 위해서는 이행기에 이행이 가능해야 한다. 만약 이행이 불가능하다면 이는 이행불능의 문제가 된다.

(3) 이행이 없을 것

채무가 이행되었거나 이행의 제공이 있으면 이행지체가 되지 않는다.

(4) 채무자의 귀책사유가 있을 것

이행지체가 채무자의 고의 또는 과실에 기인한 것이어야 한다. 또한 법정대리인이나 이행보조자의 고의·과실도 채무자의 귀책사유로 본다(제391조). 그 밖에 채무자의 고의·과실이 인정되기 위하여 채무자가 자신의 행위와 그 결과에 대한 책임을 인식할 수 있는 지적인 능력, 즉 책임능력이 있어야 하는지에 관하여 학설의 대립이 있지만, 책임능력이 필요하다고 할 것이다.

---

42) 대판 1993.3.9. 92다48413; 대판 2010.7.22. 2010다18829.

(5) 이행하지 않는 것이 위법할 것

만약 채무자에게 이행기에 채무를 이행하지 않는 것을 정당화시키는 사유가 있다면, 채무불이행이 되지 않는다. 이는 소극적 요건이며, 정당화시키는 사유에 대해서는 이미 설명하였다.

3. 이행지체의 효과

이행지체의 경우, 본래 채무의 이행이 가능하므로 채권자는 본래 채무의 이행을 청구할 수 있으며, 채무자가 임의로 채무를 이행하지 않을 때에는 강제이행을 법원에 청구할 수 있다(제389조). 그리고 이행지체의 효과로서 손해배상청구권이 발생하는데, 여기서 손해배상청구권의 내용은 지연배상이 원칙이고[43] 예외적으로 전보배상이 인정된다. 전보배상이란 이행에 갈음하는 손해의 배상을 말하는데, 이행지체 시 채권자가 상당한 기간을 정하여 이행을 최고하여도 그 기간 내에 이행하지 않거나 지체후의 이행이 채권자에게 이익이 없는 때에 수령을 거절하고 전보배상을 청구할 수 있다(제395조). 그 이외의 효과로서 일정한 요건에 따라 채권자에게 계약해제권이 발생하며,[44] 채무자는 자기에게 과실이 없는 때에도 이행지체 중에 생긴 손해를 배상해야 한다(제392조 본문).

Ⅲ. 이행불능

1. 이행불능의 의의

이행불능이란 채권이 성립한 후에 채무자에게 책임 있는 사유로 이행할 수 없게 된 것을 말한다. 여기서 불능이란 자연적·물리적 개념에서 더 나아가 사회·거래 관념상의 불능을 의미한다.[45] 예컨대 집에서 사육할 목적으로 멸종위기 야생동물을 매입하기

---

43) 예컨대 금전채무를 이행기에 이행하지 않는 경우, 채권자는 본래의 급부와 함께 이행의 지체로 인하여 생긴 손해의 배상, 즉 지연배상을 청구할 수 있는데, 지연배상은 당사자 간에 약정이율이 있으면 그 이율에 따르고 약정이율이 없으면 법정이율(민사 5%)에 따라 산정된다.

44) 「민법」 제544조(이행지체와 해제).

45) 따라서 자연적·물리적 불능도 이행불능에 해당할 수 있다. 예컨대 임차건물이 화재로 소실된 경우, 임차인의 임차목적물

로 하는 계약을 체결한 경우는 이행불능으로 평가된다.[46] 또한 불능은 원시적 불능이 아닌 후발적 불능을 의미하며, 원시적 불능의 경우에는 채권이 발생하지 않고 단지 계약체결상의 과실책임만이 문제 된다.[47] 그리고 불능의 판단시기는 이행기를 표준으로 정한다. 부동산 2중 매매에 있어, 매도인이 매수인 중 1인에게 소유권이전등기를 해준 경우, 등기를 회복하여 다른 매수인에게 이전해 줄 가능성이 없다면, 다른 매수인에 대한 매도인의 소유권이전등기 의무는 이행불능이 된다.[48]

2. 이행불능의 요건

(1) 채무자에게 귀책사유가 있을 것

이행불능이 채무자의 고의 또는 과실로 인하여 발생해야 한다(제390조 단서). 그런데 채무자의 귀책사유 없이 이행불능이 된 경우는 위험부담의 문제가 된다. 예를 들어, A가 자신의 별장을 B에게 매각하기로 약정했는데, 이행기 전에 그 별장이 태풍으로 멸실되었다면 A는 인도의무를 면하게 되며 귀책사유가 없으므로 채무불이행책임도 면하게 된다. 그런데 이러한 경우 A는 B에게 매매대금을 청구할 수 있는가? 이에 대해「민법」제537조는 "쌍무계약의 당사자 일방의 채무가 당사자쌍방의 책임 없는 사유로 이행할 수 없게 된 때에는 채무자는 상대방의 이행을 청구하지 못한다."라고 하여, 채무자위험부담주의를 취하고 있다. 따라서 위의 사례의 경우 A는 B에게 매매대금을 청구할 수 없다(대가위험).

(2) 이행불능이 위법할 것

위법성은 소극적 요건이므로, 위법성조각사유가 없어야 이행불능이 성립한다. 예컨대 밍크 10마리를 인도하기로 했는데, 정부의 전염병 방지 조치에 따라 살처분한 경우이다. 그 밖에 이행불능으로 인한 책임을 부담하기 위해서는 책임능력이 필요하다고 할 것이다.

반환의무는 이행불능으로 된다.

46) 「야생동물 보호 및 관리에 관한 법률」제14조(멸종위기 야생동물의 포획·채취 등의 금지).

47) 「민법」제535조(계약체결상의 과실).

48) 대판 1983.3.22. 80다1416; 대판 1992.10.13. 91다34394.

3. 이행불능의 효과

이행불능은 이행지체와 달리 본래의 급부 청구가 불가능하므로 본래 채무의 이행청구는 문제가 되지 않는다. 이행불능의 경우, 채권자는 손해배상청구권을 행사할 수 있는데, 그 내용은 이행에 갈음하는 손해배상인 전보배상이다. 예컨대 시가 10만 원 상당의 자전거를 5만 원에 매수하기로 한 경우, 매도인의 책임 있는 사유로 자전거가 멸실되었다면, 매수인은 10만 원을 배상청구할 수 있다. 그리고 채권자에게는 계약해제권이 발생하는데, 이때 최고는 요건이 아니다(제546조).

이행불능의 효과로서 논의가 되는 것으로는 대상청구권(代償請求權)이 있다. 대상청구권이란 이행을 불능하게 하는 사정의 결과로 채무자가 이행의 목적물에 대신하는 이익을 얻는 경우, 채권자가 그 이익을 청구할 수 있는 권리이다. 문제는 다른 나라와 다르게 우리 민법에 대상청구권을 인정하는 명문의 규정이 없다는 점이다. 하지만 학설[49]과 판례[50]는 이를 인정하고 있다. 예컨대 토지에 대한 매매계약이 체결된 후, 소유권이전등기 전에 당해 토지가 수용되어 매도인이 보상금을 수령하게 된 경우, 매수인은 그 토지의 변형물인 보상금을 청구할 수 있다. 유의할 점은 이행불능이 성립한 경우, 채권자는 채무불이행으로 인한 손해배상청구권과 대상청구권도 갖게 되는데, 채권자는 두 권리를 선택적으로 행사할 수 있다는 것이다.

Ⅳ. 불완전이행

1. 불완전이행의 의의

불완전이행[51]이란 채무자가 이행행위를 하였으나 그 이행에 하자가 있는 채무불이행의 유형을 말한다. 예컨대 주문한 음식에서 이물질이 나온 경우나 가습기 살균제를 구매했는데 유해물질로 인하여 폐질환이 생긴 경우가 그것이다. 이행지체와 이행불능

---

49) 대상청구권의 인정 근거에 대해서는 조리, 일반적인 법원칙 내지 법의 이치의 유추, 민법 제390조, 본래 재산적 가치가 귀속될 자에게 돌아가야 한다는 사상 등을 제시하고 있다.

50) 대판 1992.5.12. 92다4581.

51) 불완전이행이라는 용어에 대하여 다양한 견해가 있으나, 본서에서는 채무불이행의 유형 중 이행지체와 이행불능을 제외한 나머지 유형으로 설명한다.

과 다르게 불완전이행에 관해서는 근거 규정이 없지만, 대체로 민법 제390조가 채무불이행에 관한 포괄적인 규정이므로 여기에서 그 근거를 구한다. 불완전이행은 급부 자체가 불완전하여 손해를 발생한 경우와 불완전한 급부로 인하여 확대손해가 발생한 경우로 나눌 수 있다.

2. 불완전이행의 요건

(1) 이행행위가 있을 것

불완전이행이 되려면 이행행위가 있어야 한다. 따라서 이러한 이행행위가 없다면 이행지체나 이행불능의 문제가 된다.

(2) 이행이 불완전할 것

이행이 있지만 그 이행에 하자가 있어야 한다. 판례에 따르면, 감자종자가 잎말림병에 감염된 것인 경우,[52] 캐나다에서 판매할 목적으로 면제품 셔츠를 수입했는데 이를 세탁하면 심하게 줄어드는 하자가 있는 경우[53] 등을 불완전한 이행으로 판시한다.

(3) 불완전한 이행에 채무자의 귀책사유가 있을 것

불완전한 이행이 되기 위해서는 채무자의 고의 또는 과실이 있어야 한다. 다른 채무불이행의 유형과 마찬가지로 이러한 귀책사유는 채무자 측에서 자신에게 고의 또는 과실이 없음을 증명해야 한다.

(4) 불완전한 이행이 위법할 것

불완전한 이행이 되기 위해서는 위법해야 하며, 그 밖에 채무자에게 책임능력이 있어야 한다.

---

52) 대판 1989.11.14. 89다카15298.

53) 대판 1992.4.28. 91다29972.

3. 불완전이행의 효과

불완전이행의 경우, 완전한 이행이 가능하다면 완전이행청구권(추완청구권)이 발생하며, 지체된 부분에 대해서는 손해배상청구권을 행사할 수 있다. 반면, 완전한 이행이 불가능하다면 손해배상청구권(전보배상 및 확대손해의 배상)과 계약해제권이 발생한다.

Ⅴ. 채권자지체

1. 채권자지체의 의의

채권자지체란 채무의 이행에 채권자의 수령 또는 채권자의 협력이 필요한 경우, 채무자가 채무의 내용에 좇은 이행을 했음에도 불구하고 채권자가 위와 같은 행위를 하지 않음으로 인하여 채무의 이행이 지연되고 있는 것을 말한다(제400조). 이러한 채권자지체의 법적 성질에 관하여 크게 채무불이행책임설과 법정책임설로 나누어져 있다. 채무불이행책임설에 따르면, 채권자에게 수령의무(채무)가 존재하며, 이를 위반하면 채무불이행의 효과가 발생한다고 한다. 반면, 법정책임설에 따르면, 채권자가 법적인 수령의무를 부담하는 것은 아니고 그러한 협력을 하지 않을 때 일정한 불이익을 받게 되는 책무를 부담할 뿐이라고 한다. 생각건대 채권자지체는 채무불이행의 한 유형보다는 법정책임이라고 새기는 것이 옳다.

2. 채권자지체의 요건

채무의 성질상 채무의 이행에 채권자의 협력이 필요한 경우, 채무자의 채무의 내용에 좇은 이행의 제공이 있는데, 채권자가 이를 이행 받을 수 없거나 수령을 거절하면 채권자지체가 성립한다.

3. 채권자지체의 효과

채권자지체의 효과로서 첫째, 채무자의 주의의무의 경감(제401조) 둘째, 채무자의 이자 지급의 정지(제402조) 셋째, 증가된 비용의 채권자 부담(제403조) 넷째, 쌍무계약에서 위험의 이전(제538조 제1항 2문) 다섯째, 공탁권의 발생(제487조) 등이 있으며, 손해배상청구권이나 계약 해제권은 인정되지 않는다.[54]

---

54) 채권자지체의 법적 성질을 채무불이행설로 이해하면 그 효과로서 손해배상청구권이나 계약 해제권을 인정할 수 있을 것이다.

제4절 손해배상

Ⅰ. 서설

채무불이행의 효과 중 하나로서 손해배상청구권이 발생하는데,[55] 이러한 손해배상에 대하여 민법은 제393조 이하에서 관련된 규정을 두고 있다. 그리고 손해배상청구권은 불법행위의 효과로서도 발생하는데, 채무불이행으로 인한 손해배상청구권에 관한 규정은 불법행위로 인한 손해배상청구권에도 준용된다(제763조).[56]

Ⅱ. 손해배상청구권

1. 손해의 개념

손해(損害)의 개념에 대해 다수의 학설과 판례[57]는 차액설을 따르고 있다. 차액설은 법익에 관하여 받은 불이익이 손해라고 하며, 가해행위가 없었더라면 존재할 가정적 이익상태에서 현실적 이익상태를 공제하는 방법으로 손해를 산정한다. 그런데 만약 임차목적물이 임차인의 과실에 의해 화재로 소실된 경우, 임대인이 화재보험금을 수령하여 전혀 손해가 발생하지 않았다면, 임차인은 손해배상책임을 부담하지 않는 것인가? 이러한 차액설의 문제점에 대하여 규범적 손해설이 주장되는데, 이에 따르면 피해자의 법익에 대한 손실이 있으면 손해가 있다고 추정하는 견해이다. 생각건대 손해를 차액설만으로는 설명하기에 부족한 부분이 있다고 할 것이다. 따라서 차액설을 원칙으로 하고 이 원칙에 따라 포섭되지 않는 비재산적 손해나 규범적 손해가 지적하는 부분은

---

55) 손해배상청구권은 채무불이행, 불법행위뿐만 아니라 예컨대 실종선고의 취소(제29조), 협의의 무권대리인의 책임(제135조), 담보책임(제570조 이하)의 효과로서도 발생한다.

56) 하지만 채무불이행으로 인한 손해배상청구권과 불법행위로 인한 손해배상청구권의 내용에는 차이가 있다. 예를 들어, A 소유의 시가 1억 상당의 부동산 등기를 위조하여 B 자신의 명의로 만든 다음 이를 7천만 원에 C에게 매도한 경우, A가 C에 대하여 등기말소를 청구하여 소유권을 회복하면 C는 B에 대하여 채무불이행책임과 불법행위책임을 물을 수 있는데, 전자의 경우에는 이행이익에 대한 손해로서 1억 원을 후자의 경우에는 불법행위가 있기 전과 후의 재산상태의 차이인 7천만 원을 청구할 수 있다.

57) 대판 1996.2.9. 94다53372; 대판 2009.8.20. 2008다51120.

보완되어야 할 것이다.

2. 손해의 종류

(1) 재산적 손해·비재산적 손해

침해행위의 결과로서 발생하는 손해가 재산적인 손해인지 비재산적인 손해인지에 따른 손해의 구분이다.[58] 예를 들어 여름휴가를 위하여 카메라를 주문하였는데, 카메라를 발송하지 않는 경우, 매매대금 상당의 손해는 재산적 손해이고 휴가중 이를 사용하지 못해서 발생하는 정신적 스트레스는 비재산적 손해가 된다.

(2) 적극적 손해·소극적 손해

기존 이익의 멸실 또는 감소로 인하여 생긴 손해는 적극적 손해이고 장래 얻을 수 있는 이익(逸失利益)을 얻지 못함으로 생기는 손해는 소극적 손해이다. 예컨대 보행 중에 교통사고를 당해 발생한 치료비는 적극적 손해이고 입원기간 동안 일을 하지 못해서 벌지 못한 수입은 소극적 손해가 된다.

(3) 이행이익의 손해·신뢰이익의 손해

법률행위(계약)가 이행되었더라면 얻게 되었을 이익에 대한 손해가 이행이익의 손해이고 법률행위를 유효라고 믿음으로써 생긴 손해가 신뢰이익의 손해[59]이다. 예컨대 A가 시가 10만 원 상당의 자전거를 B에게 주기로 약정했는데, A가 임의로 자전거를 인도하지 않는 경우, B에게는 10만 원의 이행이익의 손해가 발생한다. 그리고 C가 D의 밭을 매수하기로 하여, D가 파종을 하지 않았는데, C가 착오를 이유로 그 계약을 취소한 경우, D에게는 파종하지 못해 수확을 하지 못하는 신뢰이익의 손해가 발생한다. 유의할 점은 이러한 손해의 구별은 채무불이행으로 인한 손해배상에서만 문제 된다는 것이다.

---

58) 이러한 구별 방법과 다르게 법익을 기준으로, 재산권 침해로 인한 손해는 재산적 손해이고 인격권과 같은 권리에 대한 침해는 비재산적 손해라고 보는 견해도 있다.

59) 신뢰이익에 관한 근거 규정은 「민법」 제535조(계약체결상의 과실)이다.

3. 손해배상의 방법

손해배상의 방법과 관련하여 입법론으로 금전배상주의와 원상회복주의가 있는데, 민법은 금전배상주의를 원칙으로 하고 있다(제394조). 다만 다른 의사표시나 법률에 다른 규정[60]이 있는 때에는 그에 따른다.

4. 손해배상의 범위

「민법」 제393조 제1항은 "채무불이행으로 인한 손해배상은 통상의 손해를 그 한도로 한다."라고 하여 손해배상은 통상손해를 배상하는 것이 원칙임을 규정하고 제2항에서는 "특별한 사정으로 인한 손해는 채무자가 그 사정을 알았거나 알 수 있었을 때에 한하여 배상의 책임이 있다."라고 하여 채무자에게 예견 가능성이 있는 경우, 예외적으로 특별손해까지 배상의 범위를 확장하고 있다. 예를 들어 A로부터 시가 100만 원 상당의 바이크를 90만 원에 구입하기로 계약을 체결한 B가 이를 다시 C에게 110만 원에 판매하기로 계약을 체결한 경우, 만약 A가 그 물건을 B에게 인도하지 않는다면 원칙적으로 B는 A에 대해 통상의 손해(이행이익의 손해; 100만 원)만을 청구할 수 있을 뿐이며, 만약 A가 B의 전매사실을 알았거나 알 수 있었다면 특별손해로서 110만 원의 손해배상을 청구할 수 있다.

손해배상 범위의 결정 기준에 대하여, 다수설과 판례[61]는 상당인과관계설을 취하는데, 「민법」 제393조가 바로 이러한 상당인과관계설을 규정한 것으로 해석한다.[62] 상당인과관계설이란 객관적으로 보아 어떤 선행사실로부터 보통 일반적으로 초래되는 후행사실이 있을 때 양자는 상당인과관계에 있다고 판단한다.[63]

요컨대 이상의 논의를 통해서 알 수 있는 사실은 우리 민법이 완전배상주의를 원칙으로 하지 않고 제한배상주의를 원칙으로 하고 있음을 알 수 있다. 이는 사회생활에서 발생하는 손해를 적정하게 배분하는 배상법의 취지에 부합한다고 할 것이다.

---

60) 예컨대 「민법」 제764조(명예훼손의 경우의 특칙).

61) 대판 2004.5.14. 2004다7354; 대판 2004.6.24. 2002다6951; 대판 2010.11.11. 2008다52369.

62) 상당인과관계설도 주관적 상당인과관계설, 객관적 상당인과관계설 그리고 절충적 상당인과관계설로 나뉘는데, 절충적 상당인과관계설이 다수설의 입장이다. 이러한 다수설의 입장에 따르면, 「민법」 제393조를 근거로 보통인이 알 수 있었던 사정과 채무자가 특히 알고 있었던 사정하에서 보통·일반적으로 발생하는 손해를 배상해야 한다고 한다.

63) 손해배상의 범위에서 문제 되는 인과관계와 채무불이행 또는 불법행위의 성립요건에서 문제 되는 인과관계는 구별하여야 한다. 성립요건상의 인과관계는 조건적 또는 자연적 인과관계로 충분하다.

5. 손해배상의 산정

(1) 산정의 기준시기

손해배상을 산정할 때, 재산적 손해의 경우에는 물건 기타 급부의 통상가격,[64] 즉 일반 거래상 인정되는 교환가치를 기준으로 배상액을 산정하고 비재산적 손해의 경우에는 채권자(피해자)의 청구에 대해 법원이 여러 가지 사정을 고려하여 적정한 금액을 배상액으로 산정하게 된다. 그런데 재산적 손해와 관련하여 통상가격이 변동하고 있다면 어느 시점을 기준으로 배상액을 산정해야 하는지 문제가 된다. 이에 관하여 학설은 대립하고 있는데, 판례는 이행불능의 경우에는 이행불능이 발생한 때를 기준으로 한다.[65] 따라서 이행불능 이후에 가격이 등귀하였다고 하여도 그 손해는 특별한 손해이므로 매도인이 이행불능 당시 예견 가능성이 있는 경우에만 배상청구가 가능하다고 한다.[66] 그리고 이행지체 시 지연배상의 경우는 기준시기가 문제 되지 않으나 이행지체 시 전보배상의 경우에는 그 기준시기가 논의될 수 있는데, 판례는 본래의 채무이행을 최고한 후 상당한 기간이 경과한 당시의 시가를 표준으로 하여야 한다는 것이 주류이다.[67]

(2) 과실상계

손해의 발생 또는 확대에 관하여 채권자(피해자)에게도 과실이 있는 경우, 손해배상 범위를 정함에 있어 그 과실을 참작하는 제도를 과실상계(過失相計)라고 한다(제396조). 그리고 민법은 이를 불법행위에도 준용하고 있다(제763조). 예컨대 채무자의 이행지체 후 채권자가 해외 출장 사실을 알려주지 않아 손해가 늘어난 경우, 교통사고의 피해자가 제때 치료를 받지 않아 증상이 악화된 경우에 과실상계가 적용될 수 있다. 여기서 과실은 채무자의 귀책사유인 과실과 동일한 개념인가에 대해 견해의 대립이 있지만, 서로 다른 개념으로 이해하는 것이 일반적이며, 판례는 "가해자의 과실이 의무위반의 강력한 과실임에 반하여 과실상계에 있어서 과실이란 사회통념상, 신의성실의 원칙상, 공동생활상 요구되는 약한 부주의까지를 가리키는 것"이라고 하여[68] 양자는 서로 다른

---

64) 반면, 특별가격이나 감정가격은 통상손해가 아닌 특별손해로서 판단될 수 있을 것이다.

65) 대판 1994.1.11. 93다17638; 대판 2005.9.15. 2005다29474.

66) 대판 1995.10.13. 95다22337; 대판 1996.6.14. 94다61359.

67) 대판 1997.12.26. 97다24542; 대판 2007.9.20. 2005다63337.

68) 대판 2001.3.23. 99다33397; 대판 2004.7.22. 2001다58269.

개념이며, 과실상계에 있어서의 과실의 범위를 보다 넓게 이해하고 있다. 과실상계의 사유가 있으면 법원은 이를 반드시 참착해야 하며,[69] 채권자와 채무자의 과실을 비교하여 채무자의 책임을 면책하거나 감경할 수 있다.

(3) 손익상계

손익상계(損益相計)란 채무불이행(또는 불법행위)으로 손해를 입은 자가 같은 원인으로 이익을 얻고 있는 경우, 손해배상액의 산정에 있어 그 이익을 공제하는 것을 말한다. 예를 들어 A가 사무실 청소에 대한 계약을 체결하고 청소도구를 준비했으나 수급인 B가 채무불이행을 한 경우, A의 손해를 산정할 때 청소도구에 대한 금액은 공제를 해야 한다. 이러한 손익상계에 관한 민법 규정은 없으나 통설과 판례는 공평의 관념상 인정하고 있다. 그리고 손해배상의 산정에 과실상계와 손익상계가 동시에 문제가 되면, 과실상계 후 손익상계를 해야 한다.[70]

6. 손해배상액의 예정

(1) 손해배상액 예정의 의의

손해배상액의 예정이란 채무불이행을 대비하여 채무자가 지급해야 할 손해배상의 액을 당사자가 미리 계약으로 정해 두는 것을 말하며(제397조), 채무불이행이 발생한 후에 체결된 계약은 손해배상에 관한 합의이다. 이와 같은 계약을 체결하는 이유는 첫째, 채무불이행 시 채권자의 손해 발생 및 손해액의 입증 곤란을 구제하기 위함이며 둘째, 채무이행을 확보하려는 목적에 있다.

(2) 예정액 청구의 요건과 범위

이러한 손해배상액의 예정이 있으면, 채권자는 계약에서 정한 채무불이행의 사실만 증명하면 손해의 발생 및 그 액을 증명하지 않고서 예정배상액을 청구할 수 있다.[71] 따라서 만약 예정 계약에서 채무불이행의 유형 중 이행지체만을 약정했다면, 실제 이

---

69) 대판 1967.12.5. 67다2367.

70) 대판 2010.2.25. 2009다87621.

71) 대판 2007.12.27. 2006다9408.

행불능이 발생한 경우 이러한 예정액을 청구할 수 없다. 그 밖에 예정액 청구를 위해 채무불이행의 요건인 채무자의 귀책사유, 손해의 발생이 필요한지의 문제가 있다.[72] 생각건대 과실책임의 원칙상 손해배상액의 예정액을 청구하기 위해서도 채무자의 귀책사유는 필요할 것이며,[73] 손해배상액의 예정 계약의 존재 이유에 비추어 볼 때, 손해의 발생은 요건이 아니라고 새길 것이다.[74]

예정된 손해배상액의 청구와 관련하여, 실제 손해액이 예정액을 초과한 경우, 채권자가 이를 증명하여 초과된 부분을 청구할 수 있을 것인가? 생각건대 손해배상액의 예정 계약의 존재 이유를 생각해 보면, 특약이 없는 경우 원칙적으로 그 초과분은 청구할 수 없다고 할 것이다.[75]

(3) 손해배상예정액의 감액

손해배상액의 예정액이 부당히 과다한 경우에는 법원은 적당히 감액할 수 있다(제398조 제2항). 이러한 규정을 둔 이유는 손해배상액 예정 제도가 채무자를 심리적으로 압박할 목적으로 악용될 소지가 있기 때문이다. 그 밖에 위약금의 약정은 손해배상액의 예정으로 추정한다(제4조). 이에 대해서는 계약금과 관련하여 후술한다.

7. 손해배상자의 대위

「민법」 제399조는 "채권자가 그 채권의 목적인 물건 또는 권리의 가액 전부를 손해배상으로 받은 때에는 채무자는 그 물건 또는 권리에 관하여 당연히 채권자를 대위한다."라고 하여 손해배상자의 대위 제도를 규정하고 이를 불법행위에도 준용하고 있다(제763조). 예컨대 타인의 물건을 보관하고 있던 수치인이 임치물을 분실하여 임치인에게 손해배상을 해준 경우, 수치인은 그 임치물의 소유권을 갖게 된다. 이러한 규정을 둔 이유는 채권자로 하여금 2중의 이익을 얻지 않게 하려는 데 있다.

---

72) 여기에 학설의 대립이 있다.

73) 대판 2007.12.27. 2006다9408.

74) 대판 1975.3.25. 74다296.

75) 대판 1993.4.23. 92다41719.

제5절 책임재산의 보전

Ⅰ. 서설

채권은 채무자의 채무의 내용에 좇은 이행으로 만족을 얻게 되지만, 채무불이행의 경우에는 종국적으로 채무자의 일반재산에 의존할 수밖에 없다. 그러므로 채무자의 일반재산은 채권에 대한 최후의 보장이라고 할 수 있다. 하지만 채무자가 소극적으로 자신의 권리 행사를 게을리하거나 보다 적극적으로 재산을 감소하게 하는 경우, 민법은 예외적으로 채권자가 간섭할 수 있도록 하고 있는데, 전자가 채권자대위권이고 후자가 채권자취소권이다. 여기서 유의할 점은 책임재산(責任財産)이란 넓게는 채무자의 일반재산을 의미하지만, 책임재산의 보전 제도에 있어서는 집행의 대상이 되는 재산만을 의미한다는 것이다.

Ⅱ. 채권자대위권

1 채권자대위권의 의의

채권자대위권(債權者代位權)이란 채권자가 자기의 채권을 보전하기 위하여 그의 채무자에게 속하는 권리를 행사할 수 있는 권리를 말한다(제404조). 예컨대 B에 대해 100만 원의 대여금 채권을 갖고 있는 A가 B의 C에 대한 50만 원의 매매대금채권을 대신 행사하는 경우이다. 채권자대위권은 강제집행제도가 완비되지 않은 프랑스 민법의 영향을 받은 것으로 강제집행제도가 완비된 우리의 경우에는 그 의미가 퇴색되지만, 특정채권의 보전을 위한 제도로 전용되어 중요한 기능을 하고 있다.

2. 채권자대위권의 요건

(1) 피보전채권에 대한 요건

채권자에게 보존할 채권이 존재해야 하며, 그 채권은 일반적으로 청구권을 말한다. 따라서 피보전채권이 청구권이라면 그것이 대여금반환 청구권이든 물권적 청구권[76]이든 문제 되지 않지만, 반드시 확정되어 있어야 한다. 예를 들어 이혼으로 인한 재산분할청구권은 협의 또는 심판에 의해서 그 구체적인 내용이 확정되기 전에는 피보전채권이 될 수 없다.[77]

또한 채권 보전의 필요성이 있어야 채권자대위권을 행사할 수 있다. 왜냐하면 채권자대위권의 행사는 채무자 입장에서는 자신의 권리에 대한 부당한 간섭이 될 수 있기 때문이다. 채권 보전의 필요성에 대하여, 피보전채권이 금전채권인 경우에는 원칙적으로 채무자의 무자력을 그 요건으로 하고 있지만, 예외적으로 피보전채권이 금전채권임에도 채무자의 무자력을 요건으로 하지 않는 경우도 있다. 사실상 습득자가 법률상 습득자를 대위하여 보상금의 반액을 청구하는 경우,[78] 의료법인이 치료비청구권을 보전하기 위해 환자가 국가에 대해 갖는 국가배상청구권을 대위행사하는 경우[79] 등이 그 예이다.

피보전채권이 특정채권인 경우에는 무자력은 요건이 아니다. 예컨대 부동산이 등기 없이 전전양도된 경우, 최종 양수인은 중간 취득자가 최초 양도인에 대하여 갖는 소유권이전등기청구권을 대위 행사할 수 있으며,[80] 매도인이 매수인에게 목적 부동산을 매도한 사실을 알고 매도인으로부터 증여를 원인으로 소유권이전등기를 함으로써 배임행위에 가담한 경우, 매수인은 매도인을 대위하여 위 등기의 말소를 청구할 수 있다.[81]

그 밖에 「민법」 제404조 제2항은 "채권자는 그 채권의 기한이 도래하기 전에는 법원의 허가 없이 전항의 권리를 행사하지 못한다. 그러나 보전행위는 그러하지 아니하다." 라고 하여 채권자가 채권자대위권을 행사하기 위해서는 원칙적으로 채권자의 채권이 이행기에 있어야 함을 규정하고 있다. 여기서 보전행위의 예로는 채무자의 채권의 소

---

76) 대판 2007.5.10. 2006다82700.

77) 대판 1999.4.9. 98다58016.

78) 대판 1968.6.18. 68다663.

79) 대판 1981.6.23. 80다1351.

80) 대판 1969.10.28. 69다1351.

81) 대판 1983.4.26. 83다카57.

멸시효를 중단하는 것이 이에 해당한다.

(2) 피대위권리에 대한 요건

피대위권리는 채무자가 제3자에 대하여 갖는 권리를 말하며, 채권자대위권을 행사하기 위해서는 피대위권리가 존재해야 한다. 따라서 채무자의 권리가 존재하지 않거나 이미 소멸한 경우에는 채권자대위권이 인정되지 않는다. 그런데 채권자가 채무자의 권리, 즉 제3자에 대해 갖는 권리를 대신 행사하는 것이 채권자대위권이므로 피대위권리는 행사상 일신전속권[82]이어서는 안 된다. 예컨대 이혼청구권 같은 권리는 행사상 일신전속권이므로 대위 행사의 대상이 되지 않는다. 또한 압류가 금지되는 권리도 대위 행사를 할 수 없다. 왜냐하면 책임재산 보전제도에서 책임재산이라는 것은 이미 언급한 것처럼 집행의 대상이 되는 채무자의 일반재산만을 의미하기 때문이다. 압류가 금지되는 권리로는 「민사집행법」 제246조에서 규정하는 압류금지채권, 공무원연금,[83] 국민연금,[84] 근로자의 재해보상금[85] 등이 있다.

(3) 채무자가 스스로 그의 권리를 행사하지 않을 것

채무자의 자발적인 권리 불행사를 요건으로 한 이유는 채무자가 스스로 자신의 권리를 행사하고 있는데도 채권자의 대위를 인정하는 것은 채무자에 대한 부당한 간섭이 되기 때문이다. 따라서 채무자의 권리 행사방법이 부적절하다고 하더라도 채권자는 대위할 수 없다고 할 것이다. 판례에 따르면, 채무자가 이미 소를 제기하고 있는 경우뿐만 아니라 부적당한 소송으로 패소한 때에도 대위권은 허용되지 않는다.[86]

3. 채권자대위권의 행사방법

채권자대위권의 요건이 갖추어지면 채권자는 채무자의 이름이 아닌 자신의 이름으로

---

82) 권리는 양도 및 상속 가능 여부에 따라 일신비전속권(예컨대 재산권)과 일신전속권(예컨대 인격권, 가족권)으로 나뉜다. 또한 일신전속권은 귀속상의 일신전속권과 행사상의 일신전속권으로 구분되는데, 채권자대위권의 대상이 되지 않는 것은 후자이다.

83) 「공무원연금법」 제39조(권리의 보호).

84) 「국민연금법」 제58조(수급권의 보호).

85) 「근로기준법」 제86조(보상 청구권).

86) 대판 1970.4.28. 69다1311; 대판 1993.3.26. 92다32876.

채무자의 권리를 행사한다. 대위권 행사는 채권자취소권과 다르게 재판 외에서도 가능하다. 대위권이 실현되기 위해서 변제의 수령이 필요한 경우, 채권자는 채무자에게 인도할 것을 청구할 수 있으나 채무자가 수령을 하지 않는 경우에는 채권자 자신에게 직접 인도청구도 가능하다.[87]

Ⅲ. 채권자취소권

1. 채권자취소권의 의의

채권자취소권(債權者取消權)이란 채권자를 해함을 알면서 행한 채무자의 법률행위(사해행위)를 취소하고 채무자의 재산을 회복하는 것을 목적으로 하는 채권자의 권리를 말한다(제406조). 예컨대 A에 대하여 100만 원의 채무를 부담하는 B가 자기의 유일한 재산인 노트북을 C에게 증여한 경우, A는 그 증여계약을 취소하고 그 노트북을 회복할 수 있다. 채권자취소권은 채권자대위권과 다르게 채무자나 제3자에게 미치는 영향이 크기 때문에 행사방법이나 행사기간에 있어 일정한 제한을 가하고 있다.

2. 채권자취소권의 요건

(1) 피보전채권에 관한 요건

채권자취소권이 발생하기 위해서는 먼저 채권자의 채무자에 대한 채권, 즉 피보전채권이 존재해야 한다. 이러한 피보전채권에 전형적인 것은 금전채권인데, 그 이외의 채권 특히 특정채권[88]이 피보전채권이 될 수 있는가에 대해 학설의 대립은 있으나 판례는 부정한다.[89] 생각건대 「민법」 제407조는 "전조의 규정에 의한 취소와 원상회복은 모든 채권자의 이익을 위하여 그 효력이 있다."라고 하여 채권자대위권과 다르게 채권자취소권은 모든 채권자의 공동담보의 보전을 위한 제도로 규정하고 있다. 따라서 채

---

87) 대판 1962.1.11. 4294민상195; 대판 1995.5.12. 93다59502.

88) 특정채권이라는 것은 특정물 채권을 포함하여 급부가 특정되어 있는 채권을 말한다. 등기청구권, 사용대차계약에서 목적물 사용청구권, 임대차계약에서 임차권 등이 그러한 예이다.

89) 대판 1988.2.23. 87다카1586.

권자취소권은 특정채권을 보전하기 위해 사용될 수 없다고 할 것이다.

피보전채권과 관련되어, 담보를 수반하는 권리를 피보전채권으로 삼을 수 있을 것인가? 먼저 물적담보(질권, 저당권)를 수반하는 권리는 우선변제를 받지 못하는 범위에서만 취소권을 행사할 수 있다고 할 것이다. 예를 들어 채무자가 시가 5,000만 원 상당의 토지에 1,000만 원 채권을 갖는 채권자를 위해 저당권을 설정해 준 경우, 그 이후 채무자가 당해 토지를 매각하더라도 채권자는 우선변제권을 갖고 있으므로 채권자취소권을 행사할 수 없다. 하지만 인적담보(보증채무, 연대채무)를 수반하는 채권의 경우에는 채권자평등의 원칙상 채권자에게 우선변제권이 인정되지 않으므로 채권자취소권을 행사할 수 있다.

마지막으로 채권자의 채권은 사해행위가 있기 전에 발생한 것이어야 한다. 채무자의 사해행위 이후에 발생한 채권자의 채권은 논리적으로 이전에 발생한 사해행위에 의해 침해될 수 없기 때문이다.[90]

(2) 사해행위

사해행위(詐害行爲)라는 것은 채권자를 해하는 것으로 재산권을 목적으로 하는 채무자의 법률행위에 의해 채무자의 채무초과 또는 무자력 상태가 되는 것을 말한다.[91] 따라서 취소의 대상이 되는 사해행위는 「민법」 제406조 제1항에서 규정한 것처럼 매매, 증여, 저당권의 설정 등과 같이 직접 "재산권을 목적으로 하는 법률행위"를 의미한다. 다만 가족법상의 법률행위이더라도 채무자가 협의이혼을 하면서 배우자에게 상당한 정도를 넘는 과대한 재산분할을 하는 경우[92]나 채무자가 상속재산 분할과정에서 상속재산에 관한 권리를 포기한 경우[93]에는 그 초과분이나 미달한 부분에 대해 한하여 취소할 수 있다.

채무자의 자력을 평가할 때에는 적극재산 및 소극재산을 고려해야 하는데, 채권의 경우에는 이를 용이하게 변제받을 수 있는 때에만 포함시켜야 한다.[94] 사해행위에 해당되는지 문제가 되는 것이 몇 가지 있는데, 차례로 살펴본다. 채무자가 다른 채권자에

---

90) 사해행위 당시에 이미 채권 성립의 기초가 되는 법률관계가 발생되어 있고 가까운 장래에 그 법률관계에 기하여 채권이 성립되리라는 것에 대한 고도의 개연성이 있으며, 실제로 가까운 장래에 그 개연성이 현실화되어 채권이 성립된 경우에는 그 채권도 채권자취소권의 피보전채권이 될 수 있다고 하여 예외를 인정한다(대판 1995.11.28. 95다27905).

91) 대판 1982.5.25. 80다1403.

92) 대판 2005.1.28. 2004다58963.

93) 대판 2007.7.26. 2007다29119.

94) 대판 2006.2.10. 2004다2564.

게 변제 또는 대물변제하는 것이 사해행위가 되는가? 원칙적으로 사해행위가 되지 않는다고 할 것이다. 왜냐하면 그러한 채무의 변제로 인하여 적극재산도 감소하였지만 소극재산도 감소하였기 때문이고 채무자는 변제를 거절하지 못하기 때문이다. 다만 채무자가 일부의 채권자와 통모하여 다른 채권자를 해할 의사를 가지고 변제한 경우 또는 대물변제가 헐값으로 이루어진 경우는 사해행위가 된다. 판례에 따르면, 채무자의 재산이 채무의 전부를 변제하기에 부족한 경우, 그의 유일한 재산인 부동산을 대물변제하기로 하였다면, 그러한 행위는 특별한 사정이 없는 한 사해행위가 된다고 한다.95) 그 밖에 채무자가 유일한 재산인 부동산을 매각하여 소비하기 쉬운 금전으로 바꾸는 행위는 원칙적으로 사해행위가 된다고 한다.96)

(3) 채무자 등의 악의

채권자취소권이 인정되기 위해서는 채무자가 사해행위에 의해 채권자를 해함을 알고 있어야 한다. 이를 '사해의 의사'라고도 한다. 이러한 인식 여부를 판단하는 시기는 사해행위 시이다. 채무자의 악의에 대한 입증책임은 취소채권자에게 있다. 그런데 사해행위 취소가 가능하려면, 사해행위로 인하여 이익을 받은 자(수익자) 또는 이를 전득한 자(전득자)에게도 악의가 있어야 한다(제406조 제1항 단서). 즉 수익자만이 있을 때는 수익자의 악의, 전득자도 있는 경우에는 수익자나 전득자 둘 중 적어도 한 명에게 악의가 있어야 한다. 수익자 또는 전득자에 대한 악의는 추정되므로 그들이 책임을 면하기 위해서는 선의임을 증명해야 한다.97)

3. 채권자취소권의 행사방법

채권자취소권은 채권자가 자신의 권리를 행사하는 것이므로 채권자 자신의 이름으로 재판상 행사해야 한다(제406조 제1항 본문). 그리고 채권자에게 직접 인도할 것을 청구할 수도 있다. 취소의 상대방은 수익자 또는 전득자이며, 채무자가 피고가 되는 것은 아니다. 만약 수익자와 전득자 모두 악의인 경우, 채권자는 수익자를 상대로 이익의 반환을 청구하거나 전득자를 상대로 재산의 반환을 청구할 수도 있다. 그 밖에 채권자취

---

95) 대판 1990.11.23. 90다카27198.
96) 대판 2003.3.25. 2002다62036.
97) 대판 1997.5.23. 95다51908.

소권은 사해행위의 취소와 원상회복을 내용으로 하는 권리이므로 채권자는 이를 동시 또는 이시에 행사 가능하다. 이처럼 채권자취소권은 채권자 이외의 자에게 미치는 영향이 크기 때문에 채권자가 취소원인을 안 날로부터 1년, 법률행위가 있은 날로부터 5년 내에 행사해야 하는데, 이는 소멸시효기간이 아닌 제척기간이다.[98]

마지막으로 채권자취소권은 「민법」제108조 통정한 허위의 의사표시와 어떤 관계에 있는가? 이는 채권자취소권과 허위표시가 동시에 문제 되는 경우가 많기 때문이다. 학설과 판례[99]는 허위표시행위라도 채권자취소권을 행사할 수 있다고 한다. 따라서 양 요건이 갖추어진 경우, 채권자는 무효를 주장할 수도 있고 취소를 주장할 수도 있다.

---

98) 대판 1996.5.14. 95다50875.
99) 대판 1998.2.27. 97다50985.

제6절 다수당사자의 채권관계

Ⅰ. 서설

다수당사자의 채권관계란 하나의 급부에 관하여 채권자 또는 채무자가 여럿 있는 경우를 말한다. 주의할 것은 채권자나 채무자의 수만큼 복수의 채권이 존재하는 관계로 새겨야 한다는 것이다.[100] 민법은 다수당사자의 채권관계의 유형으로 분할채권(채무)관계(제408조), 불가분채권(채무)관계(제409조 이하), 연대채무(제413조 이하), 보증채무(제428조 이하)를 규정하고 있다. 그런데 오늘날 분할채권(채무)관계를 제외한 나머지는 인적 담보제도의 기능을 하고 있다.

Ⅱ. 분할채권(채무)관계

1. 분할채권(채무)관계의 의의

하나의 급부에 관하여 채권자 또는 채무자가 여럿 있는 경우로서 그 채권이나 채무가 각 채권자 또는 채무자에게 분할되는 다수당사자의 채권관계를 말하며, 민법은 다수당사자의 채권관계에서 이를 원칙으로 하고 있다(제408조, 제412조). 예컨대 공동상속인 A와 B가 상속재산을 C에게 200만 원에 매각한 경우, A와 B는 각각 100만 원의 매매대금을 C에게 청구할 수 있다(분할채권). 그 밖에 D와 E가 공동당사자로 변호사를 찾아가 소송대리를 위임한 경우, D와 E의 보수금지급채무는 분할채무가 된다.[101]

2. 분할채권(채무)관계의 성립

분할채권(채무)관계는 급부가 그 성질상 불가분이 아니고 당사자 사이에 특별한 의

---

100) 따라서 채권의 준공유, 준합유, 준총유와 구별해야 한다. 여기서는 다수의 채권자 또는 채무자가 1개의 채권이나 채무를 공동소유하는 것이다.

101) 대판 1993.2.12. 92다42941.

사표시가 없는 경우에 성립한다. 따라서 금전채무가 공동상속된 경우, 공동상속인의 채무는 분할채무관계가 된다.[102]

3. 분할채권(채무)관계의 효력

(1) 대외적 효력

특별한 약정이 없으면 각자가 균등한 비율로 채권을 가지고 채무를 부담한다(제408조). 분할채권(채무)관계에서 각 채권자·채무자의 채권·채무는 독립한 것이므로 1인의 채권자 또는 채무자와 상대방 사이에 생긴 사유는 다른 자에게 영향이 없다. 예컨대 A와 B가 C에 대해 100만 원의 금전채무를 부담하고 있는데, 만약 C가 B에게 채무면제를 하더라도 A는 여전히 50만 원의 채무를 부담하게 된다.

(2) 대내적 효력

특별한 약정이 없으면 각 채권자 및 채무자의 내부적 비율도 균등하다.

Ⅲ. 불가분채권(채무)관계

1. 불가분채권(채무)관계의 의의

불가분채권(채무)관계는 불가분의 급부를 목적으로 하는 다수당사자의 채권 및 채무관계를 말한다(제409조). 예를 들어 A와 B가 C로부터 건물을 공동 매입하는 경우, A와 B의 건물인도청구권은 불가분채권이 되며, D가 E와 F가 공유하는 건물을 매입하는 경우, E와 F의 건물인도의무는 불가분채무가 된다.

---

102) 대판 1997.6.24. 97다8809에 따르면, 금전채무와 같이 급부의 내용이 가분인 채무가 공동상속 된 경우, 이는 상속 개시와 동시에 당연히 법정상속분에 따라 공동상속인에게 분할되어 귀속되는 것이므로 상속재산 분할의 대상도 되지 않는다고 한다.

2. 불가분채권(채무)관계의 성립

불가분채권(채무)은 급부가 성질상 불가분인 경우와 성질상 가분이지만 당사자의 의사표시에 의해 불가분이 된 경우가 있다. 따라서 금전채무처럼 성질상 가분채무인 경우에도 당사자의 약정에 의해 불가분채무로 변경될 수 있다. 이러한 경우 불가분채무는 강한 인적 담보 기능을 하게 된다.

3. 불가분채권의 효력

(1) 대외적 효력

불가분채권의 대외적 효력은 다수의 채권자와 채무자 사이의 관계를 의미한다. 여기에는 다수의 채권자 1인과 채무자 사이에 발생한 사유가 다른 채권자에게도 영향을 미치는 절대적 사유와 그렇지 않은 상대적 사유로 나눌 수 있다.

1) 절대적 효력

채권자 중 1인이 채무자에게 청구를 하면, 다른 채권자를 위해서도 이행지체, 시효중단의 효력이 발생한다(제409조). 반대로 채무자가 채권자 중 1인에게 이행을 하더라도 이는 다른 채권자에게도 효력, 즉 채권의 소멸, 수령지체의 효과가 발생한다(제409조).

2) 상대적 효력

위에서 언급한 것 이외의 다른 사유는 다른 채권자에게 아무런 효력이 없다(제410조 제1항). 예컨대 A에 대하여 100만 원의 불가분채권(의사표시에 의해)을 갖는 B와 C가 있는데, C가 A에 대해 채무면제를 하더라도 여전히 A는 B에게 100만 원을 변제해야 한다. 그런데 이렇게 되면 100만 원을 지급받은 B는 50만 원(채권자 내부 비율이 동일한 경우)을 C에게 분급해야 하고 또 A는 C에 대해 이를 부당이득으로 반환청구해야 하는데, 이는 불합리하다. 따라서 민법은 곧바로 B가 50만 원을 A에게 지급하도록 규정한다(제410조 제2항).[103]

---

103) 이러한 규정은 경개나 면제뿐 아니라 대물변제, 상계, 혼동 등에도 유추 적용할 것이다.

(2) 대내적 효력

불가분채권의 대내적 효력은 다수의 채권자들 사이의 내부적 관계를 말하는데, 이를 규율하는 명문의 규정은 없다. 하지만 채권자들 사이의 분급(分給)의 문제와 관련하여 원칙적으로는 당사자의 합의에 따라 그 비율을 정하고 합의가 없으면 균등한 것으로 추정해야 할 것이다.

4. 불가분채무의 효력

(1) 대외적 효력

1) 절대적 효력

채무자 1인의 변제, 대물변제, 공탁으로 인한 채권의 소멸은 다른 채무자에게도 효력이 있으며, 변제의 제공 및 그 효과인 채권자지체는 다른 채무자에 대해서도 효력이 있다(제411조). 채권자는 채무자 중 1인에 대하여 또는 채무자 전원에 대하여 동시에 또는 순차로 채무의 전부나 일부의 이행을 청구할 수 있는데(제411조), 이러한 이행청구에 따른 이행지체, 시효중단의 효력이 다른 채무자들에게도 발생하는가에 대해서는 학설의 대립이 있다. 생각건대 불가분채무의 경우에는 「민법」 제411조를 통해 불가분채권에 관한 규정(제410조)과 연대채무에 관한 규정을 준용하는데, 연대채무의 경우 이행청구의 절대적 효력을 인정하는 「민법」 제416조를 준용하고 있지 않기 때문에 불가분채무의 경우 이행청구는 상대적 효력만 갖는다고 해석할 것이다.

2) 상대적 효력

절대적 효력 사유를 제외한 나머지 사유는 상대적 효력을 갖는다. 즉 이행청구의 효과를 포함하여, 경개나 면제 등의 사유가 채무자 중 1인에게 생긴 경우, 다른 채무자에게는 영향을 미치지 않는다. 따라서 채권자가 채무자 중 1인에 대하여 청구를 한 경우, 그 채무자에 대해서만 소멸시효 중단의 효력이 발생한다(제168조).

(2) 대내적 효력

불가분채무자 중 1인이 변제한 경우, 그는 다른 채무자들에 대하여 그들의 부담부분에 관하여 구상권을 행사할 수 있다(제425조).

Ⅳ. 연대채무

1. 연대채무의 의의

연대채무(連帶債務)란 수인의 채무자가 동일한 내용의 급부에 관하여 각각 독립해서 그 전부의 급부를 해야 할 채무를 부담하고, 그 가운데 1인의 채무자가 전부의 급부를 하면 모든 채무자의 채무가 소멸하는 다수당사자의 채무를 말한다(제413조). 따라서 채권자는 연대채무자 가운데 1인에 대하여 채무의 전부 또는 일부의 이행을 청구할 수 있고, 또한 모든 채무자에 대하여 동시에 또는 순차로 전부나 일부의 이행을 청구할 수 있다(제414조). 또한 연대채무는 채무자의 수만큼 복수의 독립한 채무이고 그 채무들 사이에는 주종관계가 없다. 오늘날 이러한 연대채무는 인적담보의 기능을 수행하고 있다.

2. 연대채무의 성립

연대채무는 '연대의 표시'가 포함된 법률행위에 의해서 성립하거나 법률의 규정에 의해서 성립할 수 있다. 연대채무를 성립시키는 법률의 규정으로는 법인의 불법행위능력(제35조 제2항),[104] 공동사용차주의 연대의무(제616조), 공동임차인의 연대의무(제654조), 가사로 인한 채무의 연대책임(제832조) 등이 있다.

3. 연대채무의 효력

(1) 대외적 효력

1) 절대적 효력

연대채무자 1인에 관하여 생긴 사유의 효력이 다른 연대채무자에게도 영향을 미치는 절대적 효력 사유로는 이행의 청구(제416조), 경개(제417조), 상계(제418조), 면제(제419조), 혼동(제420조), 소멸시효의 완성(제421조), 채권자지체(제422조)로 민법은 7개 사유를 규정하고 있지만, 변제, 대물변제, 공탁은 모두 채권자에게 만족을 주는 것이므로 절대적 효력을 갖는다. 예를 들어, A에 대해 100만 원의 연대채무를 부담하는 B와

---

[104] 엄밀하게 말하면, 「민법」 제35조 제2항은 법인의 불법행위(제1항)가 성립하지 않는 경우 피해자를 두텁게 보호하기 위한 규정이다.

C의 내부 부담부분이 균등한 경우, B가 A를 상속하면 C는 'B의 부담부분에 한하여' 의무를 면하므로 결국 B에게 50만 원만 변제하면 된다.

2) 상대적 효력

절대적 효력 사유를 제외한 나머지 사유는 모두 상대적 효력만 갖는다. 따라서 연대채무자 1인에 관하여 생긴 사유의 효력은 다른 연대채무자에게 영향을 주지 않는다. 예컨대 채권자가 연대채무자 1인의 재산을 가압류한 경우, 소멸시효 중단의 효력이 발생하는데, 이는 이행의 청구(제416조)에 의한 중단이 아니므로 다른 연대채무자에게는 소멸시효 중단의 효력이 발생하지 않는다.[105]

(2) 대내적 효력

어느 연대채무자가 변제 기타 자기의 출재로 공동면책이 된 때에는 다른 연대채무자의 부담부분에 대하여 구상권을 행사할 수 있다(제425조 제1항). 따라서 면제나 소멸시효의 완성의 경우에는 출재가 없기 때문에 구상권은 발생하지 않는다. 그리고 구상권의 범위는 출재액, 면책된 날 이후의 법정이자, 필요비, 기타의 손해를 포함한다(제2항).

당사자의 부담부분은 당사자의 특약으로 정할 수 있으나 특약이 없는 경우에는 민법상 부담부분이 균등한 것으로 추정된다(제424조).

4. 부진정연대채무

부진정연대채무(不眞正連帶債務)란 수인의 채무자가 동일한 내용의 급부에 관하여 각각 독립하여 전부급부의무를 부담하고 그중 1인의 전부급부가 있으면 모든 채무자의 채무가 소멸하는 다수당사자의 채무로서 민법에서 규정하는 연대채무가 아닌 것을 말한다. 민법은 부진정연대채무를 규정하고 있지 않지만 학설과 판례는 이를 인정한다. 연대채무와 차이점 중 하나는 부진정연대채무에는 채무자 사이에 주관적인 공동 목적이 없다는 것이다.

부진정연대채무의 예로는 법인의 불법행위 책임과 이사 기타 대표자 자신의 책임(제35조 제1항), 피용자의 불법행위 책임(제750조)과 사용자의 배상책임(제756조), 경비업

---

105) 압류에 의한 시효중단도 상대적 효력만 있다(대판 2001.8.21. 2001다22840).

체의 채무불이행책임(제390조)과 절도범의 불법행위책임(제750조)[106] 등이 있다. 또한 「민법」 제760조의 공동불법행위자도 부진정연대채무를 부담한다고 한다.[107]

학설과 판례가 부진정연대채무를 인정하는 이유는 절대적 효력이 인정되는 사유가 연대채무에 비해 적어서 채권의 담보력이 강하며, 이를 통해 채권자나 피해자를 두텁게 보호할 수 있다는 데에 그 실익이 있다고 한다. 즉 부진정연대채무에서는 채권을 만족시키는 변제, 대물변제, 공탁, 상계[108]만 절대적 효력이 있고 나머지 사유는 모두 상대적 효력만 인정한다. 예컨대 A와 B의 공동불법행위에 의해 C에게 100만 원의 손해가 발생한 경우, 만약 C가 B의 채무를 면제하더라도 A는 여전히 C에 대해 100만 원의 손해배상채무가 존재하게 된다. 왜냐하면 면제는 상대적 효력밖에 없기 때문이다. 그리고 부진정연대채무자 사이에는 주관적인 공동 목적이 없으므로 채무자 중 1인이 변제를 하더라도 다른 채무자에 대해 구상권을 행사할 수 없는 것이 원칙이지만, 일반적으로 구상권을 인정하고 있다.

V. 보증채무

1. 보증채무의 의의

보증채무(保證債務)란 타인(주채무자)이 그의 채무를 이행하지 않는 경우, 이를 이행해야 하는 채무를 말한다(제428조). 이러한 보증채무는 별도의 보증계약을 통해 성립하므로 주채무와는 별개의 독립한 채무이며(독립성),[109] 보증채무의 내용은 주채무의 내용과 동일하다(동일성). 그리고 보증채무는 주채무에 종속하는 성질(부종성)을 갖는데, 주채무가 소멸하면 보증채무도 소멸하고 보증채무는 주채무보다 무거울 수 없다. 또한 주채무자에 대한 채권이 이전하면 보증인에 대한 채권도 원칙적으로 이전한다(수반성).[110] 마지막으로 보증채무는 주채무가 이행되지 않는 경우에 이행할 채무이다(보충성).[111] 따

---

106) 대판 2006.1.27. 2005다19378.

107) 대판 1982.4.27. 80다2555.

108) 대판(전합) 2010.9.16. 2008다97218, 판례는 과거에 상계에는 상대적 효력만 있다고 하였다(대판 1989.3.28. 88다카4994).

109) 이러한 관점에서 우리와 다르게 다수당사자의 채권관계가 아닌 하나의 전형계약으로 규율하고 있는 나라도 있다(예컨대 독일민법, 프랑스민법).

110) 하지만 보증인에 대한 채권만을 이전하기로 하는 특약은 무효이다(대판 2002.9.10. 2002다21509).

111) 보증인이 주채무자와 연대하여 보증하는 연대보증이 있는데, 이는 보충성이 없으므로 더욱 강한 인적담보 기능을 담당한다.

라서 보증채무의 이러한 성질 때문에 보증채무는 가장 전형적인 인적담보제도라고 할 수 있다.

2. 보증채무의 성립

보증채무는 채권자와 보증인 사이에서 체결되는 보증계약에 의해 발생한다. 따라서 주채무자는 당사자가 아니다. 하지만 주채무자가 보증인의 대리인 또는 사자의 자격으로 채권자와 보증계약을 체결할 수는 있다.[112] 일반적으로 보증인은 주채무자의 부탁을 받고 보증계약을 체결하지만, 부탁의 유무는 보증계약의 성립에 영향은 없고 단지 구상권의 범위에 차이를 가져온다(제441조 이하). 그리고 보증인이 될 수 있는 자격에 대해서는 원칙적으로 제한이 없지만, 보증인을 세울 의무가 있는 경우에는 그 보증인은 행위능력 및 변제자력이 있는 자로 하여야 한다(제431조 제1항).

보증계약은 무상, 편무, 낙성계약이지만 「민법」 제428조의 2에 따라 "보증은 그 의사가 보증인의 기명날인 또는 서명이 있는 서면으로 표시되어야 효력이 발생한다."라고 하여 요식계약(要式契約)임을 밝히고 있다. 또한 일정한 계속적인 거래관계로부터 장차 발생하게 될 불특정 다수의 채무를 보증하는 근보증(根保證)의 경우에는 채무의 최고액도 서면으로 특정해야 하며, 그렇지 않으면 그 보증계약은 무효이다(제428조의 3).

또한 민법은 채권자의 정보제공의무와 통지의무를 부과하고 있다. 즉 채권자는 보증계약을 체결할 때, 영향을 미칠 수 있는 주채무자의 채무 관련 신용정보를 보증인에게 알려주어야 하며, 주채무자가 원본, 이자 그 밖의 채무를 3개월 이상 이행하지 않으면 이를 지체 없이 보증인에게 알려야 한다(제436조의 2).[113]

민법상 보증기간에 대한 규정은 없지만 「보증인 보호를 위한 특별법」은 보증기간은 당사자의 약정으로 정하지만, 약정이 없는 때에는 그 기간을 3년으로 하고 있다(제7조 제1항).

---

112) 대판 1965.2.4. 64다1264.
113) 「보증인 보호를 위한 특별법」 제5조에서는 채권자가 금융기관인 경우, 주채무자가 원본, 이자 그 밖의 채무를 1개월 이상 이행하지 않는 경우 지체 없이 그 사실을 보증인에게 통지할 의무를 부과하고 있다.

3. 보증채무의 효력

(1) 보증인의 항변권

이행기가 도래한 경우, 채권자는 주채무자와 보증인에 대하여 동시에 또는 순차적으로 채무의 전부나 일부의 이행을 청구할 수 있다. 하지만 채권자가 주채무자에게 먼저 청구하지 않고 보증인에게 청구한 경우, 보증인은 최고의 항변권과 검색의 항변권을 행사할 수 있다(제437조). 이러한 항변권을 행사하기 위해서는 첫째, 주채무자에게 변제자력이 있다는 사실 둘째, 그 집행이 용이하는 것을 보증인이 증명해야 한다. 두 가지 항변권은 별개의 것이므로 보증인은 곧바로 실효성이 큰 검색의 항변권(先訴의 항변권)을 행사할 수 있다. 다만 이 두 항변권은 연기적 항변권이므로 채권자가 주채무자로부터 만족을 얻지 못하면 결국 보증인이 그에 대한 책임을 부담하게 된다.

(2) 대외적 효력

1) 주채무자에 관하여 생긴 사유의 효력

보증채무는 부종성이 있기 때문에 채권자와 주채무자 사이에서 주채무자에 관하여 생긴 사유는 모두 보증인에 대해 효력이 있다(절대적 효력). 따라서 주채무가 소멸시효의 완성으로 소멸된 경우, 보증채무도 그 부종성에 따라 당연히 소멸하게 된다. 다만 보증채무를 가중하는 채권자와 주채무자의 합의는 효력이 발생하지 않는다(제430조).

2) 보증인에 관하여 생긴 사유의 효력

변제, 대물변제, 공탁, 상계와 같이 채권을 만족시키는 사유(절대적 효력)를 제외한 나머지 사유는 주채무자에게 효력이 없다(상대적 효력). 예컨대 채권자가 보증채무의 소멸시효를 중단시키더라도 이로써 주채무에 대한 소멸시효가 중단되는 것은 아니다.[114]

(3) 대내적 효력

보증인의 출재로 공동의 면책을 얻은 경우, 보증인은 주채무자에 대하여 구상권을 갖는다. 하지만 구상권의 범위는 부탁을 받았는지 여부에 따라 차이가 난다. 먼저 부탁

---

114) 대판 2002.5.14. 2000다62476.

을 받은 보증인(수탁보증인)은 주채무액, 면책된 날 이후의 법정이자, 필요비, 기타의 손해를 청구할 수 있으며(제441조), 일정한 경우 사전구상권도 인정된다(제442조). 반면, 주채무자의 부탁은 없지만 주채무자의 의사에 반하지 않고 보증인이 된 자는 주채무자가 "그 당시에 이익을 받은 한도"에서 구상권을 행사할 수 있으며(제444조 제1항), 주채무자의 부탁을 받지도 않고 또 그 의사에 반하여 보증인이 된 자는 "현존이익의 한도에서" 구상권을 청구할 수 있다(제444조 제2항).

제7절 채권양도와 채무인수

I. 채권양도

1. 채권양도의 의의

채권양도란 채권의 동일성을 유지하면서 이를 이전하는 계약을 말한다. 채권양도는 매매, 증여를 통해 이루어지거나 다른 채권을 담보할 목적으로 채권양도가 이루어지는 경우도 있다.[115] 채권양도가 있으면 채권이 동일성을 유지하면서 양수인에게 이전하므로, 그 채권에 종속된 권리나 그 채권에 붙어 있는 항변권도 그대로 존속하게 된다.[116] 예컨대 양도되는 채권에 아직 변제기가 도래하지 않은 이자채권이 있는 경우, 채권과 함께 그 이자채권도 이전된다. 한 가지 주의할 점은 채권양도는 처분행위이며, 준물권행위라는 점이다. 즉 처분권한이 없는 양도인의 채권양도행위는 무효가 되며, 이행의 문제를 남기지 않는다. 따라서 채권양도계약과 채권이전의 채무를 발생시키는 채권계약(원인행위)과는 구별해야 한다. 예를 들어 A가 자신의 채권을 B에게 증여하기로 약정하고 1개월 후 그 채권을 B에게 양도하는 경우, 증여계약은 원인행위가 된다.

2. 지명채권의 양도

(1) 지명채권의 의의

지명채권(指名債權)이란 채권자가 특정되어 있는 채권으로서 보통 채권이라고 하면 지명채권을 말한다. 예컨대 A가 자신의 주택을 B에게 증여하기로 계약한 경우, 주택의 인도에 대한 채권자는 B로 특정되어 있는데, 이러한 채권을 지명채권이라고 한다. 이러한 지명채권도 하나의 재산권이므로 원칙적으로 양도성이 있다(제449조).

---

115) 예컨대 매도담보, 양도담보.
116) 이러한 점에서 채권자를 변경하는 경개계약과 차이점을 보인다.

(2) 지명채권 양도의 제한

지명채권은 원칙적으로 양도성이 있지만 다음과 같은 제한이 있다. 첫째, 채권의 성질이 양도를 허용하지 않는 때에는 그 채권은 양도할 수 없다(제449조 제1항 단서). 예컨대 임차인이 임대인의 동의 없이 임차권을 양도하는 경우가 그러한 예이다.[117] 판례에 따르면, 부동산 매매로 인한 소유권이전등기 청구권은 그 권리의 성질상 양도한 제한된다고 한다.[118] 둘째, 채권관계의 당사자는 의사표시로서 채권의 양도를 제한할 수 있다(제449조 제2항 본문). 그런데 이러한 채권양도 금지의 특약을 모르고 그 채권을 양수한 자가 있는 경우에 그 효력은 어떻게 되는가? 「민법」은 이와 같은 선의의 제3자에게는 그 특약을 가지고 대항할 수 없다고 규정한다(제2항 단서). 셋째, 법률에 의한 제한이 있다. 이는 법률이 본래의 채권자에게 변제하게 할 목적으로 양도를 금지하는데, 부양청구권(제979조)이나 국가배상청구권[119]이 그러한 예이다.

(3) 지명채권 양도의 대항요건

지명채권의 양도는 양도인과 양수인의 합의에 따라 이루어지므로, 채무자나 기타의 제3자는 이러한 채권양도의 사실을 모르고 예측하지 못한 손해를 입을 수 있다. 따라서 민법은 이들을 보호하기 위해 다음과 같은 규정을 두고 있다.

1) 채무자에 대한 대항요건

채권의 양수인이 채무자에게 채권을 주장하기 위해서는 양도인의 채무자에 대한 통지 또는 채무자의 승낙이 있어야 한다(제450조 제1항). 따라서 채권 양수인의 채무자에 대한 통지는 대항력을 발생시키지 않는다. 그리고 채무자의 승낙의 상대방은 양도인과 양수인 어느 누구라도 상관없다.[120] 채권양도는 있지만 위와 같은 대항요건이 갖추어지지 않은 경우, 양수인은 채권양도를 채무자에게 주장하지 못한다. 이는 채무자가 악의인 경우에도 같다. 하지만 채무자가 채권양도의 효력을 인정하여 양수인에게 변제할 수는 있다.

---

117) 「민법」 제629조(임차권의 양도, 전대의 제한).

118) 대판 2005.3.10. 2004다67653에 따르면, 부동산 매도인과 매수인 사이에는 그 이행과정에 신뢰관계가 있다고 한다.

119) 「국가배상법」 제4조(양도 등 금지).

120) 대판 1986.2.25. 85다카1529.

2) 제3자에 대한 대항요건

여기서 제3자란 채권의 양수인과 양립할 수 없는 법률상의 지위를 취득한 자로서,[121] 양도인의 채권에 대한 압류채권자, 채권의 2중 양도에서 다른 양수인 등을 의미한다. 주의할 점은 여기의 대항요건은 채무자에 대한 대항요건과 다르게 권리의 우열을 결정하는 기능을 한다는 것이다. 따라서 채권의 양수인이 제3자에게 대항하기 위해서는 통지나 승낙이 확정일자 있는 증서에 의해 이루어져야 한다(제450조 제2항). 예를 들어 채권의 제1양수인은 단순한 통지나 승낙만을 갖춘 반면, 채권의 제2양수인은 확정일자 있는 증서에 통지나 승낙이 있었다면, 채권의 제2양수인만이 채무자에게 그 권리를 주장할 수 있다.

3. 증권적 채권의 양도

(1) 서설

증권적 채권이란 채권이 화체(化體)되어 채권의 성립·존속·양도·행사 등을 그 증권에 의해서 해야 하는 채권을 말한다. 이러한 증권을 유가증권이라고 하며, 민법은 지시채권(제508조 이하)과 무기명채권(제523조 이하)에 대하여 규정하고 있다.

(2) 지시채권의 양도

지시채권(指示債權)이란 특정인 또는 지시한 자에게 변제하여야 하는 증권적 채권으로서 화물상환증(「상법」 제128조), 창고증권(제156조), 선하증권(제852조), 어음(「어음법」 제11조, 제77조), 수표(「수표법」 제14조) 등으로 상법이나 어음법, 수표법에 자세한 규정을 두고 있다. 지시채권은 그 증서에 배서하여 양수인에게 교부하는 방식으로 양도하며(「민법」 제508조), 배서와 교부는 지시채권 양도의 대항요건이 아닌 성립요건 내지 효력발생요건이다.

(3) 무기명채권의 양도

무기명채권(無記名債權)이란 특정한 채권자가 지정되지 않고 증서의 소지인에게 변

---

121) 대판 1983.2.22. 81다134.

제해야 하는 증권적 채권을 말한다. 예컨대 상품권, 승차권, 영화관 티켓 등이 여기에 해당한다. 무기명채권의 양도는 양수인에게 그 증서를 교부함으로써 양도의 효력이 발생한다(「민법」 제523조).

Ⅱ. 채무인수

1. 채무인수의 의의

채무인수란 채무의 동일성을 유지하면서 인수인에게 이전시키는 계약을 말한다.[122] 따라서 채무인수가 이루어지면, 기존 채무자는 채무를 면하게 되는데, 이러한 의미에서 채무인수를 면책적 채무인수[123]라고도 한다(제453조 본문). 이러한 채무인수는 계약 또는 법률의 규정[124]에 의해서 발생한다.

2. 채무인수의 요건

채무인수의 요건으로서 일단 채무가 유효하게 존재해야 하며, 그 채무를 이전할 수 있는 것이어야 한다. 따라서 그 성질상 이전할 수 없거나 채권자와 채무자 사이에 인수 금지 특약이 체결된 경우에는 인수할 수 없다고 할 것이다. 예컨대 중요한 수술을 다른 의사가 집도하기로 하는 경우가 그 예이다.

채무인수의 모습은 ① 채권자, 채무자, 인수인이 당사자가 되는 경우 ② 채권자, 인수인이 당사자가 되는 경우 ③ 채무자, 인수인이 당사자가 되는 경우로 나누어 생각해 볼 수 있다. ①에 대한 민법의 규정은 없지만 사적자치의 원칙상 당연히 인정된다고 할 것이다. 「민법」 제453조 제1항은 "제3자는 채권자와의 계약으로 채무를 인수하여 채무자의 채무를 면하게 할 수 있다."라고 규정하여 채무인수의 기본적인 모습으로 ②를 명시하고 있다. 이때 채무자의 동의 또는 수익의 의사표시는 불필요하지만, 이해관계 없

---

122) 채무인수의 경우에는 채무의 동일성이 유지되면서 이전되므로, 채무자 변경에 의한 경개와 다르다.

123) 면책적 채무인수와 구별할 개념으로 병존적 채무인수가 있다. 병존적 채무인수란 인수인이 종래의 채무자와 함께 그와 동일한 내용의 채무를 부담하는 계약을 말하며, 중첩적 채무인수라고도 한다. 어떤 채무인수가 면책적 채무인수인지 병존적 채무인수인지는 계약의 해석에 따라 결정되는데, 불분명한 때에는 병존적 채무인수로 해석하여야 한다(대판 2002.9.24. 2002다36228).

124) 「민법」 제1005조(상속과 포괄적 권리의무의 승계).

는 제3자는 채무자의 의사에 반하여 채무를 인수하지 못한다(제453조 제2항). 이는 채무자의 의사를 존중하려는 데 그 취지가 있다. 그 밖에 채무인수는 채무자와 인수인 사이의 계약으로도 이루어질 수 있는데, 채권자의 관여가 없는 채무인수는 채권자에게 불이익이 따르기 때문에 반드시 채권자의 승낙이 있어야 채무인수의 효력이 생긴다(제454조 제1항). 한편 인수인이나 채무자는 상당한 기간을 정하여 승낙 여부의 확답을 채권자에게 최고할 수 있으며, 채권자가 그 기간 내에 확답을 발송하지 않으면 이를 거절한 것으로 본다(제455조).

3. 채무인수의 효과

채무인수가 있으면, 기존 채무자는 채무를 면하고 인수인이 동일한 채무를 부담하게 된다. 인수인은 이전 채무자가 가지고 있었던 항변으로 채권자에게 대항할 수 있다(제458조). 이전 채무에 대한 보증이나 제3자가 제공한 담보는 원칙적으로 소멸하지만, 보증인이나 물상보증인이 채무인수에 동의한 경우에는 존속한다고 할 것이다(제459조).

제8절 채권의 소멸

Ⅰ. 서설

채권의 소멸이란 채권이 객관적으로 존재하지 않게 되는 것을 말하며, 이는 채권의 절대적 소멸을 의미한다. 민법은 채권의 소멸 원인으로서 변제, 대물변제, 공탁, 상계, 경개, 면제, 혼동의 7가지를 규정하고 있다. 유의할 것은 이러한 7가지 사유 이외에도 채권의 소멸사유는 존재한다는 것이다.[125]

Ⅱ. 변제

1. 변제의 의의

변제(辨濟)란 채무자 또는 제3자가 채무의 내용인 급부를 실현하는 것(이행)을 말한다. 예컨대 금전소비차주가 차용금을 갚는 것이나 핸드폰 수리기사가 고장 난 핸드폰을 수리하는 것이 그것이다.

2. 변제자

본래 채무자가 변제자가 되지만, 제3자도 원칙적으로 변제자가 될 수 있다(제469조 제1항 본문). 그 이유는 제3자의 변제도 특별한 사정이 없는 한 채권자에게 불이익하지 않기 때문이다. 제3자의 변제가 있으면 채권은 소멸하지만, 변제한 제3자는 일정한 경우, 채권자의 권리를 대위한다(변제자대위). 다만 채무의 성질이 제3자의 변제를 허용하지 않거나, 당사자의 의사표시로 제3자 변제를 제한한 경우 그리고 이해관계 없는 제3자는 채무자의 의사에 반하여 변제하지 못한다(제469조). 연대채무자, 보증인, 물상보증인, 저당부동산의 제3취득자 등과 같이 법률상 변제에 이해관계 있는 제3자는 채

---

125) 예컨대 목적물의 멸실, 소멸시효의 완성 등이 그러하다.

무자의 의사에 반해서도 변제할 수 있다.[126)

그런데 변제자가 타인의 물건을 인도한 경우, 이는 유효한 변제가 되는가? 이러한 경우는 유효한 변제가 되지 않으며, 그 물건을 인도한 변제자는 다시 유효한 변제를 하지 않으면 그 반환을 청구하지 못한다(제463조). 하지만 그 물건의 소유자의 반환청구까지 제한되는 것은 아니다.[127)

3. 변제수령자

채권자는 원칙적으로 변제수령권한을 갖지만, 예외적으로 채권에 질권이 설정된 경우(제353조), 채권이 압류 또는 가압류된 경우(「민사집행법」 제227조, 제296조), 채권자가 파산선고를 받은 경우(「채무자 회생 및 파산에 관한 법률」 제384조)에는 수령권한이 없다. 그 밖에 채무자가 아니더라도 변제수령권한이 인정되는 경우도 있는데, 예를 들어 채권자의 임의대리인, 부재자가 선임한 재산관리인, 제한능력자의 법정대리인, 파산관재인, 추심명령 또는 전부명령을 받은 압류채권자(「민사집행법」 제229조) 등이 그러하다.

민법은 선의의 변제자를 보호하기 위하여 일정한 경우에는 채권자 이외의 자에 대한 변제를 유효한 것으로 보고 있다. 즉 예금증서 기타 채권증서와 인장을 소지한 자는 채권의 준점유자로서 이러한 자에 대한 변제는 변제자의 선의·무과실의 요건이 갖추어지면 유효한 변제가 된다(제470조).[128) 또한 영수증을 소지한 자에 대한 변제는 그 소지자가 변제를 받을 권한이 없는 경우에도 효력이 있다. 다만 변제자가 그 권한 없음을 알았거나 알 수 있었을 경우에는 그러하지 아니하다(제471조).

4. 변제의 충당

(1) 의의

변제의 충당이란 채무자가 채권자에 대하여 변제로서 제공한 급부가 그 채무 전부를 소멸하게 하는 데 부족한 때에 그 변제로 어떤 채무를 소멸시킬 것인가에 관한 문제이

---

126) 대판 1995.3.24. 94다44620.

127) 대판 1993.6.8. 93다14998.

128) 여기서 선의라는 것은 준점유자에게 변제수령권한이 없음을 알지 못하는 것만으로는 부족하며 적극적으로 수령권한이 있다고 믿었어야 한다.

다. 민법이 예정하고 있는 변제 충당이 필요한 경우는 첫째, 채무자가 동일한 채권자에 대하여 채권의 목적이 같은 수 개의 채무를 부담하고 있는 경우로서(제476조), A가 B에 대하여 100만 원의 매매대금 채권과 50만 원의 대여금 채권을 갖고 있는 경우가 그러한 예이다. 둘째, 1개의 채무에 수 개의 급부를 해야 하는 경우로서(제478조), 예컨대 임차인의 차임지급 채무와 관련하여, 수개월분의 차임의 지급이 이에 해당한다. 마지막으로 채무자가 1개 또는 수 개의 채무에 관하여 원본 외에 비용, 이자를 지급해야 하는 경우(제479조)이다.

(2) 변제충당의 방법

변제충당은 합의충당, 지정충당, 법정충당의 순서에 따른다. 민법의 변제충당에 관한 규정들은 임의규정이므로 당사자는 사적자치의 원칙(계약자유)에 따라 변제충당의 방법을 자유롭게 정할 수 있다. 그리고 이러한 합의충당이 없는 경우, 지정충당, 법정충당이 이루어진다.

지정충당(指定充當)은 변제의 충당이 지정권자의 지정에 따라 이루어지는 것으로 지정권자는 변제에 가장 이해관계가 큰 변제자이다(제476조 제1항, 제478조). 이러한 지정권자가 지정을 하지 않으면 변제수령자가 지정할 수 있으며, 변제수령자의 지정에 변제자는 이의를 제기할 수 있다(제476조 제2항). 이처럼 변제자의 이의가 있으면 법정충당이 이루어지게 된다.

법정충당(法定充當)은 법률 규정에 의한 충당을 말하는데, 「민법」 제477조가 이를 규정하고 있다. ① 채무 중에 이행기가 도래한 것과 도래하지 않은 것이 있으면 전자의 변제에 충당한다(1호). ② 다수 채무의 이행기가 도래하였거나 도래하지 않은 경우에는 채무자[129)에게 변제이익이 많은 채무의 변제에 충당한다(2호). 예컨대 무이자 채무보다는 이자부채무, 이율이 낮은 채무보다는 높은 채무, 무담보 채무보다는 담보부 채무, 연대채무보다는 단순채무가 변제이익이 많다고 볼 것이다. ③ 채무자에게 변제이익이 같으면 이행기가 먼저 도래한 채무나 먼저 도래할 채무의 변제에 충당한다(3호). ④ 이상과 같은 기준에 따라 충당의 선후가 결정되지 않으면, 그 채무액에 비례하여 각 채무의 변제에 충당한다(4호).

마지막으로 채무자가 1개 또는 수 개의 채무의 비용 및 이자를 지급할 경우, 변제가

---

129) 변제이익은 변제자를 기준으로 판단해야 한다(대판 1999.8.24. 99다22281).

가 그 전부를 소멸하지 못한 급여를 한 때에는 비용, 이자, 원본의 순서로 변제에 충당해야 한다(제479조 제1항).

5. 변제자대위

변제자대위(辨濟者代位)란 채무자가 아닌 제3자가 채무를 변제한 경우, 변제자가 채무자에 대하여 취득한 구상권의 보장을 위해, 종래 채권자가 가지고 있던 권리가 구상권의 범위 내에서 변제자에 이전하는 것을 말한다. 변제할 정당한 이익이 있는 자는 변제로 당연히 채권자를 대위하는데 이를 법정대위라고 하며(제481조), 불가분채무자, 연대채무자, 보증인, 물상보증인, 담보물의 제3취득자 등이 이에 해당한다. 반면, 변제할 정당한 이익이 없는 자는 채권자의 승낙이 있어야 채권자를 대위할 수 있다(제480조).[130] 이러한 대위를 임의대위라고 한다.

이러한 대위의 효과로서, 채권자를 대위한 자는 자기의 권리에 의하여 구상할 수 있는 범위에서 채권 및 그 담보에 관한 권리를 행사할 수 있다(제482조). 예컨대 대위자는 채무자에 대하여 이행청구권, 손해배상청구권 등을 갖게 되며, 질권, 저당권과 같은 물적담보나 인적담보에 관한 권리를 행사할 수 있다.

Ⅲ. 대물변제

1. 대물변제의 의의

대물변제(代物辨濟)란 본래의 급부에 갈음하여 다른 급부를 현실적으로 함으로써 채권을 소멸시키는 당사자의 계약을 말한다. 예컨대 A가 B에게 10만 원을 변제해야 하지만 당사자의 합의로 A의 자전거를 B에게 이전하는 것이다. 따라서 대물변제는 요물계약이며, 준물권계약이라고 할 것이다. 이처럼 대물변제는 채권의 소멸사유 중 하나이지만, 예약이라는 제도와 결합하여 채권담보의 목적으로 활용되고 있다. 이러한 것을 대물변제의 예약이라고 한다.

---

130) 이해관계 없는 제3자는 채무자의 의사에 반하여 변제할 수 없다는 「민법」(제469조 제2항)과 궤를 같이 한다.

2. 대물변제의 요건

채권관계의 당사자는 그 누구도 일방적으로 본래의 급부를 변경할 수 없다. 따라서 대물변제가 성립하기 위해서는 당사자의 합의가 있어야 하며, 민법은 '채권자의 승낙'을 얻도록 규정한다(제466조). 대물변제는 본래의 급부와 다른 급부를 하는 것으로 급부의 내용이나 종류는 묻지 않는다. 예컨대 본래의 급부가 금전채무인 경우, 그에 갈음하여 동산이나 부동산 그리고 채권을 양도하는 것도 가능하다. 다만 대물변제는 요물계약이므로 부동산을 대물로 급부하기로 하였다면, 채권자 앞으로 등기까지 완료되어야 대물변제가 성립한다.[131]

만약 채무자가 본래의 금전채무 대신 어음이나 수표를 지급한 경우, 이를 대물변제라고 평가할 수 있는가? 즉 '변제를 위하여 지급한 것'인지 아니면 '변제에 갈음하여 지급한 것'인지 문제가 된다. 이는 여러 가지 사정을 종합적으로 고려하여 판단해야 하는데, 당사자 간에 특별한 약정이 없으면 '변제를 위하여 지급한 것'으로 보아 기존 채권은 소멸하지 않고 새로운 채무가 추가된 것으로 추정해야 한다. 왜냐하면 어음이나 수표는 금전취득의 확실성이 없기 때문이다.[132]

대물변제에 있어서, 본래의 급부와 다른 급부는 동일한 가치를 가져야 하는가? 이에 대해 판례는 두 급부가 동가치일 필요는 없지만, 대물급부와 본래의 급부 사이에 현저한 불균형이 있는 때에는 「민법」 제104조의 폭리행위가 될 수 있다고 한다.[133]

3. 대물변제의 효과

대물변제는 변제와 같은 효력이 있으므로, 대물변제가 있으면 채권은 소멸하며, 그 채권을 위한 담보권도 소멸한다.

---

131) 대판 1987.10.26. 86다카1755; 대판 1995.9.15. 95다13371.

132) 대판 1970.6.30. 70다517; 대판 1976.6.22. 75다1600.

133) 대판 1992.2.28. 91다25574; 대판 1959.9.24. 4291민상762.

Ⅳ. 공탁

1. 공탁의 의의

공탁(供託)이란 금전, 유가증권 기타의 물건을 공탁소에 임치하는 것으로, 변제공탁[134]이 있으면 채무자는 채무를 면하게 된다(제487조). 공탁의 법적 성질에 관하여 견해의 대립이 있지만 공탁은 공법적인 측면과 사법적인 측면 모두 갖고 있다고 생각된다. 공탁의 사법적인 측면을 살펴보면, 공탁은 제3자를 위한 임치계약이라고 할 것이다. 반면, 판례는 공탁을 공법관계로 파악한다.[135]

2. 공탁의 요건

공탁을 통해 채권을 소멸시키려면, 다음의 공탁원인 중 하나가 존재해야 한다. 첫째, 채권자가 변제를 받지 않거나 받을 수 없는 경우(제487조 제1문) 둘째, 변제자가 과실 없이 채권자를 알 수 없는 경우이다(제2문). 판례는 채권이 가압류된 때에도 채권자가 변제를 받을 수 없는 경우로 파악한다.[136] 또한 상속이 개시되었으나 공동상속인들이나 그들의 상속지분을 구체적으로 알기 어려운 때에도 공탁을 할 수 있다고 한다.[137]

공탁의 당사자는 공탁자와 공탁소이며, 피공탁자는 당사자가 아니다. 공탁은 채무이행지의 공탁소에 하여야 하며(제488조 제1항), 공탁에 관하여는 「민법」이외에 「공탁법」과 「공탁규칙」에서 자세한 규정을 두고 있다. 공탁사무는 지방법원장이나 지방법원지원장이 지정하는 자가 수행하며(「공탁법」제2조 제1항), 대법원장은 법령에 따라 공탁하는 금전, 유가증권, 그 밖의 물품을 보관할 은행이나 창고업자를 공탁물보관자로 지정한다(제3조 제1항). 부동산이 공탁의 목적물이 될 수 있는가에 대해서는 견해의 대립이 있다.[138] 한편 채권자가 선이행의무를 부담하거나 채무자에게 동시이행의 항변권이 있는 경우, 채권자의 반대급부 이행을 조건으로 공탁하는 것도 가능하다.[139] 그리고

---

134) 공탁은 변제를 위한 목적뿐 아니라 다양한 목적을 위해 사용이 된다. 예를 들어 담보(「민법」제353조 제3항), 집행(「민사집행법」제222조), 보관(「상법」제70조) 등을 위해 이용된다.

135) 대판 1993.7.13. 91다39429.

136) 대판 1994.12.13. 93다951.

137) 대판 1991.5.28. 91다3055.

138) 긍정설이 다수설이다.

139) 대판 1992.12.24. 92다38911.

공탁자는 지체 없이 채권자에게 공탁통지를 해야 하지만(「민법」 제488조 제3항), 실무에서는 공탁관이 이를 대신한다(「공탁규칙」 제29조).

3. 공탁의 효과

공탁이 있으면 채권 소멸의 효과가 발생한다(제487조). 공탁에 의해 채권이 소멸하는 시기는 공탁관의 수탁처분과 공탁물보관자의 공탁물 수령이 있는 때로 채권자가 출급 청구를 하였는지와 무관하다.[140] 그리고 채권자는 공탁소에 대하여 공탁물 인도(출급)청구권을 취득한다.

Ⅴ. 상계

1. 상계의 의의

상계(相計)란 채권자와 채무자가 서로 같은 종류를 목적으로 하는 채권, 채무를 가지고 있는 경우, 그 채무를 대등액에서 소멸하게 하는 채권의 소멸원인 중 하나이다(제492조 제1항). 예컨대 A가 B에 대해 100만 원의 금전채권을 B가 A에 대해 50만 원의 금전채권을 가지고 있는 경우, A 또는 B가 각각 상대방에 대한 일방적인 의사표시로서 50만 원의 금액에서 그들의 채권을 소멸시키는 것이 상계이다. 이처럼 상계는 결제를 단순화하는 기능을 가지며, 담보적 기능을 갖는다. 위의 사례에서 C가 A에 대해 70만 원의 금전채권을 갖는 경우, B와 C는 채권자로서 평등하다. 그런데 만약 A가 무자력이 되었다면, B는 상계를 통해 자신의 50만 원(자동채권)을 사실상 우선변제 받는 것과 같은 결과가 된다. 즉 A의 B에 대한 100만 원의 채권(수동채권)이 자동채권에 대한 담보로서 기능을 하게 되는 것을 상계의 담보적 기능이라고 한다. 그리고 상계는 단독행위의 성질을 갖기 때문에 상계에 상대방의 승낙이 필요하지 않다.

---

140) 대판 2002.12.6. 2001다2846.

2. 상계의 요건

상계를 하기 위해서는 먼저 당사자 쌍방이 채권을 가지고 있어야 한다. 여기서 상계의 대상이 되는 채권은 상대방과 사이에서 직접 발생한 채권에 한정되지 않으며, 제3자로부터 양수 등을 원인으로 하여 취득한 채권도 포함된다.[141] 그리고 두 채권이 동종의 목적을 가져야 한다. 예컨대 두 채권이 금전채권인 경우가 일반적이며, 판례는 쌀의 인도청구권과 금전채권은 동종의 채권이 아니므로 상계를 부정한다.[142]

민법은 두 채무의 이행기가 도래할 것을 요건으로 한다(제492조 제1항 본문). 엄밀히 말하자면 상계자의 채권(자동채권)은 반드시 변제기에 있어야 하지만, 피상계자의 채권(수동채권)은 변제기에 있을 필요는 없다. 그렇지 않으면 상대방의 기한의 이익을 부당하게 침해하는 결론에 이르기 때문이다. 예컨대 A의 B에 대한 채권은 변제기가 4월 19일인데, B의 A에 대한 채권은 변제기가 6월 30일인 경우, 5월 15일 상계를 할 수 있는 자는 A뿐이다.

그 밖에 채권의 성질이 상계를 허용하는 것이어야 하며(제492조 제1항 단서),[143] 상계가 금지되어 있지 않아야 한다. 여기서 상계의 금지란 당사자의 의사표시에 의한 경우(제492조 제2항 본문) 또는 법률에 의한 경우가 있다. 후자의 예로는 고의로 불법행위를 한 자는 피해자의 손해배상청구권을 수동채권으로 하여 상계하지 못하며(제496조), 압류금지채권을 수동채권으로 하는 상계도 허용되지 않는다(제497조). 국가가 조세채권과 피해자의 국가배상청구권을 상계하는 것이 그 예이다. 왜냐하면 피해자 구제를 위해 그에게 현실 변제를 받게 할 목적으로 「국가배상법」제4조가 피해자의 국가배상청구권의 압류를 금지하고 있기 때문이다. 또한 지급금지채권을 수동채권으로 하는 상계도 금지된다(제498조). 예를 들어 A가 B에 대한 채권을 확보하기 위해 B가 C(제3채무자)에 대해 갖는 채권을 가압류한 경우, C는 가압류된 채권을 수동채권으로 하여 지급금지 후에 취득한 채권과 상계할 수 없다.

이상의 요건을 갖추고 있는 것을 상계적상이라고 하며, 이러한 상계적상은 원칙적으로 상계의 의사표시를 할 당시에도 현존하고 있어야 한다. 따라서 두 채권 중 어느 하나가 소멸된 때에는 상계를 할 수 없다. 다만 그 예외로서 소멸시효가 완성된 채권이 그

---

141) 대판 2003.4.11. 2002다59481.

142) 대판 1960.2.18. 4291민상424.

143) 예컨대 '하는 채무'는 그 성질상 상계가 허용되지 않는다. 예를 들어 A는 B의 마당에 있는 잔디를 깎아주기로 하고 B는 A의 현관문을 수리해 주기로 한 경우가 이에 해당한다.

완성 전에 상계할 수 있었던 것이면 그 채권자는 상계할 수 있다고 한다(제495조).[144]

3. 상계의 효과

상계는 상대방에 대한 의사표시로 하며(제493조), 당사자 쌍방의 채무가 상계적상에 있다고 하더라도 다른 특약이 없는 한 그 자체만으로 상계의 효과가 발생하지 않는다. 이러한 상계권은 형성권이므로 상계의 의사표시에 조건 또는 기한을 붙이지 못한다(제493조).

상계가 있으면 당사자 쌍방의 채권은 대등액에서 소멸하며(제492조 제1항 본문), 각 채무가 상계할 수 있는 때에 대등액에 관하여 소멸한 것으로 본다(제493조 제2항). 즉 상계에는 소급효가 있다.

Ⅵ. 경개

1. 경개의 의의

경개(更改)란 채무의 중요한 부분을 변경함으로써 신채무를 성립시키는 동시에 구채무를 소멸시키는 계약이다(제500조).[145] 예컨대 생일선물로 옷을 사주기로 한 계약을 소멸시키고 현금 10만 원을 지급하겠다고 하는 계약이 그것이다. 경개는 계약이며, 신채권을 성립시키고 구채권을 소멸시키는 점에서 처분행위 또는 일종의 준물권행위이다.[146] 또한 경개계약에 의해 신채권이 성립하지만 구채권과는 동일성이 없다는 점에서 채권양도 및 채무인수와 차이점이 있다. 따라서 경개계약이 성립하면 구채권에 있던 담보나 각종 항변권은 모두 소멸한다.

---

144) 「민법」 제495조는 소멸시효의 효과와 관련하여 상대적 소멸설에 의할 때 설명이 가능하다.

145) 경개제도는 로마법에서 중요한 역할을 하였는데, 로마에서는 인적 요소를 중요하게 생각하여 동일성을 유지하면서 채권자나 채무자가 변경되는 것을 인정하지 않았기 때문이다.

146) 반면, 신채권이 성립한다는 측면에서 보면 의무부담행위 또는 채권행위로 이해할 수도 있다.

2. 경개의 요건

경개가 유효하기 위해서는 먼저 구채무가 존재해야 한다. 따라서 구채무가 없으면 경개계약도 무효가 되고 신채무도 성립하지 않는다. 그리고 채무의 중요한 부분에 대한 변경이 있어야 한다. 여기서 중요한 부분이란 채권자, 채무자, 채권의 목적, 채권의 발생원인을 말한다. 또한 당사자의 경개의사의 합치에 의해 신채무가 성립해야 한다. 예컨대 신채무의 내용이 공서양속에 위반되어 무효가 된다면 구채무는 소멸하지 않는다(제504조).

경개계약의 당사자와 관련하여, 채권자 변경에 의한 경개의 경우에는 구채권자, 신채권자, 채무자의 3면계약에 의하며, 채무자 변경에 의한 경개의 경우에는 3면계약 또는 채권자와 신채무자 사이의 계약에 의하여도 할 수 있다(제501조 본문). 그러나 구채무자의 의사에 반하여서는 이를 하지 못한다(제501조 단서). 그 밖에 나머지 중요한 부분에 대한 변경은 채권자와 채무자 사이의 계약에 의한다.

3. 경개의 효과

경개에 의해 구채무는 소멸하고 신채무는 성립한다. 그리고 양 채무는 동일성이 없기 때문에 구채무에 존재했던 담보, 기타의 종된 권리 및 항변권은 원칙적으로 모두 소멸한다. 하지만 경개 당사자의 특약에 의해 구채무의 담보를 그 목적의 한도에서 신채무의 담보로 할 수 있다(제505조 본문). 그러나 제3자가 제공한 담보인 경우에는 그의 승낙이 필요하다(제505조 단서).

Ⅶ. 면제

「민법」 제506조 본문은 "채권자가 채무자에게 채무를 면제하는 의사를 표시한 때에는 채권은 소멸한다."라고 규정한다. 민법은 면제(免除)를 단독행위로 규정하고 있지만 당사자의 합의에 의해서도 면제는 가능하다(면제계약). 면제(단독행위)는 처분행위이며, 준물권행위이다. 따라서 채무를 면제하기 위해서는 채권의 처분권한이 있어야 한다. 예컨대 채권이 압류된 경우, 채권자의 처분권한이 제한되기 때문에 면제로써 압류채권자에게 대항하지 못한다. 면제의 의사표시는 채권자의 채무자에 대한 일방적인 의사표시로 하는데, 이러한 의사표시는 묵시적으로도 가능하다.[147]

면제가 있으면 채권은 소멸한다. 면제는 일부면제도 가능하며, 이러한 경우에는 면제된 범위에서 채권이 소멸한다.

Ⅷ. 혼동

「민법」 제507조 본문은 "채권과 채무가 동일한 주체에 귀속한 때에는 채권은 소멸한다."라고 하여 혼동(混同)을 채권의 소멸사유로 규정하고 있다. 예컨대 채무자가 채권자를 상속한 경우가 그것이다. 그리고 혼동의 법률적 성질은 사건이다. 이러한 혼동을 채무의 소멸사유로 인정하는 이유는 굳이 동일인에게 채권과 채무를 병존시킬 필요가 없기 때문이다. 하지만 채권의 존속을 인정하여야 할 정당한 이익이 있는 때에는 채권을 존속시켜야 한다(제507조 단서). 예를 들어 A가 B에 대한 채권에 C를 위해 질권을 설정한 경우, 추후 B가 A를 상속하더라도 그 채권이 C의 권리의 목적이 되기 때문에 혼동으로 소멸하지 않는다. 그 밖에 판례는 자녀 A가 운전하는 차량에 자녀 B가 동승하고 가던 중 교통사고로 모두 사망한 경우, 미혼인 자녀들을 상속한 부모는 가해자인 A와 피해자인 B의 채무, 채권을 상속한다고 하여도 혼동으로 B의 채권이 소멸되지 않으며, 이를 기반으로 보험사에 보험금을 청구할 수 있다고 한다.[148]

---

147) 대판 1979.7.10. 79다705.
148) 대판 1995.7.14. 94다36698.

제9절 계약일반

Ⅰ. 서설

1. 계약의 의의

계약(契約)이란 서로 대립하는 두 개 이상의 의사표시의 합치에 의해 성립하는 법률행위를 말한다.[149] 이러한 계약에는 물권계약, 채권계약, 준물권계약, 가족법상의 계약이 있지만, 여기서는 채권계약만을 의미하는 것으로만 사용한다(이른바 협의의 계약).

민법의 기본 원리인 사적자치의 원칙으로부터 계약의 자유가 나오는데, 이는 법의 테두리 내에서 당사자가 자유롭게 계약의 체결, 상대방의 선택, 내용의 결정, 방식을 결정할 수 있음을 의미한다. 하지만 오늘날 공공복리, 사회질서, 사회적 약자 보호 등의 측면에서 계약의 자유가 제한될 수는 있음은 이미 살펴보았다.[150]

2. 계약의 종류

(1) 전형계약·비전형계약

채권법 제2장 제2절부터 제15절까지 규정되어 있는 15개의 계약을 전형(典型)계약 또는 유명(有名)계약이라고 하며, 그 이외의 계약을 비전형(非典型)계약 또는 무명(無名)계약이라고 한다.[151] 그 밖에 비전형계약 중 여러 계약의 요소가 섞여 있는 계약을 혼합계약이라고 한다.

(2) 쌍무계약·편무계약

계약의 각 당사자가 서로 대가적 의미를 갖는 채무를 부담하는 계약을 쌍무(雙務)계

---

149) 일반적으로 계약은 두 개의 서로 대립하는 의사표시의 합치로 성립하지만, 조합의 경우에는 2인 이상이 상호 출자하여 공동사업을 경영할 것을 약정함으로써 성립하는 계약으로 2개 이상의 의사표시가 나타날 수 있다(「민법」 제703조). 이런 측면에서 조합은 합동행위의 성질도 겸유한다고 할 것이다.

150) 사적자치의 원칙의 현대적 수정.

151) 비전형계약의 예로는 리스(시설대여)계약, 자동판매기 설치계약 등이 있다.

약이라고 하며, 그 이외의 계약을 편무(片務)계약이라고 한다. 여기서 '대가적 의미'라는 것은 당사자들의 채무부담이 서로 의존적이라는 의미이다. 예컨대 재산권의 이전과 대금지급을 채권의 목적으로 하는 매매계약은 서로 대가적 의미가 있으므로 쌍무계약이며, 당사자 일방이 무상으로 재산을 수여하기로 하는 증여계약은 편무계약이다.

이들을 구별하는 실익은 동시이행의 항변권(제536조)과 위험부담(제537조)에서 찾아볼 수 있다.

(3) 유상계약·무상계약

계약의 각 당사자가 서로 대가적 의미를 갖는 출연을 하는 계약을 유상(有償)계약이라고 하며, 그 이외의 계약을 무상(無償)계약이라고 한다. 예컨대 매매계약은 매도인과 매수인이 서로 대가적 의미를 갖는 출연을 하기 때문에 유상계약이지만, 증여계약은 무상계약이다.[152]

이들을 구별하는 실익으로 대표적인 것은 담보책임에 관한 규정(제570조 이하)의 적용 여부다.

(4) 낙성계약·요물계약

당사자의 합의만 있으면 성립하는 계약을 낙성(諾成)계약이라고 하고 당사자의 합의 외에 물건의 인도 기타 급부가 있어야 성립하는 계약을 요물(要物)계약이라고 한다.[153] 민법상 전형계약은 현상광고계약을 제외하고 모두 낙성계약이다.

(5) 일시적 계약·계속적 계약

1회의 급부로 채권이 실현되는 계약을 일시적 계약이라고 하고 급부가 일정한 시간 동안 계속되어야 하는 계약을 계속적 계약이라고 한다. 예컨대 임대인이 계약기간 동안 계속해서 임차인으로 하여금 목적물을 사용·수익하도록 해주는 임대차계약은 계속적 계약이다. 계속적 계약에서는 사정변경의 원칙이 고려되며, 계약의 해지, 채권관계 해소에 있어서 장래효가 있다는 점에서 일시적 계약과 구별의 실익이 있다.

---

152) 쌍무계약과 유상계약의 관계를 살펴보면, 쌍무계약은 모두 유상계약이며, 유상계약에는 쌍무계약뿐만 아니라 편무계약(예 컨대 현상광고계약)도 존재한다.

153) 요물계약으로 이해되는 것은 계약금계약, 대물변제계약 등이 있다.

Ⅱ. 계약의 성립

1. 계약의 성립

(1) 청약과 승낙에 의한 계약의 성립

계약은 원칙적으로 계약당사자의 청약과 승낙의 의사표시의 합치에 의해 성립한다. 청약은 그에 상응하는 승낙이 있으면 곧바로 계약을 성립시킬 수 있을 정도로 그 내용이 확정되어 있거나 적어도 확정될 수 있어야 한다.154) 청약은 특정인에 대하여 하는 것이 원칙이나 불특정 다수인에 대하여도 가능하다.155) 청약과 구별할 개념으로 '청약의 유인'이 있는데, '청약의 유인'은 청약이 아니므로 여기에 별도의 청약과 승낙이 있어야 계약이 성립한다. 예를 들어 A가 구인광고를 게재한 경우, B가 찾아가 면접을 보는 것은 청약이고 A가 채용하는 것은 승낙으로 볼 수 있으며, 구인광고의 게재는 '청약의 유인'이라고 할 것이다. 판례는 상가분양광고 및 분양계약 체결 시의 설명은 '청약의 유인'이라고 한다.156)

청약도 의사표시이기 때문에 그 효력은 상대방에게 도달한 때 발생한다(제111조). 청약자가 청약을 한 후에는 이를 임의로 철회하지 못하는데, 이를 청약의 구속력이라고 한다(제527조). 이러한 청약의 구속력을 인정하는 이유는 청약자가 청약을 마음대로 철회할 수 있다고 한다면 상대방의 신뢰를 해하거나 손해를 줄 수 있기 때문이다. 다만 청약이 상대방에 도달하기 전이라면 철회가 가능하다. 판례는 사직의 의사표시 또는 명예퇴직의 신청은 특별한 사정이 없는 한 사용자의 승낙이 있기 전에는 자유로이 철회할 수 있다고 한다.157) 청약에 대하여 일정한 기간 내에 승낙이 없거나 상대방의 거절이 있으면 청약은 소멸한다. 예컨대 청약자가 청약을 하면서 승낙기간을 정한 경우, 그 기간 내에 승낙의 통지를 받지 못한 때에는 청약은 효력을 잃는다(제528조 제1항).

승낙은 청약에 대응하여 계약 성립을 목적으로 청약자에 대하여 하는 의사표시이며, 청약과 다르게 특정인에 대하여 이루어져야 한다. 그리고 승낙은 청약의 내용과 일치해야 하며, 만약 청약의 내용과 다른 승낙을 한 경우에는 그 청약의 거절과 동시에 새

---

154) 대판 2003.4.11. 2001다53059.

155) 예컨대 커피 자판기의 설치는 청약이다.

156) 대판 2001.5.29. 99다55601.

157) 대판 1992.4.10. 91다43138.

로 청약한 것으로 본다(제534조). 승낙의 여부는 청약의 상대방의 자유에 달려 있으며, 청약자가 "미리 정한 기간 내에 이의를 하지 않으면 승낙한 것으로 간주한다."는 뜻을 청약 시 표시했더라도 이는 상대방을 구속하지 못한다.[158] 그 밖에 승낙도 상대방 있는 의사표시이므로 도달주의의 원칙이 적용될 것인가? 이와 관련하여 「민법」 제531조는 "격지자 간의 계약은 승낙의 통지를 발송한 때에 성립한다."라고 규정한다.[159] 생각건대 이는 도달주의 원칙(제111조)의 예외인 발신주의를 규정한 것이며, 그 해석에 있어서는 승낙자의 발송에 의해 계약은 성립하지만, 승낙의 의사표시가 도달되지 않는 것을 해제조건으로 하여 그 효력이 결정된다고 할 것이다.

(2) 의사실현에 의한 계약의 성립

「민법」 제532조는 "청약자의 의사표시나 관습에 의하여 승낙의 통지가 필요하지 아니한 경우에는 계약은 승낙의 의사표시로 인정되는 사실이 있는 때에 성립한다."라고 규정하는데, 이를 의사실현에 의한 계약의 성립이라고 한다. 예컨대 무인카페에서 차를 마시는 행동이 그러한 예이다. 판례는 예금자가 예금의 의사를 표시하면서 금융기관에 돈을 제공하고 금융기관이 그 의사에 따라 그 돈을 받아 확인을 하면 예금계약이 성립한다고 하며, 금융기관의 직원이 실제 받은 돈을 금융기관에 입금하였는지는 계약의 성립에 아무런 영향을 미치지 않는다고 한다.[160]

(3) 교차청약에 의한 계약의 성립

일반적으로 계약은 청약과 승낙으로 성립하지만, 계약의 당사자가 우연히 같은 내용을 갖는 청약을 서로에게 한 경우, 양 청약이 상대방에게 도달한 때에도 계약이 성립하도록 규정한다(제533조). 이러한 경우는 실질적으로 당사자의 합의가 존재하기 때문에 계약이 성립하는 것으로 봐도 무방하다.

---

158) 대판 1999.1.29. 98다48903.

159) 이러한 규정의 취지는 계약을 빨리 성립시키는 것이 거래계의 요구에 부합하고 또한 그것이 당사자에게 불이익을 주지 않기 때문이라고 한다(곽윤직, 『채권각론, 제6판』, 박영사, 2003, 42면).

160) 대판 2005.12.23. 2003다30159.

2. 계약체결상의 과실책임

계약의 준비나 성립과정에서 당사자 일방이 그에게 책임 있는 사유로 상대방에게 손해를 발생시킨 경우, 이에 대한 책임을 계약체결상의 과실책임이라고 한다. 「민법」 제535조 제1항 본문은 "목적이 불능한 계약을 체결할 때에 그 불능을 알았거나 알 수 있었을 자는 상대방이 그 계약의 유효를 믿었음으로 인하여 받은 손해를 배상하여야 한다."라고 규정하여 이를 인정하고 있다.[161] 예컨대 행정재산인 토지를 매도하기로 한 경우가 그것이다. 하지만 상대방이 이러한 사실을 알고 있거나(악의) 알 수 있었을 때(과실)에는, 책임이 부정된다(제535조 제2항). 이상의 요건이 갖추어지면 상대방에게 그가 계약이 유효하다고 믿었음으로 인하여 받은 손해, 즉 신뢰이익을 배상하여야 한다. 하지만 그 배상은 이행이익을 초과하지 못한다(제535조 제1항 단서).

계약체결상의 과실책임과 관련하여 주의할 점은 원시적 불능의 경우뿐만 아니라 계약이 불성립, 무효, 취소된 경우, 계약체결 전에 발생한 기존 법익에 대한 침해의 경우 등에도 논의가 될 수 있다는 점이다. 예를 들어, 「민법」 제109조의 착오자의 취소로 발생한 상대방의 손해라든지, 매장 입구가 미끄러워 발생한 낙상사고 등에도 계약체결상의 과실책임이 문제 될 수 있다.

Ⅲ. 계약의 효력

1. 서설

계약이 성립하면, 그 효력으로서 채권관계의 당사자들에게 일정한 채권과 채무가 발생한다. 이러한 채권과 채무의 구체적 내용은 계약마다 다르며, 각각의 계약에서 설명될 부분이다. 한편 민법은 계약의 효력과 관련하여 동시이행의 항변권(제536조), 위험부담(제537조 이하), 제3자를 위한 계약(제539조)에 관한 규정을 두고 있는데, 차례로 살펴본다.

---

[161] 비교법적으로 독일은 우리 민법과 다르게 원시적 불능에 국한하지 않고 일반적으로 계약체결상의 과실책임을 인정하고 있다. 우리나라에서는 「민법」 제535조의 적용 범위와 관련하여, 원시적 불능에 제한하지 않고 이를 일반적으로 인정할 것인가에 대한 견해의 대립이 있다. 생각건대 채무불이행이나 불법행위 규정에 의해 해결되지 않는 영역이 존재하므로 계약체결상의 과실책임을 넓게 인정하는 것이 바람직하다.

2. 동시이행의 항변권

(1) 동시이행항변권의 의의

「민법」제536조 제1항 본문은 "쌍무계약의 당사자 일방은 상대방이 그 채무이행을 제공할 때까지 자기의 채무이행을 거절할 수 있다."라고 하여, 동시이행의 항변권을 규정하고 있다. 이러한 항변권은 계약의 각 당사자가 서로 대가적 의미(견련성)를 갖는 채무를 부담하는 쌍무계약에서 인정되는데, 자신의 채무를 이행하지 않으면서 상대방에게 채무의 이행을 청구하는 것은 공평의 원칙에 어긋나기 때문이다.[162] 그렇다고 해서 상대방에게 채무이행을 청구하는 것이 금지된다는 의미는 아니며, 상대방은 청구자가 이행의 제공을 할 때까지 항변권을 행사하여 자신의 채무이행을 거절할 수 있을 뿐이다. 동시이행항변권을 규정한 「민법」제536조는 임의규정이므로 이러한 항변권의 포기도 가능하다.

(2) 동시이행항변권의 요건

동시이행항변권이 인정되기 위해서는 첫째, 동일한 쌍무계약에 의해 당사자 쌍방이 대가적 의미 있는 채무를 부담하고 있어야 한다.[163] 둘째, 청구자의 채무가 변제기에 있어야 한다. 이는 「민법」제536조 제1항 단서에서 규정하고 있으나, 청구자뿐만 아니라 항변권을 갖게 될 자 모두 채무는 변제기에 있어야 한다. 그렇지 않으면 동시이행의 문제가 발생하지 않기 때문이다. 요컨대 두 번째 요건은 당사자 쌍방의 채무가 모두 변제기에 있을 것으로 새겨야 한다. 따라서 선이행의무자에게는 동시이행항변권이 발생하지 않는다. 다만 선이행의무자의 상대방에게 "이행이 곤란할 현저한 사유가 있는 때"에는 동시이행항변권이 발생하는데(제536조 제2항), 이를 불안의 항변권이라고 한다. 예컨대 주택의 등기를 먼저 이전하기로 했는데, 매수인의 재산상태가 극도로 악화가 된 경우가 그것이다. 마지막 요건으로 상대방이 이행 또는 이행의 제공을 하지 않고서 이행을 청구했어야 한다.

---

162) 쌍무계약에 있어 채무의 견련성은 채무의 성립, 이행, 소멸과 관련하여 나타나는데, 동시이행항변권은 이행과 관련된 것이다.

163) 따라서 당사자 쌍방이 별개의 계약에 의해 발생한 채무를 서로 부담하고 있는 경우에는 특약이 없는 한 동시이행의 항변권은 발생하지 않는다(대판 1990.4.13. 89다카23794). 주의할 점은 이러한 요건은 「민법」제536조의 동시이행항변권에만 적용된다는 것이다. 왜냐하면 본조는 다른 채권관계에도 준용 또는 유추적용되기 때문이다.

(3) 동시이행항변권의 효과

동시이행항변권의 요건이 갖추어지면, 항변권자는 상대방이 채무를 이행하거나 이행을 제공할 때까지 자신의 이행을 거절할 수 있다. 즉 동시이행항변권은 상대방의 청구권의 작용을 일시적으로 저지하는 연기적 항변권이다. 동시이행항변권은 재판상 또는 재판 외에서 행사 가능하며, 만약 이를 행사하지 않으면 청구권은 온전한 효력을 발휘하며, 법원도 그 존재를 고려하지 않는다.[164] 그 밖에 부수적 효과로서 동시이행항변권이 발생할 수 있는 동안에 채무자는 이행지체 책임을 부담하지 않는다. 예컨대 4월 15일까지 매매대금을 지급하기로 약정했더라도 매도인이 목적물을 인도하지 않으면, 4월 16일이 되더라도 채무자에게는 이행지체책임이 없다. 또한 동시이행의 항변권이 생길 수 있는 채권을 자동채권으로 하여 상계하지 못한다.[165] 왜냐하면 상계자의 일방적 의사표시에 의해 상대방의 항변권 행사의 기회가 상실되기 때문이다.

3. 위험부담

(1) 위험부담의 의의

쌍무계약의 당사자 일방의 채무가 채무자의 책임 없는 사유로 이행불능이 되어 소멸한 경우, 상대방의 채무는 어떻게 되는가를 다루는 것이 위험부담의 문제이다.[166] 예컨대 주택매매계약을 체결하였는데, 매도인이 주택을 인도하기 전에 산사태로 붕괴된 경우, 매수인에 대하여 매매대금 청구를 할 수 있는가를 다루는 것이다. 이처럼 위험부담은 후발적 불능의 경우에 문제가 되고 원시적 불능의 경우에는 계약체결상의 과실책임만이 문제 된다. 또한 위험부담은 후발적 불능이 채무자의 책임 없는 사유로 생긴 경우에만 문제 되며, 불능에 채무자의 책임이 있다면 이는 채무불이행(이행불능)의 문제가 될 뿐이다.

(2) 채무자 위험부담주의의 원칙

「민법」 제537조는 "쌍무계약의 당사자 일방의 채무가 당사자 쌍방의 책임 없는 사유

---

164) 대판 1967.9.19. 67다1231.

165) 대판 1975.10.21. 75다48.

166) 위험은 크게 급부위험과 대가위험으로 나눌 수 있다. 예컨대 종류채무에서 특정에 의해 위험부담이 이전하는데, 여기서의 위험은 급부위험을 의미한다. 반면, 위험부담에서의 위험은 대가위험을 의미한다.

로 이행할 수 없게 된 때에는 채무자는 상대방의 이행을 청구하지 못한다."라고 규정하여 채무자 위험부담주의(채무자주의)를 취하고 있다.[167] 위의 사례에서 매도인은 주택의 인도의무도 면하지만, 반대급부인 매매대금의 청구도 하지 못하게 된다. 만약 매수인이 계약금이나 중도금을 지급했다면 이를 부당이득으로 반환 청구할 수 있다.[168]

(3) 채무자 위험부담주의의 예외(채권자주의)

민법은 다음의 두 가지 경우에 채무자주의의 예외를 인정한다. 첫째, 쌍무계약의 당사자 일방의 채무가 채권자의 책임 있는 사유로 이행할 수 없게 된 경우 둘째, 채권자의 수령지체 중에 당사자 쌍방의 책임 없는 사유로 이행할 수 없게 된 경우이다(제538조 제1항). 위의 사례에서 주택이 매수인의 실화에 의해 소실된 경우가 그러한 예이다. 위와 같은 두 가지 경우에는 채무자가 상대방에 대하여 이행을 청구할 수 있다. 즉 반대급부 위험을 채권자가 부담한다.

(4) 임의규정

위험부담에 대해 규정하고 있는 「민법」 제537조와 제538조는 임의규정이므로, 당사자의 합의로 규정의 적용을 배제할 수 있다.

4. 제3자를 위한 계약

(1) 제3자를 위한 계약의 의의

제3자를 위한 계약이란 계약의 당사자가 아닌 제3자로 하여금 직접 계약당사자의 일방에 대한 채권을 취득하게 하는 것을 목적으로 하는 계약을 말한다.[169] 예컨대 A가 자신의 토지를 B에게 매각하면서, C에게 매매대금청구권을 취득하게 하는 경우가 그것이다. 여기서 A를 요약자, B를 낙약자, C를 수익자(제3자)라고 한다.

---

167) 채무자 위험부담주의에서 '채무자'라는 것은 먼저 소멸한 채무를 기준으로 한다. 위의 사례에서 산사태로 인하여 주택이 붕괴되었으므로 매도인의 주택 인도 의무는 소멸하게 되는데, 여기의 매도인이 '채무자'이다. 채무자 위험부담주의에 따라 결국 매도인(채무자)은 대가위험을 부담하게 된다.

168) 대판 2009.5.28. 2008다98655.

169) 제3자를 위한 계약을 넓은 의미로 파악하면, 제3자로 하여금 급부청구권을 취득하게 하는 경우뿐만 아니라 계약 당사자 중 1인이 제3자에게 급부할 의무를 부담하는 경우 등도 포함될 것이다. 하지만 「민법」 제539조에서 의미하는 제3자를 위한 계약은 전자의 의미로 한정된다.

(2) 제3자를 위한 계약의 구체적 내용

1) 요약자와 낙약자의 관계

제3자를 위한 계약은 3가지 측면에서 고찰할 수 있다. 먼저 제3자를 위한 계약은 요약자와 낙약자 사이에 채권계약을 성립시키는 합의가 있어야 하는데, 이를 기본관계라고 할 수 있다. 그런데 이러한 합의에는 수익자로 하여금 직접 권리를 취득하게 하는 의사표시가 포함되어야 한다. 이러한 의사표시를 제3자조항이라고 한다. 여기서 수익자는 처음부터 확정되어 있을 필요는 없고 확정할 수 있으면 족하다. 예컨대 장차 태어날 태아를 수익자로 합의하는 것도 가능하다.[170]

2) 낙약자와 수익자의 관계

다음으로 낙약자와 수익자의 관계는 실행관계라고 불리며, 이들은 계약관계에 있는 것은 아니다. 수익자는 수익의 의사표시를 함으로써 채무자에 대하여 채권을 취득하게 된다(제539조 제2항). 하지만 주의할 점은 수익의 의사표시가 없더라도 요약자와 낙약자의 계약이 있으면 제3자를 위한 계약은 성립하고 그 효력이 발생한다는 것이다. 따라서 수익자의 수익의 의사표시는 제3자를 위한 계약의 성립요건이나 유효요건이 아니며, 제3자가 채권을 취득하기 위한 별도의 요건이라고 할 것이다. 이처럼 제3자를 위한 계약이 성립하면 수익자의 일방적인 의사표시에 의해 채권이 발생하게 되므로 이는 형성권의 성격을 갖는다. 수익자가 수익의 의사표시를 할 수 있는 기간은 ① 당사자가 존속기간을 정하고 있으면 그 기간이고 ② 존속기간을 정하고 있지 않으면 10년의 제척기간에 걸린다. 하지만 후자의 경우, 장기간 동안 채무자의 지위가 불안정하게 되므로 채무자에게 이익의 향수 여부를 묻는 최고권과 일정 기간 내 확답이 없으면 수익 받기를 거절하는 것으로 보는 규정을 두고 있다(제540조).

3) 수익자와 요약자의 관계

수익자와 요약자의 관계를 보통 대가관계라고 한다. 이는 요약자가 3자를 위한 계약을 체결한 원인이 된다. 하지만 대가관계는 제3자를 위한 계약과는 전혀 무관하므로, 대가관계가 실현되지 않더라도 낙약자는 의무를 부담한다. 예컨대 A가 자신의 토지를

---

170) 물론 이러한 경우, 판례의 입장인 정지조건설에 따르면, 태아의 출생 후 법정대리인을 통해 수익의 의사표시를 하게 될 것이다.

B에게 매각하고 대금 채권을 C에게 귀속시키면서 A의 노후 보장을 약속 받은 경우, C가 자신의 약속을 위반하더라도 B에게 대금채권을 행사할 수 있다. 다만 대가관계는 기본관계의 기초적인 배경 및 원인이 되므로 위와 같은 경우, A는 C에게 부당이득으로 그 받은 이익의 반환을 청구할 수 있을 것이다.

Ⅳ. 계약의 해제·해지

1. 서설

계약이 성립하면, 계약의 당사자에게는 법적 구속력이 발생한다. 즉 서로의 합치된 의사표시에 의해 일정한 신뢰관계가 형성되고 이러한 계약은 자본주의 시장경제질서를 유지하는 하나의 큰 지주이기 때문에 계약의 당사자는 임의로 그 계약의 효력으로부터 벗어날 수 없다. 하지만 특별한 경우, 계약의 법적 구속력을 해체하여 계약이 없었던 것과 같은 상태로 만들 수 있는데, 이를 계약의 해제 및 해지라고 한다.

계약의 해제권 및 해지권은 법률의 규정 또는 당사자의 계약에 의해서 발생하는데 (제543조 제1항), 전자를 법정해제·해지권, 후자를 약정해제·해지권이라고 한다.

2. 계약의 해제

(1) 의의

계약의 해제(解除)란 유효하게 성립하고 있는 계약의 효력을 당사자 일방의 의사표시에 의해 처음부터 없었던 것과 같은 상태로 되돌아가게 하는 것을 말한다. 이러한 해제를 할 수 있는 권리를 해제권이라고 하며, 이는 일방적인 의사표시에 의해 법률관계를 변동시키므로 일종의 형성권이다. 여기서 해제와 구별되는 제도로서 해제계약, 해지, 철회, 취소 등이 있다. 해제계약(解除契約)은 계약의 당사자가 합의로 이전에 체결한 계약을 체결하지 않았던 것과 같은 상태로 되돌리고자 하는 계약으로 단독행위인 해제와 다르다. 또한 해지(解止)는 계속적 계약에서만 문제가 되고 소급효가 없다는 점, 철회(撤回)는 법률행위의 효과가 아직 발생하지 않은 법률행위나 의사표시의 효력을 장차 발생하지 않도록 막는 점에서 이미 효력이 발생한 경우를 문제 삼는 해제와 다르다. 마지막으로 취소는 일단 유효하게 성립한 법률행위의 효력을 법정된 사유[171]를 이유로 소급하여 소멸시키는 단독행위로 해제와 유사성이 많다. 하지만 취소는 계약에 국한되지 않고 모든 법률행위에 관하여 인정되며, 취소권은 법률규정에 의해서만 인정되고 계약에 의해서는 발생하지 않는다는 점 등의 차이가 있다.

(2) 해제권의 발생

해제권은 당사자의 특약에 의해 발생하는 경우도 있지만(제543조 제1항), 이하에서는 법정해제권에 대하여 설명하기로 한다. 민법은 법정해제권의 발생원인으로 이행지체(제544조)와 이행불능(제546조)의 두 가지를 규정하고 있으나 채무불이행의 다른 원인인 불완전이행의 경우에도 본 규정을 유추 적용할 수 있다.

1) 이행지체로 인한 법정해제권

먼저 이행지체로 인한 법정해제권이 발생하기 위해서는 ① 채무자의 고의 또는 과실에 의한 이행지체가 있을 것 ② 채권자가 상당한 기간을 정하여 이행을 최고할 것 ③ 그 기간 내에 이행이나 이행의 제공이 없을 것이라는 요건이 필요하다. 요건 ①과 관련하여 이행지체에 채무자의 귀책사유가 필요한가에 대하여 민법의 규정이 없어 견해의 대립이 있지만, 이는 요건이라고 해석할 것이다.[172] 그 밖에 해제권 발생을 위해 채무자에게 상당기간을 정하여 최고하는 것은 채무자의 이행이 가능하므로 이행의 기회를 재부여하는 것이라고 할 것이다. 이와 관련하여 기한의 정함이 없는 채무의 경우[173]에는 채권자가 채무자를 이행지체에 빠뜨리기 위하여 이행청구를 한 이후 해제를 위하여 다시 최고를 할 필요는 없다(제387조 제2항). 판례는 최고를 하면서 지정된 일시에 이행이 없을 경우 해제하겠다는 표시를 부가한 경우, 별도의 해제의 의사표시가 없더라도 그 기간의 경과로 계약이 해제된 것으로 본다.[174] 이처럼 이행지체의 경우에는 채권자의 최고가 필요하지만, 채무자가 미리 이행하지 아니할 의사를 표시한 경우, 최고는 요건이 아니다(제544조 단서). 채무자가 미리 이행거절의 의사표시를 한 경우, 채권자는 채무의 이행기를 기다릴 필요 없이 해제권 행사가 가능하다.[175] 쌍무계약에 있어

---

171) 예컨대 미성년자의 법률행위(제5조), 피성년후견인의 법률행위(제10조), 착오의 의사표시(제109조), 사기 및 강박에 의한 의사표시(제110조) 등이 있다.

172) 이행불능으로 인한 해제권을 규정한 「민법」 제546조는 '채무자의 책임 있는 사유'라고 명시하고 있다.

173) 「민법」 제387조 제2항.

174) 대판 1979.9.25. 79다1135.

서 당사자 쌍방의 채무가 동시이행의 관계에 있는 때에는 채권자는 채무자를 이행지체에 빠뜨리기 위해 자기 채무의 이행의 제공을 하는 것 이외에 최고기간에도 이행의 제공을 해야 한다.[176] 이상의 요건이 갖추어지면 채권자에게 해제권이 발생하며, 그 행사는 채권자의 자유이다. 따라서 해제권을 포기하고 본래의 급부를 청구할 수도 있다. 또한 해제권이 발생한 후에도 채권자가 해제권을 행사하기 전에는 채무자는 지연배상을 포함한 채무의 내용에 좇은 이행을 하여 해제권을 소멸시킬 수 있다.

「민법」제545조는 정기행위의 경우에는 최고 없이 계약을 해제할 수 있도록 규정한다. 정기행위란 계약의 성질 또는 당사자의 의사표시에 의하여 일정한 시일 또는 일정한 기간 내에 이행하지 않으면 계약의 목적을 달성할 수 없는 것을 말한다. 예컨대 결혼식에서 착용할 웨딩드레스 제작이 그러한 것이다.

2) 이행불능으로 인한 법정해제권

채무자의 책임 있는 사유로 이행이 불능하게 된 때에는 채권자는 계약을 해제할 수 있다(제546조). 이행불능으로 인한 법정해제권이 발생하기 위해서는 채권자의 최고가 필요하지 않으며, 채무자의 채무가 상대방의 채무와 동시이행관계에 있더라도 채권자는 이행의 제공을 할 필요가 없다.[177] 그리고 이행불능이 채무자의 귀책사유에 의하지 않는 경우에는 위험부담의 문제가 되며, 이행불능을 이유로 한 해제는 인정되지 않는다.[178] 예컨대 A의 자전거를 구입하기로 한 B의 과실에 의해 자전거가 멸실된 경우, B는 이행불능을 이유로 위 매매계약을 해제할 수 없다.

3) 불완전이행으로 인한 해제권

불완전이행이 있는 경우, 완전한 이행이 가능하면 이행지체로 인한 법정해제에 관한 규정을 유추하고 완전이행이 불가능한 경우에는 이행불능으로 인한 법정해제의 규정을 유추한다.[179] 따라서 불완전이행에 대해 완전이행이 가능하다면, 채권자는 채무자에 대하여 상당한 기간을 정하여 그 이행을 최고하고 그 기간 내 이행이 없다면 해제권이 발생한다.

---

175) 대판 2005.8.19. 2004다53173.
176) 대판 1993.4.13. 92다56438.
177) 대판 2003.1.24. 2000다22850.
178) 대판 2002.4.26. 2000다50497.
179) 대판 1996.11.26. 96다27148.

(3) 해제권의 행사

해제권의 행사는 상대방에 대한 의사표시로 한다(제543조 제1항). 행사의 방법에는 제한이 없다. 해제권은 형성권이므로 여기에 조건이나 기한은 붙이지 못한다. 또한 해제는 일방적인 의사표시로 계약을 소급적으로 소멸시키는 것으로 철회는 금지된다(제543조 제2항). 판례는 소제기로 해제권을 행사한 후 그 뒤에 소를 취하하였다고 하여도 해제권 행사의 효력에는 영향이 없다고 한다.[180] 다만 당사자의 합의로 철회하는 것은 가능하다고 할 것이다.

「민법」 제547조 제1항은 "당사자의 일방 또는 쌍방이 수인인 경우에는 계약의 해지나 해제는 그 전원으로부터 또는 전원에 대하여 하여야 한다."라고 규정한다. 이 규정의 취지는 복수의 당사자마다 법률관계가 달라지는 것을 방지하기 위함인데, 이를 해제의 불가분성이라고 한다. 예컨대 A와 B가 공유하는 주택을 C가 구입하기로 한 경우, 매도인 측의 이행불능을 이유로 C가 계약을 해제하기 위해서는 A와 B 모두에게 해제의 의사표시를 해야 한다.

(4) 해제의 효과

1) 원상회복의무

당사자 일방이 해제권을 행사하면, 각 당사자는 그 상대방에 대하여 원상회복의 의무가 있으며, 금전을 반환해야 할 경우에는 그 받은 날로부터 이자를 가산해야 한다(제548조). 그리고 이러한 의무는 동시이행의 관계에 있다(제549조). 다만 해제의 효과로서 소급효가 인정되는지에 관하여 직접효과설과 청산관계설[181]이 대립하지만, 「민법」 제548조 제1항 단서인 "그러나 제3자의 권리를 해하지 못한다."는 규정으로 볼 때, 소급효를 인정하는 직접효과설이 보다 타당한 것으로 보인다.[182] 직접효과설에 따라 해제의 효과를 살펴보면, 아직 이행되지 않은 채무는 당연히 소멸하고 이미 이행된 채무는 그 급부가 법률상 원인을 잃게 되어 부당이득 반환의 대상이 된다. 원상회복의무의 범위는 우선 제548조에 따라 이익의 현존 여부나 선의·악의를 불문하고 이익 전부를 반환하여야 한다.[183]

---

180) 대판 1982.5.11. 80다916.

181) 청산관계설은 계약이 해제되면 기존의 계약관계는 청산관계로 변경되며, 아직 이행되지 않은 채무는 소멸되고 이미 이행이 된 채무는 반환해야 할 의무가 발생한다고 한다.

182) 판례도 직접효과설의 입장이다(대판 1995.3.24. 94다10061).

이처럼 해제의 효과로서 소급효가 인정되는데, 계약의 이행으로 물권의 변동(예컨대 등기)이 있는 경우, 계약이 해제되면 이전하였던 권리는 당연히 복귀할 것인가의 문제가 있다. 이에 대해 학설은 채권적 효과설[184]과 물권적 효과설로 나뉘는데, 판례는 계약이 해제되면 그 계약의 이행으로 변동이 생겼던 물권은 당연히 그 계약이 없었던 원상태로 복귀한다고 하여, 물권적 효과설을 취하고 있다.[185] 예를 들어 직접효과설을 따르면, A가 먼저 자신의 토지를 B 앞으로 등기를 이전한 후, B의 매매대금 미지급을 이유로 계약을 해제하면, B 명의의 등기가 말소되지 않더라도 당연히 토지의 소유권은 A에게 회복된다. 그런데 만약 B 명의의 등기를 믿고 이를 이전받은 C에게는 예측하지 못한 손해가 발생할 수 있다. 이를 위해 민법은 제3자 보호 규정을 둔다(제548조 제2항). 이에 따라 A는 선의의 제3자인 C에게 해제의 효과를 주장하지 못한다.

2) 손해배상청구권

「민법」 제551조는 "계약의 해지 또는 해제는 손해배상의 청구에 영향을 미치지 아니한다."라고 규정하여, 해제권자는 해제를 하면서 손해배상을 청구할 수 있다. 여기의 손해배상청구는 해제 전에 채무불이행으로 인하여 발생하여 해제 후에도 남아 있는 손해를 의미한다. 손해배상의 범위와 관련하여 이행이익설과 신뢰이익설이 대립하는데, 판례는 이행이익의 배상이 원칙이지만 그에 갈음하여 신뢰이익의 배상을 청구할 수도 있다고 한다.[186]

(5) 해제권의 소멸

해제권은 형성권으로서 10년의 제척기간의 적용을 받는다. 해제권자는 자유롭게 해제권을 포기할 수도 있다. 판례는 해제권이 발생한 후 이를 행사하지 않고 잔대금과 약정연체료를 수령하면서 소유권이전등기 절차를 이행할 뜻을 통고한 경우에는 해제권을 포기한 것으로 보아야 한다고 판시한다.[187] 그 밖에 해제권의 행사기간이 정해져 있지 않은 경우, 상대방은 상당한 기간을 정하여 해제권 행사 여부의 확답을 최고할 수 있고

---

183) 부당이득의 반환범위는 수익자의 선의·악의에 따라 달라진다(제748조). 따라서 제548조는 부당이득에 관한 제741조의 특칙으로 이해된다.

184) 채권적 효과설에 따르면 원인행위인 채권행위가 해제되더라도 이행행위 자체는 그대로 유효하며, 원상회복의 문제가 남는다. 이러한 채권적 효과설은 물권행위의 무인성에 바탕을 두고 있다.

185) 대판 1977.5.24. 75다1394.

186) 대판 2002.6.11. 2002다2539.

187) 대판 1991.5.14. 91다8005.

그 기간 내에 통지를 받지 못한 때에는 해제권은 소멸한다(제552조).

또한 「민법」 제553조는 "해제권자의 고의나 과실로 인하여 계약의 목적물이 현저히 훼손되거나 이를 반환할 수 없게 된 때 또는 가공이나 개조로 인하여 다른 종류의 물건으로 변경된 때에는 해제권은 소멸한다."라고 규정한다.

3. 계약의 해지

(1) 의의

계약의 해지(解止)란 계속적 계약의 효력을 장래에 향하여 소멸하게 하는 단독행위를 말한다. 예컨대 주택임대차계약을 체결한 임차인이 계약기간 만료 전에 계약을 해소하는 것이 그것이다. 계속적 계약이 일단 실행이 된 경우에는 해제는 불가능하고 해지만 가능하다고 할 것이다.[188] 그리고 해제와 다르게 소급효가 아닌 장래효가 인정된다. 따라서 해지 이전에 급부했던 것들은 그대로 유효한 상태로 남는다.

(2) 해지권의 발생

계약을 해지할 수 있는 권리, 즉 해지권은 형성권이며, 법률의 규정 또는 당사자의 계약에 의해 발생한다(제543조 제1항). 법률의 규정에 의한 해지권(법정해지권)은 각각의 전형계약에서 별도로 규정하고 있는데,[189] 해제권과 달리 일반적인 법정해지권 규정을 두고 있지 않다.[190] 그리고 계속적 계약을 체결하면서 당사자 일방이나 쌍방을 위하여 해지권을 유보하는 특약을 할 수 있는데, 이를 약정해지권이라 한다.

(3) 해지권의 행사

해지권의 행사는 상대방에 대한 일방적인 의사표시로 한다(제543조 제1항). 해제권과 마찬가지로 해지의 의사표시는 철회하지 못하며(2항), 불가분성이 있다(제547조).

---

188) 대판 1994.11.22. 93다61321.

189) 계속적 계약과 관련하여 제610조(차주의 사용, 수익권), 제629조(임차권의 양도, 전대의 제한), 제660조(기간의 약정이 없는 고용의 해지 통고) 등의 규정이 있다.

190) 법정해제권은 이행지체(제544조, 제545조), 이행불능(제546조) 등과 같은 채무불이행을 이유로 발생하는데, 이러한 규정을 일반적인 법정해지권의 사유로 유추하자는 견해도 있다. 하지만 해제와 해지는 상당히 다른 측면이 많으므로 재고될 필요가 있다.

(4) 해지의 효과

해지가 있으면 계약은 장래를 향하여 효력을 상실하며, 소급하여 무효로 되지 않는다(제550조). 그리고 해지가 있기 전에 발생한 채무는 해지가 있더라도 소멸하지 않고 그대로 존속한다.[191] 예컨대 위의 사례에서 임차인이 계약기간 만료 전에 계약을 해지하더라도 이미 발생한 연체차임은 지급해야 한다. 그 밖에 계약이 해지되면 계약관계의 청산의무가 발생하며, 손해가 있으면 해지와 별도로 손해배상청구도 가능하다(제551조).

---

191) 대판 1996.9.6. 94다54641.

제10절 매매계약

Ⅰ. 매매의 의의

매매(賣買)란 당사자 일방이 재산권을 상대방에게 이전할 것을 약정하고 상대방은 그 대금을 지급할 것을 약정함으로써 성립하는 계약이다(제563조). 매매는 낙성·쌍무·유상·불요식의 전형계약이다. 매매는 당사자의 합의만으로 성립하는 낙성계약이므로 타인의 재산권을 이전하기로 하는 약정도 유효하다(제569조). 다만 매도인은 이행기까지 그 재산권을 취득하여 매수인에게 이전하여야 한다. 이처럼 매매는 채권행위와 물권행위가 분리되어 나타나기도 하지만, 특히 동산의 매매에서는 채권행위와 물권행위가 하나로 합체되어 나타나는데, 이를 현실매매라고 한다. 그리고 매매는 대표적인 유상계약으로서 이에 관한 자세한 규정을 두고 이 규정을 다른 유상계약에 준용하고 있다(제567조).[192)]

Ⅱ. 매매의 성립

1. 매매계약의 내용

매매는 당사자 쌍방의 의사표시의 합치가 있으면 성립하며, 합의는 반드시 서면에 의할 필요는 없고 구두로도 가능하다. 또한 매매가 성립되기 위해서는 모든 사항에 대한 합의가 있을 필요는 없으며, 매매의 본질적인 구성부분인 이전할 재산권과 대금에 대한 부분의 합의만 있으면 족하다. 매매의 목적인 재산권은 물권에 한하지 않고 채권, 지적재산권, 장래에 취득할 재산권도 그 대상이 될 수 있다.

---

192) 가장 대표적인 것이 바로 매도인의 담보책임에 관한 규정(제570조 이하)이다.

2. 매매의 일방예약

「민법」 제564조 제1항은 "매매의 일방예약은 상대방이 매매를 완결할 의사를 표시하는 때에 매매의 효력이 생긴다."라고 규정하여, 매매의 예약 중 일방예약을 규정하고 있다. 예약(豫約)이란 장차 본계약을 체결할 것을 약속하는 계약이다. 그런데 일방예약(一方豫約)이라는 것은 예약상의 일방 당사자가 본계약을 성립시킨다는 의사표시를 하면 상대방의 승낙 없이 본계약을 성립시키는 예약을 말한다.[193] 예컨대 A가 B의 자동차를 구입하고 싶지만 예산이 부족하여 몇 달 후 가능한 경우, B의 양해를 얻어 매매계약의 일방예약을 체결하는 경우가 그것이다. 몇 달 후 A는 B에 대한 일방적인 의사표시(B의 승낙이 없더라도)로 본계약인 매매계약을 성립시킬 수 있다. 그런데 오늘날에는 매매의 일방예약이 채권담보의 수단으로 사용되고 있다. 예를 들어 C가 D에게 금전을 빌려주면서, 그 채권을 담보하기 위해 D의 부동산을 장차 일정한 금액에 매수하기로 하는 예약을 체결한 다음, D의 채무불이행 시 C가 매매완결의 의사표시를 하여 그 부동산의 소유권을 취득하는 것이다.[194] 위의 사례에서 매매완결의 의사표시를 할 수 있는 권리를 예약완결권이라고 하며, 이는 일종의 형성권이다. 이처럼 예약완결권을 행사하면 본계약인 매매가 성립하고 효력이 발생한다. 예약완결권은 당사자 사이에 그 행사기간을 정한 때에는 그 기간 내에 행사하여야 하고 당사자가 행사기간을 정하지 않은 때에는 예약이 성립한 때로부터 10년의 기간 내에 행사하여야 한다.[195] 이 기간은 제척기간이다.

3. 계약금

(1) 계약금의 의의

계약금(契約金)이란 계약체결 시 당사자 일방이 상대방에 대하여 교부하는 금전 기타 유가물이다. 계약금은 매매뿐만 아니라 다른 계약에서도 교부되며, 민법은 매매와 관련하여 이를 규정하고 다른 유상계약에 이를 준용하고 있다(제567조). 주의할 것은 계약금은 매매계약에 필수적인 요소는 아니며, 매매계약과 별개의 계약금계약으로부터

---

193) 예약완결권을 계약 당사자 모두가 갖고 있으면 쌍방예약(雙方豫約)이다.

194) 보통은 C가 장차 가질 수 있는 소유권이전청구권을 보전하기 위해 가등기를 해두는데, 이를 가등기담보라고 하며, 이러한 경우 채권자 C의 폭리 가능성을 규제하기 위한 「가등기담보 등에 관한 법률」이 제정되어 있다.

195) 대판 2003.1.10. 2000다26425.

나온다. 물론 매매계약과 함께 체결되는 경우도 있다. 계약금계약은 요물계약이며, 매매계약의 종된 계약이므로, 실제 금전 기타 유가물의 교부가 있어야 하며, 만약 매매계약이 효력을 상실하면 계약금계약도 효력을 상실한다.

(2) 계약금의 종류

계약금이 가지고 있는 성질에 따라 계약금은 증약금, 해약금, 위약금으로 나누어볼 수 있다. 먼저 증약금(證約金)이란 계약이 체결되었다는 증거로서 의미를 가지는 계약금을 말한다. 이는 모든 계약금이 기본적으로 보유하고 있는 성질이다. 다음으로 해약금(解約金)이란 계약의 해제권을 유보하는 기능을 하는 계약금이다.「민법」제565조는 "매매의 당사자 일방이 계약 당시에 금전 기타 물건을 계약금, 보증금 등의 명목으로 상대방에게 교부한 때에는 당사자 간에 다른 약정이 없는 한 당사자의 일방이 이행에 착수할 때까지 교부자는 이를 포기하고 수령자는 그 배액을 상환하여 매매계약을 해제할 수 있다."라고 하여 해약금에 관한 규정을 두고 있다. 유의할 점은 계약금이 해약금인 경우, 계약의 구속력은 약화가 된다는 사실이다. 마지막으로 위약금(違約金)은 채무불이행이 있는 경우에 의미를 갖는 계약금이다. 이는 다시 위약벌(違約罰)의 성질을 갖는 위약금과 손해배상액예정의 성질을 갖는 위약금으로 나뉘는데, 계약금이 위약금의 성질을 띠기 위해서는 반드시 당사자의 특약이 있어야 한다.[196] 위약벌의 성질을 갖는 위약금은 교부자의 채무불이행이 있는 경우, 이를 벌로써 몰수하고 별도로 손해배상청구권을 행사할 수 있으며, 법원에 의한 감액도 허용되지 않는다. 반면, 손해배상액예정의 성질을 갖는 위약금은 채무불이행이 있는 경우, 손해배상을 계약금으로 갈음하는 것이다. 따라서 별도의 손해배상청구는 부정되며, 그것이 부당히 과다한 경우에는 법원이 적당히 감액할 수 있다(제398조 제2항).[197] 한편 위약금에 관한 특약이 있는데, 그 성질이 분명하지 않을 때에는 손해배상액예정의 성질을 갖는 것으로 추정하여야 한다.

그렇다면 계약금이 교부되었는데, 그 계약금이 어떤 성질을 갖는가는 계약금계약의 해석에 따라 결정되는데, 그것이 불분명한 때에는 해약금으로 추정된다(제565조 제1항). 판례는 손해배상액의 예정의 성질을 갖는 위약금 계약의 특약이 있는 경우에는 특별한 사정이 없는 한 그 성질 외에 해약금의 성질을 갖는다고 한다.[198]

---

196) 대판 1992.11.27. 92다23209. 따라서 계약금이 수수된 경우, 이를 위약금으로 하기로 하는 특약이 없는 한 채무불이행이 발생하더라도 채권자는 실제 손해만을 배상받을 수 있고 계약금이 위약금으로서 당연히 채권자에게 귀속하지는 않는다.

197) 그런데 제398조에서 규정하는 손해배상액의 예정은 이에 대한 약정만 있고 배상액의 지급은 없지만, 손해배상의 예정의 성격을 띠는 위약금은 이미 배상금이 지급되었다는 측면에서 차이를 보인다.

(3) 해약금의 효력

계약금이 해약금의 성질을 갖는 경우, 당사자의 일방이 이행에 착수할 때까지 계약금을 교부한 자는 이를 포기하고, 수령자는 그 배액을 상환하면서 매매계약을 해제할 수 있다(제565조 제1항). 따라서 이러한 계약금이 수수된 경우에는 계약 당사자 모두 채무불이행과 무관하게 계약을 해제할 수 있는 해제권을 갖게 된다. 여기서 '이행에 착수'한다는 것은 객관적으로 외부에서 인식할 수 있을 정도로 채무의 이행행위의 일부를 하거나 또는 이행을 하기 위하여 필요한 전제행위를 하는 것을 말하며, 단순히 이행의 준비를 하는 것만으로는 부족하다.199) 판례에 따르면 매수인의 중도금 지급, 매도인의 매매목적물의 인도 등은 이행에 착수한 것이라고 한다.200) 당사자가 이행에 착수한 경우에는 누가 이행에 착수했는지를 묻지 않고 계약을 해제할 수 없다.201)

해약금에 의한 해제가 있으면, 계약은 소급하여 무효가 되며, 이행의 착수 전에만 해제할 수 있기 때문에 원상회복의무는 발생하지 않는다. 또한 채무불이행을 원인으로 한 것도 아니므로 손해배상청구권도 발생하지 않는다(제565조 제2항).

Ⅲ. 매매의 효력

1. 매도인의 재산권 이전의무

매도인은 매수인에 대하여 매매의 목적인 된 권리(재산권)를 이전하여야 한다(제568조 제1항). 따라서 권리 이전에 필요한 요건 즉 등기, 등록, 인도, 대항요건을 갖추어야 한다. 그리고 재산권은 다른 특약이나 특별한 사정이 없다면 아무런 부담이 없는 것이어야 한다. 예를 들어 부동산에 저당권이 설정되어 있다면, 매도인은 이를 말소하고 매수인에게 소유권이전등기를 넘겨주어야 한다. 또한 타인의 토지 위에 건축된 건물을 매도할 때에는 건물 소유를 위한 지상권과 같은 종된 권리도 함께 이전하여야 한다. 이러한 매도인의 재산권 이전의무는 매수인의 대금지급의무와 원칙적으로 동시이행관계

---

198) 대판 1992.5.12. 91다2151.

199) 대판 2002.11.26. 2002다46492.

200) 대판 1994.11.11. 94다17659.

201) 토지에 대한 매매계약에서 중도금을 지급한 매수인은 계약금을 포기하고 그 계약을 해제하지 못한다(대판 2000.2.11. 99다62074).

에 있다.[202]

2. 매도인의 담보책임

(1) 의의

매매계약은 계약 당사자가 서로 대가적 의미를 갖는 재산을 출연하는 유상계약인데, 이러한 등가성(等價性)이 깨진 경우를 대비하여 「민법」은 제570조부터 제584조까지 매도인의 담보책임을 규정하고 이를 다른 유상계약에 준용하고 있다. 즉 매도인의 담보책임이란 매매의 목적물인 재산권 또는 그 재산권의 객체인 물건에 하자가 있는 경우, 매도인이 매수인에 대하여 부담하는 책임을 말한다.

매도인의 담보책임의 법적 성질과 관련하여, 크게 법정책임설과 채무불이행설의 대립이 있다. 법정책임설에 따르면, 매도인의 귀책사유가 요건이 아니며,[203] 요건이 갖추어지면 담보책임 외에 채무불이행책임도 물을 수 있다. 반면, 채무불이행설에서는 담보책임이 채무불이행의 성질을 갖기 때문에 요건으로서 매도인의 귀책사유가 필요하며, 담보책임을 채무불이행책임의 특칙으로 이해한다. 생각건대 담보책임은 법정책임설로 이해하는 것에 동의한다. 예를 들어 문구점에서 볼펜 한 개를 구입했는데, 필기가 되지 않는 경우, 다른 볼펜으로 교환하거나 환불 받는데 문구점 주인의 고의 또는 과실이 필요한가 의문이다. 또한 볼펜의 볼이 빠져 잉크가 흘러 옷을 망친 경우, 매수인은 담보책임과 별도로 손해배상책임도 물을 수 있다고 새겨야 한다.[204]

(2) 담보책임의 내용

매도인의 담보책임을 그 발생원인에 따라 분류하면 첫째, 권리에 하자가 있는 경우 둘째, 물건에 하자가 있는 경우, 그 밖에 채권매매와 경매에 있어서 담보책임으로 나눌 수 있다.

---

202) 대판 2000.11.28. 2000다8533.

203) 무과실책임이다.

204) 판례도 양 책임이 병존할 수 있다고 한다(대판 1993.11.23. 93다37328).

1) 권리의 하자에 대한 담보책임

가. 권리의 전부가 타인에게 속하는 경우

매도인은 자신의 권리가 아닌 타인의 권리를 매매의 목적물로 삼는 것도 가능한데, 다만 약정된 이행기까지 이를 취득하여 매수인에게 이전하여야 한다(제569조). 예컨대 C 소유의 토지를 소유권이 없는 A가 B에게 매각하기로 약정한 경우, A는 그 소유권을 취득해서 B에게 이전하면 된다. 하지만 그렇지 못한 경우, 매수인은 계약을 해제할 수 있고 만약 매수인이 계약 당시 그 권리가 매도인에게 속하지 아니함을 모른 때(선의)에는 손해배상도 청구할 수 있다(제570조).[205] 따라서 악의의 매수인은 해제권만을 갖는다. 반면, 매도인이 계약 당시 그 재산권이 본인에게 속하지 아니함을 알지 못한 경우(선의)에는 손해를 배상하고 계약을 해제할 수 있다(제571조 제1항). 이때 상대방인 매수인이 악의인 경우에는 손해배상 없이 계약을 해제할 수 있다(제2항).

나. 권리의 일부가 타인에게 속하는 경우

매매의 목적이 된 권리의 일부가 타인에게 속함으로 인하여 매도인이 그 권리를 취득하여 매수인에게 이전할 수 없는 경우, 매수인은 선의·악의를 불문하고 이전받을 수 없는 부분의 비율로 대금의 감액을 청구할 수 있다(제572조 제1항).[206] 이러한 대금 감액청구권은 형성권이며, 대금감액청구는 계약의 일부 해제로 볼 수 있다. 그런데 선의의 매수인은 잔존한 부분만이면 이를 매수하지 않았을 경우에는 계약 전부를 해제할 수 있다(제2항). 또한 선의의 매수인은 감액청구 또는 계약해제 외에 손해배상도 청구할 수 있다(제3항). 매수인의 이러한 권리는 매수인이 선의인 경우에는 그 사실을 안 날로부터, 악의인 경우에는 계약한 날로부터 1년 내에 행사하여야 한다(제573조). 여기서 1년은 제척기간이다.

다. 권리의 일부가 존재하지 않는 경우

당사자가 수량을 지정해서 매매(수량지정매매)한 경우, 그 목적물의 수량이 부족하거나 매매 목적물의 일부가 계약 당시에 이미 멸실된 경우의 매도인 담보책임에 관하여는 「민법」 제574조가 규정한다. 유의할 점은 수량지정매매는 특정물매매에서만 인정된다는 것이다. 따라서 종류물매매의 경우, 수량부족이나 일부멸실은 채무불이행 또는 위험부담

---

205) 이때 손해배상의 범위에 대해 판례는 이행이익의 배상이라고 한다(대판 1979.4.24. 77다2290).
206) 대판 1981.5.26. 80다2508.

의 문제가 된다. 예컨대 122㎡의 아파트 분양계약을 체결하면서, 3.3㎡당 1,000만 원으로 산정하여 분양대금을 결정했는데, 실제 면적이 모자란 경우가 그것이다.207) 이처럼 수량지정매매에서 목적물의 수량부족 또는 일부멸실의 경우에는 권리의 일부가 타인에게 속한 경우에 대한 담보책임규정(제572조, 제573조)을 준용한다(제574조).

라. 재산권이 타인의 권리에 의하여 제한받고 있는 경우

매매의 목적물이 타인의 권리 즉 지상권, 지역권, 전세권, 질권 또는 유치권의 목적이 된 경우,208) 선의의 매수인은 손해배상을 청구할 수 있지만, 그 목적을 달성할 수 없는 경우에는 계약을 해제할 수 있다(제575조 제1항). 악의의 매수인은 그러한 사실을 이미 알고 매매계약을 체결한 것이므로 계약 해제나 손해배상은 청구할 수 없다. 예컨대 휴가 중 사용할 목적으로 중고 카메라를 구입했는데, 그 카메라를 전당포업자가 보관하고 있는 경우가 그것이다.

또한 매매의 목적이 된 부동산에 설정된 저당권 또는 전세권의 행사로 인하여 매수인이 그 소유권을 취득할 수 없거나 취득한 소유권을 잃은 때에 매수인은 선의·악의 불문하고 계약을 해제하면서 동시에 손해배상도 청구할 수 있다(제576조 제1항, 제3항). 이러한 경우 매수인의 출재로 그 소유권을 보존한 때에는 매도인에 대하여 그 상환을 청구할 수 있다(제2항).

2) 물건의 하자에 대한 담보책임

매매의 목적물에 하자가 있는 경우, 매도인은 담보책임을 부담하는데, 이를 하자담보책임이라고 한다.209) 여기서 하자(瑕疵)의 개념과 관련하여 객관설, 주관설, 병존설의 대립이 있다. 생각건대 하자를 판단할 때, 먼저 매매의 목적물에 당사자 사이에 합의된 성질이 없으면 하자가 있다고 할 것이며 당사자의 의사가 불분명한 경우에는 그 물건이 통상적으로 가져야 할 성질을 결여한 경우 하자가 있다고 할 것이다.210) 예컨대 중고차의 깨진 전조등을 수리하기 위해 폐차장에 적당한 상태의 전조등 1개를 주문했는데, 신품급 전조등을 보내 준 경우, 객관적으로는 그 물건에 하자는 없지만 주관적으로

---

207) 토지에 대해 수량지정매매로 파악한 판례로는 대판 2001.4.10. 2001다12256.

208) 그 밖에 매매목적 부동산을 위한 지역권이 없는 경우(제575조 제2항), 매매목적 부동산에 등기된 임대차계약이 있는 경우(제3항) 그리고 「주택임대차보호법」이나 「상가건물임대차보호법」상의 대항력 있는 임차권이 있는 경우도 포함된다.

209) 매매의 목적이 된 권리에 하자가 있는 경우는 추탈담보책임이라고 한다.

210) 판례는 매매의 목적물이 거래통념상 기대되는 객관적 성질·성능을 결여하거나, 당사자가 예정 또는 보증한 성질을 결여한 경우에 매도인은 하자담보책임을 부담한다고 한다(대판 2000.1.18. 98다18506).

는 하자가 있는 것으로 평가될 수 있다. 그 밖에 하자를 판단하는 기준 시기와 관련하여 판례는 특정물매매에 관하여 계약이 성립한 때가 그 기준이 된다고 한다.[211]

가. 특정물매매에 있어서 담보책임

매매의 목적물에 하자가 있는 경우, 선의의 매수인은 계약의 목적을 달성할 수 없을 때에는 계약을 해제할 수 있고 그 밖의 경우에는 손해배상만을 청구할 수 있다(제580조 본문).[212] 예를 들어 건물을 건축하기 위해 토지를 매입했으나 관련 법에 의해 건축허가가 나오지 않은 지역인 경우가 그것이다. 그러나 매수인이 이러한 사실을 알았거나 과실로 인하여 알지 못한 경우에는 해제나 손해배상을 청구할 수 없다. 즉 매수인은 선의·무과실이어야 담보책임을 물을 수 있다. 이러한 매수인의 권리는 매수인이 그 사실을 안 날로부터 6개월 내에 행사해야 한다.

나. 불특정물매매에 있어서 담보책임

매매의 목적물을 종류로 지정한 경우에 그 후 특정된 목적물에 하자가 있는 때에는 선의·무과실의 매수인은 계약의 목적을 달성할 수 없을 때는 계약을 해제하거나 손해배상을 청구할 수 있다(제581조 제1항). 하지만 매수인은 계약의 해제나 손해배상청구 대신 하자 없는 물건을 청구할 수 있다(제2항). 따라서 매수인이 완전물급부청구권을 행사하면 담보책임인 손해배상은 청구하지 못한다. 이상의 권리도 매수인이 그 사실을 안 날로부터 6개월 내에 행사하여야 한다(제582조).

3) 채권매도인의 담보책임

채권매매에 있어 채권매도인은 원칙적으로 채무자의 변제자력에 대하여 채권매수인에게 책임을 부담하지 않는다. 다만 매도인이 매수인에 대하여 채무자의 자력을 담보한다는 약정을 한 경우에는 담보책임을 부담한다. 그렇다면 어느 시기의 채무자의 자력을 담보하는가에 대해 해석이 불분명한 경우를 대비하여, 「민법」 제579조 제1항은 변제기가 이미 도래한 채권을 양도한 경우, 매매계약 당시의 자력을 담보한 것으로 추정하고 제2항은 변제기가 도래하지 않는 채권을 양도한 경우, 변제기의 자력을 담보한 것으로 추정하고 있다. 만약 채무자의 자력이 부족하여 채권매수인이 만족을 얻지 못

---

211) 대판 2000.1.18. 98다18506.
212) 매수인은 계약의 해제와 동시에 손해배상청구도 할 수 있다고 해석된다. 이는 제581조 불특정물매매에 있어서 담보책임에서도 마찬가지이다.

한 경우, 채권매도인은 담보책임으로서 손해배상책임을 부담하게 된다.

4) 경매에 있어서 담보책임

경매[213]에서 경락인은 권리의 하자가 있는 경우,[214] 채무자에게 계약의 해제 또는 대금감액을 청구할 수 있다(제578조 제1항). 만약 채무자에게 자력이 없는 때에는 경락인은 대금의 배당을 받은 채권자에 대하여 그 대금 전부나 일부의 반환을 청구할 수 있다(제2항). 이처럼 경매에 있어서 담보책임을 인정하는 이유는 본래 경매가 채무자의 의사에 의하지 않은 매매이기 때문이다.

3. 매수인의 대금지급의무

매수인은 매도인에게 매매대금을 지급해야 한다(제568조 제1항). 대금의 지급시기나 장소는 당사자의 합의에 의해 정하지만, 이러한 합의가 없는 경우 민법은 보충규정을 두고 있다. 먼저 대금의 지급시기와 관련하여, 「민법」 제585조는 "매매의 당사자 일방에 대한 의무이행의 기한이 있는 때에는 상대방의 의무이행에 대하여도 동일한 기한이 있는 것으로 추정한다."라고 규정하고 대금의 지급장소에 대하여 합의가 없으면, 채권자의 주소지에서 변제하는 것이 원칙이다(지참채무의 원칙). 그런데 「민법」 제586조는 "매매의 목적물의 인도와 동시에 대금을 지급할 경우에는 그 인도 장소에서 이를 지급하여야 한다."라고 하여 특별규정을 두고 있다.

그 밖에 민법은 일정한 요건하에 매수인에게 대금지급거절권을 인정한다. 즉 매매목적물에 대하여 권리를 주장하는 자가 있는 경우, 매수인이 권리의 전부나 일부를 잃을 염려가 있을 때에는 매수인은 그 위험의 한도에서 대금의 전부나 일부의 지급을 거절할 수 있다(제588조 본문). 예컨대 매매부동산에 대하여 매도인의 세금체납으로 압류등기가 되어 있는 경우, 매수인이 매매대금을 지급하지 않더라도 채무불이행으로 평가되지 않는다.[215] 그러나 매도인이 상당한 담보를 제공한 때에는 대금지급을 거절하지 못하며(단서), 매수인이 대금지급거절권이 있는 때에 매도인은 대금의 공탁을 청구할 수 있다(제589조).

---

213) 여기서 경매는 강제경매, 임의경매, 국세징수법에 의한 공매 등과 같은 공경매를 가리킨다.

214) 경매에 있어서 담보책임은 권리의 하자에 대한 담보책임만을 인정하고 물건의 하자에 대한 담보책임(제580조, 제581조)은 인정하지 않는다.

215) 대판 1967.7.11. 67다813.

제11절 소비대차계약

Ⅰ. 소비대차의 의의

소비대차(消費貸借)란 당사자 일방이 금전 기타 대체물의 소유권을 상대방에게 이전할 것을 약정하고 상대방은 그와 같은 종류, 품질 및 수량으로 반환할 것을 약정함으로써 성립하는 계약이다(제598조). 예컨대 돈을 일정기간 빌려 쓰고 갚기로 하는 경우가 그것이다. 소비대차는 소비물을 그 목적으로 한다는 측면에서 임대차, 사용대차와 다르다. 소비대차계약은 낙성·불요식의 전형계약인데, 만약 소비대차계약이 이자부(利子附) 소비대차계약이라면 쌍무·유상계약, 그것이 무이자부 소비대차계약이라면 편무, 무상계약이라고 할 것이다.216)

Ⅱ. 소비대차의 성립

소비대차는 낙성계약이므로 차주가 금전 기타 대체물의 인도를 받아야 성립하는 것은 아니다. 그리고 소비대차의 본질적 내용인 소비물을 이용하게 하고 동종, 동질, 동량의 것으로 변제하는 것에 대한 합의만 있으면 족하다. 따라서 그 밖의 사항, 예컨대 변제기, 변제장소, 변제방법, 이자 등에 대한 합의가 없더라도 계약의 성립에 영향이 없다.217)

금전소비대차의 경우, 차주가 금전 대신 유가증권 기타 물건을 인도 받은 경우에는 그 인도 시의 가액을 차용액으로 한다(제606조). 이러한 것을 대물대차(代物貸借)라고 하며, 예컨대 금전에 갈음하여 주식을 주는 것이 그것이다.

그 밖에 소비대차에 있어 특별한 규정으로는 대주가 목적물을 차주에게 인도하기 전에 당사자 일방이 파산선고를 받은 때에는 소비대차계약은 효력을 잃는다는 규정(제599조) 그리고 무이자부 소비대차의 당사자는 목적물의 인도 전에는 언제든지 계약을

---

216) 「민법」 제598조의 규정을 보면, 무이자부 소비대차계약을 원칙으로 한다.

217) 대판 1992.10.9. 92다13790.

해제할 수 있다는 규정이 있다(제601조 본문). 다만 상대방에게 손해가 있는 경우에는 이를 배상해야 한다(단서).

Ⅲ. 소비대차의 효력

1. 대주의 의무

대주는 차주에게 목적물의 소유권을 이전하여야 한다. 따라서 목적물이 금전이나 다른 대체물인 경우에는 이를 차주에게 인도하여야 한다. 그리고 이자부 소비대차의 경우, 목적물에 하자가 있는 경우에는 하자담보책임을 부담한다(제602조). 물론 이러한 책임을 묻기 위해서 차주는 선의·무과실이어야 한다. 예컨대 난방용 등유를 빌렸는데, 수분이 섞여 보일러가 고장 난 경우가 그것이다. 이때 차주는 계약을 해제하고 손해배상을 청구할 수 있을 것이다. 반면, 무이자부 소비대차의 경우에는 대주가 목적물에 하자가 있음을 알면서 차주에게 고지하지 않은 경우에만 담보책임을 부담한다(제602조 제2항 단서).

2. 차주의 의무

차주는 원칙적으로 대주로부터 받은 것과 동종, 동질, 동량의 물건으로 반환하여야 한다(제598조). 그런데 채권의 당사자 사이에 본래의 급부에 갈음하여 다른 급부를 하기로 예약하는 경우가 있는데, 이를 대물변제의 예약이라고 한다. 예컨대 10만 원을 빌리면서 자전거로 변제하기로 하는 약정이 그것이다. 그런데 이러한 대물변제의 예약은 채무의 이행이라는 본래의 목적이 아닌 채권담보의 목적으로 많이 활용되고 있다. 예를 들어 A가 1,000만 원을 B에게 빌려주면서 시가 2,000만 원 상당의 B 소유 부동산을 대신 이전받기로 하는 약정을 하는 경우다.[218] 그런데 문제는 대주가 폭리를 취할 우려가 있다는 점이다. 이에 대해 민법은 이전이 될 재산의 예약 당시의 가액이 차용액 및 이에 붙인 이자의 합산액을 넘지 못한다고 하며(제607조), 이를 위반한 약정으로서 차주에게 불리한 것은 효력이 없다고 한다(제608조).[219] 여기서 "효력이 없다."는 의미

---

218) 이를 유저당(流抵當) 계약이라고 한다.

를 판례는 처음에는 무효로 판단하였으나 그 이후 당사자 사이에 청산절차를 밟아야 하는 약한 의미의 양도담보계약으로 판시하고 있다.220) 생각건대 이러한 판례의 태도는 합당하다고 할 것이다. 왜냐하면 가등기가 없는 부동산의 대물변제예약은 「가등기담보 등에 관한 법률」이 적용되지 않는 관계로 채권자의 청산의무가 나오지 않기 때문이다.221)

이자부 소비대차의 경우, 차주는 약정된 이자를 지급해야 하며, 이자지급 약정은 있지만 이율을 구체적으로 정하지 않은 경우에는 법정이율에 의한다. 법정이율은 민사는 연 5%, 상사는 연 6%이다.222) 그런데 계약자유의 원칙상 이율도 당사자의 자유로운 합의에 의해 정해지지만, 「이자제한법」과 「대부업 등의 등록 및 금융이용자 보호에 관한 법률」에 의한 제한이 있다. 이러한 최고이자율에 관한 제한을 초과하면 초과한 부분은 무효가 된다.

Ⅳ. 준소비대차

당사자 쌍방이 소비대차에 의하지 아니하고 금전 기타 대체물을 지급할 의무가 있는 경우, 당사자가 그 목적물을 소비대차의 목적으로 할 것을 약정한 때에는 소비대차의 효력이 발생하는데, 이를 준(準)소비대차계약이라고 한다(제605조). 예컨대 매매대금 지급의무를 소비대차로 하기로 합의한 경우가 그것이다. 준소비대차는 소비대차의 효력이 발생한다.

---

219) 위 사례에서 A가 장차 취득할 B 소유의 부동산을 위해 소유권이전등기청구권 보전의 가등기를 경료한 경우라면, 「가등기담보 등에 관한 법률」이 적용된다.

220) 대판 1999.2.9. 98다51220.

221) 「가등기담보 등에 관한 법률」 제4조에 따르면, 청산금을 지급하지 않으면 부동산 소유권을 취득하지 못한다.

222) 「민법」 제379조(법정이율), 「상법」 제54조(상사법정이율).

제12절 임대차계약

Ⅰ. 임대차의 의의

임대차(賃貸借)란 당사자 일방이 상대방에게 목적물을 사용·수익하게 할 의무를 부담하고 상대방은 이에 차임을 지급할 것을 약정함으로써 성립하는 계약이다(제618조). 임대차계약은 낙성, 쌍무, 유상, 불요식의 계약이다. 따라서 타인의 목적물을 무상으로 사용·수익하는 것을 내용으로 하는 사용대차계약과는 다르다(제609조). 특히 임대차계약은 유한한 자원인 토지, 건물을 타인으로부터 빌려 쓰는 방법의 하나로서 중요한 역할을 하고 있다.

Ⅱ. 임대차의 성립

임대차는 낙성계약이므로 임대인과 임차인 사이의 합의에 의해 성립한다. 임대차의 목적물은 물건이며, 권리는 이에 포함되지 않는다. 따라서 부동산, 동산 모두 임대차의 목적물이 될 수 있지만, 농지의 경우에는 원칙적으로 임대차를 금지한다.[223] 그리고 임대차는 소유권을 이전하는 것을 내용으로 하지 않기 때문에 임대인은 목적물에 대한 소유권이나 기타 그것을 처분할 권한을 반드시 가져야 하는 것은 아니다.[224] 예컨대 국유지를 무단으로 타인에게 임대한 경우가 그것이다. 하지만 처분권한 없는 자의 임대차는 그 기간에 있어서 제한을 받는다. 왜냐하면 임대차 존속기간을 지나치게 장기로 하는 것은 실질적으로 처분행위로 평가받을 수 있기 때문이다. 예를 들어 벽돌 건물을 건축하기 위해 미성년자의 후견인과 미성년자의 토지에 대해 임대차계약을 체결한 경우, 토지 임차권의 존속기간은 10년을 넘지 못한다(제619조).[225]

---

[223] 「농지법」 제23조(농지의 임대차 또는 사용대차).

[224] 대판 1994.5.10. 93다37977; 대판 1996.9.6. 94다54641.

[225] 미성년자의 후견인은 미성년자의 재산에 대한 관리권한은 있지만 처분권한은 없다. 만약 처분행위를 하기 위해서는 후견감독인의 동의를 받아야 한다(제950조).

Ⅲ. 임대차의 계약기간

1. 당사자의 약정이 있는 경우

임대차의 계약기간에 관하여 당사자의 합의가 있으면 그에 따른다. 그 기간이 종료되면 당사자의 갱신(更新)도 가능하다. 이하에서는 갱신과 관련된 규정을 살펴본다.

(1) 계약에 의한 갱신

「민법」 제643조에 따르면, "건물 기타 공작물의 소유 또는 식목, 채염, 목축을 목적으로 한 토지임대차의 기간이 만료한 경우에 건물, 수목 기타 지상시설이 현존한 때"에는 임차인은 계약의 갱신을 청구할 수 있다. 이러한 임차인의 갱신청구권은 형성권이 아닌 청구권이므로, 임대인이 이에 응하여 계약을 체결하여야 갱신의 효과가 생긴다. 만약 임대인이 이를 거절하면, 임차인은 상당한 가액으로 건물·수목 기타 지상시설의 매수를 청구할 수 있다(제643조). 유의할 점은 지상시설 매수청구권은 형성권이라는 것이다. 따라서 이러한 권리의 행사에 의해 지상시설에 대한 매매계약이 성립한 것으로 된다. 판례에 따르면, 이러한 지상시설이 객관적으로 경제적 가치가 있는지 또는 임대인에게 소용이 있는지는 행사요건이 아니라고 한다.226) 임대차의 계약기간이 종료된 이후 발생하는 계약의 갱신청구권과 지상시설 매수청구권을 규정한 「민법」 제643조는 강행규정이므로, 그에 위반하는 약정으로 임차인에게 불리한 것은 효력이 없다(제652조).

(2) 법정갱신

임대차 기간이 만료한 후 임차인이 임차물의 사용, 수익을 계속하는 경우, 임대인이 상당한 기간 내에 이의를 하지 아니한 때에는 전(前) 임대차와 동일한 조건으로 다시 임대차한 것으로 본다(제639조 제1항 본문). 다만 존속기간에 대한 약정은 없는 것으로 다루어져 당사자는 언제든지 계약해지의 통고를 할 수 있고 일정한 기간이 경과하면 해지의 효력이 생긴다(단서, 제635조).

---

226) 대판 2002.5.31. 2001다42080.

2. 당사자의 약정이 없는 경우

임대차 기간의 약정이 없는 때에는 당사자는 언제든지 계약해지의 통고를 할 수 있는데, 상대방이 이러한 통지를 받고 다음의 일정한 기간이 경과하면 해지의 효력이 생긴다. 토지, 건물 기타 공작물에 대하여는 임대인이 해지를 통고한 경우에는 6월, 임차인이 해지를 통고한 경우에는 1월이며, 동산에 관하여는 누구의 해지통고인지를 묻지 않고 5일이다(제635조).

Ⅳ. 임대차의 효력

1. 임대인의 권리 · 의무

(1) 목적물을 사용 · 수익하게 할 의무

임대인은 임대차계약이 존속하는 동안 임차인이 목적물을 사용 · 수익할 수 있도록 할 의무를 부담한다. 이를 위해서 목적물을 임차인에게 인도해야 하며, 수선의무를 부담한다(제623조). 목적물에 파손이 생겼더라도 사소한 것이어서 임차인이 큰 비용을 들이지 않고 쉽게 수선이 가능한 경우에는 임대인의 수선의무는 없다. 즉 그것을 수선하지 않으면 임차인이 계약에 의하여 정해진 목적에 따라 사용 · 수익할 수 없는 상태로 될 정도의 것인 때에 수선의무를 부담한다.[227] 만약 목적물이 천재 기타 불가항력으로 파손된 경우 또는 임차인의 유책사유에 의해 목적물이 파손된 경우에도 수선의무는 존재하는가? 두 경우 모두 임대인의 수선의무는 존재한다고 해석할 것이며, 후자의 경우에는 임대인은 임차인에 대하여 채무불이행책임이나 불법행위책임을 물을 수 있을 것이다. 그 밖에 임대인은 임차인의 임차권 행사를 방해하는 자에 대하여 물권적 청구권을 행사하여 그 방해를 제거할 의무가 있다.

임대인이 이상의 의무를 이행하지 않는 경우, 임차인은 계약의 해제, 손해배상, 차임지급거절 및 감액청구권[228]을 갖게 된다.

---

227) 대판 2010.4.29. 2009다96984.
228) 대판 1997.4.25. 96다44778.

(2) 비용상환의무

임대인은 임차인이 목적물에 일정한 비용을 지출한 경우, 이를 상환해야 한다. 여기서 일정한 비용에는 필요비와 유익비 두 종류가 있다. 필요비(必要費)란 임차물의 보존을 위하여 지출한 비용으로서 본래 필요비는 임대인이 부담하여야 하는 것으로 이를 임차인이 지출한 경우 즉시 이를 상환청구할 수 있다(제626조 제1항). 예컨대 동파된 수도관을 임차인이 비용을 들여 수리한 경우가 그것이다. 그리고 유익비(有益費)란 임차물의 객관적 가치를 증가시키기 위하여 지출한 비용이다.[229] 예를 들어 임차인이 임차건물의 노후화된 수도관을 교체하는 것이 그것이다. 여기서 주의할 점은 음식점 영업을 위한 내부 공사비[230]나 카페 영업을 위한 내부시설 공사비[231] 등은 유익비로 인정되지 않는다는 것이다. 왜냐하면 당해 목적물이 다른 용도로 사용된다면 의미 없는 비용이 되기 때문이다. 즉 임차 목적물의 객관적 가치의 증가와는 무관하다. 이처럼 임차인이 유익비를 지출한 경우에는 임대인은 임대차 종료 시에 그 가액의 증가가 현존한 때에 한하여, 임차인이 지출한 금액이나 그 증가액을 상환하여야 한다(제626조 제2항 1문).[232]

(3) 기타의 의무

임대차계약은 유상계약이므로 매매에 관한 담보책임 규정이 준용된다(제567조).[233] 판례는 타인 소유의 부동산을 임대한 것은 임대차계약을 해지할 사유가 되지 않는다고 한다.[234] 그 밖에 임대인은 임차인 생명, 신체, 재산 등을 보호해야 할 보호의무를 부담하는가? 판례에 따르면, 통상의 임대차에서는 임대인의 보호의무가 나오지 않지만, 일시사용을 위한 임대차에서는 보호의무가 있다고 한다.[235]

---

229) 대판 1991.8.27. 91다15591.
230) 대판 1991.8.27. 91다15591.
231) 대판 1991.10.8. 91다8029.
232) 선택권자가 임대인인 선택채권이다.
233) 대판 1995.7.14. 94다38342.
234) 대판 1975.1.28. 74다2069.
235) 대판 1999.7.9. 99다10004; 대판 1994.1.28. 93다43590.

(4) 차임청구권

임대인은 임차인의 목적물에 대한 사용·수익의 대가로서 차임청구권을 갖는다(제 618조). 그 밖에 민법은 임대인의 차임채권이나 기타의 채권을 보호하기 위하여 일정한 경우에 법률상 당연히 질권 또는 저당권이 성립하는 규정을 두고 있다(제648조부터 제650조). 이러한 법정담보물권의 예로써, 만약 토지임차인이 차임을 지급하지 않은 경우, 토지임대인이 임차지에 부속시킨 임차인 소유의 동산이나 과실(果實)을 압류한 때에는 질권이 성립한 것으로 본다.

2. 임차인의 권리·의무

(1) 임차권

임차인은 임대인에게 임차물을 사용·수익하게 할 것을 요구할 권리, 즉 임차권(賃借權)을 갖는다. 이러한 임차권은 채권이므로 특히 부동산임차인의 경우에는 열악한 지위에 놓일 수밖에 없다. 이를 위해 민법은 다음과 같은 몇 가지 규정을 두고 있다.

임차권은 채권이므로 임차인은 임대인 이외의 자에게는 임차권을 주장하지 못하지만, 부동산임대차를 등기한 때에는 그때부터 제3자에게 임차권을 주장할 수 있다(제 621조 제2항). 하지만 실제는 이러한 등기절차에 협력할 것을 반대하는 약정 때문에 임차권이 등기된 경우를 찾아보기 어렵다(제621조 제1항). 그 밖에 건물의 소유를 목적으로 한 토지임대차는 이를 등기하지 않더라도 임차인이 지상건물을 등기한 경우에는 제3자에 대하여 대항력이 생긴다(제622조 제1항).

(2) 부속물 매수청구권

건물 기타 공작물의 임차인이 그 사용의 편익을 위하여 임대인의 동의를 얻거나 또는 임대인으로부터 매수하여, 이에 부속한 물건이 있는 때에는 임대차의 종료 시에 임대인에 대하여 그 부속물의 매수를 청구할 수 있다(제646조).[236] 여기서 부속이라는 개념은 임차 목적물의 구성부분이 되지 않고 독립한 물건을 의미한다. 만약 독립성을 상실하고 부합되었다면 비용상환의 문제가 된다. 예컨대 건물의 증축된 부분은 독립성이 없기 때문에 부속물이 아니지만, 유리 출입문, 새시 등은 부속물로 본다.[237] 부속물 매

---

236) 「민법」 제643조의 임차인의 지상시설 매수청구권과 구별하여야 한다.

수청구권이 발생하는 시기는 임대차가 종료한 때이며, 종료의 원인은 묻지 않으므로 임차인의 채무불이행으로 인하여 임대차계약이 해지된 경우라도 이러한 매수청구권을 행사할 수 있다.[237] 이러한 임차인의 부속물 매수청구권은 형성권이므로, 권리가 행사되면 임대인과 부속물에 대한 매매계약이 성립된다.

(3) 차임지급의무

임대차계약은 쌍무계약이므로 임대인이 목적물을 사용·수익하게 할 의무에 대응하여, 임차인에게는 차임지급의무가 발생한다. 이러한 차임은 금전 이외의 것으로도 지급할 수 있다. 차임은 당사자의 합의로 정하는데, 민법은 일정한 경우에 차임을 증감할 수 있다고 한다. 즉 임차물의 일부가 임차인의 귀책사유 없이 멸실 기타의 사유로 사용·수익할 수 없는 경우, 그 부분의 비율에 따라 차임의 감액을 청구할 수 있다(제627조 제1항).[239] 또한 임대물에 대한 공과(公課)부담의 증감 기타 경제사정의 변동으로 약정한 차임이 상당하지 아니한 경우, 당사자는 장래를 향하여 차임의 증감을 청구할 수 있다(제628조). 이러한 차임증감청구권은 형성권이다. 임차인이 다수인 경우에는 그들은 연대하여 채무를 부담한다(제654조, 제616조).

그 밖에 실제 거래에서는 임차인이 차임 외에 보증금을 임대인에게 지급하는 경우가 있다. 보증금(保證金)이란 부동산의 임대차에서 발생하는 임차인의 채무를 담보하기 위하여 임대인에게 교부하는 금전 기타 유가물을 말한다. 예컨대 임차인이 차임을 연체(차임채권)하거나 임차물을 훼손하는 경우 발생하는 손해배상채권 등을 담보하기 위해서 교부받는 것이다. 그런데 주의할 점은 보증금은 보증금계약으로부터 발생하는 것이며, 임대차계약의 종된 계약이라는 것이다. 임대차계약의 종료 시 채무를 공제한 보증금의 지급과 임차 목적물의 반환은 동시이행관계에 있다.[240]

---

237) 대판 1995.6.30. 95다12927.

238) 반면, 판례는 임차인의 채무불이행으로 인한 임대차계약의 해지 시, 임차인의 부속물 매수청구권의 행사를 부정한다(대판 1990.1.23. 88다카7245).

239) 그 경우에 잔존부분으로는 임차의 목적을 달성할 수 없는 때에는 계약을 해지할 수 있다(제627조 제2항).

240) 대판(전합) 1977.9.28. 77다1241.

(4) 임차물보관의무

임차인은 임차물을 실제 임대인에게 반환할 때까지 선량한 관리자의 주의를 가지고 보관할 의무가 있다(제374조). 만약 임차인이 선관의무를 해태하여 목적물이 멸실·훼손된다면 채무불이행책임을 부담하게 된다. 임차물보관의무가 다투어지는 경우, 임차인 스스로 의무위반이 없었음을 입증해야 한다.[241]

임차인은 임차물에 수리가 필요하거나 임차물에 대하여 권리를 주장하는 자가 있으면 지체 없이 이를 임대인에게 통지해야 하지만, 임대인이 이미 이를 알고 있는 때에는 통지의무가 없다(제634조).

(5) 임차물반환의무

임대차가 종료하면, 임차인은 임차물을 임대인에게 반환하여야 한다. 만약 임차권에 대항력이 발생한 후 임대인의 지위가 승계되었다면, 임차물의 양수인이 반환의 상대방이 된다. 임차인의 귀책사유에 의해 임차물반환의무를 다하지 못하면 채무불이행책임을 지게 된다. 판례에 따르면, 임차물이 화재로 소실된 경우, 그 화재발생의 원인이 불명인 때에도 임차인이 그 책임을 면하려면 그 임차건물의 보존에 관하여 선량한 관리자의 주의의무를 다하였음을 입증하여야 한다고 한다.[242]

임차인이 임차물을 반환할 때에는 이를 원상에 회복하여야 한다(제654조, 제615조 1문). 이러한 원상회복의무는 설사 임대인의 유책사유로 중도에 해지된 경우에도 인정된다.[243] 만약 임차인이 원상회복의무를 이행하지 않으면, 손해배상책임을 부담하게 된다.

V. 임차권의 양도와 임차물의 전대

1. 서설

「민법」 제629조 제1항에 따르면, "임차인은 임대인의 동의 없이 그 권리를 양도하거

---

241) 대판 1991.10.25. 91다22605.

242) 대판 2006.1.13. 2005다51013.

243) 대판 2002.12.6. 2002다42278.

나 임차물을 전대하지 못한다."라고 규정하여, 원칙적으로 임차권의 양도와 임차물의 전대를 금지하지만[244] 임대인의 동의가 있는 경우, 예외적으로 이를 허용한다. 이러한 「민법」 제629조는 임의규정이며, 양도나 전대에 임대인의 동의를 요하지 않는다는 특약도 유효하다. 판례는 임대인의 동의 없이 양도나 전대가 이루어진 경우, 이러한 행위가 임대인에 대한 배신적 행위라고 볼 수 없다면, 제629조의 해지권은 인정되지 않는다고 판시한다.[245] 예컨대 임차권의 양수인이 임차인과 부부로서 임차건물에 동거하면서 가구점을 함께 경영하고 있는 경우에는 임대인의 해지권을 부정한다.[246]

2. 법적 성질

임차권의 양도의 법적 성질에 대하여 견해의 대립이 있지만,[247] 임차권을 그 동일성을 유지하면서 이전하는 계약으로 지명채권의 양도라고 할 것이다. 따라서 임차인(양도인)과 양수인 사이의 계약으로 임차권의 양도가 이루어지는데, 임대인 기타 제3자에게 임차권을 주장하기 위해서는 임대인의 동의가 필요하다.[248]

임차물의 전대(轉貸)는 전대인과 전차인 사이의 계약을 통해 이루어지며, 임차권의 양도와 마찬가지로 임대인의 동의는 대항요건이라고 할 것이다.

3. 임대인의 동의가 있는 양도 · 전대의 법률관계

임차권의 양도가 있으면, 임차권은 동일성을 유지하면서 양수인에게 이전되며, 임차인은 임대차관계로부터 벗어난다. 반면, 임차물의 전대의 경우, 전대차계약이 성립하더라도 임대인과 임차인(전대인)의 관계에는 영향이 없다. 따라서 전대차계약이 성립한 경우, 전차인은 직접 임대인에 대하여 의무를 부담하지만(제630조 제1항 1문), 임대인은 여전히 임차인에 대하여 권리를 행사할 수 있다(제630조 제2항). 전차인의 전차권은 전대인의 임차권을 기초로 한 것이어서 전대인의 임차권이 기간만료, 채무불이행을 이유로 한 해지 등으로 소멸하면 전차권도 소멸한다. 다만 「민법」 제631조는 "임차인이

---

244) 이를 위반하는 경우, 임대인은 계약을 해지할 수 있다(제629조 제2항). 하지만 임차건물의 소(小)부분을 타인에게 사용하게 하는 경우에는 예외가 인정된다(제632조).

245) 대판 2007.11.29. 2005다64255.

246) 대판 1993.4.27. 92다45308.

247) 계약인수로 파악하는 견해도 있다.

248) 대판 1986.2.25. 85다카1812.

임대인의 동의를 얻어 임차물을 전대한 경우에는 임대인과 임차인의 합의로 계약을 종료한 때에도 전차인의 권리는 소멸하지 아니한다."라고 하여 전차인을 보호하는 규정을 두고 있다.

Ⅵ. 임대차의 종료

임대차의 존속기간이 정하여진 경우에는 그 기간의 만료로 임대차는 종료한다. 물론 일정한 요건하에서 법정갱신(제639조)이 이루어질 수 있음은 앞에서 살펴보았다.

임대차의 존속기간을 약정하지 않은 경우, 당사자는 언제든지 계약해지의 통고를 할 수 있고 상대방이 그 통고를 받은 날로부터 일정한 기간이 경과하면 임대차는 종료한다(제635조). 그 밖에 임대차의 존속기간이 정하여진 경우라도 당사자가 해지권을 보류한 경우(제636조), 임차인이 파산선고를 받은 때에도 해지통고를 할 수 있다(제637조 제1항).

민법은 일정한 경우에 존속기간의 약정 유무를 묻지 않고 임대차계약을 해지할 수 있도록 하는데, 그러한 사유로는 임차인의 의사에 반하는 보존행위로 인하여 목적을 달성할 수 없는 경우(제625조), 임차물의 일부멸실로 잔존부분만으로는 임차의 목적을 달성할 수 없는 경우(제627조 제2항), 임대인의 동의 없는 임차권의 양도나 임차물의 전대의 경우(제629조 제2항), 임차인의 차임 연체액이 2기의 차임액에 달한 경우(제640조) 등이 있다.

Ⅶ. 기타 임대차

1. 채권적 전세(미등기 전세)

전세(傳貰)란 관습상 인정되어 온 제도로서, 채권적 전세권자가 상당한 금전(전세금)을 채권적 전세권설정자(건물의 소유자)에게 지급하고 그 건물을 용익하는 것으로 전세권설정자는 수령한 금전의 이자로 차임을 대신하고 전세계약 종료 시 전세금을 반환하는 것이다. 이러한 전세는 민법 제정 시 물권인 전세권으로 명문화되었지만 여전히 채권적 전세는 많이 활용되고 있다. 채권적 전세는 임대차 계약을 본질로 하면서 이자부 소비대차계약이 결부된 혼합계약이다. 하지만 채권적 전세를 규율하는 민법의 규정은 없으며, 「주택임대차보호법」이 이에 준용된다.[249] 채권적 전세에서 전세금은 임대차 계약에서 보증금의 역할을 한다.[250]

2. 「주택임대차보호법」상의 임대차

채권자에 불과한 주택임차인을 보호하기 위하여, 1981년 「주택임대차보호법」이 제정되었는데, 본법의 규정은 대체로 강행규정의 성격을 띠고 있다(제10조).

(1) 적용범위

「주택임대차보호법; 이하 주임법」은 주거용 건물의 전부 또는 일부의 임대차에 적용되며, 그 임차주택의 일부가 주거 외의 목적으로 사용되더라도 적용된다(제2조). 판례에 따르면, 주거와 영업을 목적으로 건축된 건물에 주거와 미용실 경영을 목적으로 임차한 경우에도 주임법이 적용된다고 한다.[251] 반면, 실제 주택을 사용·수익할 목적 없이 우선변제권을 취득할 목적으로 외관을 만든 데 지나지 않는 경우에는 주임법이 적용되지 않는다.[252] 그리고 주임법은 채권적 전세에도 준용된다(제12조).

(2) 대항력

대항력이란 임차권을 임대인 이외의 제3자에게도 주장할 수 있다는 것을 말한다. 예컨대 주택임차인은 주택 양수인에 대하여 임차권을 주장하지 못한다. 왜냐하면 임차권은 채권에 불과하기 때문이다. 이때, 임차인은 주택 양수인(소유자)의 소유물 반환청구권의 행사에 따를 수밖에 없다. 주임법은 위와 같은 주택임차인을 보호하기 위하여, 임차인이 주택의 인도와 주민등록(전입신고)을 마친 때에는 그다음 날부터 제3자에 대하여 임차권을 주장할 수 있도록 하고 있다(제3조 제1항). 여기서 주민등록은 거래의 안

---

249) 「주택임대차보호법」 제12조(미등기 전세에의 준용).

250) 대판 1968.7.24. 68다895.

251) 대판 1988.12.27. 87다카2024.

252) 대판 2002.3.12. 2000다24184.

전을 위해 임차권의 존재를 제3자가 명백하게 인식할 수 있도록 일종의 공시방법으로써 마련된 것이다. 따라서 임차 건물의 도로명이나 동·호수가 정확하게 기재되어야 한다. 예를 들어 신축 중인 연립주택의 현관문에 부착된 표시대로 1층 201호로 기재하여 전입신고를 하였는데, 건축물대장이나 등기부에는 1층 101호로 표시된 경우에는 주임법상의 대항력이 없다.[253]

주택의 인도 및 주민등록이라는 대항요건은 대항력 취득 시에만 구비하면 족한 것이 아니고 그 대항력을 유지하기 위해서도 계속 존속하고 있어야 한다.[254] 따라서 기존 주소에서 대항력을 갖춘 임차인이 다른 곳으로 일시적이더라도 전출한 경우라면, 대항력은 소멸한다.

대항력을 갖춘 임차인은 다음 날[255]부터 제3자에 대하여도 그 권리를 주장할 수 있다. 주의할 점은 대항력을 갖춘 다음 날부터 이해관계를 맺은 자에 대해서만 그렇다는 것이다. 그러므로 대항력을 갖추기 전에 이해관계를 맺은 자에 대해서는 그 권리를 주장할 수 없다. 예컨대 임차인이 대항력을 갖추기 전, 주택에 설정된 저당권에 의해 경매가 실현된 경우, 임차인은 경락인에 대하여 임차권을 주장할 수 없다.

임차인이 대항력을 가지는 경우, 임차주택의 양수인, 그 밖에 임대할 권리를 승계한 자는 임대인의 지위를 승계한 것으로 본다(제3조 제4항). 판례는 강제경매에 있어서의 경락인,[256] 명의신탁자로부터 임차한 경우의 명의수탁자[257] 등도 임대할 권리를 승계한 자로 이해한다. 아무튼 대항력 있는 임차인은 임차주택의 양수인에게 임차권을 행사할 수 있으며, 보증금이 있는 경우, 임대차 계약 종료 시 그 반환을 청구할 수 있다.

(3) 임대차기간

임대차기간을 정하지 않거나 2년 미만으로 정한 임대차는 그 기간을 2년으로 본다(제4조 제1항 본문). 다만, 임차인은 2년 미만으로 정한 기간이 유효함을 주장할 수 있다(단서). 그리고 임차인의 보증금반환채권을 보호하기 위하여 임대차기간이 끝난 경우에도 임차인이 보증금을 반환 받을 때까지는 임대차관계가 존속되는 것으로 간주하는

---

253) 대판 1995.8.11. 95다177.

254) 대판 2003.7.25. 2003다25461.

255) 다음 날 오전 0시부터이다(대판 1999.5.25. 99다9981). 따라서 같은 날 임차주택에 제3자의 권리(예컨대 소유권, 전세권, 저당권 등)에 대한 등기와 임차인의 주택의 인도 및 전입신고가 있는 경우, 임차인은 제3자의 권리에 대항할 수 없다.

256) 대판 1992.7.14. 92다12827.

257) 대판 1999.4.23. 98다49753.

규정을 두고 있다(제4조 제2항).

그 밖에 주임법은 계약의 갱신에 관한 규정을 두고 있는데, 임대인이 임대차기간 종료 6월부터 2월 전까지의 기간에 임차인에게 갱신거절의 통지를 하지 않거나 계약조건을 변경하지 아니하면 갱신하지 않겠다는 뜻의 통지를 하지 않으면, 그 기간이 끝난 때에 전 임대차와 동일한 조건으로 다시 임대차한 것으로 본다. 임차인의 위와 같은 통지가 2개월 전까지 이루어지지 않은 경우도 법정갱신이 된다(제6조 제1항). 이러한 경우 임대차의 존속기간은 2년이 되지만(제6조 제2항), 임차인은 언제든지 임대인에게 계약해지를 통지할 수 있다(제6조의 2). 이러한 임차인의 계약해지의 통지는 임대인이 그 통지를 받은 날로부터 3개월이 지나면 효력이 발생한다(제6조의 2 제2항). 임차인이 임대차기간 종료 2개월 전까지 계약갱신을 요구한 경우, 임대인은 정당한 사유 없이 이를 거절하지 못하지만, 임차인이 2기의 차임액에 해당하는 금액에 이르도록 차임을 연체한 경우, 임대인의 동의 없이 목적 주택의 전부 또는 일부를 전대한 경우, 임차인이 고의나 중과실로 주택의 전부나 일부를 파손한 경우 등의 사유가 있는 때에는 임차인의 계약갱신 요구를 거절할 수 있다(제6조의 3).

(4) 차임 등의 증감청구권

약정한 차임이나 보증금이 임차주택에 관한 조세, 공과금, 그 밖의 부담의 증감이나 경제사정의 변동으로 인하여 적절하지 아니하게 된 때에는 장래에 대하여 그 증감을 청구할 수 있다. 이 경우 증액청구는 임대차계약 또는 약정한 차임이나 보증금의 증액이 있은 후 1년 이내에는 하지 못한다(제7조 제1항). 본조는 임대차계약 존속 중 당사자의 일방이 약정한 차임 등의 증감을 청구한 때에 한하여 적용되며, 재계약을 하거나 계약기간 종료 전이라도 당사자의 합의를 통해 증액한 경우에는 적용되지 않는다.[258] 차임 등의 증액을 청구할 경우라도 약정한 차임이나 보증금의 20분의 1의 금액을 초과하지 못하며, 이 범위 내에서 지방자치단체장은 그 상한을 조례로 달리 정할 수 있다(제2항).

---

258) 대판 1993.12.7. 93다30532.

(5) 보증금에 관한 권리

1) 보증금 우선변제권

대항요건과 임대차계약증서에 확정일자를 갖춘 임차인은 「민사집행법」에 따른 경매 또는 「국세징수법」에 따른 공매가 이루어질 때, 임차주택의 환가대금에서 후순위권리자나 그 밖의 채권자보다 우선하여 보증금을 변제받을 권리가 있다(제3조의 2 제2항). 이를 임차인의 보증금 우선변제권이라고 한다. 따라서 임차주택의 경락에 의해 임차권은 소멸하지만, 보증금이 전부 변제되지 않는 경우에는 임차권은 소멸하지 않는다(제3조의 5). 이러한 임차인의 보증금 반환채권은 저당권자 또는 전세권자 등의 채권과 다르게 배당요구가 필요한 채권이므로, 임차인이 경락기일까지 배당요구를 한 경우에만 비로소 배당을 받을 수 있다.

2) 소액보증금 최우선변제권

주택에 대한 경매신청 등기 전에 대항요건을 갖춘 임차인은 보증금 중 일정액을 다른 담보물권자보다 우선하여 변제받을 권리가 있다(제8조 제1항). 따라서 소액보증금 최우선변제권을 갖는 임차인은 선순위 물권자(예컨대 전세권자, 저당권자 등)보다 우선하여 보증금 중 일정액을 변제받을 수 있다. 우선변제를 받을 임차인 및 보증금 중 일정액의 범위와 기준은 대통령령으로 정한다. 다만 그 금액은 주택가액의 2분의 1을 넘지 못한다(제3항).[259] 이러한 소액보증금 반환채권은 배당요구가 필요한 배당요구채권에 해당한다.[260]

(6) 주택 임차권의 승계

임차인이 상속인이 없이 사망한 경우, 그 주택에서 가정공동생활을 하던 사실혼 배우자는 임차인의 권리와 의무를 승계한다(제9조 제1항). 만약 상속인이 그 주택에서 가정공동생활을 하고 있지 아니한 경우, 그 주택에서 가정공동생활을 하던 사실혼 배우자와 2촌 이내 친족이 공동으로 임차인의 권리와 의무를 승계한다(제2항).

---

259) 「주택임대차보호법 시행령」 제10조는 보증금 중 일정액의 범위를 정하고 있고 제11조는 우선변제를 받을 임차인의 범위를 정하고 있다. 예컨대 서울특별시 기준으로 보증금 1억 1천만 원 이하인 보증금을 지급한 임차인은 3천700만 원까지 최우선 변제를 받을 수 있다(2021년 기준).

260) 대판 2002.1.22. 2001다70702.

(7) 임차권등기명령

임대차가 종료된 후 보증금을 반환 받지 못한 경우, 임차인은 임차주택의 소재지를 관할하는 법원에 임차권등기명령을 신청할 수 있다(제3조의 3 제1항). 이는 임대차가 종료되었음에도 보증금을 반환 받지 못한 상태에서 다른 곳으로 이사하면 기존의 대항력과 우선변제권을 상실할 수 있기 때문에 인정한 제도이다. 그리고 임대인의 보증금 반환의무는 임차권등기명령에 의한 임차권 등기의 말소의무보다 선이행되어야 할 의무이다.[261]

3. 「상가건물임대차보호법」상의 임대차

상가건물의 임차인을 보호하기 위한 「상가건물임대차보호법」은 주임법의 입법과 대동소이하다. 주요한 것들만 설명하면 다음과 같다. 상가건물의 임차인이 대항력을 취득하기 위해서는 건물의 인도와 「부가가치세법」 제8조, 「소득세법」 제168조 또는 「법인세법」 제111조에 따른 사업자등록을 신청하면 다음 날부터 제3자에 대하여 효력이 생긴다(제3조 제1항). 그리고 대항력과 관할 세무서장으로부터 임대차계약서상의 확정일자를 받은 임차인은 보증금 우선변제권을 갖게 되며(제5조 제2항), 대항력을 갖춘 일정한 상가건물의 임차인은 소액보증금 최우선변제권을 갖는다(제14조).[262]

그 밖에 기간을 정하지 않거나 기간을 1년 미만으로 정한 임대차는 그 기간을 1년으로 보며(제9조 제1항), 임대차가 종료된 후 보증금을 반환 받지 못한 경우 임차권등기명령제도(제6조), 임대차기간 만료 전 6월부터 1월 내의 임차인의 갱신요구권과 묵시의 갱신(제10조) 등에 관한 규정이 있다. 그리고 임차인의 차임연체액이 3기의 차임액에 달하는 때에는 임대인은 그 계약을 해지할 수 있다(제10조의 8).

---

261) 대판 2005.6.9. 2005다4529에 따르면, 임대인의 보증금 반환의무는 이미 이행지체 상태라고 한다.
262) 「상가건물 임대차보호법 시행령」 제6조는 우선변제를 받을 임차인의 범위를 정하고 있고 제7조는 우선변제를 받을 보증금의 범위를 정하고 있다. 예컨대 서울특별시 기준으로 보증금 6천500만 원 이하인 임차인은 2천200만 원까지 최우선 변제를 받을 수 있다(2021년 기준).

제13절 도급계약

Ⅰ. 도급의 의의

도급(都給)이란 당사자 일방이 어느 일을 완성할 것을 약정하고 상대방이 그 일의 결과에 대하여 보수를 지급할 것을 약정함으로써 성립하는 계약이다(제664조). 도급은 낙성·쌍무·유상·불요식의 계약이다. 판례는 건축공사계약, 자동차 세차 또는 오일교환,[263] 토사 운송계약[264] 등을 도급계약으로 본다.

Ⅱ. 도급의 성립

도급계약은 당사자의 합의로 성립하는 낙성계약이다. 따라서 모든 내용에 대한 합의가 없더라도 최소한 일의 완성과 이에 대한 보수의 지급에 대한 합의만 있으면 도급계약은 성립한다고 할 것이다. 여기서 일의 완성이란 노무에 의해 유형적인 결과(예컨대 건물의 신축) 또는 무형적인 결과(예컨대 피아노 연주)를 발생시키는 것이다.

도급계약은 무형적인 결과의 발생을 목적으로 하는 경우, 위임계약과 구별이 어려운데, 구체적인 결과의 발생이 목적이면 도급계약이고 단순히 사무처리를 맡긴 경우라면 위임계약이 된다. 예를 들어, 진료계약이 질병의 완치가 목적이면 도급계약이고 단순히 질병의 치료를 의뢰한 경우라면 위임계약으로 볼 것이다.

---

263) 대판 1987.7.7. 87다카449.
264) 대판 1983.4.26. 82누92.

Ⅲ. 도급의 효력

1. 수급인의 의무

(1) 일의 완성 의무

수급인은 일에 착수하여 이를 완성할 의무가 있다. 만약 수급인이 이러한 의무를 이행하지 않는다면, 도급인은 상당한 기간을 정하여 이행을 최고하고 그 기간 내에 이행하지 않으면 계약을 해제할 수 있다(제544조).[265] 판례는 공사도급계약에서 당사자 사이의 특약이나 일의 성질상 수급인 자신이 직접 해야 하는 일이 아니면 이행보조자 또는 이행대행자[266]를 사용해도 무방하다고 한다.[267] 그리고 도급계약의 내용이 완성한 목적물을 도급인에게 인도하여야 하는 경우(예컨대 제작물 공급계약)라면 수급인은 그 목적물을 인도하여야 그의 의무를 다한 것이 된다. 이러한 목적물 인도의무와 도급인의 보수지급의무는 동시이행관계에 있다. 여기서 인도라는 것은 단순히 완성된 목적물을 도급인에게 이전시키는 것을 넘어 도급인에 의한 검사까지 포함하는 개념이다.[268] 예를 들어 양복 제작을 의뢰받은 경우, 수급인은 완성된 양복을 도급인에게 인도하고 그것이 계약대로 제작되었는지 확인까지 받아야 자신의 의무를 다하는 것이 된다. 그 밖에 부동산 공사의 수급인은 보수채권을 담보하기 위해 그 부동산을 목적으로 한 저당권의 설정을 청구할 수 있는데(제666조), 이는 형성권이 아닌 청구권으로 당사자의 합의와 등기가 필요하다.

수급인이 재료의 전부 또는 주요부분을 제공한 경우, 완성물이 누구의 소유에 속하는가? 우선 이에 대한 당사자의 합의가 있으면 그에 따를 것이지만, 그렇지 않은 경우 문제이며, 이에 대해 견해의 대립이 있다. 생각건대 완성물이 동산이든 부동산이든 불문하고 수급인의 소유에 속한다고 볼 것이며, 이렇게 해석하는 것이 수급인의 보호에 더 적합하다.[269] 판례도 특약이 없는 한 완성물의 소유권은 수급인에게 있다고 한

---

265) 대판 1993.6.25. 93다15991.

266) 수급인이 제3자를 이행대행자로 사용하는 것을 하도급(下都給)이라고 한다.

267) 대판 2002.4.12. 2001다82545.

268) 대판 2006.10.13. 2004다21862.

269) 다수의 견해는 완성물이 동산인 경우에는 수급인에게 그것이 부동산인 경우에는 도급인에게 속한다고 하면서, 완성물의 종류를 불문하고 그 소유자를 수급인으로 보는 견해에 대하여, 부동산의 물권변동 이론이나 수급인의 보수청구권은 유치권이나 동시이행항변권으로 보장될 수 있다고 한다. 하지만 모든 상황을 원칙이라는 틀에 넣을 필요는 없으며, 이러한 경우에는 수급인 보호의 필요성이 더 강하기 때문에 우회적인 방법으로 수급인을 보호할 필요는 없다.

다.[270]

(2) 담보책임

도급계약은 유상계약이므로, 매도인의 담보책임에 관한 규정이 준용된다(제567조).[271] 그런데 도급계약이 갖는 특수성이 있기 때문에 담보책임에 관한 특별규정이 존재한다. 먼저 수급인의 담보책임이 성립하기 위해서는 완성된 목적물 또는 완성 전의 성취된 부분에 하자가 있어야 하며(제667조 제1항 본문), 수급인의 고의 또는 과실은 요건이 아니다.[272] 이러한 요건이 갖추어지면, 도급인은 상당한 기간을 정하여 그 하자의 보수를 청구할 수 있다. 그러나 그것이 중요하지 않은 하자이고 그 보수에 과다한 비용이 소요되는 경우에는 하자보수를 청구할 수 없다(제667조 제1항 단서). 이때에는 하자보수 대신 손해배상청구만 가능하다.[273] 수급인의 하자보수의무 및 손해배상의무는 도급인의 보수지급의무와 동시이행관계에 있다.[274]

도급인은 하자보수가 가능하더라도 그것에 갈음하여 또는 그 하자보수와 함께 손해배상을 청구할 수 있다(제667조 제2항). 수급인의 하자보수에 갈음하는 손해배상채무는 기한의 정함이 없는 채무로서 도급인으로부터 이행청구를 받은 때로부터 지체책임이 있다. 판례에 따르면, 건물신축 도급계약에서 건물의 하자로 인하여 도급인이 받은 정신적 고통은 하자보수나 이에 갈음한 손해배상으로 회복된다고 봄이 상당하기 때문에 이러한 정신적 고통은 특별손해라고 한다.[275]

그 밖에 도급인이 완성된 목적물의 하자로 계약의 목적을 달성할 수 없는 경우에는 계약을 해제할 수 있다(제668조 본문). 그러나 건물 기타 토지의 공작물에 대하여는 하자가 중대하더라도 계약을 해제할 수 없다(단서). 왜냐하면 이러한 경우 원상회복이 불가능하며, 이미 완성된 부분도 경제적 가치를 가지고 있기 때문이다.

그런데 이러한 수급인의 담보책임이 면책되는 경우가 있는데, 목적물의 하자가 도급인이 제공한 재료의 성질 또는 도급인의 지시에 기인한 경우에 그러하다(제669조 본문). 그러나 수급인이 그 재료 또는 지시의 부적당함을 알고 도급인에게 고지하지 않은

---

270) 대판 1973.1.30. 72다2204; 대판 1990.2.13. 89다카11401.

271) 그 밖에 도급계약은 쌍무계약이므로 위험부담의 법리도 적용된다.

272) 무과실책임이다(대판 1990.3.9. 88다카31866).

273) 이러한 손해배상청구권의 근거가 「민법」 제667조 제2항인지에 대한 논란이 있다. 판례는 본조의 하자보수에 갈음하는 손해배상청구는 불가능하고 그 하자로 인하여 입은 손해의 배상만 청구할 수 있다고 본다(대판 1997.2.25. 96다45436).

274) 대판 2007.10.11. 2007다31914.

275) 대판 1996.6.11. 95다12798.

경우에는 면책되지 않는다(단서). 당사자가 사이에 이러한 담보책임을 감면하는 특약을 한 경우, 이 특약은 유효하다. 하지만 이러한 특약이 있더라도 수급인이 알고 고지하지 않은 사실에 대해서는 면책되지 않는다(제672조). 왜냐하면 수급인은 도급인에 비해 전문적인 지식이나 경험이 많기 때문에 계약 상대방의 신뢰를 보호한다는 신의칙에 따라 그러한 면책이 허용되지 않는다.

도급인은 원칙적으로 목적물을 인도받은 날로부터 1년 내에 이러한 권리를 행사하여야 하며, 목적물의 인도를 요하지 않는 경우에는 일이 종료한 날로부터 1년 내에 행사하여야 한다(제670조). 그런데 「민법」은 도급계약의 내용이나 목적물의 재료에 따라 기간을 달리 정하고 있다. 즉 토지, 건물 기타 공작물의 수급인은 목적물 또는 지반공사의 하자에 대하여 인도 후 5년간 담보책임이 있으며, 그 목적물이 석조, 석회조, 연와조, 금속 기타 이와 유사한 재료로 조성된 것인 때에는 그 기간을 10년으로 한다(제671조 제1항). 이상의 기간은 모두 제척기간이다.

2. 도급인의 의무

도급인은 수급인에게 보수를 지급할 의무가 있으며, 보수의 종류에는 제한이 없지만 보통 금전으로 지급한다. 보수 또는 보수액에 관한 약정이 없으면 관습에 의하여 지급한다(제656조 제1항). 그리고 보수의 지급 시기는 약정으로 정하고 약정이 없으면 관습에 의하고 관습이 없으면 약정한 노무를 종료한 후 지체 없이 지급해야 한다(제2항). 수급인의 보수청구권은 후급인 경우에도 계약과 동시에 성립하므로 일의 완성 전이라도 수급인의 채권자는 보수청구권을 압류할 수 있다.

판례는 건축공사 도급계약에서 공사 도중에 계약이 해제되어 미완성 부분이 있는 경우라도 그 공사가 상당히 진척되어 원상회복이 중대한 사회적·경제적 손실을 초래하게 되고 완성된 부분이 도급인에게 이익이 되는 때에는 도급계약은 미완성 부분에 대해서만 실효되어 수급인은 해제된 상태 그대로 건물을 도급인에게 인도하고 도급인은 그 건물의 기성고 등을 참작하여 인도 받은 물건에 대한 상당한 보수를 지급해야 한다고 한다.[276)

---

276) 대판 1997.2.25. 96다43454.

Ⅳ. 도급의 종료

1. 도급인의 해제

도급계약도 이행지체나 이행불능 등을 이유로 계약의 해제·해지가 가능하지만, 민법은 도급인에게 특별한 해제권을 인정한다. 즉 수급인이 일을 완성하기 전에는 도급인은 손해를 배상하고 계약을 해제할 수 있다(제673조). 유의할 점은 여기서 "해제"는 해지의 의미도 포함한다는 것이다. 판례는 이미 일이 완성된 후에는 인도 전이라도 해제 할 수 없다고 한다.[277]

2. 도급인의 파산

도급인이 파산선고를 받은 때에는 수급인 또는 파산관재인은 계약을 해제할 수 있다(제674조 제1항 1문). 이러한 경우 수급인은 일의 완성된 부분에 대한 보수 및 보수에 포함되지 아니한 비용에 대하여 파산재단의 배당에 가입할 수 있다(2문). 그리고 당사자는 도급인의 파산을 원인으로 한 계약해제 시 손해배상을 청구하지 못한다(제2항). 참고로 수급인이 파산선고를 받은 때에는 「채무자 회생 및 파산에 관한 법률」이 적용되는데, 파산관재인은 계약을 해제·해지하거나 필요한 재료를 제공하여 수급인이나 제3자에게 일의 완성을 시킬 수 있다(제335조, 제341조).

---

[277] 대판 1995.8.22. 95다1521.

제14절 위임계약

Ⅰ. 위임의 의의

위임(委任)이란 당사자 일방이 상대방에 대하여 사무의 처리를 위탁하고 상대방이 이를 승낙함으로써 성립하는 계약(제680조)으로 원칙은 낙성·편무·무상·불요식 계약이지만, 보수지급에 관한 약정이 있다면 쌍무·유상계약이 된다. 위임은 단순하고 사소한 사무처리에서부터 복잡하고 전문적인 사무처리에까지 다양하게 활용이 된다. 예컨대 방과 후 타인의 자녀를 돌봐주거나 변호사에게 소송업무를 위탁하는 것이 그것이다. 위임에 관한 규정은 위임계약에 기초하지 않은 타인의 사무처리에 관한 법률관계에 준용되고 있다.[278]

Ⅱ. 위임의 성립

위임계약은 낙성계약이므로 당사자의 합의에 의해 성립하며, 그 합의에는 최소한 사무처리의 위탁에 대한 내용이 포함되어야 한다. 보수의 지급에 대한 것은 요건이 아니지만 보수지급에 대한 특약이 있으면 유상계약이 된다. 수임인이 처리해야 할 사무(事務)란 법률상 또는 사실상의 모든 행위로서 법률행위, 준법률행위, 사실행위를 포함한다. 여기서 사무란 위임인이나 제3자의 사무를 말하며, 수임인의 것은 아니다.

판례는 부동산 중개업자와 중개의뢰인의 관계,[279] 법무사와 등기의 신청대리를 의뢰한 자의 관계,[280] 화물자동차운송사업면허를 가진 운송사업자와 지입차주의 관계,[281] 관세사와 통관업무를 맡긴 수입업자와의 관계,[282] 운송주선인과 위탁자의 관계[283] 등

---

278) 예컨대 조합업무를 집행하는 조합원에 대한 위임규정의 준용(제707조), 미성년 자녀의 특유재산에 대한 친권자의 관리(제919조), 후견인의 후견 종료 시 위임규정의 준용(제959조), 유언집행자의 유언집행(제1103조 제2항) 등이 있다.

279) 대판 1992.2.11. 91다36239.

280) 대판 2003.1.10. 2000다61671.

281) 대판 2000.10.13. 2000다20069.

282) 대판 2005.10.7. 2005다38294.

283) 대판 1987.10.13. 85다카1080.

에서 위임계약을 인정한다.

Ⅲ. 위임의 효력

1. 수임인의 의무

(1) 위임사무 처리

수임인은 위임의 본지에 따라 선량한 관리자의 주의로써 위임사무를 처리해야 한다(제681조). 위임은 위임인과 수임인의 신뢰관계에 기초하기 때문에 무상인 경우에도 수임인은 선관의무를 부담한다.[284] 위임에서 수임인은 어느 정도 독립성을 갖고 사무를 처리하지만 사무처리에 위임인의 지시가 있으면 이에 따라야 한다. 이와 관련하여 판례는 위임인의 지시에 따르는 것이 위임의 취지에 적합하지 않거나 위임인에게 불이익한 때에는 수임인은 그 사실을 위임인에게 통지하고 지시의 변경을 요청하여야 한다고 판시한다.[285]

위임은 신뢰관계에 기초하므로 사무의 처리는 위임인이 직접 하여야 하지만,[286] 여기에는 예외가 있다. 첫째, 위임인의 승낙이 있는 경우 둘째, 부득이한 사유가 있는 경우가 그것이다(제682조). 이러한 수임인의 복위임권(復委任權) 행사에 대한 법률관계에 대해서는 복대리에 관한 제121조와 제123조 규정이 준용된다. 따라서 수임인이 복수임인을 선임한 경우, 위임인에 대하여 그 선임 또는 감독에 과실이 있는 때에만 책임을 진다(제121조 제1항). 그리고 복수임인과 위임인 사이에서는 위임인과 수임인 사이에서와 같은 권리와 의무관계가 생긴다(제123조 제2항).

(2) 기타 의무

수임인은 위임인의 청구가 있는 때에는 위임사무의 처리상황을 보고하고 위임이 종료한 때에는 지체 없이 그 전말을 보고해야 하는 의무를 부담한다(제683조). 그리고 수

---

284) 임치계약에서 무상수치인은 자기 재산과 동일한 주의의무로 임치물을 보관한다(제695조).

285) 대판 2003.1.10. 2000다61671.

286) 이러한 점에서 일의 성질 또는 당사자의 특약에 의해 수급인이 직접 하여야 하는 경우가 아니면 제3자로 하여금 일의 완성을 할 수 있게 하는 도급과 차이가 있다.

임인은 위임사무의 처리로 받은 금전 기타의 물건 및 수취한 과실을 위임인에게 인도해야 하며(제684조 제1항), 수임인이 위임인을 위하여 자기 명의로 취득한 권리도 이전해야 한다(제2항). 또한 수임인이 위임인에게 인도할 금전 또는 위임인의 이익을 위하여 사용할 금전을 자기를 위하여 소비한 경우, 소비한 날 이후의 이자를 지급해야 하며, 그 외에 손해가 있다면 손해도 배상해야 한다(제685조).

「민법」 제691조는 "위임종료의 경우에 급박한 사정이 있는 때에는 수임인, 그 상속인이나 법정대리인은 위임인, 그 상속인이나 법정대리인이 위임사무를 처리할 수 있을 때까지 그 사무의 처리를 계속하여야 한다."라고 하여 수임인에게 긴급처리의무를 인정하고 있다.

2. 위임인의 의무

(1) 보수지급의무

위임은 무상이 원칙이지만, 당사자 사이에 보수지급 약정이 있는 경우, 위임인은 보수지급의무를 부담한다(제686조 제1항). 거래 관행상 유상이 일반적인 경우, 명시적으로 보수약정을 하지 않았더라도 무보수로 한다는 특약이 없다면 유상으로 새겨야 한다.[287] 보수의 지급시기는 당사자의 합의가 있으면 이에 따르지만 특약이 없으면, 위임사무를 완료한 후 이를 청구할 수 있다(제686조 제2항 본문). 수임인이 위임사무를 처리하는 중에 자신의 귀책사유 없이 위임이 종료된 경우, 수임인은 이미 처리한 사무의 비율에 따른 보수를 청구할 수 있다(제3항).

(2) 비용관련 청구권

위임사무의 처리에 비용이 필요한 경우, 수임인의 청구가 있으면 위임인은 이를 선급해야 한다(제687조). 수임인이 위임사무의 처리에 관하여 필요비를 지출한 경우, 위임인은 그 비용과 지출한 날 이후의 이자를 상환해야 하며(제688조 제1항), 수임인이 위임사무의 처리에 필요한 채무를 부담한 경우, 이를 위임인이 대신 변제하게 하거나(대변제청구권),[288] 그 채무가 변제기에 있지 않은 경우 상당한 담보를 제공하게 할 수

---

287) 대판 1995.12.5. 94다50229.
288) 대판 2018.7.12. 2018다228097.

있다(제2항). 그리고 수임인이 위임사무의 처리를 위하여 과실 없이 손해를 받은 때에는 위임인에 대하여 그 배상을 청구할 수 있는데(제3항), 이와 같은 위임인의 무과실 손해배상책임은 무상위임의 경우에만 발생하는 것으로 해석해야 한다.

Ⅳ. 위임의 종료

위임은 당사자의 채무불이행으로 인한 해제, 위임사무의 종료 등의 사유로 종료하지만, 그 밖에 민법의 특별한 종료사유에 의해서도 종료한다. 즉 위임계약은 각 당사자가 언제든지 해지할 수 있다(제689조 제1항). 이처럼 위임에서는 상호해지의 자유가 인정되지만, 당사자 일방이 부득이한 사유 없이 상대방의 불리한 시기에 계약을 해지한 때에는 그 손해를 배상해야 한다(제2항). 또한 위임은 당사자 한쪽의 사망, 파산, 수임인이 성년후견개시의 심판을 받은 경우에도 종료한다(제690조). 따라서 위임인이 성년후견개시의 심판을 받은 경우에는 후견이 종료하지 않는다.

제15절 조합계약

Ⅰ. 조합계약의 의의

조합계약이란 2인 이상이 상호출자(금전, 재산 또는 노무)하여 공동사업을 경영할 것을 약정함으로써 성립하는 계약이다(제703조). 이러한 계약을 통해 조합(組合)이 성립한다. 민법상 사람의 결합체인 단체에는 사단법인과 조합이 있는데, 사단법인은 그 구성원의 개성이 단체에 매몰되어 드러나지 않지만 조합은 그 구성원의 개성이 강하게 나타나며,[289] 그 밖에 통일적 조직과 기관의 유무, 단체의 행위자, 법률효과의 귀속자, 의사결정의 방법, 재산의 소유형태, 법인격의 유무 등에서 차이를 보인다.

조합계약의 법적 성질과 관련하여, 먼저 조합 성립을 위한 합의가 계약인지 아니면 합동행위인지에 관한 견해의 대립이 있다. 생각건대 이러한 합의는 계약과 합동행위의 성질을 모두 갖고 있는 법률행위라고 할 것이다. 왜냐하면 조합원들의 의사가 성립할 조합의 구체적인 내용에 대해 서로 합치하는 측면도 있고 조합의 성립이라는 목적을 향하여 집중되기도 하기 때문이다.[290] 그리고 조합계약은 낙성·불요식 계약인데, 조합계약이 쌍무계약인지에 대하여는 조합원의 상호출자가 서로 대가적인 경우와 그렇지 않은 경우도 있기 때문에 각 조합계약의 내용에 따라 판단해야 할 것이다.[291] 또한 조합계약이 유상계약인가에 대한 논의는 매도인의 담보책임에 관한 규정을 준용할 것인가의 문제와 관련되어 있는데,[292] 일률적으로 판단하기 어렵고 개별 사안에 따라 판단해야 한다.

---

289) 대판 1992.7.10. 92다2431.

290) 이러한 측면에서 조합계약에는 계약의 해제·해지에 관한 규정이 적용되지 않으며, 제명·탈퇴·해산 등의 방법으로 처리되어야 한다(대판 1994.5.13. 94다7157).

291) 학설은 조합계약이 쌍무계약이라는 견해와 쌍무계약이 아니라는 견해로 나뉜다.

292) 유상계약으로 파악하여 매도인의 담보책임을 준용하는 견해와 이에 반대하는 견해로 나뉜다.

Ⅱ. 조합의 성립

조합이 성립하기 위해서는 2인 이상이 서로 출자하여 공동사업을 경영할 것을 약정해야 한다. 판례에 따르면, 사업은 공동의 것이어야 하므로 조합원의 일부만이 이익분배를 받는 경우는 조합이 아니라고 한다.[293] 그리고 모든 당사자가 출자의무를 부담해야 하며, 그중 일부만 출자의무를 부담하면 조합이 아니다. 여기서 출자의 종류나 성질에는 제한이 없다(제703조 제2항). 다만 금전을 출자의 목적으로 한 조합원이 출자시기를 지체한 때에는 연체이자를 지급하는 외에 손해배상을 하여야 한다(제705조).

Ⅲ. 조합의 업무집행

1. 대내적 업무

(1) 조합원 전부가 업무를 집행하는 경우

조합에서는 사단과 다르게 모든 조합원이 업무집행에 참여할 수 있으며, 업무를 집행하는 경우에는 선관의무를 부담하며(제707조), 각 조합원은 언제든지 조합의 업무 및 재산상태를 검사할 수 있다(제710조). 모든 조합원이 업무를 집행하는 경우, 조합원의 의견이 일치하지 않으면 조합원의 과반수로 결정한다(제706조 제2항 1문). 다만 통상사무는 각 조합원이 독자적으로 집행할 수 있다.[294] 그러나 그 사무의 완료 전에 다른 조합원의 이의가 있는 때에는 즉시 중지하여야 한다(제706조 제3항).

(2) 조합원 중 일부가 업무를 집행하는 경우

조합계약에서 또는 조합원의 3분의 2 이상의 찬성으로 업무집행자를 선임할 수 있으며(제706조 제1항), 업무집행자가 수인인 때에는 그 과반수로 결정한다(제706조 제2항 2문). 다만 조합의 통상업무는 각 업무집행자가 독자적으로 집행할 수 있되, 그 사무의 완료 전에 다른 업무집행자의 이의가 있는 경우에는 즉시 중지하여야 한다(제

---

293) 대판 2000.7.7. 98다44666.
294) 「민법」 제706조 제3항 본문에서는 "전행(專行)"이라고 표현한다.

706조 제3항).

「민법」제706조 제1항과 제2항에서 조합원은 원칙적으로 조합원의 인원수를 의미하지만, 당사자의 약정에 따라 인원수가 아닌 출자가액이나 지분의 비율에 따라 다르게 정할 수 있다.[295]

업무집행자인 조합원은 정당한 사유 없이 사임하지 못하며, 다른 조합원의 일치가 아니면 해임하지 못한다(제708조). 그리고 조합의 업무를 집행하는 조합원은 그 업무집행의 대리권이 있는 것으로 추정한다(제709조).

2. 대외적 업무

(1) 조합대리

조합은 사단처럼 법인격이나 대표기관이 없으므로 대외관계에서 조합원 전원의 이름으로 법률행위 등을 해야 하지만, 이는 실제로 번거로우므로 대리(代理)의 방법이 사용된다. 즉 어느 조합원이 다른 조합원에게 대리권을 수여하고 대리권을 수여받은 조합원은 대리인과 본인의 자격을 겸유하여 제3자와 대리행위를 하는 것이다. 따라서 대리행위자는 모든 조합원의 명의로 법률행위를 하여야 하지만(顯名主義), '조합의 대표자 A', '조합의 업무집행자 A' 이런 방식으로 상대방이 조합원을 대리하는 것을 알 정도로 표시하면 족하다.[296] 「민법」제709조에 따르면, "조합의 업무를 집행하는 조합원은 그 업무집행의 대리권이 있는 것으로 추정한다."라고 한다.

(2) 당사자능력

법인 아닌 사단이나 재단에 소송상 당사자능력을 인정하는 「민사소송법」제52조는 조합에 유추 적용되지 않으므로, 조합은 조합의 이름으로 소송 당사자가 될 수 없다. 따라서 조합원 전원이 공동소송인으로 당사자가 되거나 「민사소송법」제53조 선정당사자제도를 이용하여 소송행위를 할 수 있을 뿐이다.

---

295) 대판 2009.4.23. 2008다4247.

296) 대판 2009.1.30. 2008다79340.

Ⅳ. 조합의 재산관계

1. 조합재산의 합유관계

「민법」 제704조는 "조합원의 출자 기타 조합재산은 조합원의 합유로 한다."라고 하여, 조합재산을 모든 조합원이 공동소유하는 것으로 규정한다. 조합은 공동목적을 위해 결합한 단체이므로 조합원의 지분에 대한 처분이나 합유물에 대한 분할청구는 원칙적으로 금지된다(제273조).[297] 판례에 따르면, 다른 조합원 전원의 동의가 있는 경우, 그 지분을 처분할 수 있으나 조합의 목적과 단체성에 비추어 조합원으로서의 자격과 분리하여 그 지분권만을 처분할 수는 없으며, 따라서 조합원이 지분을 양도하면 그로써 그는 조합원의 지위를 상실하게 된다.[298] 소유권 이외의 재산권은 모든 조합원의 준합유(準合有)로 되며, 조합이 부담하는 채무도 모든 조합원이 준합유하게 된다.

「민법」은 합유에 대해 제271조 이하에서 규정하지만, 조합계약의 제706조는 특별규정이라고 할 것이다. 따라서 합유물의 처분·변경의 경우, 조합원 전원의 동의가 필요하지 않고 조합원 과반수 또는 업무집행자들의 과반수로 결정한다.

2. 조합채무에 대한 책임

조합의 채무는 모든 조합원에게 합유적으로 귀속된다(준합유). 그리고 조합의 채무에 대하여 조합재산과 각 조합원이 병존적으로 책임을 부담한다. 따라서 조합의 채권자는 조합재산에 공동책임을 묻거나 각 조합원에게 채권을 행사할 수 있다. 각 조합원은 조합채무에 관하여 분할채무를 부담하며(제408조),[299] 조합원 중에 변제자력이 없는 자가 있는 때에는 그 변제할 수 없는 부분은 다른 조합원이 균분하여 변제할 책임이 있다(제713조).

---

297) 「민법」 제273조 제1항은 합유자 전원의 동의가 있으면 예외적으로 지분에 대한 처분이 가능하다고 규정하는데, 학설은 대체로 이는 합유의 성질에 위배되는 것이어서 적용이 없다고 한다.

298) 대판 2009.3.12. 2006다28454.

299) 조합채무가 조합원 전원을 위하여 상행위가 되는 행위로 인하여 부담하게 된 것이라면 「상법」 제57조 제1항을 적용하여 연대책임을 인정한다(대판 1991.11.22. 91다30705).

3. 손익분배

조합의 사업에 따라 발생하는 이익과 손실은 각 조합원에게 귀속하며, 어떤 비율로 분배할 것인지는 조합계약으로 정하게 된다. 만약 조합계약에서 이러한 비율을 정하지 않았다면, 「민법」 제711조의 보충규정에 따라 정해진다. 즉 당사자가 손익분배의 비율을 정하지 아니한 때에는 각 조합원의 출자가액에 비례하여 이를 정하고(제1항), 이익 또는 손실에 대하여 분배의 비율을 정한 때에는 그 비율은 이익과 손실에 공통된 것으로 추정한다(제2항).

V. 조합원의 변동

1. 조합원의 탈퇴

(1) 임의탈퇴

민법은 조합원의 임의탈퇴를 인정한다. 이와 관련된 규정을 보면, 첫째, 조합의 존속 기간을 정하지 않았거나 조합원의 종신까지 존속하는 것으로 정하고 있는 때에는 각 조합원은 언제든지 탈퇴할 수 있지만, 부득이한 사유 없이 조합의 불리한 시기에 탈퇴 하지 못한다(제716조 제1항). 둘째, 조합의 존속기간이 정하여진 경우에는 원칙적으로 탈퇴할 수 없지만, 부득이한 사유가 있는 때에만 탈퇴할 수 있다(제2항). 여기서 "부득이한 사유"에 대해 판례는 조합원 일신상의 주관적인 사유 및 조합원 개개인의 이익뿐만 아니라 단체로서의 조합의 성격과 조합원 전체의 이익 등을 종합적으로 고려하여 판단하여야 한다고 한다.[300] 일정한 요건하에 탈퇴할 수 있다는 제716조는 강행규정이므로, 탈퇴를 금지하는 약정은 무효라고 할 것이다.

(2) 비임의탈퇴

조합원의 자발적인 의사에 의하지 않은 비임의탈퇴의 사유로는 사망,[301] 파산, 성년

---

300) 대판 1997.1.24. 96다26305.
301) 조합원이 사망하면 당연히 조합원의 지위가 상속인에게 승계되지 않지만, 조합계약에서 예외를 둘 수 있다(대판 1987.6.23. 86다카2951).

후견의 개시, 제명(除名)의 네 가지이다(제717조). 제명에 대해서는 제718조가 규정하고 있는데, 정당한 사유가 있는 때에 한하여 다른 조합원의 일치로 결정한다(제1항). 여기서 "정당한 사유"라는 것은 출자의무의 불이행과 같은 채무불이행이나 조합계약에서 정한 사유가 이에 해당할 것이다.

(3) 탈퇴의 효과

조합원이 탈퇴하더라도 조합은 그대로 존속하기 때문에, 조합은 탈퇴한 조합원과 사이에 탈퇴 당시의 조합재산 상태에 따라 청산을 하여야 한다. 그리고 탈퇴한 조합원의 지분은 그 출자의 종류 여하에 불구하고 금전으로 반환할 수 있다(제719조 제2항). 이처럼 청산이 완료되면, 조합의 재산은 다른 조합원의 합유가 되며, 결국 조합원의 지분이 커지게 된다. 판례에 따르면, 탈퇴로 인하여 잔존 조합원이 1인인 때에는 조합재산은 그의 단독소유가 된다고 한다.[302]

2. 조합원의 가입

민법은 조합원의 탈퇴에 대하여만 규정하고 가입에 대하여는 규정하지 않는다. 하지만 조합에 가입하고자 하는 자는 기존 조합원과의 계약을 통해 조합원이 될 수 있다고 할 것이다. 그리고 가입을 통해 합유지분을 취득하게 되며, 그 결과 기존 조합원의 지분은 줄어들게 된다.

Ⅵ. 조합의 해산·청산

조합도 법인과 마찬가지로 조합의 적극적인 활동을 종료하는 해산과 해산한 조합의 재산관계를 정리하는 청산절차를 거쳐 소멸한다.

---

302) 대판 1994.2.25. 93다39225.

1. 해산

조합은 조합계약에서 정한 사유의 발생, 존속기간이 있는 경우 존속기간의 만료, 조합원 전원의 합의, 조합의 목적인 사업의 성공 또는 성공불능, 해산청구 등에 의해 조합관계가 종료된다.[303] 「민법」 제720조는 "부득이한 사유가 있는 때에는 각 조합원은 조합의 해산을 청구할 수 있다."라고 규정하는데, 부득이한 사유란 조합재산상태의 악화나 영업부진 등으로 조합의 목적달성이 매우 곤란하다고 인정되는 객관적인 사정뿐만 아니라 조합원들 사이의 신뢰관계의 파괴로 원만한 조합 운영을 기대할 수 없는 경우도 포함된다.[304]

2. 청산

청산(淸算)이란 해산한 조합의 재산관계를 정리하는 것으로, 이는 오로지 조합원 사이의 재산관계의 공평한 처리를 목적으로 하는 점에서 법인의 청산과 다르다.[305] 왜냐하면 조합원은 청산이 종료된 후에도 조합채무에 대하여 개인재산으로 책임을 부담하기 때문이다. 청산사무는 조합원 전체가 공동으로 하거나 조합원의 과반수로 선임한 청산인이 집행한다(제721조). 청산인의 업무는 현존사무의 종결, 채권의 추심, 채무의 변제, 잔여재산의 인도 등이다(제724조 제1항). 그리고 잔여재산은 각 조합원의 출자가액에 비례하여 이를 분배한다(제2항).

---

303) 대판 1998.12.8. 97다31472.

304) 대판 1993.2.9. 92다21098.

305) 법인의 청산에 관한 규정은 제3자의 이해관계에 영향을 미치므로 강행규정이지만, 조합의 청산에 관한 규정은 임의규정이다(대판 1985.2.26. 84다카1921).

제16절 사무관리

Ⅰ. 사무관리의 의의

사무관리(事務管理)란 의무 없이 타인을 위하여 사무를 처리하는 것을 말한다(제734조). 여기서 "의무"란 계약상의 의무와 법률상의 의무를 포함한다. 사무관리가 있으면 당사자 사이에 일정한 권리·의무가 발생하므로 이는 법정채권 발생사유 중 하나가 된다. 이러한 제도를 인정하는 이유는 본래 사회생활에서 각 개인은 타인의 일에 간섭하지 않아야 하지만, 상황에 따라서는 서로 도움을 줄 필요가 있으며, 사회 전체적으로 볼 때 이익이 되기 때문이다. 사무관리의 법적 성질은 사실행위이지만, 사무관리의 내용이 되는 행위는 법률행위일 수도 있다. 예컨대 놀이공원에서 미아가 된 아이를 발견한 A가 B에게 일정한 대가를 주고 그 아이를 돌봐 줄 것을 약정한 경우, A와 B 사이에는 법률관계가 성립하며, A와 그 아이의 부모 사이에는 사무관리가 성립한다.

Ⅱ. 사무관리의 성립요건

1. 타인의 사무 관리가 있을 것

사무란 사람의 생활상 이익에 영향을 미치는 모든 일을 말하며, 그 성질이나 종류는 묻지 않는다. 그리고 사무는 타인의 것이어야 하므로, 객관적으로 자기의 사무인데 이를 타인의 것으로 오신하더라도 사무관리가 성립하지 않는다. 또한 판례에 따르면, A가 C를 B의 혼외자라고 주장하면서 C를 양육·교육하면서 비용을 지출하더라도, B가 C를 인지하거나 A와 혼인하지 않는 한 B가 C를 부양할 법률상 의무는 없으므로 사무관리가 성립하지 않는다.[306] 즉 A가 C에 대해 비용을 지출하였더라도 B는 그 비용지출과 무관하기 때문이다.

여기서 "관리"는 보존행위나 개량행위를 내용으로 하는 관리행위뿐 아니라 처분행위

---

306) 대판 1981.5.26. 80다2515.

도 포함된다.[307]

2. 관리의사가 있을 것

사무관리의 성립요건으로서 관리자에게 타인을 위하여 하는 의사, 즉 관리의사가 있어야 한다. 이는 관리의 사실상 이익을 타인에게 귀속시키려는 의사이며, 관리자 자신의 이익을 위한 의사와 병존하더라도 무관하다.[308] 예컨대 토지 공유자 중 1인이 토지에 대한 세금을 납부한 경우가 그것이다.

그런데 관리자에게 일정한 능력이 필요한가? 일단 사무관리의 성립요건으로 관리의사가 필요하므로 의사능력은 요구된다고 할 것인데, 행위능력까지 필요한가에 대해서는 견해의 대립이 있다. 왜냐하면 사무관리가 성립하면 권리뿐만 아니라 의무도 나오므로 제한능력자의 보호와 관련하여 문제가 되기 때문이다. 생각건대 제한능력자도 사무관리를 할 수 있으며, 민법의 다양한 규정을 유추하여 책임을 경감시킬 필요가 있다.[309]

3. 법률상 의무가 없을 것

관리자가 계약이나 법률규정에 의해 타인의 사무를 처리한 경우에는 사무관리가 성립하지 않는다. 왜냐하면 그러한 경우는 법적 의무에 따라 마땅히 해야 할 일을 수행한 것이기 때문이다. 판례는 사용자가 근로자의 업무상 부상에 대한 치료비를 지급한 것은 「근로기준법」에 따라 사용자 자신이 부담하는 채무를 이행하는 것이므로 자신의 사무처리라고 한다.[310]

4. 본인에게 불이익한 것 또는 본인의 의사에 반한다는 것이 명백하지 않을 것

관리자는 그 사무의 성질에 좇아 가장 본인에게 이익이 되는 방법으로 관리하여야 하며, 본인의 의사에 명백하게 반하여서는 안 된다(제737조 단서). 그러나 본인이 사무

---

307) 대판 2000.1.21. 97다58507.
308) 대판 2010.2.11. 2009다71558.
309) 예컨대 「민법」 제135조 제2항, 제753조 등.
310) 대판 1998.5.12. 97다54222.

관리를 원하지 않는 의사가 강행법규 또는 사회질서에 반하는 경우에는 그것이 본인의 의사에 반하는 것이 명백하더라도 사무관리가 성립한다.

III. 사무관리의 효과

1. 관리자의 의무

(1) 관리계속의무

관리자는 본인, 그 상속인이나 법정대리인이 그 사무를 관리하는 때까지 관리를 계속하여야 한다(제737조 본문). 그러나 관리의 계속이 본인의 의사에 반하거나 본인에게 불리함이 명백한 때에는 관리를 중지해야 한다(단서). 따라서 본인이 직접 관리하겠다는 의사가 외부적으로 명백히 표현된 때에는 사무관리는 그 이상 성립하지 않는다.[311]

(2) 손해배상의무

사무관리는 그 사무의 성질에 좇아 가장 본인에게 이익이 되는 방법으로 이루어져야 하지만, 관리자가 본인의 의사를 알거나 알 수 있는 때에는 그 의사에 적합하도록 관리하여야 한다(제734조 제2항). 만약 이에 위반하여 사무를 관리한 경우에는 과실이 없는 경우에도 손해배상책임을 부담한다(제3항 본문).[312] 그러나 그 관리행위가 공공의 이익에 적합한 때에는 중대한 과실이 없으면 배상책임이 없다(제3항 단서).

그 밖에 관리자가 타인의 생명, 신체, 명예 또는 재산에 대한 급박한 위해를 면하게 하기 위하여 그 사무를 관리한 때에는 고의나 중과실이 없으면 손해배상책임을 부담하지 않는다(제735조). 이를 긴급사무관리라고 하는데, 예를 들어 물에 빠진 사람에게 심폐소생술을 하던 중 그 사람의 갈비뼈를 부러뜨린 경우가 그것이다.[313]

---

311) 대판 1975.4.8. 75다254.

312) 따라서 관리자에게 과실이 있다면 당연히 손해배상책임을 부담한다(대판 1995.9.29. 94다13008).

313) 이는 「민법」 제761조 제2항의 긴급피난에 해당할 수도 있다.

(3) 통지의무

관리자가 관리를 개시한 때에는 지체 없이 본인에게 통지하여야 한다(제736조 본문). 하지만 본인이 이미 이를 알고 있는 때에는 통지할 필요는 없다(단서).

(4) 보고의무 등

사무관리에는 위임에 관한 일부 규정이 준용된다(제738조). 즉 관리자의 보고의무(제683조), 사무처리 중 취득한 취득물의 인도 및 권리의 이전의무(제684조), 본인에게 반환하여야 할 금전을 소비한 경우, 금전의 이자지급 및 손해배상의무(제685조)가 그것이다.

2. 본인의 의무

(1) 비용상환의무

관리자가 본인을 위하여 필요비 또는 유익비를 지출한 때에는 본인에 대하여 그 상환을 청구할 수 있다(제739조 제1항). 관리자가 본인을 위하여 필요 또는 유익한 채무를 부담한 때에는 본인이 이를 대신 변제하게 하거나(대변제청구권), 그 채무가 변제기에 있지 않은 경우에는 상당한 담보를 제공하게 할 수 있다(제2항). 한편 관리자가 본인의 의사에 반하여 관리한 경우,[314] 현존이익의 한도에서 위 규정을 준용한다.

(2) 손해보상의무

관리자가 사무관리를 함에 있어서 과실 없이 손해를 받은 때에는 본인의 현존이익의 한도에서 그 손해의 보상(補償)을 청구할 수 있다(제740조).

---

314) 유의할 점은 본인의 의사에 반하는 것이 명백한 경우에는 사무관리가 성립하지 않기 때문에 제739조 제3항은 이러한 경우를 제외한 상황에 적용될 것이다.

제17절 부당이득

Ⅰ. 부당이득의 의의

부당이득(不當利得)이란 법률상 원인 없이 타인의 재산 또는 노무로 인하여 얻은 이익을 말하는데, 이러한 이득을 손실자에게 반환하는 것을 그 법적 효과로 하는 제도를 부당이득제도라고 한다(제741조). 예컨대 A가 B에게 1만 원을 빌렸는데, 이를 모르고 C에게 변제한 경우가 그것이다. 부당이득은 사무관리(제734조), 불법행위(제750조)와 함께 법정채권의 발생원인 중 하나가 된다. 부당이득의 법적 성질은 사건이다.

부당이득제도의 존재이유에 대하여 견해의 대립이 있지만, 본래 재산적 가치가 귀속되어야 할 자에게 귀속되어야 하는 재산적 정의를 실현하는 것이 그 존재이유라고 할 것이다.

Ⅱ. 다른 청구권과의 관계

1. 계약상 채무이행청구권

채무자가 이행기에 채무를 이행하지 않는 경우, 채권자는 채무이행청구권 이외에 부당이득 반환청구권은 행사하지 못한다. 그런데 임대차나 사용대차에서 임차인이나 사용차주가 변제기에 목적물을 반환하지 않고 계속 사용·수익한다면, 이러한 채무자의 행위는 채무불이행에 해당하지만, 변제기 이후 목적물을 계속 사용·수익하여 이득을 얻는 것은 부당이득이 된다. 이러한 경우 두 청구권은 경합이 될 수 있다.

2. 물권적 청구권

물권행위의 유인성을 인정하는 경우,[315] 채권행위가 실효되면 물권행위도 효력을 잃

---

315) 물권행위의 무인성을 인정하는 경우에는 채권행위가 실효되어도 물권행위의 효력은 그대로 유효하므로 물권적 청구권은

게 된다. 예를 들어 매매계약이 취소되면, 매도인은 소유권에 기한 물권적 청구권을 행사할 수 있는데, 이때 매도인이 매수인을 상대로 부당이득반환을 청구할 수 있는가의 문제가 있다. 다수의 견해는 점유자와 회복자 사이의 관계에 관한 규정(제201조부터 제203조)은 부당이득의 특별규정이라고 한다. 판례는 선의의 점유자에 대하여 부당이득에 관한 제748조 제1항에 우선하여 제201조 제1항을 적용하며,[316] 악의의 점유자에 대해서는 제201조 제2항의 취지[317]를 고려하여 제748조 제2항에 따라 받은 이익, 이자 그리고 손해배상을 하여야 한다고 한다.[318] 요컨대 물권적 청구권과 부당이득반환청구권은 경합이 가능하지만, 선의의 점유자에게 과실수취권을 인정하는 물권적 청구권의 규정이 선의의 수익자의 현존이익의 반환 의무를 규정한 부당이득 규정보다 우선하여 적용된다고 한다.

3. 불법행위에 의한 손해배상청구권

부당이득과 불법행위는 목적, 요건, 효과에 있어서 차이를 보이므로, 두 청구권은 경합이 가능하다.[319]

Ⅲ. 부당이득의 일반적 성립요건

1. 수익

부당이득의 첫 번째 요건은 타인의 재산 또는 노무에 의하여 이익을 얻었어야 한다. 여기서 수익이란 소유권이나 제한물권과 같은 물권의 취득뿐만 아니라 채권, 지적재산권의 취득 등을 포함하는 개념이다. 판례는 부당이득에 있어 이득을 실질적인 이득으로 파악하며, 임차인이 임대차 종료 이후 본래의 용도대로 사용·수익하지 않은 때에는 임차인에게 실질적 이득이 없으므로 부당이득 반환의무가 발생하지 않는다고 한다.[320]

발생하지 않고 부당이득 반환의 문제만 남는다.

316) 대판 1978.5.23. 77다2169.

317) 악의의 점유자는 과실수취권이 인정되지 않는다.

318) 대판 2003.11.14. 2001다61869.

319) 대판 1993.4.27. 92다56087.

수익의 방법에는 제한이 없으며, 반드시 수익이 손실자와 수익자 사이의 법률행위에 의할 필요는 없다. 예컨대 A의 자전거를 C가 B의 마당에 가져다 놓은 경우가 그것이다.[321]

2. 손실

부당이득이 성립하기 위해서는 손실이 있어야 한다. 즉 누군가가 수익을 얻고 누군가는 손실을 입어야 한다.[322] 손실은 손실자의 급부에 의해 발생할 수도 있지만, 다른 원인에 의할 수도 있다. 예컨대 A의 토지를 무단으로 사용한 B로 인하여, A가 토지 차임 상당의 손실을 입게 되는 것이 그것이다.[323]

판례에 따르면, 토지 소유자가 토지를 주민의 통행로로 스스로 제공하거나 주민의 통행을 용인하여 소유자로서의 배타적 사용·수익권을 포기 또는 상실한 사실이 있다면, 지방자치단체의 점유로 인하여 토지 소유자에게 어떤 손실이 생기는 것은 아니라고 한다.[324]

3. 인과관계

수익과 손실 사이에는 인과관계가 있어야 한다. 여기의 인과관계는 직접적 인과관계까지는 요구하지 않으며, 사회관념상 관련성을 인정할 수 있으면 족하다. 판례는 채무자가 회삿돈을 횡령하여 자신의 채권자에게 변제한 경우에도 인과관계를 인정한다.[325]

4. 법률상 원인이 없을 것

부당이득이 성립하기 위해서는 수익자의 수익에 법률상 원인이 없어야 한다. 이를 유형별로 살펴보면 다음과 같다. 첫째, 급부행위에 의해 수익이 생긴 경우(급부부당이득)에는 급부의 근거가 되는 채권의 존재가 법률상 원인이다. 예를 들어 채권행위가 무

---

320) 대판 1979.3.13. 78다2500; 대판 1981.11.10. 81다378; 대판 1990.12.21. 90다카24076.

321) 이러한 경우는 물권적 청구권과 부당이득반환청구권의 관계가 문제 되는데, 앞에서 설명하였다.

322) 토지의 사용 가능성이 있는 경우에도 손실을 인정한다(대판 1996.5.14. 94다54283).

323) 이러한 경우, 불법행위도 성립한다.

324) 대판 1991.7.9. 91다11889.

325) 대판 2003.6.13. 2003다8862.

효, 취소, 해제된 경우나 채무자가 아닌 자가 모르고 변제한 경우 등이다. 둘째, 무권리자가 타인의 물건을 사용·수익·처분함으로써 이득을 얻은 경우(침해부당이득)에는 권원의 존재가 법률상 원인이다. 예컨대 타인의 자동차를 사용하였으나 그에게 임차권이 없는 경우가 그것이다. 마지막으로 그 밖의 부당이득에 관하여는 구체적인 경우에 있어서 이득의 귀속이 손실자와의 관계에서 볼 때 정의관념에 부합하는지의 여부를 검토해서 결정해야 한다.

판례에 따르면, 저당권자·가압류채권자·전세권자 등 당연히 배당에 참가할 수 있는 채권자와 경락기일까지 배당요구를 한 배당요구 채권자가 실체상의 권리에 따른 배당을 받지 못한 경우, 배당을 받지 못한 우선채권자는 부당이득 반환청구권이 있다.326) 예컨대 대항력과 확정일자를 갖춘 선순위 주택임차인이 배당요구를 했는데, 후순위인 저당권자가 배당을 받은 경우, 주택임차인은 저당권자에 대하여 부당이득반환을 청구할 수 있다.

Ⅳ. 부당이득에 관한 내용

1. 비채변제

비채변제(非債辨濟)란 채무가 없음에도 불구하고 변제로서 급부하는 것을 말한다. 예컨대 채무자가 채권자가 아닌 자에게 변제하는 경우이다. 이러한 경우 채무자는 부당이득의 반환을 청구할 수 있다. 다만 「민법」 제742조는 "채무 없음을 알고 이를 변제한 때에는 그 반환을 청구하지 못한다."라고 규정한다. 즉 악의(惡意)의 비채변제의 경우에만 부당이득 반환청구가 허용되지 않는다. 따라서 선의(善意)의 비채변제인 경우에는 부당이득 반환청구가 허용된다.327)

이상의 비채변제는 채무자가 임의로 변제한 경우에 적용되며, 변제를 강제당하거나 변제거절로 인한 사실상의 손해를 피하기 위하여 부득이 변제하는 경우처럼 변제자의 자유로운 의사에 반하여 이루어진 경우에는 적용되지 않는다.328) 예를 들어 전기를 독

---

326) 대판 1988.11.8. 86다카2949.

327) 대판 2010.5.13. 2009다96847.

328) 대판 1988.2.9. 87다432.

점 공급하는 한전으로부터 전기 공급을 받기 위하여 인수하지 않은 회사의 체납전기요금을 부득이 변제하게 된 경우, 제742조가 적용되지 않으므로 납부자는 그 요금을 부당이득으로 반환 청구할 수 있다.

2. 변제기 전의 변제

채무자가 변제기가 되지 않았음에도 이를 모르고 변제한 경우에는 그 이익의 반환을 청구할 수 있다(제743조 단서). 왜냐하면 이로 인하여 채권자에게는 변제기까지 그 변제로부터 이익이 발생하기 때문이다. 반면, 변제기가 되지 않았음을 알면서 변제한 경우에는 기한의 이익을 포기한 것으로 새겨야 하며,[329] 이때에는 이익의 반환을 청구할 수 없다.

3. 도의관념에 적합한 비채변제

채무 없는 자가 착오로 인하여 변제한 경우, 그 변제가 도의관념에 적합한 때에는 그 반환을 청구하지 못한다(제744조). 예컨대 부양의무가 없음에도 생계를 같이 하지 않는 동생에게 생활비를 지급한 경우가 그것이다.[330]

4. 타인채무의 변제

타인의 채무를 자기의 채무라고 착각하고 이를 변제한 경우,[331] 변제자는 선의의 비채변제를 주장하여 이를 반환 청구할 수 있다. 그런데 변제를 받은 채권자가 유효하게 변제를 받았다고 믿고 증서의 훼멸, 담보의 포기 그리고 시효로 인하여 그 채권을 잃었을 때에는 채권자를 보호할 필요성이 있다. 이런 취지에서 「민법」 제745조 제1항은 변제자의 반환청구를 부정한다. 이러한 경우, 결과적으로 채무자는 자신의 채무를 면했기 때문에 변제자에 대하여 구상의무를 부담한다(제2항).

---

329) 대판 1991.8.13. 91다6856.

330) 「민법」 제974조(부양의무).

331) 타인채무의 변제에는 타인의 채무임을 알면서 변제하는 경우가 있다. 이는 제3자의 변제로서 원칙적으로 유효하며, 그 결과 채권이 소멸하게 된다(제469조 제1항 본문).

5. 불법원인급여

(1) 의의

「민법」 제746조 본문은 "불법의 원인으로 인하여 재산을 급여하거나 노무를 제공한 때에는 그 이익의 반환을 청구하지 못한다."라고 규정한다. 이는 사회적 타당성이 없는 행위를 하거나 계획했던 자가 부당이득제도를 통해 그 복구를 꾀하는 것을 금지하기 위한 목적을 갖는다. 예컨대 가짜 명품 가방을 시중에 유통하기 위하여 가방 제조업자에게 작업비로 금전을 지급한 경우, 계약의 무효를 주장하여 그 금전의 반환을 청구하지 못한다. 판례는 제746조가 단지 부당이득제도만을 제한하는 것이 아니라 제103조와 함께 사법의 기본이념으로서, 결국 사회적 타당성이 없는 행위를 한 사람은 스스로 한 불법행위의 무효를 주장하여 복구를 소구할 수 없다는 법의 이상을 표현한 것이라고 한다.[332]

(2) 요건

1) 불법원인

제746조의 "불법"의 의미에 대하여 견해의 대립이 있는데, 다수설과 판례는 불법이란 선량한 풍속 기타 사회질서에 위반하는 것을 의미하며, 강행법규의 위반은 포함되지 않는다고 한다. 따라서 법률의 금지에 위반하더라도 사회질서에 위반한 경우에만 "불법"원인이 되는 것이다.[333] 예를 들어 「부동산실명법」을 위반한 명의신탁약정을 하였더라도 이는 선량한 풍속 기타 사회질서에 위반하는 것은 아니기 때문에 명의신탁자가 명의수탁자로부터 당해 부동산을 회복할 수 있다.[334] 그리고 급부원인의 불법에는 급부의 내용 자체가 불법한 경우뿐만 아니라 급부 자체는 불법성이 없더라도 불법한 급부의 대가로 행한 급부나 불법행위를 조건으로 하는 급부도 포함되며, 동기의 불법도 당사자가 이를 알고 있는 때에는 급부원인이 불법하다고 새길 것이다. 예컨대 도박자금으로 사용될 것을 알면서 금전을 빌려주는 경우가 그것이다.

---

332) 대판 1979.11.13. 79다483; 대판 1989.9.29. 89다카5994.

333) 대판 2003.11.27. 2003다41722.

334) 물론 법률 위반에 따른 행정적 제재나 형벌은 면책되지 않는다.

2) 급부

불법원인급여가 성립하기 위해서는 불법원인으로 재산을 급여하거나 노무를 제공하여야 한다. 여기의 급부는 급부자의 의사에 의한 재산적 가치 있는 출연을 의미하며, 그 내용은 묻지 않는다.[335] 그리고 불법원인급여에 의해 반환 받을 수 없는 이익은 종국적인 것이어야 한다. 예를 들어 A가 도박자금을 B에게 빌려주면서, 그 금전채권을 확보하기 위해 B의 부동산에 저당권을 취득한 경우, A가 그 이익을 얻기 위해서는 경매신청과 같은 별도의 조치가 필요하므로(즉, A가 종국적으로 이익을 취득하지 못한 관계로) B는 당해 계약이 제103조 위반으로 무효임을 근거로 저당권설정등기의 말소를 청구할 수 있다.[336]

(3) 효과

1) 원칙

급부가 불법원인에 따른 것인 때에는 급부자는 원칙적으로 그 이익의 반환을 청구하지 못한다(제746조 본문). 이러한 결과는 불법원인급여가 소극적 정의를 실현하는 측면도 있는 반면, 불법원인으로 인한 급부를 수익자의 수익으로 그대로 고착시키는 부당한 측면도 있다.[337]

2) 예외

불법원인급여라도 불법원인이 수익자에게만 있는 때에는 예외적으로 급부한 것의 반환을 청구할 수 있다(제746조 단서). 학설과 판례는 이를 판단하기 위하여 급부자의 불법성과 수익자의 불법성을 비교하는 불법성 비교론을 인용한다. 판례는 제746조 단서가 적용되기 위해서는 수익자의 불법성이 급부자의 불법성보다 현저히 커야 한다고 한다.[338] 예컨대 A와 B가 사회통념상 허용되는 한도를 초과하는 고리의 이율로 금전소비대차계약을 체결하고 B가 임의로 이자를 지급한 경우, A와 B 모두에게 불법성은 있으나 A의 우월할 지위를 고려할 때, 불법성은 A가 B보다 현저히 크므로 B의 반환청구가 인정된다.

---

335) 불법원인급여에 관한 판결로는 대판 1995.7.14. 94다51994; 대판 2004.9.3. 2004다27488 등.

336) 대판 1995.8.11. 94다54108.

337) 왜냐하면 불법원인급여의 대부분은 당사자 쌍방에게 불법성이 있기 때문이다.

338) 대판(전합) 2007.2.15. 2004다50426.

Ⅴ. 부당이득의 효과

1. 부당이득의 반환

부당이득의 요건이 갖추어지면 수익자는 받은 이익을 손실자에게 반환할 의무를 부담한다(제741조). 이때 반환하여야 할 것은 그 받은 목적물, 즉 원물반환이 원칙이며, 원물반환이 불가능한 경우에는 가액반환을 하여야 한다(제747조 제1항). 예컨대 A에게 사과를 선물로 보낸다는 것을 착각하여 B에게 보낸 경우, B는 그 사과를 반환하여야 하며, 만약 소비하였다면 그 값을 지불해야 한다. 그리고 「민법」 제747조 제2항은 "수익자가 그 이익을 반환할 수 없는 경우에는 수익자로부터 무상으로 그 이익의 목적물을 양수한 악의의 제3자는 전항의 규정에 의하여 반환할 책임이 있다."라고 한다. 이는 수익자가 원물반환 및 가액반환을 하지 못한 경우, 손실자를 보호하기 위하여 둔 규정이다.

2. 반환의 범위

수익자의 이익이 손실자의 손실보다 큰 경우의 반환범위에 대하여 견해의 대립이 있다.[339] 판례는 손실자의 손실을 한도로 반환하면 된다고 한다.[340] 그 밖에 수익자가 받은 이득을 운용하여 얻은 이익을 반환하여야 하는가의 문제가 있다. 판례는 수익자가 반환하여야 할 것은 사회통념상 수익자의 행위가 개입되지 않았더라도 부당이득된 재산으로부터 손실자가 통상 취득하였으리라 생각되는 범위 내의 이득이라고 한다.[341] 예컨대 수익자가 타인의 금전을 주식에 투자하여 수익을 얻은 경우, 반환해야 할 것은 받은 금전과 은행이자 상당액이라고 할 것이다.

「민법」은 수익자의 선의·악의 여부에 따라 그 반환범위를 다르게 규정하고 있는데, 이러한 선의·악의의 판단은 원칙적으로 수익 당시를 기준으로 하지만, 수익자가 이익을 받은 후 법률상 원인이 없음을 안 때에는 그때부터 악의의 수익자로 다루어진다(제749조 제1항).

---

339) 손실한도설과 이득전부반환설로 나뉜다.
340) 대판 1974.7.26. 73다1637; 대판 1982.5.25. 81다카1061.
341) 대판 2008.1.18. 2005다34711.

선의의 수익자는 그 받은 이익이 현존한 한도에서 반환할 책임이 있다(제748조 제1항). 즉 받은 원물이 남아 있다면 그 원물을 반환하고(제201조부터 제203조), 원물을 반환할 수 없으면 가액을 반환해야 하는데(제747조 제1항), 그 반환범위는 현존이익에 국한된다. 여기서 가액반환과 관련하여 현존의 이익이 있는 것으로 판단되는 경우는 원물을 매각하여 매매대금을 갖고 있는 경우, 금전을 이득하여 타인에게 빌려주거나 생활비로 사용한 경우342) 등이다. 반면, 원물의 매각대금을 도박이나 음주에 탕진한 경우는 현존의 이익은 없다. 판례는 취득한 것이 금전상의 이득인 때에는 금전은 이를 취득한 자가 소비하였는가의 여부를 불문하고 현존하는 것으로 추정된다고 한다.343) 따라서 이러한 경우에는 수익자가 자신에게 현존하는 이득이 없다는 것을 입증해야 한다.

악의의 수익자는 그 받은 이익에 이자를 붙여 반환하고 손해가 있으면 이를 배상하여야 한다(제748조 제2항). 원물반환의 경우에는 제201조부터 제203조의 규정이 적용되며,344) 가액반환의 경우에는 제748조 제2항이 적용된다.

---

342) 수익자가 지출을 면한 경우에도 이익은 현존하는 것으로 본다.

343) 대판 2005.4.15. 2003다60297.

344) 선의의 수익자에게도 원물반환의 경우에는 제201조부터 제203조가 적용되는데, 과실수취권의 여부, 이득한 목적물이 수익자의 귀책사유로 인하여 멸실·훼손된 경우 손해배상의 범위에서 차이가 난다.

제18절 불법행위

Ⅰ. 불법행위의 의의

불법행위(不法行爲)란 고의 또는 과실로 인한 위법행위로 타인에게 손해를 가하는 것을 말한다. 민법은 불법행위의 효과로서 가해자에게 손해배상책임을 인정한다(제750조). 불법행위는 사무관리(제734조), 부당이득(제741조)과 함께 법정 채권의 발생원인 중 하나이다. 그리고 불법행위의 법적 성질은 위법행위(違法行爲)이다.[345]

이러한 민법상 불법행위 책임(민사책임)과 구별할 것으로 형사책임이 있다. 전자는 개인과 개인 사이의 문제이지만, 후자는 국가의 범죄인에 대한 형벌권의 행사를 다룬다. 그리고 두 책임은 근거가 되는 법, 목적, 요건, 효과 등에서 차이를 보이기 때문에 완전히 별개의 책임이다. 따라서 두 개의 책임이 모두 발생하는 경우도 있고 한 개의 책임만 발생하는 경우도 있다. 예컨대 실수로 타인의 태블릿 PC를 훼손한 경우, 형법상 과실에 의한 재물손괴죄는 존재하지 않으므로[346] 민사상 불법행위에 기한 손해배상청구권만 문제 된다.

민법상 불법행위에 관한 규정은 크게 두 가지로 나누어지는데, 하나는 제750조 일반 불법행위이고 다른 하나는 제755조부터 제760조까지 규정된 특수한 불법행위이다. 이하에서는 먼저 일반 불법행위의 성립요건에 대하여 살펴보고 다음으로 특수한 불법행위를 다룬다.

---

345) 불법행위 이외에 채무불이행도 위법행위에 속한다. 양자 모두 그 주된 효과로서 손해배상청구권이 발생하지만 그 구체적인 내용에서 차이를 보이며, 채무불이행은 채권관계 당사자 사이의 문제임에 반하여 불법행위는 아무런 관계가 없는 자들 사이의 문제라는 점에서 다르다. 따라서 양자는 청구권경합이 가능하다.

346) 「형법」 제366조(재물손괴 등).

Ⅱ. 일반 불법행위의 성립요건

1. 고의 또는 과실

과실책임주의의 원칙상 불법행위의 성립요건으로 가해자의 고의 또는 과실이 요구된다(제750조). 고의(故意)란 자기의 행위로부터 일정한 결과가 발생할 것을 인식하면서도 그러한 행위를 하는 심리상태를 말하며, 과실(過失)이란 자기의 행위로부터 일정한 결과가 발생할 것을 인식했어야 함에도 불구하고 부주의로 말미암아 그러한 행위를 하는 심리상태를 말한다. 과실은 부주의의 종류(또는 판단기준)와 그 정도에 따라 몇 가지로 나눌 수 있다. 먼저 과실은 그 사람이 속하는 사회적 지위나 직업 등에 따라 보통 일반적으로 요구되는 주의를 위반한 경우인 추상적 과실[347]과 행위자 자신의 평상시의 주의를 게을리한 구체적 과실[348]로 나뉜다. 불법행위에서 과실은 추상적 과실을 의미한다. 예를 들어 전날 야근으로 피곤한 운전자가 교통사고를 일으킨 경우, 개인적인 사정은 고려하지 않고 운전자라면 마땅히 기울여야 했을 주의를 위반했다면 과실을 인정한다. 또한 과실은 부주의의 정도에 따라 경과실과 중과실로 나뉜다. 경과실은 다소(多少)[349]라도 주의를 게을리한 것이고 중과실은 현저하게 주의를 게을리한 것이다. 불법행위에 있어서 경과실과 중과실을 나눌 실익은 없다.[350] 어차피 경과실만 있더라도 불법행위의 요건을 충족시키기 때문이다. 또한 불법행위에서 고의와 과실의 구별은 큰 의미를 가지지 않는다. 왜냐하면 책임의 성립이나 그 범위에 있어 차이가 거의 없기 때문이다.[351]

원칙적으로 가해자의 고의 또는 과실에 대한 입증책임은 피해자가 부담한다. 하지만 특수한 불법행위나 특별법에서는 가해자에게 입증책임을 전환하여, 가해자 스스로가 자신에게 고의 또는 과실이 없었음을 입증하지 못하는 한 책임을 부담하도록 규정하는 경우도 있다.

---

347) 「민법」 제374조(특정물인도채무자의 선관의무), 제681조(수임인의 선관의무).

348) 「민법」 제695조(무상수치인의 주의의무), 제922조(친권자의 주의의무), 제1022조(상속재산의 관리).

349) 축어적인 의미로는 "적기는 하지만 어느 정도"의 의미이다.

350) 「민법」에서 일반적으로 과실은 경과실을 의미하며, 불법행위 이외의 영역에서는 책임 여부가 달라지기 때문에 중과실과의 구별이 의미를 갖는다.

351) 물론 가해자가 경과실로 불법행위를 한 경우에만 법원에 배상액 경감청구가 가능하다(제765조).

2. 위법성

(1) 개념

불법행위가 성립하기 위해서는 가해행위가 위법해야 한다(제750조). 위법성(違法性)이란 문자 그대로 법을 위반하는 것을 말하는데, 여기서 법이란 실정법뿐만 아니라 선량한 풍속 기타 사회질서[352]를 포함하는 것으로 이해된다.[353] 따라서 위법성을 판단하는 경우, 위 두 가지가 기준이 된다. 위법성이 있는 것으로 평가되는 것으로는 재산권·인격권[354]·가족권[355]과 같은 권리의 침해이지만 이에 국한되지는 않는다.

(2) 위법성 조각사유

가해자의 권리 침해 등의 행위가 있더라도 일정한 사유가 있을 때에는 위법성이 없는 것으로 평가되는데, 이를 위법성 조각사유라고 한다. 「민법」은 이러한 사유로서 정당방위와 긴급피난을 규정하고 있다. 이하에서 차례로 살펴본다.

정당방위(正當防衛)란 타인의 불법행위에 대하여 자기 또는 제3자의 이익을 방위하기 위하여 부득이 타인에게 손해를 가하는 것이다(제761조 제1항 본문). 예컨대 상대방의 폭행에 대하여 그를 힘으로 제압하는 것이 그것이다. 정당방위가 인정되면, 위법성이 조각되어 그 타인에게 손해배상책임을 부담하지 않는다. 그런데 여기서 유의할 점은 정당방위자가 불법행위자가 아닌 제3자에게 손해를 발생시킨 경우에도 위 규정이 적용된다는 점이다. 예컨대 A가 B의 폭행을 막기 위해 C의 태블릿 PC를 사용했는데, 그것이 훼손된 경우가 그것이다. 물론 이러한 경우, 피해를 입은 제3자는 정당방위의 원인을 제공한 불법행위자에게 손해배상을 청구할 수 있다(제761조 제1항 단서).

긴급피난(緊急避難)이란 급박한 위난을 피하기 위하여 부득이 타인에게 손해를 가하는 것이다(제761조 제2항). 예컨대 도사견의 추격을 피해 타인의 현관문을 부수고 들어간 경우가 그것이다. 정당방위는 위법한 침해에 대한 반격이지만, 긴급피난은 위법하지 않은 침해에 대한 피난인 점에서 차이가 있다. 긴급피난도 위법성 조각사유로서 긴급피난자는 타인의 손해를 배상하지 않아도 되며, 피해를 입은 자는 위난의 원인을 발생

---

352) 「민법」 제103조(반사회질서의 법률행위).

353) 이를 실질적 위법론이라고 하는데, 실정법을 기준으로 위법성을 판단하는 형식적 위법론도 주장된다.

354) 「민법」 제751조(재산 이외의 손해의 배상), 제752조(생명침해로 인한 위자료).

355) 대판 1967.10.6. 67다1134.

시킨 자에 대하여 불법행위 책임을 물을 수 있다(제761조 제2항, 제761조 제1항 단서). 판례에 따르면, 급박한 위난이 긴급피난자의 고의·과실에 의한 경우에는 긴급피난을 인정하지 않는다.[356]

그 밖의 위법성 조각사유로는 자력구제가 있는데,[357] 자력구제(自力救濟)는 권리의 보전을 위하여 국가기관의 구제를 기다릴 여유가 없는 경우, 권리자가 스스로 구제하는 행위로서, 「민법」은 점유의 침탈·방해에 대한 규정[358]만을 두고 있으나 학설은 일반적인 위법성 조각사유로 이를 인정하고 있다.

3. 손해의 발생

불법행위가 성립하기 위해서는 가해행위에 의해 실제로 손해가 발생해야 한다(제750조). 따라서 손해가 발생하지 않으면 불법행위가 성립하지 않는다. 여기의 손해에는 재산적 손해, 비재산적 손해를 불문한다. 그리고 손해의 발생에 대한 입증책임은 피해자가 부담한다.

4. 인과관계

불법행위에 따른 손해배상청구권이 인정되기 위해서는 가해자의 가해행위와 피해자의 손해 발생 사이에 인과관계가 있어야 한다. 판례는 이와 같은 인과관계의 판단에 있어 상당인과관계설을 취하고 있다.[359] 상당인과관계설이란 객관적으로 보아 어떤 선행사실로부터 보통 일반적으로 초래되는 후행사실이 있을 때, 양자는 서로 인과관계에 있다고 판단한다. 하지만 불법행위 성립요건으로서의 인과관계와 손해배상 범위를 결정하는 기준으로서의 인과관계는 구분되어야 하며, 전자의 경우에는 조건적 또는 자연적 인과관계로 족하다고 할 것이다.

그 밖에 가해행위와 자연력이 경합하여 손해를 발생시킨 경우, 자연력의 기여분을 입증할 수 있다면 손해분담의 공평이라는 견지에서 배상범위는 그 기여분을 제외한 것이 될 것이다.[360] 인과관계에 대해서는 원칙적으로 피해자가 증명책임을 부담한다. 따

---

356) 대판 1968.10.22. 68다1643.

357) 추가로 피해자의 승낙, 정당행위도 위법성 조각사유로 이해하는 견해도 있다.

358) 「민법」 제209조(자력구제).

359) 대판 2007.7.13. 2005다21821.

라서 공해소송이나 의료소송 등에 있어서는 피해자의 구제가 어려운 경우가 많다.361)

5. 책임능력

(1) 개념

책임능력(責任能力)이란 자기의 행위에 대한 책임을 인식할 수 있는 지적능력을 말한다. 책임능력을 불법행위능력이라고 하며, 가해자에게 이러한 능력이 없으면 불법행위가 성립하지 않는다. 책임능력이 있는지 여부는 행위 당시를 기준으로 하여 구체적으로 판단되며, 연령 등에 의해 획일적으로 결정되지 않는다. 책임능력의 입증책임에 대하여는 책임을 면하려는 가해자가 책임능력이 없음을 주장·입증하여야 한다.362)

(2) 미성년자의 책임능력

「민법」제753조는 "미성년자가 타인에게 손해를 가한 경우에 그 행위의 책임을 변식할 지능이 없는 때에는 배상의 책임이 없다."라고 규정한다. 즉 19세 미만의 자이고 책임능력이 없으면 배상책임이 부정되지만, 19세 미만의 자라고 하더라도 책임능력이 있으면 배상책임이 인정된다. 앞에서 설명한 것처럼 책임능력은 개별적인 행위에 대해 구체적으로 판단되므로 획일적인 기준은 없지만, 판례는 대체로 12세를 전후하여 책임능력 유무를 판단하고 있다.363)

(3) 심신상실자의 책임능력

심신상실 중에 타인에게 손해를 가한 자는 배상의 책임이 없다(제754조 본문). 심신상실(心神喪失)이란 정상적인 판단능력을 결한 상태를 말한다. 예컨대 인사불성이 되도록 술을 마신 경우가 그것이다. 그리고 여기의 심신상실의 의미는 성년후견 개시의 심판을 받았는지와 무관하다. 다만 심신상실의 상태를 가해자가 고의 또는 과실로 초래한 때에는 면책되지 않는다(제754조 단서). 이러한 상황에서의 가해행위를 '원인에 있

---

360) 대판 1991.7.23. 89다카1275; 대판 1993.2.23. 92다52122.

361) 피해자 보호를 위하여, 피해자는 인과관계가 존재한다는 상당한 정도의 개연성만 입증하면 족하고 오히려 가해자가 인과관계가 없음을 증명하지 못하면 인과관계가 인정된다는 개연성설이 논의되기도 한다.

362) 그 이유는 책임능력은 일반인이 갖추고 있는 경우가 보통이고 책임무능력자라는 사실은 면책사유이기 때문이다.

363) 대판 1989.5.9. 88다카2745; 대판 1977.8.23. 77다604.

어서 자유로운 행위'라고도 한다.

Ⅲ. 민법상 특수한 불법행위

1. 감독자의 책임

(1) 의의

감독자책임이란 가해자에게 책임능력이 없는 경우에 그를 감독할 법정의무가 있는 자와 감독의무자를 갈음하여 그를 감독하는 자가 배상책임을 부담하는 것이다(제755조). 즉 책임무능력자는 불법행위에 따른 손해배상책임을 부담하지 않으므로 피해자를 보호하기 위해 그의 감독자가 배상책임을 부담하는 것이다. 이런 의미에서 감독자 책임은 타인의 불법행위에 대한 책임의 측면도 있지만, 감독의무를 게을리한 경우에 본 책임이 인정되므로 감독자 본인의 책임으로 이해할 수도 있다.

(2) 요건

1) 책임무능력자의 불법행위

미성년자(제753조)나 심신상실자(제754조)가 고의·과실로 인한 위법행위를 하여 타인에게 손해를 가했지만, 그들에게 책임능력이 없어 불법행위가 성립하지 않아야 한다. 따라서 미성년자이더라도 책임능력이 있으면, 미성년자 본인의 불법행위 책임(제750조)이 문제 될 뿐 감독자책임(제755조)은 발생하지 않는다.364) 그리고 책임무능력자의 가해행위가 책임무능력 이외의 사유로 불법행위가 성립하지 않는 경우에는 감독자책임도 성립하지 않는다.

2) 감독의무의 해태

법정 감독의무자(예컨대 친권자, 후견인) 또는 이에 갈음하여 감독하는 대리감독자

---

364) 하지만 책임능력 있는 미성년자에게 일반 불법행위책임을 묻는다고 하더라도 변제자력이 없어 피해자의 보호에 문제가 생긴다. 이때 감독자의 감독의무 위반과 불법행위로 인한 손해발생에 인과관계가 있다면, 감독자에게 일반 불법행위 책임을 물을 수 있다(대판(전합) 1994.2.8. 93다13605).

(예컨대 학교장, 정신병원장)가 감독의무를 게을리하였어야 한다. 이 요건은 피해자가 입증할 필요가 없으며, 감독자가 자신의 책임을 면하기 위해서 감독의무를 게을리하지 않았다는 것을 입증해야 한다.[365) 여기서 유의할 점은 책임무능력자를 감독할 법정 감독의무자의 의무의 범위와 대리감독자의 그것이 다르다는 점이다. 전자의 경우에는 책임무능력자의 모든 생활 영역에 미친다고 할 것이지만, 후자의 경우에는 계약 또는 법률 등에 기초하여 그 범위가 제한된다고 할 것이다. 예컨대 가출한 자녀의 절도에 대하여 친권자는 감독의무를 부담하지만, 하교 후 발생한 중학생의 폭행에 대해서는 학교장의 책임이 없다고 할 것이다.

(3) 효과

감독자 책임의 요건이 갖추어지면, 법정 감독의무자나 대리감독자는 책임무능력자의 불법행위에 대한 책임을 부담한다. 다만 감독자 자신이 책임무능력자에 대한 감독의무를 다하였음을 입증한다면 그 책임을 면할 수 있다(제755조 제1항 단서). 그리고 법정 감독의무자와 대리감독자의 책임은 병존할 수 있으며,[366) 이러한 경우 두 책임은 부진정연대채무관계가 된다.

2. 사용자의 책임

(1) 의의

사용자책임이란 피용자가 사무집행에 관하여 제3자에게 손해를 가한 경우, 사용자 또는 사용자에 갈음하여 그 사무를 감독하는 자가 배상책임을 부담하는 것이다(제756조). 예컨대 이삿짐 운송업체 직원이 피아노를 운반하다 떨어트려 파손한 경우, 업체가 배상하는 것이 그것이다. 이처럼 사용자책임이 인정되는 이유는 타인을 사용하여 이익을 얻는 자는 그로 인한 손해도 감수해야 한다는 보상책임의 원리에 있다. 그리고 사용자책임은 중간책임이다.

사용자책임이 사용자의 고유한 책임인지에 관하여 견해의 대립이 있는데, 먼저 사용자 고유의 책임은 아니고 대위책임이라는 대위책임설과 사용자가 피용자의 선임·감독

---

365) 과실책임과 무과실책임의 가운데 있는 중간책임이라고 한다.
366) 대판 2007.4.26. 2005다24318.

을 다하지 못한 것에 따른 사용자 본인의 책임이라는 고유책임설로 나뉜다. 두 학설은 피용자의 불법행위가 성립하여야 하는지, 피용자에게 전액구상을 할 수 있는지와 관련하여 차이점을 보인다. 즉 대위책임설에서는 일단 피용자의 불법행위가 성립하여야 사용자책임이 인정되며, 사용자가 피해자에게 손해배상을 한 후 피용자에 대하여 전액구상이 가능하다. 판례는 대위책임설과 같다.[367]

(2) 요건

1) 타인을 사용하여 어느 사무에 종사하게 하였을 것

타인을 사용한다는 것은 사용자가 피용자를 실질적으로 지휘·감독하는 관계에 있음을 말한다.[368] 이러한 사용관계는 계약(예컨대 고용, 위임)에 따라 성립하는 것이 일반적이지만 이에 국한되지 않는다. 판례는 동업관계라고 하더라도 사무집행에 관하여 지휘·감독하는 관계에 있으면 사용관계를 인정하며,[369] 사표 수리 후 사실상 종전과 같이 근무한 자에 대해서도 사용자책임을 인정하여,[370] 반드시 사용관계가 유효한 것임을 요구하지 않는다.

사용관계가 도급계약에 기반한 경우, 원칙적으로 도급인은 수급인에 대하여 사용자책임을 부담하지 않는다(제757조 본문). 왜냐하면 수급인은 도급인으로부터 독립한 지위에서 일을 하기 때문이다.[371] 하지만 도급 또는 지시에 관하여 도급인에게 중대한 과실이 있는 때에는 도급인에게 책임이 인정된다(제757조 단서). 판례는 도급인이 수급인에 대하여 특정한 행위를 지휘하거나 특정한 사업을 도급시키는 경우, 즉 노무도급의 경우에는 도급인에게 사용자책임을 인정한다.[372]

한편 사무라는 것은 일반적으로 사용하는 "일"이라는 의미로 매우 넓은 개념이다. 따라서 그 사무가 법률적인 것, 사실적인 것, 계속적인 것, 일시적인 것 등 모두를 포함한다.[373]

---

367) 대판(전합) 1992.6.23. 91다33070.

368) 대판 1995.4.11. 94다15646; 대판 1999.10.12. 98다62671.

369) 대판 1979.7.10. 79다644; 대판 2006.3.10. 2005다65562.

370) 대판 1982.11.23. 82다카1133.

371) 따라서 본조는 당연한 규정, 즉 주의적 규정이다.

372) 대판 1997.4.25. 96다53086; 대판 2005.11.10. 2004다37676.

373) 대판 1989.10.10. 89다카2278.

2) 피용자가 그 사무집행에 관하여 손해를 가했을 것

사용자책임이 인정되기 위해서는 피용자가 그 사무집행과 관련하여 타인에게 손해를 가했어야 한다. 판례는 이른바 외형이론에 따라 이 요건을 판단하는데, "외형상 객관적으로 사용자의 사무집행에 관련된 것인지의 여부는 피용자의 본래 직무와 불법행위와의 관련 정도 및 사용자에게 손해발생에 대한 위험창출과 방지조치 결여의 책임이 어느 정도 있는지를 고려하여 판단하여야 한다."라고 한다.[374] 이러한 외형이론은 본래 피용자와 거래한 상대방의 신뢰를 보호하기 위해 출발한 이론이므로, "피용자의 불법행위가 사용자의 사무집행행위에 해당되지 않음을 피해자 자신이 알았거나 또는 중대한 과실로 알지 못한 경우에는 피해자는 사용자에 대하여 사용자책임을 물을 수 없다."라고 판시한다.[375]

3) 피용자의 가해행위가 불법행위의 요건을 갖출 것

본 요건은 사용자책임의 본질을 대위책임설에 따라 이해할 경우 필요하다. 이에 따라 피용자의 가해행위는 고의·과실, 위법성, 책임능력 등의 일반 불법행위의 요건을 갖춰야 한다. 만약 피용자의 불법행위가 성립하지 않는다면, 사용자책임은 부정될 것이다. 판례도 동일한 입장을 취하고 있다.[376]

4) 사용자가 면책사유 있음을 입증하지 못할 것

이상의 요건이 갖추어지더라도 사용자가 피용자의 선임 및 그 사무감독에 상당한 주의를 한 때 또는 상당한 주의를 하여도 손해가 있을 경우에는 사용자책임을 부담하지 않는다(제756조 제1항 단서). 이에 대한 입증책임은 사용자가 부담한다.[377] 따라서 이러한 사정을 입증하여 사용자 책임을 면할 수 있지만, 이를 인정한 판결[378]은 드물기 때문에 사실상 무과실책임처럼 운용되고 있다.

---

374) 대판 1988.11.22. 86다카1923.
375) 대판 1983.6.28. 83다카217; 대판 2008.1.18. 2006다41471.
376) 대판 1981.8.11. 81다298.
377) 대판 1971.10.11. 71다1641.
378) 대판 1978.3.14. 77다491.

(3) 효과

사용자책임의 요건이 갖추어지면, 사용자와 사용자에 갈음하여 그 사무를 감독하는 자(제756조 제2항)는 피용자의 불법행위에 대한 책임을 부담한다. 그리고 사용자에 갈음하여 그 사무를 감독하는 자, 즉 대리감독자가 책임을 부담한다고 하여 사용자의 책임이 면책되는 것은 아니다.

사용자책임이 인정되는 것과는 별도로 피용자는 피해자에 대하여「민법」제750조에 기한 불법행위책임을 부담하며, 이러한 두 책임은 부진정연대채무관계에 있다.

사용자 또는 대리감독자가 피해자에게 손해를 배상한 경우, 피용자에게 구상권을 행사할 수 있는데(제756조 제3항), 대위책임설에 따르면 전액구상이 가능할 것이다. 판례는 사안에 따라서는 신의성실의 원칙을 원용하여 구상권의 범위를 제한하기도 하고 구상권 행사를 부정하기도 한다.[379]

3. 공작물책임

(1) 의의

공작물책임이란 공작물 또는 수목의 설치(재식) 또는 보존의 하자로 인하여 타인에게 손해가 발생한 경우, 1차적으로는 공작물 등의 점유자가, 2차적으로는 그 소유자가 부담하는 책임을 말한다(제758조). 공작물책임은 배상의무자가 점유인인 경우에는 중간책임이고 배상의무자가 소유자인 경우에는 무과실책임이다(제758조 제1항 단서).

공작물책임을 인정하는 이유는 위험성이 많은 물건을 관리·소유하는 자는 위험방지에 충분한 주의를 기울여야 하며, 만약 위험이 발생한 경우에는 그에게 배상책임을 부과하는 것이 사회적으로 타당하다는 위험책임의 법리에 있다.

공공시설 즉 도로, 하천, 그 밖의 공공 영조물의 설치 또는 관리에 하자가 있어 타인에게 발생된 손해에 대하여는「국가배상법」제5조에 따라 국가 또는 지방자치단체가 배상책임을 부담하며, 이때「민법」제758조는 적용되지 않는다.

---

379) 대판 1987.9.8. 86다카1045; 대판 1991.5.10. 91다7255.

(2) 요건

1) 공작물 등의 설치(재식) 또는 보존의 하자

공작물(工作物)이란 인공적 작업에 의해 만들어진 물건으로 토지의 공작물(예컨대 건물, 도로, 전신주), 건물 내외의 설비(예컨대 벽돌담, 승강기, 간판) 등을 말한다. 그리고 여기서 하자란 공작물이 그 용도에 따라 통상 갖추어야 할 안전성을 갖추지 못한 상태에 있는 것을 가리킨다.[380] 하자의 유무는 객관적으로 판단되며, 공작물의 하자의 존재에 대한 입증책임은 피해자에게 있는데, 판례는 사안에 따라 하자의 존재를 추정하는 경우도 있다.[381]

2) 공작물 등의 하자로 손해가 발생하였을 것

공작물 등의 하자로 인하여 손해가 발생하여야 한다. 즉 둘 사이에는 인과관계가 있어야 하는데, 하자가 손해발생의 유일한 원인일 필요는 없으며, 하자가 다른 자연적 사실이나 제3자의 행위 또는 피해자의 행위 등과 함께 공동원인 중 하나가 되면 족하다.[382] 그리고 불가항력으로 인하여 손해가 발생한 경우, 설사 공작물에 하자가 있더라도 하자와 손해 사이에 인과관계가 없다면 공작물책임은 발생하지 않는다. 이때 피해자는 공작물의 하자의 존재에 대해서 입증을 하고 공작물의 점유자·소유자는 책임을 면하기 위해 손해발생이 불가항력에 의한 것으로 하자가 없었더라도 불가피한 것임을 입증하여야 한다.[383]

3) 면책사유가 없을 것

이상의 요건이 갖추어지더라도 점유자는 손해의 방지에 필요한 주의를 해태하지 않았음을 입증하여 면책될 수 있다. 따라서 점유자에게는 면책사유가 없어야 공작물책임을 부담한다. 이러한 면책사유에 대해서는 점유자가 입증책임을 부담한다. 반면, 소유자가 부담하는 공작물책임에서는 본 요건이 필요하지 않다(제758조 제1항 단서).

---

380) 대판 1994.10.28. 94다16328; 대판 2006.1.26. 2004다21053.

381) 대판 1969.12.30. 69다1604; 대판 1974.11.26. 74다246.

382) 대판 2007.6.28. 2007다10139; 대판 2010.4.29. 2009다101343.

383) 대판 1982.8.24. 82다카348.

(3) 효과

공작물책임은 먼저 점유자가 책임을 부담하고 만약 점유자가 면책되면, 소유자가 손해배상책임을 부담한다. 공작물이나 수목의 점유자 또는 소유자가 피해자에게 배상한 때에는 그 손해의 원인에 대하여 책임 있는 자가 있는 경우, 그 자에게 구상권을 행사할 수 있다(제758조 제3항). 예컨대 벽에 부착된 간판이 떨어져 지나가던 행인이 상해를 입은 경우, 그 간판의 점유자 또는 소유자가 배상을 한 다음, 간판 설치업자에 대하여 구상금을 청구할 수 있다.

4. 동물점유자의 책임

(1) 의의

동물점유자의 책임이란 동물이 타인에게 손해를 가한 경우, 동물의 점유자나 점유자에 갈음하여 동물을 보관한 자가 부담하는 책임을 말한다(제759조). 동물점유자의 책임도 중간책임의 성격을 띤다.

(2) 요건

1) 동물이 손해를 가하였을 것

여기서 동물의 종류는 불문한다. 따라서 사육하는 야생동물도 이에 포함된다(제252조 제3항). 그리고 동물을 도구로 이용하여 손해가 발생한 경우에는 본조가 아닌 제750조가 적용된다. 예컨대 훈련된 개를 이용하여 타인을 물게 한 경우가 그것이다.

2) 타인에게 손해가 발생하였을 것

손해란 사람의 생명, 신체 등과 같은 비재산적 손해뿐만 아니라 재산적 손해도 포함된다.

3) 면책사유가 없을 것

동물의 점유자가 동물의 종류와 성질에 따라 그 보관에 상당한 주의를 해태하지 않은 때에는 책임을 부담하지 않는다(제759조 제1항 단서). 이에 대한 면책사유는 책임을 면하려고 하는 동물점유자에게 입증책임이 있다.

(3) 효과

동물의 점유자(제759조 제1항)와 점유자에 갈음하여 동물을 보관한 자(제2항)는 타인에게 발생한 손해를 배상할 책임을 부담한다. 여기서 동물의 점유자에는 직접 점유자 이외에 간접 점유자도 포함되는가에 대한 견해의 대립이 있지만, 직접 점유자에 한한다고 할 것이다. 판례는 도사견의 소유자가 이를 타인에게 빌려주는 경우, 그 타인이 도사견을 안전하게 보관할 수 있는 시설을 갖추고 있는지 여부를 확인하여야 할 주의의무가 있으며, 이를 위반한 경우에는 제750조 일반 불법행위 책임을 부담한다고 한다.[384]

5. 공동불법행위

(1) 의의

공동불법행위란 여러 사람이 공동으로 불법행위를 하여 타인에게 손해를 가하는 것을 말한다(제760조). 그리고 「민법」은 세 가지 유형의 공동불법행위를 규정하는데, 협의의 공동불법행위(제1항), 가해자 불명의 공동불법행위(제2항) 그리고 교사·방조(제3항)가 그것이다. 이하에서 차례로 살펴본다.

(2) 공동불법행위의 유형

1) 협의의 공동불법행위

협의의 공동불법행위란 수인이 공동의 불법행위로 타인에게 손해를 가한 경우이다(제760조 제1항). 예컨대 A와 B가 C를 집단폭행한 경우가 여기에 해당한다. 그런데 협의의 공동불법행위가 성립하기 위해서 각자의 행위가 각각 독립하여 불법행위의 요건을 갖추어야 하는지에 대해 견해의 대립이 있다. 판례는 공동불법행위자 각자가 불법행위의 요건을 갖춰야 한다고 판시한다.[385] 예를 들어 교통사고로 입원한 환자를 치료하던 중 의사의 과실로 환자가 사망한 경우, 운전자와 의사가 공동불법행위책임을 부

---

384) 대판 1981.2.10. 80다2966.
385) 대판 1997.8.29. 96다46903; 대판 1998.2.13. 96다7854.

담하기 위해서는 각자가 불법행위의 요건을 갖춰야 한다. 다만 불법행위의 요건 중 인과관계와 관련하여, 인과관계는 공동행위자의 가해행위와 손해 사이에 있으면 되고, 각자의 행위와 손해 사이에 인과관계가 있어야 하는 것은 아니다.[386] 위의 사례에서 운전자의 교통사고가 아니라 의사의 과실이 사망의 주된 원인이더라도 공동불법행위의 성립에는 영향이 없다.

협의의 공동불법행위가 인정되기 위해서는 각 행위자의 가해행위 사이에 관련·공동성이 있어야 하는데, 가해행위의 관련·공동성에 대하여는 견해의 대립이 있다. 판례는 불법행위자 상호 간에 공모나 공동의 인식은 필요하지 않고 객관적으로 공동행위가 관련·공동되면 족하다고 한다.[387] 예컨대 A의 차량이 횡단보도 상에 있는 보행자를 충격하여 넘어뜨리고 이어 B의 차량이 넘어져 있는 보행자를 친 경우, A와 B는 공동불법행위 책임을 부담하게 된다.[388]

2) 가해자 불명의 공동불법행위

공동 아닌 수인의 행위 중 어느 자의 행위가 그 손해를 가한 것인지를 알 수 없는 경우를 가해자 불명의 공동불법행위라고 한다(제760조 제2항). 예컨대 멧돼지 사냥을 위해 A와 B가 총을 쐈는데, 등산객이 맞아서 상해를 입었지만 누구의 총에 맞은 것인지 알 수 없는 경우이다. 가해자 불명의 공동불법행위가 성립하기 위해서는 각자가 고의·과실, 책임능력이 있어야 하고 수인이 상대방에게 손해가 발생할 만한 위험성 있는 행위를 공동으로 하여야 한다. 그리고 가해자가 누구인지 알 수 없어야 한다. 따라서 어느 1인이 자기의 행위와 손해발생 사이에 인과관계 없음을 입증한다면 책임을 면하게 된다.[389] 그리고 민법이 이러한 규정을 둔 이후는 인과관계에 대한 피해자의 입증곤란을 구제하여 그를 보호하기 위해서이다.

3) 교사·방조

「민법」 제760조 제3항은 "교사자나 방조자는 공동행위자로 본다."라고 규정하여, 직접 가해행위를 한 자뿐만 아니라, 가해자로 하여금 불법행위의 의사를 갖게 하거나 이

---

386) 대판 1957.3.28. 4289민상551.

387) 대판 1982.6.8. 81다카1130; 대판 2003.1.10. 2002다35850.

388) 대판 1968.3.26. 68다91.

389) 대판 2008.4.10. 2007다76306.

를 용이하게 하는 행위를 한 자 모두에게 공동불법행위책임을 부과한다. 판례에 따르면, 방조는 불법행위를 용이하게 하는 직접·간접의 모든 행위라고 한다.[390] 또한 과실에 의한 방조도 가능하다고 한다.[391] 왜냐하면 민법은 형법과 달리 손해의 전보를 목적으로 하므로, 고의와 과실을 불문하고 과실에 의한 불법행위도 가능하다고 한다.

(3) 효과

공동불법행위자는 피해자에 대하여 부진정연대채무를 부담한다. 따라서 모든 공동불법행위자는 손해 전부에 대하여 각자 피해자에게 배상책임이 있으며, 공동불법행위자 1인에게 생긴 사유가 변제·대물변제·공탁·상계인 경우에만 다른 공동불법행위자에게 영향을 미치게 된다.[392] 판례는 공동불법행위자 중 불법행위에 가담한 정도가 경미한 자라도 손해 전부에 대한 배상책임이 있다고 한다.[393] 유의할 점은 이는 피해자에 대한 관계에서 적용되는 것이며, 공동불법행위자 내부의 구상관계에 있어서는 가담한 정도에 따라 책임의 범위가 제한될 수 있다.

공동불법행위자는 통상손해뿐만 아니라 특별손해도 배상할 책임이 있다. 그런데 특별손해와 관련하여 공동불법행위자 중 1인에게만 예견 가능성이 있는 경우, 모두가 그 특별손해를 배상해야 하는지에 대해 견해의 대립이 있다. 생각건대 공동불법행위 책임을 인정하는 취지에 따라 1인에게만 예견 가능성이 있더라도 모두 특별손해에 대한 배상책임이 있다고 할 것이다.

공동불법행위에서도 피해자의 과실은 고려가 되어 과실상계가 이루어질 수 있다. 피해자의 부주의를 이용하여 고의로 불법행위를 저지른 자의 과실상계 주장은 신의칙에 반하여 허용될 수 없지만,[394] 불법행위자 중 위와 같은 사유가 없는 자는 과실상계의 주장이 가능하다.[395]

---

390) 대판 2001.5.8. 2001다2181.

391) 대판 1998.12.23. 98다31264.

392) 「민법」 제760조 제1항은 "연대하여"라는 표현을 사용하므로, 이를 연대채무라고 보는 견해도 있지만, 피해자 보호를 위하여 절대적 효력사유가 제한적인 부진정연대채무로 보는 것이 다수설과 판례의 태도이다.

393) 대판 1998.10.20. 98다31691.

394) 대판 1995.11.14. 95다30352.

395) 대판 2007.6.14. 2005다32999.

IV. 특별법상 특수한 불법행위

1. 자동차 운행자의 책임

(1) 의의

자동차 운행자의 책임이란 자기를 위하여 자동차를 운행하는 자가 그 운행으로 다른 사람을 사망하게 하거나 부상하게 한 경우, 「자동차손해배상 보장법; 이하 자배법」 제3조에 따라 부담하는 배상책임을 말한다. 「자배법」은 자동차 운행으로 사망하거나 상해 입은 자를 보호하기 위하여 책임보험을 강제하고 있으며, 운행자에게 무과실의 입증에 대한 가능성을 어렵게 하여 사실상 무과실책임으로 인식되고 있다.

(2) 요건

1) 자기를 위하여 자동차를 운행하는 자일 것

자기를 위하여 자동차를 운행하는 자, 즉 자동차 운행자가 자배법상의 배상책임을 부담한다. 판례에 따르면, 자동차에 대한 운행을 지배하여 그 이익을 향수하는 책임주체로서의 지위에 있는 자를 가리킨다.[396] 일반적으로 자동차의 소유자는 운행지배와 운행이익의 두 가지를 가지고 있으므로 자동차 운행자의 지위를 갖지만, 절도범이 차량을 절도한 경우에는 원칙적으로 자동차의 소유자는 자동차 운행자의 지위를 상실한다.[397] 반면, 가게의 직원이 몰래 사장의 트럭을 운전하던 중 사고를 낸 경우에는 운행지배 및 운행이익을 완전히 상실했다고 볼 수 없다는 이유로 자동차 운행자의 지위를 인정한다.[398] 그 밖에 차량 수리나 세차를 위해 차를 맡긴 경우, 자동차 소유자의 운행자의 지위는 상실된다.[399] 또한 대리운전약정을 체결한 자는 대리운전자와 운행지배와 운행이익을 공유하고 있지 않다고 판시한다.[400]

---

396) 대판 1986.12.23. 86다카556.

397) 대판 1998.6.23. 98다10380.

398) 대판 1981.12.22. 81다331. 이는 무단운전으로 절취운전과 구별된다.

399) 대판 1988.6.14. 87다카1585; 대판 1976.10.26. 76다517.

400) 대판 2005.9.29. 2005다25755.

2) 자동차의 운행에 의할 것

자배법상 자동차란 「자동차관리법」의 적용을 받는 자동차(예컨대 승용자동차, 이륜자동차)와 「건설기계관리법」의 적용을 받는 건설기계 중 대통령령으로 정하는 것(예컨대 덤프트럭, 콘크리트 믹서트럭)을 말한다(제2조 1호). 그리고 운행이란 사람 또는 물건의 운송 여부와 관계없이 자동차를 그 용법에 따라 사용하거나 관리하는 것을 말한다(2호). 따라서 경사진 곳에 주차를 하면서 변속기를 중립에 놓아 차가 바다에 빠져 승객이 사망한 경우도 운행 중에 발생한 것으로 「자배법」이 적용된다.[401]

3) 다른 사람을 사망하게 하거나 부상하게 하였을 것

「자배법」 제3조에서 "다른 사람"이란 자동차 운행자, 운전자(운전보조자 포함) 이외의 자를 말한다.[402] 운전자라고 하더라도 직접 자동차 운전에 관여하지 않았다면 "다른 사람"에 해당되어 자배법의 보호를 받게 된다.[403] 그리고 자배법상 운행자책임은 다른 사람을 사망하게 하거나 부상하게 한 경우에만 적용되고 그 밖의 재산상 손해가 발생한 경우에는 적용되지 않는다(제3조).[404]

4) 면책사유가 없을 것

승객이 아닌 자가 사망하거나 부상한 경우, 자기와 운전자가 자동차의 운행에 주의를 게을리하지 아니하였고, 피해자 또는 자기 및 운전자 이외의 제3자에게 고의 또는 과실이 있으며, 자동차의 구조상의 결함이나 기능상의 장해가 없었다는 것을 증명한 경우에 운행자는 책임을 면한다(제3조 1호). 그리고 승객이 고의나 자살행위로 사망하거나 부상한 경우, 이를 입증하면 운행자의 책임이 면책된다(2호). 하지만 위의 사유를 입증하여 운행자가 책임을 면하는 경우란 거의 불가능에 가깝다.

(3) 효과

이상의 요건이 갖추어지면, 자동차의 운행자는 운전자 또는 운전보조자가 타인에게 가한 손해를 배상할 책임이 있다. 하지만 자동차의 운행자의 자력이 부족할 경우, 피해

---

401) 대판 2004.3.12. 2004다445.

402) 대판 2010.5.27. 2010다5175.

403) 대판 1989.4.24. 89다카2070; 대판 1999.9.17. 99다22328.

404) 이때에는 일반법인 「민법」의 불법행위에 관한 규정이 적용된다.

자의 구제에 어려움이 있을 수 있으므로, 자동차보유자는 대통령령[405]으로 정하는 금액을 지급할 책임을 지는 책임보험이나 책임공제에 가입하도록 규정하고 있다(제5조 제1항). 따라서 피해자는 보험회사 등에게 보험금을 자기에게 직접 지급할 것을 청구할 수 있다(제10조 제1항).

그 밖에 호의동승의 경우에도「자배법」의 운행자책임이 문제 되는데, 호의동승의 특성상 운행자의 책임이 제한되어야 하는 것은 아닌가에 대해 견해의 대립이 있다. 생각건대 이는 일률적으로 판단할 것은 아니고 호의동승과 관련된 여러 상황을 고려하여 판단되어야 할 것이다. 즉 원칙적으로는 운행자의 책임을 제한하지 않되, 운행의 목적이나 당사자의 인적관계, 동승자의 요청 등을 고려하여 운행자의 책임을 제한할 수 있을 것이다.[406]

2. 제조물책임

(1) 의의

제조물책임이란 제조물의 결함으로 인하여 발생한 손해에 대하여 제조업자 등이 부담하는 책임을 말한다(「제조물책임법」 제1조). 예컨대 동네 가게에서 생수를 구입하여 마셨는데, 세균과 곰팡이에 의해 배탈 증세로 입원한 경우가 그것이다.[407] 이러한 경우, 민법상 불완전 이행에 따른 채무불이행책임이나 하자담보책임을 물을 수 있지만, 제조업자와 피해자 사이에 계약관계가 없기 때문에 이러한 구제는 어렵고 또한 불법행위책임의 경우에는 여러 요건에 대한 입증책임이 피해자에게 있으므로 그 구제에 어려움이 있다. 이런 점을 고려하여 2001년「제조물책임법」이 제정되었다. 본법은 제조업자의 무과실책임을 규정하고 있다(제3조).

(2) 요건

1) 제조물의 결함이 있을 것

제조물(製造物)이란 제조되거나 가공된 동산(다른 동산이나 부동산의 일부를 구성하

---

405)「자동차손해배상 보장법 시행령」제3조(책임보험금 등).

406) 대판 1987.12.22. 86다카2994.

407) 물론 동네 가게에 법적 책임을 물을 수 있지만, 제조업자에 비하여 변제자력이 부족하여 적절한 피해자 구제가 어려울 수 있다.

는 경우도 포함)을 말한다(제2조 1호). 예컨대 스마트폰에 결합되는 배터리가 그것이다. 다만 가공되지 않은 농림수산물이나 부동산 자체는 제조물이 아니다.

제조물법에서 결함이란 해당 제조물에 제조상의 결함, 설계상의 결함 그리고 표시상의 결함이 있거나 그 밖에 통상적으로 기대할 수 있는 안전성이 결여되어 있는 것을 말한다(제2조 2호).[408] 예컨대 자동차 운전석 매트의 잘못된 디자인으로 인해 브레이크 페달을 밟지 못해서 사고가 발생한 경우나 통조림 캔 뚜껑에 주의 표시를 하지 않아 개봉 시 손가락을 베인 경우가 그것이다.

2) 제조물의 결함에 의해 손해가 발생할 것

제조물책임이 성립하기 위해서는 제조물의 결함에 의해 손해가 발생해야 한다. 여기서 손해란 생명·신체 또는 재산상 손해를 의미하는데, 재산상 손해에는 그 제조물에 대하여만 발생한 손해는 제외한다(제3조 제1항). 그런데 결함과 손해 사이의 인과관계는 피해자가 입증해야 하는데, 실제 이는 피해자에게 어려운 문제가 된다.[409] 이러한 점을 고려하여 「제조물책임법」 제3조의 2는 피해자가 해당 제조물이 정상적으로 사용되는 상태에서 피해자의 손해가 발생하였다는 사실, 이러한 손해가 제조업자의 실질적인 지배 영역에 속한 원인으로부터 초래되었다는 사실, 그 손해가 해당 제조물의 결함 없이는 통상적으로 발생하지 않는다는 사실을 증명한 경우에는 결함과 손해 사이의 인과관계를 추정한다.

3) 면책사유가 없을 것

제조업자는 ① 제조업자가 해당 제조물을 공급하지 아니하였다는 사실 ② 제조업자가 해당 제조물을 공급한 당시의 과학·기술 수준으로는 결함의 존재를 발견할 수 없었다는 사실 ③ 제조물의 결함이 제조업자가 해당 제조물을 공급한 당시의 법령에서 정하는 기준을 준수함으로써 발생하였다는 사실 ④ 원재료나 부품의 경우에는 그 원재료나 부품을 사용한 제조물 제조업자의 설계 또는 제작에 관한 지시로 인하여 결함이

---

408) "제조상의 결함"이란 제조업자가 제조물에 대하여 제조상·가공상의 주의의무를 이행하였는지에 관계없이 제조물이 원래 의도한 설계와 다르게 제조·가공됨으로써 안전하지 못하게 된 경우를 말하며, "설계상의 결함"이란 제조업자가 합리적인 대체설계를 채용하였더라면 피해나 위험을 줄이거나 피할 수 있었음에도 대체설계를 채용하지 아니하며 해당 제조물이 안전하지 못하게 된 경우를 말한다. 그리고 "표시상의 결함"이란 제조업자가 합리적인 설명·지시·경고 또는 그 밖의 표시를 하였더라면 해당 제조물에 의하여 발생할 수 있는 피해나 위험을 줄이거나 피할 수 있었음에도 이를 하지 아니한 경우를 말한다.

409) 대판 2004.3.12. 2003다16771.

발생하였다는 사실 중 하나를 입증하면 책임을 면하게 되므로(제4조), 제조물책임이 성립하기 위해서는 제조업자에게 이러한 면책사유 및 그 주장이 없어야 한다. 다만 제조업자가 제조물을 공급한 후에 그 제조물에 결함이 존재한다는 사실을 알았거나 알 수 있었음에도 그 결함으로 인한 손해의 발생을 방지하기 위한 적절한 조치를 하지 아니한 경우에는 상기한 ②③④를 입증하여 면책을 주장할 수 없다(제4조 제2항).

(3) 효과

이상의 요건이 갖추어지면, 제조업자는 발생한 손해에 대한 배상책임을 부담한다(제3조 제1항). 만약 피해자가 제조물의 제조업자를 알 수 없는 경우에는 그 제조물을 영리 목적으로 판매·대여 등의 방법으로 공급한 자(제조물공급자)가 배상책임을 진다(제3항). 그리고 제조업자가 제조물의 결함을 알면서도 필요한 조치를 하지 않아 타인에게 생명 또는 신체에 중대한 손해가 발생한 경우에는 그 자에게 발생한 손해의 3배를 넘지 않는 범위에서 배상책임을 부담한다(제2항). 이는 징벌적 손해배상제도를 도입한 것으로 평가된다.[410]

「제조물책임법」에 따른 손해배상청구권은 피해자 또는 그 법정대리인이 손해 및 배상책임자를 알게 된 날로부터 3년, 제조물을 공급한 날로부터 10년 이내에 행사하여야 한다(제7조). 다만 신체에 누적되어 사람의 건강을 해치는 물질에 의하여 발생한 손해 또는 일정한 잠복기간이 지난 후에 증상이 나타나는 손해에 대하여는 그 손해가 발생한 날부터 기산한다. 그리고 위의 기간은 모두 소멸시효기간이다.

Ⅴ. 불법행위의 효과

1. 손해배상청구권

불법행위의 성립요건이 갖추어지면, 피해자는 가해자에 대하여 손해배상청구권을 갖게 된다(제750조). 손해의 개념과 종류는 채무불이행의 효과로서 앞에서 설명한 것과 같다.

---

410) 2017년 4월 18일 신설되었다.

그리고 「민법」 제763조는 채무불이행에 관한 손해배상의 범위(제393조), 손해배상의 방법(제394조), 과실상계(제396조), 손해배상자의 대위(제399조)에 관한 규정을 준용한다. 따라서 이하에서는 불법행위에 있어 특별히 문제 되는 부분을 중심으로 간략하게 살펴본다.

손해배상청구권을 갖는 자는 불법행위로 인하여 손해를 입은 직접적 피해자이며, 간접적 피해자는 법률의 규정이 있는 경우, 예외적으로 손해배상청구권을 갖게 된다.

「민법」 제751조 제1항은 "타인의 신체, 자유 또는 명예를 해하거나 기타 정신상 고통을 가한 자는 재산 이외의 손해에 대하여도 배상할 책임이 있다."라고 규정하는데, 이는 정신적 손해를 입은 직접적 피해자가 제750조를 근거로 위자료청구권을 행사할 수 있음을 밝히고 있는 주의적 규정이다.[411]

제751조와 더불어 위자료청구권을 규정하고 있는 제752조는 "타인의 생명을 해한 자는 피해자의 직계존속, 직계비속 및 배우자에 대하여 재산상의 손해 없는 경우에도 손해배상의 책임이 있다."라고 한다. 그리고 사망한 자의 재산적 손해나 자신의 정신적 손해는 상속을 통해 상속인에게 승계된다고 할 것이다.[412][413] 그리고 제752조에서 규정한 이외의 친족도 정신적 고통을 입증하면 가해자에게 대하여 위자료청구권을 행사할 수 있다.[414]

2. 손해배상의 방법

불법행위에 기한 손해배상은 다른 의사표시가 없으면 금전으로 배상한다(제763조, 제394조). 「민법」은 금전배상을 원칙으로 하며, 다른 의사표시가 있거나 법률에 다른 규정이 있는 경우에는 그에 따른다. 따라서 당사자의 합의에 따라 원상회복이나 그 밖의 손해배상도 가능하며, 명예훼손의 경우에는 피해자의 청구에 의해 손해배상에 갈음하거나 손해배상과 함께 명예회복에 적당한 처분[415]을 명할 수 있다(제764조). 판례는

---

411) 대판 2004.4.28. 2001다36733.

412) 시간적 간격설의 태도와 같다. 이에 대하여 생명침해의 경우, 재산상 손해를 부양청구권과 동일시하여 사망한 자를 통해 상속을 받는 것이 아니라 상속인들이 직접 손해배상청구권을 행사할 수 있다고 하는 소수설도 있다. 생각건대 생명침해의 경우, 발생할 수 있는 재산상 손해는 사망한 자에게 속한 것들(예컨대 교통사고의 경우 피해자의 자동차나 의복 등)도 있기 때문에 그러한 손해는 시간적 간격설에 따라 해결하는 것이 합리적이다.

413) 대판 1967.5.23. 66다1025; 대판 1969.4.15. 69다268.

414) 대판 1967.9.5. 67다1307; 대판 1978.1.17. 77다1942.

415) 과거에는 "적당한 처분"으로서 사죄광고가 활용되었는데, 헌법재판소가 양심의 자유 및 인격권을 침해한다고 하여 사죄광고를 할 수 없게 되었다(헌재 1991.4.1. 89헌마160).

건물이 훼손된 경우, 당사자가 다른 의사표시를 하는 등의 특별한 사정이 없는 한 원상회복은 청구할 수 없다고 한다.416)

「민법」은 타인의 신체·자유 또는 명예를 해하거나 기타 정신상 고통을 가한 자의 위자료에 대하여 법원은 손해배상을 정기금채무로 지급할 것을 명할 수 있고 그 이행을 확보하기 위하여 상당한 담보의 제공을 명할 수 있다고 규정한다(제751조 제2항). 정기금지급을 명할 것인가는 법원의 재량에 속하므로 피해자가 일시금의 지급을 청구하였더라도 법원은 정기금지급을 명할 수 있다.417)

3. 손해배상의 범위

(1) 일반론

불법행위로 인한 손해배상의 범위는 원칙적으로 통상손해를 그 한도로 하고 예외적으로 가해자의 예견 가능성이 있는 경우에는 특별손해까지도 포함된다(제763조, 제393조).418) 불법행위로 인한 재산상의 손해는 위법한 가해행위로 인하여 발생한 재산상의 불이익, 즉 불법행위가 없었더라면 존재하였을 재산상태와 불법행위가 가해진 이후의 재산상태와의 차이를 말한다(차액설).

(2) 생명·신체에 대한 침해의 경우

피해자의 생명 침해로 인한 재산적 손해 및 정신적 손해에 대한 배상청구권은 유족에게 상속이 된다. 이때 유족은 일실이익, 치료비, 장례비 등을 손해배상으로 청구할 수 있다. 일실이익(逸失利益)이란 가해자의 생명침해가 없었다면 피해자가 장래에 얻을 수 있었던 이익이며, 이는 일할 수 있는 기간(가동연한)과 그 기간 동안의 예정 수입을 통해 산정하며, 여기에 생활비를 공제한다. 그리고 만약 손해배상금을 정기금이 아닌 일시금으로 받는 경우에는 피해자에게 이자 상당액의 부당이익이 발생하므로 이를 중간이자라고 하여 공제한다.419)

신체 침해의 경우에는 치료비와 피해자에게 장애가 발생한 때에는 개호비도 배상하

---

416) 대판 1994.3.22. 92다52726.

417) 대판 1994.1.25. 93다51874.

418) 대판 1992.6.23. 91다33070; 대판 2007.11.16. 2005다55312.

419) 중간이자의 공제방법에는 단리계산방법인 호프만(Hoffmann)식과 복리계산방법인 라이프니츠(Leibniz)식이 있는데, 피해자 입장에서는 호프만식이 유리하다. 판례는 두 가지 중 어느 것이나 적용하여도 무방하다고 한다(대판 1983.6.28. 83다191).

여야 한다.420) 또한 피해자가 치료 중에 얻지 못한 수입과 치료 후 피해자가 노동능력을 상실한 경우 이로 인하여 장차 얻지 못할 수익도 일실이익으로 배상되어야 한다. 판례는 피해자에게 장애가 남았지만 종전 직장에서 동일한 수입을 얻고 있더라도 일실이익을 인정한다.421)

그 밖에 위자료와 관련하여, 판례는 사실심 법원이 제반 사정을 참작하여 직권으로 위자료액을 결정할 수 있다고 한다.422)

(3) 물건의 멸실·훼손의 경우

불법행위의 결과 소유물이 멸실된 경우에는 불법행위 당시의 그 물건의 교환가격이 통상손해이고 그 교환가격 속에는 현재 및 장래에 있어서 그 물건을 통상의 방법으로 사용하여 얻을 수 있는 이익이 포함되어 있으므로 그 이익을 따로 청구하지 못한다.423) 다만 불법행위로 영업용 건물이 멸실된 경우에는 휴업손해를 배상하여야 한다.424)

불법행위로 소유물이 훼손된 경우, 만약 수선이 가능하다면 그 수선비와 수선기간 중 통상의 방법으로 사용하지 못함으로 인한 손해가 통상의 손해가 된다.425) 예컨대 차량을 파손한 경우, 가해자는 차량 수리비와 수리 기간 동안 교통비를 배상해야 한다. 한편 수선이 불가능하다면, 그 훼손 당시의 교환가치가 통상손해로서 배상되어야 한다.426) 위의 사례에서 차량이 전손 처리된 경우, 피해 차량과 동일한 연식 및 상태의 중고차량 구입가액이 그 손해액이 된다.427) 그런데 주의할 점은 수선이 가능하더라도 수선비가 물건의 교환가치를 초과하는 경우에는 형평의 원칙상 그 손해액은 그 물건의 교환가치의 범위 내로 제한되어야 한다.428)

---

420) 대판 1989.10.10. 88다카20545.

421) 대판 1992.9.25. 91다45929. 이는 일실이익 산정방법인 소득상실설(차액설)과 노동능력 상실설(평가설) 중 후자의 방법에 따른 것으로 평가된다.

422) 대판 2002.11.26. 2002다43165.

423) 이러한 논리는 피해자의 손해배상범위에 그 물건의 교환가치와 그 이후의 지연이자가 포함되기 때문으로 보인다(대판 1966.12.6. 66다1684).

424) 대판(전합) 2004.3.18. 2001다82507.

425) 대판 1972.12.12. 72다1820.

426) 대판 1991.7.12. 91다5150.

427) 이때에도 중고자동차 구입 시까지 본래 본인 자동차를 사용·수익할 수 있었을 이익은 교환가격에 포함되어 있으므로 이를 따로 청구할 수 없다(대판 1990.8.28. 88다카30085).

428) 대판 1998.9.8. 98다22048; 대판 1999.12.21. 97다15104.

4. 손해배상액의 경감

손해배상의무자는 그 손해가 고의 또는 중과실에 의한 것이 아니고 그 배상으로 배상자의 생계에 중대한 영향을 미치게 될 경우, 법원에 그 배상액의 경감을 청구할 수 있다(제765조 제1항). 법원은 이러한 청구가 있는 때, 채권자 및 채무자의 경제상태와 손해의 원인 등을 참작하여 배상액을 경감할 수 있다(제2항).

5. 손해배상청구권의 행사기간

불법행위로 인한 손해배상청구권은 피해자나 그 법정대리인이 그 손해 및 가해자를 안 날로부터 3년(제766조 제1항), 불법행위를 한 날로부터 10년을 경과한 경우, 시효로 인하여 소멸한다(제2항). 위 기간 중 10년에 대해 견해의 대립이 있지만, 피해자 보호를 위하여 소멸시효기간으로 새길 것이다.[429]

상해를 입은 피해자가 후유증 등으로 인하여 불법행위 당시에는 예견할 수 없었던 새로운 손해가 발생하였다거나 예상외로 손해가 확대된 경우에는 그러한 사유가 판명되었을 때, 비로소 새로이 발생 또는 확대된 손해를 알았다고 보아야 하므로 그때부터 소멸시효의 기산점이 시작된다.[430]

그 밖에 피해자가 미성년자, 피성년후견인, 피한정후견인과 같은 제한능력자인 경우에는 그 법정대리인이 손해 및 가해자를 알아야 제766조 제1항의 소멸시효가 진행한다고 할 것이다.[431] 그 밖에 미성년자가 성폭력, 성추행, 성희롱 그 밖의 성적 침해를 당한 경우, 이로 인한 손해배상청구권의 소멸시효는 그가 성년이 될 때까지는 진행되지 아니한다(제766조 제3항).

---

429) 대판 2001.4.24. 2000다57856.

430) 대판 1981.7.7. 80다2150.

431) 대판 2010.2.11. 2009다79897.

제4장

친족법

제1절 친족

Ⅰ. 친족의 의의

친족(親族)은 배우자, 혈족, 인척을 말한다(제767조). 배우자란 법률혼 관계에 있는 자를 말하며, 일방의 사망, 혼인의 무효·취소 또는 이혼으로 배우자 관계는 소멸한다.

혈족(血族)이란 혈연관계가 있는 친족으로 직계혈족과 방계혈족으로 나뉜다(제768조). 예컨대 자신을 기준으로 부모님과 자녀는 직계혈족이고 자신의 형제자매나 부모님의 형제자매는 방계혈족이 된다. 그리고 여기의 형제자매는 부계 및 모계를 구분하지 않으므로, (동성)이복형제나 이성동복형제도 혈족이 된다.[1] 또한 입양에 의하여 양자와 양부모, 양자와 양부모의 혈족, 양부모와 양자의 직계비속 사이에 법정혈족관계[2]가 발생하며, 입양으로 인한 친족관계는 입양의 취소 또는 파양으로 종료한다(제776조).

인척(姻戚)은 혼인을 통해 성립하는 친족으로 「민법」은 혈족의 배우자, 배우자의 혈족, 배우자의 혈족의 배우자를 인척으로 규정하고 있다(제769조).[3] 인척관계는 혼인의 취소 또는 이혼으로 종료하며, 부부의 일방이 사망한 경우 생존 배우자가 재혼하면 인척관계는 종료된다(제775조).

Ⅱ. 친족의 범위

「민법」 제777조는 친족의 범위를 ① 8촌 이내의 혈족 ② 4촌 이내의 인척 ③ 배우자로 규정하며, 이들에게 친족관계로 인한 법률상의 효력이 미치도록 한다. 다만 다른 규정이 있는 경우에는 그에 따른다. 예컨대 친족 간에는 서로 부양의무가 있지만, 제777조가 아닌 제974조가 적용된다.

---

[1] 대판 1997.3.25. 96다38933; 대판 2007.11.29. 2007도7062.

[2] 법정혈족은 자연적인 혈연관계는 없지만 법률에 의하여 혈족으로 의제된 경우이다.

[3] 1990년 민법 개정 전에는 혈족의 배우자의 혈족도 인척이었지만, 이는 삭제되었다.

Ⅲ. 친족관계의 효과

1. 민법

제777조의 범위에 속한 친족에게는 다음과 같은 민법상 효과가 생긴다. 친권자의 친권의 상실·일시 정지의 청구(제924조), 친권의 일부 제한에 대한 선고의 청구(제924조의 2), 친권자의 대리권과 재산관리권에 대한 상실선고의 청구(제925조), 친권이나 그 제한 및 대리권과 재산관리권에 대한 실권회복선고의 청구(제926조), 제한능력자의 후견인 선임청구(제932조, 제936조, 제959조의 3, 제959조의 9),[4] 후견인의 변경 청구(제940조), 제한능력자에 대한 후견감독인의 선임 청구(제940조의 3, 제940조의 4, 제959조의 5, 제959조의 10), 피후견인의 재산상황에 대한 조사청구(제954조), 상속인이 없는 재산에 대한 상속재산관리인의 선임청구(제1053조) 등이 있다.

그 밖에 일정한 범위의 친족에게 다음과 같은 효과가 발생한다. 성년후견·한정후견·특정후견 개시의 심판 청구(제9조, 제12조, 제14조의 2), 성년후견·한정후견 종료의 심판 청구(제11조, 제14조), 취소할 수 없는 피성년후견인의 법률행위의 범위 변경에 대한 청구(제10조), 피한정후견인이 한정후견인의 동의를 받아야 하는 행위의 범위 변경에 대한 청구(제13조), 증여계약의 해제사유로서 망은행위(제556조), 생명침해로 인한 위자료청구(제752조), 근친혼의 범위(제809조), 혼인의 무효사유(제815조), 혼인의 취소사유(제816조), 근친혼의 취소청구(제817조), 중혼의 취소청구(제818조), 입양에 대한 동의(제870조, 제871조), 양부모가 미성년자인 경우 입양 취소 청구권(제885조), 후견인의 결격사유(제937조), 부양의무(제974조), 상속권(제1000조), 유언에 대한 증인의 결격사유(제1072조), 유류분의 권리자(제1112조) 등이 그것이다.

2. 형법

형법상 친족관계가 있는 경우 범죄가 성립하지 않거나 형벌이 감면되는 경우로는 범인은닉죄(제151조), 증거인멸죄(제155조), 권리행사방해죄(제328조), 절도죄(제344조), 사기죄와 공갈죄(제354조), 횡령죄와 배임죄(제361조), 장물죄(제365조) 등이 있다.

친족관계로 형벌이 가중되는 경우로는 존속살해죄(제250조 제2항), 존속상해죄(제

---

[4] 가정법원에 성년후견개시의 심판을 청구할 수 있는 친족은 4촌 이내의 친족이다(「민법」 제9조 제1항).

257조 제2항), 존속중상해죄(제258조 제3항), 존속상해치사죄(제259조 제2항), 존속폭행죄(제206조 제2항), 존속유기죄(제271조 제2항, 제4항), 존속학대죄(제273조 제2항), 존속체포·감금죄(제276조 제2항), 존속중체포·감금죄(제277조 제2항), 존속협박죄(제283조 제2항) 등이 있다.

위와 같은 친족관계에 따른 형벌의 감면이나 가중에 대해 「형법」에 친족에 대한 별도의 규정이 없으므로 「민법」의 친족에 관한 규정이 적용된다.

3. 그 밖의 법

민사소송법상 법관의 제척이유(제41조), 증언거부권(제314조), 감정인의 결격사유(제334조) 등이 있고 형사소송법상 법관의 제척·기피·회피의 원인(제17조, 제18조, 제24조), 증언거부권(제148조), 감정·통역·번역거부권(제177조, 제183조) 등이 있다.

제2절 혼인

Ⅰ. 약혼

1. 약혼의 의의

약혼(約婚)이란 장차 혼인을 하기로 하는 합의로서, 당사자의 합의로 성립한다.[5] 성년자는 자유로이 약혼할 수 있고(제800조) 미성년자라도 18세 이상이면 부모 또는 미성년후견인의 동의를 받아 약혼할 수 있다(제801조). 그리고 피성년후견인은 부모나 성년후견인의 동의를 받아 약혼할 수 있다(제802조).[6]

2. 약혼의 효과

약혼도 당사자의 계약이므로, 장차 혼인을 해야 하는 의무가 발생한다. 하지만 약혼은 당사자의 의사가 중요하기 때문에 혼인의무에 대한 강제이행은 청구하지 못한다(제803조). 다만 파혼에 대하여 손해배상책임은 부담한다.

3. 약혼의 해제

「민법」은 다음의 사유가 있는 경우, 상대방이 일방적으로 약혼을 해제할 수 있도록 한다(제804조). ① 약혼 후 자격정지 이상의 형을 선고 받은 경우 ② 약혼 후 성년후견개시나 한정후견개시의 심판을 받은 경우 ③ 성병, 불치의 정신병, 그 밖의 불치의 병질이 있는 경우 ④ 약혼 후 다른 사람과 약혼이나 혼인을 한 경우 ⑤ 약혼 후 다른 사람과 간음한 경우 ⑥ 약혼 후 1년 이상 생사가 불명한 경우 ⑦ 정당한 이유 없이 혼인을 거절하거나 그 시기를 늦추는 경우 ⑧ 그 밖에 중대한 사유가 있는 경우이다. "그밖에 중대한 사유"와 관련하여, 판례는 학력·경력·직업을 속인 경우는 이에 해당하지만,[7] 임신불능은 이에 해당하지 않는다고 판시한다.[8] 약혼의 해제는 상대방에 대한

---

[5] 이러한 점에서 양가 부모님 사이에서 체결된 혼인의 예약, 즉 정혼(定婚)은 약혼과 다르며, 이는 무효이다.

[6] 피성년후견인을 제외한 피한정후견인, 피특정후견인은 자유로이 약혼할 수 있다.

의사표시로 하며(제805조), 약혼을 해제한 자는 과실 있는 상대방에 대하여 이로 인한 손해배상청구권을 행사할 수 있으며, 여기에는 정신상 고통에 대한 배상도 포함된다(제806조).

당사자가 약혼예물을 서로 교환하였는데, 약혼이 해제된 경우, 판례는 약혼예물의 수수는 혼인불성립을 해제조건으로 하는 증여와 유사한 성질의 것이기는 하나, 약혼의 해제에 관하여 과실이 있는 유책자는 그가 제공한 약혼예물을 적극적으로 반환 청구할 권리가 없다고 한다.[9]

Ⅱ. 혼인

1. 혼인의 의의

혼인(婚姻)이란 남녀가 부부로서 생활공동체를 형성하기로 하는 합의이며, 이는 요식행위로서 「가족관계의 등록 등에 관한 법률」에 따라 신고하여야 성립한다.

2. 혼인의 성립요건

(1) 혼인의 성립

혼인은 당사자의 혼인의 합의와 혼인신고에 의하여 성립한다(제812조). 합의의 당사자는 1남 1녀이며, 성전환자는 법적으로 전환된 성으로 인정되는 경우[10] 다른 성과 혼인할 수 있다. 혼인신고는 가족관계 등록사무를 담당하는 공무원[11]이 그 신고서를 수리함으로써 효력이 발생하며, 가족관계등록부에 기록하는 것은 그 효력요건이 아니다.[12] 따라서 혼인신고서가 수리되었다면, 가족관계등록부에 기록되지 않더라도 혼인

---

7) 대판 1995.12.8. 94므1676.

8) 대판 1960.8.18. 4292민상995.

9) 대판 1976.12.28. 76므41.

10) 호적상 여성으로 등재되어 있으나 남성으로서의 귀속감을 나타내면서 오랜 기간 남성으로 살다가 성전환수술을 받은 경우, 호적정정을 허가한 대결(전합) 2006.6.22. 2004스42 참조.

11) 가족관계의 등록사무는 본래 대법원이 관장하지만, 시장·구청장·읍장·면장 등에 그 권한을 위임하고 있다(「가족관계의 등록 등에 관한 법률」 제2조, 제3조).

12) 대판 1991.12.10. 91므344.

은 유효하다. 그리고 혼인신고가 일단 수리되면 설사 그것이 법령에 위반되더라도 효력이 발생하며, 단지 혼인의 무효·취소의 문제가 남을 뿐이다.

(2) 혼인성립의 장애사유

「민법」은 혼인의 성립과 관련하여 제807조부터 제810조까지 장애사유를 두고 있다. 이러한 장애사유가 있는 경우, 혼인신고를 담당하는 공무원이 그 수리를 거부할 수 있다(제813조).

1) 혼인적령(婚姻適齡)

남녀 모두 만 18세 이상이면 혼인을 할 수 있다(제807조). 다만 미성년자는 부모의 동의가 필요하고 부모가 모두 동의권을 행사할 수 없으면 미성년후견인의 동의를 받아야 한다(제808조 제1항). 또한 피성년후견인은 부모나 성년후견인의 동의를 받아야 한다(제2항). 만약 동의가 없음에도 혼인신고가 수리가 된 경우에는 일단 그 혼인은 유효하지만, 취소할 수 있다(제816조).

2) 근친혼(近親婚)

우생학적, 사회윤리적 측면의 고려에 따라, 「민법」 제809조는 일정한 범위의 근친자 사이의 혼인을 금지하고 있다. 즉 ① 8촌 이내의 혈족 ② 6촌 이내의 혈족의 배우자, 배우자의 6촌 이내의 혈족, 배우자의 4촌 이내의 혈족의 배우자인 인척이거나 인척이었던 자 ③ 6촌 이내의 양부모계의 혈족이었던 자와 4촌 이내의 양부모계의 인척이었던 자 사이에서는 혼인하지 못한다. 이상의 근친자의 혼인신고는 수리되지 않지만,[13] 수리가 되었다면 혼인은 성립하고 사유에 따라서 혼인의 무효가 되거나, 취소할 수 있다.

3) 중혼(重婚)

배우자 있는 자는 다시 혼인하지 못한다(제810조). 법률혼 상태에 있는 자가 혼인신고를 하면 수리가 거부될 것이지만, 만약 수리가 된다면 혼인은 성립한다. 다만 중혼은 혼인의 취소사유가 된다. 판례에 따르면, 중혼상태가 취소되지 않은 경우에는 법률상

---

13) 「가족관계의 등록 등에 관한 법률」 제71조에 따르면, 혼인신고서에 「민법」 제809조 제1항에 따른 근친혼에 해당되지 아니한다는 사실을 기재하도록 한다.

부부이므로 재판상 이혼청구도 가능하다.[14]

3. 혼인의 무효와 취소

혼인에 일정한 하자가 있을 때, 혼인관계를 종료시키는 것을 혼인의 무효·취소라고 한다. 혼인의 무효·취소는 재산상의 법률행위와 달리 원상회복이 불가능하므로 극히 제한적인 경우만을 무효로 하며, 취소의 경우에도 소급효를 인정하지 않는 특징이 있다.

(1) 혼인의 무효

1) 혼인무효의 사유

「민법」 제815조는 혼인의 무효사유로서 ① 당사자 사이에 혼인의 합의가 없는 때 ② 8촌 이내의 혈족 사이의 혼인일 때 ③ 당사자 사이에 직계인척관계(直系姻戚關係)가 있거나 있었던 때 ④ 당사자 사이에 양부모계의 직계혈족관계가 있었던 때를 규정하고 있다. 여기서 "혼인의 합의"라는 것은 부부로서 정신적·육체적으로 결합하여 생활공동체를 형성할 의사를 의미한다. 따라서 이와 같은 의사 없이 다른 목적을 달성하기 위한 방편으로 혼인신고를 한 경우, 즉 가장혼인은 무효가 된다.[15]

2) 혼인무효의 소

혼인무효의 소(訴)는 당사자, 법정대리인 또는 4촌 이내의 친족이 언제든지 제기할 수 있다(「가사소송법」 제23조).

3) 혼인무효의 효과

혼인무효판결이 확정되면 당사자 사이에 처음부터 혼인이 없었던 것과 같이 된다. 따라서 혼인에 의한 권리변동(예컨대 상속)도 무효로 되고 혼인 중 출생자는 혼인 외의 자가 된다(제855조 제1항 2문). 그리고 혼인이 무효로 된 경우, 당사자 일방은 과실 있는 상대방에 대하여 손해배상을 청구할 수 있다(제825조). 혼인무효의 효과는 제3자에게도 발생하는데, 예를 들어 일상가사 채권자는 무효혼의 당사자에게 연대책임을 물을

---

14) 대판 1991.12.10. 91므344.

15) 대판 1996.11.22. 96도2049.

수 없다.16)

(2) 혼인의 취소

1) 혼인취소의 사유

「민법」제816조는 혼인의 취소사유로서 ① 혼인적령 위반이 있는 때 ② 동의가 필요한 혼인에 동의가 없는 때 ③ 근친혼 중 무효사유를 제외한 나머지 사유가 있는 때 ④ 중혼의 경우 ⑤ 혼인 당시 당사자 일방에 부부생활을 계속할 수 없는 악질(惡疾) 기타 중대 사유가 있음을 알지 못한 때 ⑥ 사기 또는 강박으로 인하여 혼인의 의사표시를 한 때를 규정한다. 여기서 중혼이 성립하는 경우는 이례적인데,17) 판례는 이혼이 무효 또는 취소되는 경우,18) 재심청구에 의하여 이혼심판이 취소된 경우,19) 해외에서 혼인 신고를 하고 다시 국내에서 다른 자와 혼인신고한 경우20) 등에서 중혼의 성립을 인정한다.

이와 같은 혼인의 취소사유가 있는 경우, 「민법」은 취소권자를 각각 규정하고 있는데, ①②의 경우에는 당사자 또는 그 법정대리인, ③의 경우에는 당사자, 그 직계존속 또는 4촌 이내의 방계혈족이 그 취소를 청구할 수 있다(제817조). 그리고 ④의 경우에는 당사자, 그 배우자, 직계혈족, 4촌 이내의 방계혈족, 검사가 혼인의 취소를 청구할 수 있다(제818조). 다만 ⑤⑥의 사유에 대해서는 민법에 규정이 없는데, 취소권자는 그 상대방이라고 새길 것이다. 그리고 이러한 취소권은 형성권이므로 권리행사의 기간이나 제한사유가 규정되어 있다. 즉 미성년자가 동의를 얻지 않고 혼인한 경우(②), 그 당사자가 19세가 된 후 3개월이 지나거나 혼인 중에 임신한 경우에는 취소를 청구하지 못한다(제819조). 근친혼의 경우(③)에는 혼인 중에 포태한 때, 취소를 청구하지 못한다(제820조). 그리고 악질 등 사유에 의한 혼인취소청구권(⑤)은 상대방이 그 사유 있음을 안 날로부터 6월을 경과한 경우(제822조), 사기·강박으로 인한 혼인취소청구권(⑥)은 사기를 안 날 또는 강박을 면한 날로부터 3월을 경과한 경우 소멸한다(제823조).

---

16) 「민법」 제832조(가사로 인한 채무의 연대책임).

17) 혼인신고 시 신고자의 혼인 유무를 담당공무원이 쉽게 확인 가능하므로 배우자 있는 자가 다시 혼인을 신고하는 경우, 수리되는 일은 거의 없다.

18) 대판 1964.4.21. 63다770; 대판 1984.3.27. 84므9.

19) 대판 1985.9.10. 85므35.

20) 대판 1991.12.10. 91므535.

2) 혼인취소의 소

혼인취소의 소(訴)는 취소권자가 가정법원에 그 취소를 청구하여야 한다(제816조). 이때에는 혼인무효의 소와 다르게 조정전치주의가 적용된다(「가사소송법」 제2조, 제50조).

3) 혼인취소의 효과

혼인에 취소사유가 있더라도 법원의 판결에 의해 취소되기 전까지 당해 혼인은 유효하다. 그리고 혼인취소의 효력은 소급하지 않는다(제824조). 따라서 혼인의 취소 전 배우자의 사망으로 상속을 받은 자는 그 이후 혼인이 취소되더라도 상속재산을 보유하게 된다.[21] 또한 혼인의 취소에 의해 혼인 중의 자가 혼인 외의 자로 바뀌지 않는다. 미성년의 자녀가 있는 경우, 가정법원이 직권으로 친권자를 정하며(제909조 제5항), 양육권에 대해서는 먼저 당사자의 합의에 의해 정하고 협의가 불가능한 경우 가정법원이 결정한다(제824조의 2). 그리고 혼인이 취소되면 인척관계는 종료한다(제775조 제1항). 당사자 일방은 과실 있는 상대방에 대하여 손해배상청구가 가능하다(제825조).

4. 혼인의 효력

(1) 일반적 효력

혼인을 통해 부부는 친족이 되며, 배우자의 4촌 이내의 혈족 및 배우자의 4촌 이내의 혈족의 배우자와는 인척이 된다(제777조, 제769조). 그리고 부부간에는 동거·부양·협조의무가 있다(제826조). 이처럼 부부는 동거의무가 있으나 정당한 이유가 있는 경우에는 서로 인용하여야 한다(제826조 제1항).[22] 판례에 따르면, 부당하게 동거를 거부하는 자는 다른 상대방에게 부양료의 지급을 청구할 수 없다고 한다.[23] 또한 부부는 서로 자기의 생활과 같은 수준으로 의식주 생활을 보장해 주어야 한다(즉 1차적 부양의무). 이러한 의무를 위반한 경우, 가정법원에 심판을 청구할 수 있으며, 동거의무와 다르게 강제이행도 할 수 있다(「가사소송법」 제2조 제1항, 제64조). 그리고 부부는 가정 공동체 생활의 분업에 기초하여 서로 협력해야 한다.

부부는 서로 정조를 지킬 의무가 있으며, 이를 위반하면 재판상 이혼사유가 된다(제

---

[21] 대판 1996.12.23. 95다48308.

[22] "정당한 이유"에는 군복무, 해외근무, 요양, 자녀교육 등이 있다.

[23] 대판 1976.6.22. 75므17; 대판 1991.12.10. 91므245.

840조 1호). 또한 정조의무를 위반한 상대방에 대하여 손해배상을 청구할 수 있고(제 843조), 상간자에게도 마찬가지이다(공동불법행위책임).24)

미성년자가 혼인을 한 때에는 성년으로 본다(제826조의 2). 이러한 성년의제제도는 혼인의 독립성을 보호하기 위한 목적을 가지고 있다. 그리고 미성년인 상태에서 이혼, 당사자 일방의 사망 또는 혼인이 취소되더라도 성년의제의 효과는 유지되지만, 혼인 무효의 경우에는 그러하지 않다. 물론 성년의제제도는 공법관계에는 원칙적으로 적용되지 않는다.

(2) 재산적 효력

혼인의 당사자가 혼인 전 가지고 있는 재산이나 혼인 후에 취득할 재산에 대하여 그 귀속과 관리에 관한 약정을 할 수 있는데, 이를 부부재산약정(계약)이라고 한다(제829조). 이러한 부부재산약정은 원칙적으로 혼인 중 변경하지 못한다.25) 그런데 부부재산약정이 없거나 그 효력이 상실된 경우에는 법정재산제(별산제)가 적용되는데, 그 내용은 다음과 같다. 부부의 일방이 혼인 전부터 가지고 있었던 고유재산과 혼인 중 자기 명의로 취득한 재산, 즉 특유재산은 각자 관리, 사용, 수익한다(제831조). 그러나 부부의 누구에게 속한 것인지 불분명한 경우에는 부부의 공유로 추정한다(제830조 제2항).

부부는 공동생활에 필요한 생활비는 당사자 간에 특별한 약정이 없으면 부부가 공동으로 부담한다(제833조). 그리고 부부는 공동생활에서 필요한 통상의 사무, 즉 일상가사(日常家事)에 관하여 서로 대리권이 있으며(제827조 제1항), 부부의 일방이 일상의 가사에 관하여 제3자와 법률행위를 한 경우, 다른 일방은 이에 대해 연대책임이 있다(제832조). 일상가사는 부부생활을 고려하여 개별적·구체적으로 결정되지만, 일반적으로 의복의 구입, 식료품 구입, 주택의 임차, 자녀의 교육비·양육비의 지급 등을 말한다.26) 예컨대 부부가 소유하는 주택이 있음에도 불구하고 아내가 부동산 투기 목적으로 거액의 금전을 차용하는 것은 일상가사의 범위를 벗어난다고 할 것이다. 이처럼 일상가사의 범위에 해당되지 않는다면, 위 사례에서 남편은 차용금 채무를 부담하지 않는다.

---

24) 대판 2005.5.13. 2004다1899.

25) 그러나 정당한 사유가 있는 때에는 법원의 허가를 얻어 변경할 수 있다(제829조 제2항, 제3항).

26) 대판 1993.9.28. 93다16369; 대판 1997.11.28. 97다31229; 대판 1999.3.9. 98다46877.

Ⅲ. 이혼

1. 이혼의 의의

이혼(離婚)이란 유효하게 성립한 혼인을 당사자의 합의 또는 일방의 의사에 의하여 해소하는 제도이다. 이처럼 이혼은 혼인을 해소하는 사유인데, 그 밖의 사유로는 배우자의 사망[27])이 있다. 주의할 점은 이혼의 해소는 혼인에 처음부터 하자가 있어 혼인이 무효·취소되는 것과는 다르다는 것이다. 이하에서는 협의이혼과 재판상 이혼을 차례로 살펴본다.

2. 협의이혼

(1) 의의

부부는 협의에 의하여 이혼할 수 있으며(제834조), 피성년후견인은 부모 또는 성년후견인의 동의를 받아 이혼할 수 있다(제835조). 그리고 협의상 이혼은 가정법원의 확인을 받아 신고함으로써 그 효력이 생기는 요식행위이다(제836조).

(2) 절차

협의상 이혼을 하려는 자는 가정법원이 제공하는 이혼에 관한 안내를 받아야 하고, 가정법원은 필요한 경우 당사자에게 상담에 관하여 전문적인 지식과 경험을 갖춘 전문상담인의 상담을 받을 것을 권고할 수 있다(제836조의 2 제1항). 그리고 당사자는 위의 안내를 받은 날로부터 양육할 자녀가 있는 경우에는 3개월, 그 밖의 경우에는 1개월(숙려기간)[28])이 지난 후에 가정법원으로부터 이혼의사를 확인받을 수 있다(제2항). 그리고 이러한 이혼의사 확인서 등본을 교부 또는 송달받은 날로부터 3개월 이내에 신고하면 혼인이 해소되는데, 만약 신고 없이 3개월의 기간이 경과한 때에는 그 가정법원의 확인은 효력을 상실한다(「가족관계의 등록 등에 관한 법률」 제75조).

---

27) 「민법」의 실종선고를 받은 자(제28조), 「부재선고에 관한 특별조치법」에 따른 부재선고를 받은 자(제4조), 「가족관계의 등록 등에 관한 법률」의 인정사망의 경우(제87조)에도 사망처럼 혼인이 해소된다.

28) 가정법원은 폭력으로 인하여 당사자 일방에게 참을 수 없는 고통이 예상되는 등 이혼을 하여야 할 급박한 사정이 있는 경우, 이러한 숙려기간을 단축 또는 면제할 수 있다(제836조의 2 제3항).

양육할 자녀가 있는 경우에는 3개월의 숙려기간이 지난 후, 당사자는 그 자녀에 대한 양육과 친권자 결정에 관한 협의서 또는 당사자 간에 이러한 협의가 이루어지지 않은 경우에는 가정법원의 심판정본을 제출하여야 하며(제836조의 2 제4항), 가정법원은 당사자가 협의한 양육비 부담에 관한 내용을 확인하는 양육비부담조서를 작성하여야 한다(제5항).

(3) 협의이혼의 무효·취소

민법상 명문의 규정은 없지만[29] 당사자 간에 이혼의 합의가 없는 경우, 협의이혼은 무효라고 할 것이다. 이와 관련하여, 가장이혼의 효력이 문제 된다. 생각건대 이는 일률적으로 단정할 수 없으며, 당사자의 진정한 이혼의 의사 여부를 중심으로 파악해야 할 것이다. 따라서 강제집행의 회피 또는 기타 목적을 위해 일시적으로 이혼을 하였다면 그 이혼은 무효라고 할 것이며, 일시적이더라도 당사자가 진정한 이혼의 의사를 가지고 이루어진 협의이혼은 유효라고 할 것이다.[30]

사기 또는 강박에 의해 이혼의 의사표시를 한 자는 사기를 안 날 또는 강박을 면한 날로부터 3월 내에 그 취소를 가정법원에 청구할 수 있다(제838조, 제839조).[31]

3. 재판상 이혼

(1) 의의

재판상 이혼이란 법정된 이혼 원인이 있는 경우, 당사자 일방의 청구로 가정법원의 판결에 의하여 혼인을 해소시키는 것을 말한다. 재판상 이혼을 어떤 경우에 인정할 것인가에 대하여, 부부의 일방에게 책임이 있는 경우에 이혼 청구가 가능하다는 유책주의(有責主義)와 책임과 무관하게 혼인이 파탄에 이르게 되면 이혼 청구가 가능한 파탄주의(破綻主義)로 나뉘는데, 「민법」은 유책주의를 취하고 있다.

---

29) 「가사소송법」 제2조 제1항 1호 가사소송사건에는 이혼무효의 소에 대하여 규정하고 있다.

30) 대판 1975.8.19. 75도1712; 대판 1993.6.11. 93므171.

31) 대판 1987.1.20. 86므86.

(2) 재판상 이혼 원인

「민법」제840조는 재판상 이혼 원인으로 ① 배우자의 부정한 행위 ② 악의(惡意)의 유기 ③ 배우자 또는 그 직계존속에 의한 심히 부당한 대우 ④ 자기의 직계존속에 대한 심히 부당한 대우 ⑤ 3년 이상의 생사불명 ⑥ 기타 혼인을 계속하기 어려운 중대한 사유를 규정하고 있다.

여기서 배우자의 부정한 행위란 간통을 포함하는 보다 넓은 개념이며, 그 판단은 구체적인 사안에 따라 그 정도와 상황을 참작하여 평가한다.[32] 배우자의 부정한 행위로 인한 이혼청구권은 다른 일방이 사전동의나 사후용서를 한 때 또는 이를 안 날로부터 6월, 그 사유가 있은 날로부터 2년이 경과하면 소멸한다(제841조).[33] 그리고 악의의 유기란 정당한 이유 없이 동거·부양·협조의무를 이행하지 않고 다른 일방을 버린 것을 말한다.[34] 예컨대 배우자 있는 자가 부첩계약을 맺고 집에 돌아오지 않는 경우가 그것이다.[35] 한편 3년 이상의 생사불명은 실종선고에 의한 혼인의 해소(제28조)와는 무관하므로, 만약 실종기간의 만료 전(보통실종 5년) 재판상 이혼을 한 경우, 실종선고 후 그 선고가 취소되더라도 혼인이 부활하지 않는다.

마지막으로 기타 혼인을 계속하기 어려운 중대한 사유에 대하여 판례는 불치의 정신병,[36] 상습 도박,[37] 지나친 신앙생활[38] 등을 들고 있다. 반면, 정신병 증세가 있으나 그 증상이 가벼운 정도에 그치거나 회복 가능한 경우,[39] 출산불능[40] 등은 중대한 사유에 해당하지 않는다고 판시한다. 그리고 기타 혼인을 계속하기 어려운 중대한 사유로 인한 이혼청구권은 다른 일방이 이를 안 날로부터 6월, 그 사유 있는 날로부터 2년을 경과하면 행사하지 못한다(제842조).[41] 한편으로 "기타 혼인을 계속하기 어려운 중대한 사유가 있을 때"(제840조 6호)의 해석과 관련하여, 유책배우자도 이혼을 청구할 수 있는지에 관해 견해의 대립이 있다. 판례는 원칙적으로 유책배우자의 이혼청구를 부정

---

32) 대판 1987.5.26. 87므5; 대판 1992.11.10. 92므68; 대판 1990.7.24. 89므1115.
33) 6월과 2년은 제척기간이다.
34) 대판 1986.5.27. 86므26.
35) 대판 1998.4.10. 96므1434.
36) 대판 1997.3.28. 96므608.
37) 대판 1991.11.26. 91므559.
38) 대판 1996.11.15. 96므851.
39) 대판 2004.9.13. 2004므740.
40) 대판 1991.2.26. 89므365.
41) 대판 1993.6.11. 92므1054.

하지만,[42) 상대방에게도 이혼의 의사가 있거나[43) 혼인파탄의 책임이 당사자 모두에게 있지만 이혼청구자의 책임이 더 가벼운 경우[44) 등의 사안에서는 이혼청구를 인정하고 있다.

(3) 절차

재판상 이혼은 「가사소송법」 제50조에 따라 조정전치주의가 적용되므로 이혼하고자 하는 자는 먼저 가정법원에 조정을 신청해야 한다. 만약 조정이 성립하면, 조정은 재판상 화해와 같은 효력이 있어 곧바로 혼인이 해소된다. 반면, 조정이 성립하지 않으면, 조정신청을 한 때에 소가 제기된 것을 보아 재판이 진행되며, 판결이 확정되면 이혼신고가 없더라도 혼인은 해소된다. 그리고 조정에 의하든 재판에 의하든 1개월 내에 이혼신고를 하여야 하는데, 이는 보고적 신고이다.

4. 이혼의 효과

(1) 신분적 효과

이혼으로 인하여 혼인이 해소되면, 배우자의 혈족과의 인척관계는 소멸하며(제775조 제1항), 이혼한 사람은 재혼을 할 수 있다. 그리고 부부관계를 기초로 발생한 권리·의무는 소멸한다. 그 밖에 부부의 자녀는 이혼이 있더라도 혼인 중의 출생자의 지위를 유지한다.

이혼의 당사자는 그 자녀의 양육에 관한 사항을 협의로 정해야 한다(제837조 제1항). 이때 협의에는 ① 양육자의 결정 ② 양육비용의 부담 ③ 면접교섭권의 행사 여부 및 그 방법이 포함되어야 한다(제2항). 양육에 관한 협의가 이루어지지 않거나 협의할 수 없는 경우, 가정법원은 직권 또는 당사자의 청구에 따라 이를 결정한다(제4항). 이러한 양육과 관련하여 판례는 부부 중 1인을 양육자로 지정하거나 쌍방 모두에게 양육사항을 나누어 부담하게 할 수 있다.[45) 그리고 부모 중 어느 일방이 양육을 한 경우, 과거의 양육비를 청구할 수 있는지에 관하여 특별한 사정이 없는 한 이를 긍정하고 있다.[46)

---

42) 대판 1979.2.13. 78므34.

43) 대판 1987.12.8. 87므44; 대판 2004.2.27. 2003므1890.

44) 대판 1990.3.27. 88므375.

45) 대판 1991.7.23. 90므828; 대판 2020.5.14. 2018므15534.

부부가 이혼 후에는 공동친권의 행사가 어려운 관계로 친권자를 정하여야 한다. 협의이혼의 경우에는 먼저 부모의 협의로 정하고 협의를 할 수 없거나 협의가 이루어지지 않은 경우에는 가정법원이 직권 또는 당사자의 청구에 따라 친권자를 지정한다(제909조 제4항). 반면, 재판상 이혼의 경우에는 가정법원이 직권으로 친권자를 정한다(제909조 제5항). 그리고 자녀를 직접 양육하지 않은 부모의 일방과 자녀는 상호 면접교섭할 수 있는 권리, 즉 면접교섭권을 갖는다(제837조의 2 제1항). 하지만 가정법원은 자의 복리를 위하여 필요한 때에는 당사자의 청구 또는 직권에 의하여 이를 제한·배제·변경할 수 있다(제3항).

(2) 재산적 효과

1) 재산분할청구권

재산분할청구권이란 이혼을 한 당사자의 일방이 다른 일방에 대하여 재산분할을 청구할 수 있는 권리이다(제839조의 2). 재산분할청구권을 인정하는 이유는 첫째, 부부가 혼인 중에 이룩한 재산은 부부의 공동노력에 의한 것이므로 이혼 후 각자의 기여에 따라 나누는 것이 공평하고 둘째, 경제적 능력이 없는 일방의 생계를 보장하여 이혼의 자유를 보장하기 위함이다. 따라서 혼인관계의 파탄에 대한 책임 있는 배우자도 재산분할청구가 가능하다.[47] 「민법」은 협의이혼과 관련하여 재산분할청구권을 규정하고 이를 재판상 이혼에 준용하고 있다(제843조). 판례에 따르면, 사실혼의 경우에도 재산분할청구권을 인정한다.[48]

재산분할의 대상이 되는 것으로는 부부의 협력으로 이룩한 재산(동산, 부동산, 채권 등), 퇴직금·연금,[49] 채무 등이 있다. 먼저 부부의 협력으로 축적한 재산이라면 부부 일방의 명의로 취득한 경우에도 분할의 대상이 된다.[50] 그리고 이러한 협력에는 가사노동도 포함된다.[51] 반면, 당사자 일방이 혼인 전부터 가지고 있었던 고유재산이나 상속·유증·증여 받은 재산은 분할의 대상이 되지 않는다. 한편 부부 일방이 혼인 중 제3자에게 부담한 채무 중 일상가사에 관한 것과 공동재산의 형성에 수반하여 부담한 채

---

46) 대결(전합) 1994.5.13. 92스21.

47) 대결 1993.5.11. 93스6.

48) 대판 1995.3.28. 94므1584.

49) 대판 1995.3.28. 94므1584.

50) 대판 1999.6.11. 96므1397.

51) 대결 1993.5.11. 93스6.

무인 때에는 청산의 대상이 된다. 따라서 부동산에 대한 임대차보증금반환채무는 특별한 사정이 없는 한 청산의 대상이 된다.[52]

재산분할의 방법으로는 먼저 당사자의 협의에 의하여 재산분할의 방법과 액수를 정하고 협의가 이루어지지 않거나 협의할 수 없는 때에는 가정법원은 당사자의 청구에 의하여 당사자 쌍방의 협력으로 이룩한 재산의 액수 기타 사정을 참작하여 분할의 액수와 방법을 정한다(제839조의 2 제2항). 금전지급이나 현물분할을 통해 재산분할이 가능하며, 당사자 일방의 단독소유재산을 쌍방의 공유로 하는 방법에 의한 분할도 가능하다.[53] 재산분할을 금전지급으로 하는 경우, 의무자가 이행하지 않는 때에는「민사집행법」에 의한 강제집행 또는「가사소송법」에 의한 이행명령의 방법을 사용할 수 있다. 즉 당사자의 신청에 의해 가정법원이 그 의무를 이행할 것을 명할 수 있으며, 이를 위반하면 과태료 처분이나 일정한 경우 감치(監置)에 처할 수 있다(「가사소송법」 제64조, 제67조, 제68조). 그리고 재산분할청구권은 이혼한 날로부터 2년 내에 행사하여야 한다(제839조의 2 제3항). 여기서 2년은 제척기간이다.

부부의 일방이 다른 일방의 재산분할청구권 행사를 해함을 알면서도 재산권을 목적으로 하는 법률행위를 한 때에는 다른 일방은 채권자취소권을 행사하여 그 취소 및 원상회복을 가정법원에 청구할 수 있다(제839조의 3 제1항). 이러한 채권자취소권은 소송을 통해서 행사할 수 있는데, 재산분할청구권자가 취소 원인을 안 날로부터 1년, 법률행위가 있은 날로부터 5년 내에 소를 제기해야 한다(제2항).

2) 손해배상청구권

재판상 이혼의 경우, 당사자 일방은 과실 있는 상대방에 대하여 손해배상을 청구할 수 있다(제843조, 제806조). 여기서 손해는 재산적 손해뿐만 아니라 정신적 손해(위자료)를 포함한다.「민법」은 재판상 이혼에 관하여만 손해배상청구권을 규정하는데, 협의이혼에도 이를 유추할 수 있을 것이다.[54] 그리고 부부의 일방은 혼인 파탄의 책임이 있는 제3자에 대하여도 손해배상을 청구할 수 있다. 예컨대 배우자와 부정한 행위를 한 자,[55] 남편과 부첩계약을 맺은 자[56] 등이 여기에 해당한다.

---

52) 대판 1999.6.11. 96므1397.

53) 대판 1997.7.22. 96므318.

54) 대판 1977.1.25. 76다2223.

55) 대판 2005.5.13. 2004다1899.

56) 대판 1998.4.10. 96므1434.

5. 사실혼

사실혼(事實婚)이란 실질적으로 부부로서 혼인생활을 하고 있지만,[57] 혼인신고를 하지 않아 법률상 혼인으로 인정되지 않은 것을 말한다. 이러한 사실혼은 법률혼주의를 취하는 「민법」의 태도에 따라 법률혼과 동일하게 다루어질 수는 없다.[58] 따라서 상속권은 법률상 배우자에게만 인정된다.[59] 하지만 혼인신고를 제외한 혼인의 실체는 가지고 있으므로 보호의 필요성은 존재한다고 할 것이다.

판례에 따르면, 사실혼 관계에서 인정되는 것으로는 부부로서의 동거·부양·협조·정조의무,[60] 일상가사 대리권[61] 등이 있다. 그리고 많은 특별법에서 사실혼 배우자를 법률상 배우자와 동일하게 다루고 있다. 예컨대 공무원 연금법상의 유족이나 근로기준법상 유족의 범위에 사실혼 배우자도 포함된다(「공무원연금법」 제3조, 「근로기준법 시행령」 제48조). 그리고 주택임차인이 상속인 없이 사망한 경우, 가정공동생활을 하던 사실혼 배우자에게 그 임차인의 권리와 의무가 승계된다(「주택임대차보호법」 제9조 제1항).

---

57) 대판 2001.4.13. 2000다52943.

58) 「민법」에 사실혼에 관한 규정은 없다.

59) 하지만 「민법」 제1057조의 2(특별연고자에 대한 분여)에 따라 상속재산을 분여받을 수 있다.

60) 대판 1998.8.21. 97므544; 대판 1967.1.24. 66므39.

61) 대판 1980.12.23. 80다2077.

제3절 친자관계

Ⅰ. 친자관계의 의의

친자관계(親子關係)란 부모와 자(子)의 신분관계를 말하며, 민법상 친자관계는 친생(親生)친자관계와 법정(法定)친자관계로 나뉜다. 전자는 부모와 자의 관계가 혈연에 기초하고 있는 것이고 후자는 법률에 기초한 것으로 양친자관계가 그것이다. 또한 친생친자관계는 혼인 중의 자와 혼인 외의 자로 나눌 수 있다.

원칙적으로 자는 부(父)의 성과 본을 따르지만, 부모가 혼인신고 시 모(母)의 성과 본을 따르기로 협의한 경우에는 모의 성과 본을 따를 수 있다(제781조 제1항). 그리고 자의 복리를 위하여 자의 성과 본을 변경할 필요가 있을 때에는 부, 모 또는 자의 청구에 의하여 법원의 허가를 받아 이를 변경할 수 있다(제6호).

Ⅱ. 친생자

1. 혼인 중의 자

혼인 중의 자는 혼인관계에 있는 부부 사이에서 출생한 자를 말하는데, 여기에는 생래적 혼인 중의 출생자와 준정(準正)에 의한 혼인 중의 출생자[62]가 있다.

아내가 혼인 중에 임신한 자녀는 남편의 자녀로 추정하며, 혼인 성립 후 200일 후, 혼인관계가 종료된 날로부터 300일 내에 출생한 자녀는 혼인 중에 임신한 것으로 추정한다(제844조). 그리고 이러한 친생자 추정의 효과를 번복하기 위해서는 부 또는 처가 다른 일방 또는 자를 상대로 그 사유가 있음을 안 날로부터 2년 내에 친생부인의 소를 제기하여야 한다(제847조 제1항). 그런데 위와 같은 친생자 추정의 효과는 반증이 허용되지 않는 강한 추정인데,[63] 친생부인의 소를 제기할 수 있는 자가 제한적이고 제소기

---

62) 준정이란 출생 시에는 혼인 외의 출생자이었으나 후에 부모의 혼인에 의해 혼인 중의 출생자의 지위를 취득하는 것을 말한다.
63) 대판 1992.7.24. 91므566; 대판 2000.8.22. 2000므292.

간도 2년으로 문제점을 내포하고 있었다.[64) 특히 혼인 종료 후 300일 내에 출생한 자녀가 전남편의 친생자가 아님이 명백하고, 전남편이 친생추정을 원하지도 않으며, 생부가 그 자를 인지하려고 하여도 엄격한 친생부인의 소를 통해서만 가능했기 때문에 헌법불합치 결정[65)을 받아 2017년 개정이 되었다. 신설된 규정에 따르면, 혼인 종료 후 300일 내 출생한 자녀에 대해 어머니 또는 전남편은 가정법원에 친생부인의 허가를 청구할 수 있고(제854조의 2 제1항), 그 자녀의 생부(生父)는 가정법원에 인지의 허가를 청구할 수 있다(제855조의 2 제1항). 이에 따라 친생부인의 허가나 인지의 허가를 받은 생부가 「가족관계의 등록 등에 관한 법률」 제57조 제1항에 따른 신고를 하는 경우에는 친생자 추정의 효과는 발생하지 않는다(제854조의 2 제3항, 제855조의 2 제3항).

2. 혼인 외의 자

혼인 외의 자는 부모가 혼인하지 않은 상태에서 출생한 자를 말한다. 그리고 혼인 중에 출생한 자라도 혼인이 무효가 되는 경우에는 혼인 외의 자로 본다(제855조 제1항 2문). 이러한 혼인 외의 자와 생부 또는 생모와의 사이에 법률상의 친자관계를 형성하는 제도가 인지(認知)이다. 인지에는 생부 또는 생모가 스스로 인지의 의사표시를 하는 임의(任意)인지와 혼인 외의 자가 생부 또는 생모에 대하여 인지의 소를 제기하는 강제(强制)인지가 있다.

먼저 임의인지에 대하여 살펴보면, 임의인지는 생부 또는 생모가 「가족관계의 등록 등에 관한 법률」이 정한 바에 따라 신고함으로써 그 효력이 생긴다(제859조 제1항).[66) 이러한 신고는 창설적 신고이므로 신고가 없으면 인지의 효력이 발생하지 않는다. 또한 인지는 유언으로도 할 수 있으며, 이때에는 유언집행자가 이를 신고하여야 한다(제859조 제2항). 여기의 신고는 보고적 신고이므로 신고가 없어도 인지의 효력이 발생한다. 그 밖에 혼인관계의 종료 후 300일 이내에 출생한 자에 대하여 생부는 가정법원에 인지의 허가를 청구할 수 있다(제855조의 2). 일반적으로 인지는 생존하고 있는 자에 대하여 하지만 자가 사망한 후에도 그 직계비속이 있는 때에는 인지할 수 있고(제857

---

64) 물론 동서의 결여로 남편의 자녀를 포태할 수 없는 것과 같이 외관상 명백한 사정이 있는 경우에는 그 추정이 미치지 않는다고 하며, 이때에는 친생부인의 소가 아닌 민법 제865조에 따른 친생관계존부확인의 소를 제기할 수 있다고 판시한다(대판 1988.5.10. 88므85).

65) 헌재 2015.4.30. 2013헌마623에 따르면, 민법 제844조 제2항 중 "혼인관계종료의 날로부터 300일 내에 출생한 자"에 관한 부분이 母가 가정생활과 신분관계에서 누려야 할 인격권, 혼인과 가족생활에 관한 기본권을 침해한다."라고 한다.

66) 「가족관계의 등록 등에 관한 법률」에 따라 인지신고(제55조, 제56조)를 하여야 하지만, 친생자출생의 신고를 한 때에도 그 신고는 인지의 효력이 생긴다(제57조).

조), 생부는 포태 중에 있는 자에 대하여도 인지가 가능하다(제858조). 판례에 따르면, 타인의 친생자로 추정되고 있는 자에 대하여는 친생부인의 소의 확정판결에 의하여 친자관계 부정되기 전에는 아무도 인지를 하지 못한다고 한다.[67] 또한 인지 전에는 그 자녀의 생부라고 할지라도 법률상 부양의무가 없다.[68]

생부 또는 생모가 임의로 인지를 하지 않는 경우, 자와 그 직계비속 또는 그 법정대리인은 그들을 상대로 인지청구의 소를 제기할 수 있는데,[69] 이를 강제인지 또는 재판상 인지라고 한다(제863조). 만약 생부 또는 생모가 사망한 경우라도 그 사망을 안 날로부터 2년 내에 검사를 상대로 인지청구의 소를 제기할 수 있다(제864조). 그리고 인지청구의 제소기간에는 제한이 없으므로 자는 언제든지 인지청구의 소를 제기할 수 있다(제864조 예외 있음). 판례에 따르면, 인지청구권은 일신전속적인 신분관계상의 권리로서 포기할 수 없고 포기하였더라도 무효이다.[70] 인지청구의 소는 조정전치주의가 적용되며, 조정이 성립되거나 재판을 통해 확정된 경우에는 1개월 이내에 인지신고를 해야 하는데, 이는 보고적 신고이다(「가족관계의 등록 등에 관한 법률」 제58조).

인지를 통해 혼인 외의 출생자와 생부 또는 생모 사이에 친자관계가 발생되며, 그 효력은 자의 출생 시에 소급한다. 따라서 인지 전에 모가 자를 혼자서 양육한 경우, 부에 대하여 과거의 양육비 상환도 청구할 수 있다.[71]

Ⅲ. 양자

1. 양자제도의 의의

양자(養子)제도란 혈연적 친자관계가 없는 사람들 사이에 법률적 친자관계를 성립시키는 것으로 (보통)양자제도와 친양자제도가 있다.

---

67) 대판 1987.10.13. 86므129.

68) 대판 1987.12.22. 87므59.

69) 태아에게는 인지청구권이 없고 그의 모도 태아를 대리하여 소를 제기할 수 없다.

70) 대판 1987.1.20. 85므70.

71) 대결(전합) 1994.5.13. 92스21.

2. 양자

(1) 입양의 성립

입양(入養)이란 양친자관계를 창설할 것을 목적으로 하는 양자와 양친 사이의 합의이며, 「가족관계의 등록 등에 관한 법률」에 따라 신고함으로써 효력이 생기는 요식행위이다(제878조). 이처럼 입양합의(계약)는 양자와 양친 간의 의사표시의 합치로 성립하는데, 양자가 될 사람이 13세 이상의 미성년자인 경우에는 법정대리인의 동의가 필요하고(제869조 제1항) 양자가 될 사람이 13세 미만인 경우에는 법정대리인이 그에 갈음하여 입양을 승낙한다(제2항).[72] 후자를 대락입양(代諾入養)이라고 한다. 그리고 양자가 될 자가 성년인 경우에도 부모의 동의를 받아야 한다(제871조 제1항 본문).

그 밖에 입양을 하려는 자는 성년이어야 하며(제866조),[73] 성년의제의 효력을 받는 미성년자는 입양을 할 수 있다. 그리고 미성년자를 입양하려는 자는 가정법원의 허가를 받아야 한다(제867조 제1항).[74] 이는 「민법」이 '계약형 양자'에서 '복지형 양자'로 변천하고 있음을 보여준다. 또한 배우자 있는 사람은 배우자와 공동으로 입양하여야 하고 배우자가 있는 사람은 그 배우자의 동의를 받아야만 양자가 될 수 있다(제874조). 마지막으로 존속이나 연장자를 입양할 수 없다(제877조).

(2) 입양의 무효·취소

입양합의가 성립하더라도 하자가 있는 경우에는 입양의 무효·취소가 문제 된다. 입양의 무효원인으로는 당사자 사이에 입양의 합의가 없는 때(제833조 1호), 미성년자를 입양하는 경우 가정법원의 허가를 얻지 못했을 때, 대락입양의 경우 법정대리인의 승낙이 없었을 때, 존속이나 연장자를 입양했을 때가 있다(2호). 입양에 이와 같은 무효 사유가 존재하는 경우, 당연무효가 아닌 입양무효판결에 의해 비로소 입양이 무효가 된다. 입양의 취소 원인과 취소권자에 대해서는 제884조 이하에서 규정하고 있다.

---

72) 법정대리인의 동의 또는 승낙이 없더라도 일정한 경우, 가정법원은 입양의 허가를 할 수 있다(제869조 제3항).

73) 성년인 이상 남녀, 혼인 여부, 자녀 유무 등은 묻지 않는다.

74) 이를 위반한 경우에는 입양 무효의 원인이 된다(제883조 2호).

(3) 파양

파양(罷養)이란 유효하게 성립한 양친자관계를 인위적으로 해소하는 것으로서 여기에는 협의상 파양과 재판상 파양이 있다. 먼저 협의상 파양이란 양부모와 양자의 협의에 따른 파양을 말하며(제898조),[75] 「가족관계의 등록 등에 관한 법률」에 따라 신고하여야 효력이 생긴다(제904조). 한편 재판상 파양이란 법정된 파양원인이 있는 경우, 파양청구의 소를 제기하여 파양하는 것을 말한다. 재판상 파양의 원인으로는 ① 양부모가 양자를 학대 또는 유기하거나 그 밖에 양자의 복리를 현저히 해친 경우 ② 양부모가 양자로부터 심히 부당한 대우를 받은 경우 ③ 양부모나 양자의 생사가 3년 이상 분명하지 아니한 경우 ④ 그 밖에 양친자관계를 계속하기 어려운 중대한 사유가 있는 경우가 있다. 재판상 파양에는 조정전치주의가 적용되며, 조정이 성립되거나 파양청구를 인용하는 판결에 의하여 파양의 효력이 발생한다.

3. 친양자

(보통)양자제도에 따르면, 입양 후에도 친생부모와의 관계가 유지되고 양자는 원칙적으로 양친의 성과 본을 따를 수 없었기 때문에 입양의 문제점이 제기되었다. 이를 반영하여 2005년 민법 개정 시 양자와 양부모의 관계를 친생자와 같이 함으로써 양자의 복리를 달성하기 위한 친양자제도를 도입하였다.[76]

친양자를 입양하려는 사람은 일정한 요건을 갖추어 가정법원에 친양자 입양을 청구하여야 한다(제908조의 2). 여기서 일정한 요건이란 ① 3년 이상 혼인 중인 부부로서 공동으로 입양할 것(다만, 1년 이상 혼인 중인 부부의 한쪽이 그 배우자의 친생자를 친양자로 하는 경우에는 단독입양 가능) ② 친양자가 될 사람이 미성년자일 것 ③ 친양자가 될 사람의 친생부모가 친양자 입양에 동의할 것(다만, 부모가 친권상실의 선고를 받거나 소재를 알 수 없는 경우, 그 밖의 사유로 동의할 수 없는 경우는 예외) ④ 친양자가 될 사람이 13세 이상인 경우, 법정대리인의 동의를 받아 입양을 승낙할 것 ⑤ 친양자가 될 사람이 13세 미만인 경우, 법정대리인이 그를 갈음하여 입양을 승낙할 것이 그것이다. 이러한 요건을 갖춘 친양자 입양 청구에 대하여 가정법원은 친양자가 될 사람의 복리를 위하여 그 양육상황, 친양자 입양의 동기, 양부모의 양육능력, 그 밖의 사

---

75) 이때 양자가 미성년자 또는 피성년후견인인 경우에는 협의상 파양을 할 수 없다(제898조 단서).

76) 외국의 완전양자제도와 같다.

정을 고려하여 친양자 입양이 적당하지 않다고 인정되면 이를 기각할 수 있다(제908조의 2 제3항). 반면, 가정법원의 청구인용 재판이 확정되면, 확정일로부터 1개월 이내에 신고하여야 한다(「가족관계의 등록 등에 관한 법률」 제67조 제1항).[77]

친양자 입양의 효력으로는 첫째, 친양자는 부부의 혼인 중의 출생자로 본다(제908조의 3 제1항). 따라서 친양자는 양부모의 성을 따르게 된다. 둘째, 친양자와 양부모의 친족 사이에도 친족관계가 발생한다. 셋째, 친양자의 입양 전의 친족관계는 친양자 입양이 확정된 때에 종료한다(제908조의 3 제2항 본문).

친양자의 파양과 관련하여 협의상 파양은 인정되지 않고(제908조의 5), 다음의 사유가 있을 때에 재판상 파양만이 인정된다. 그 사유로는 ① 양친이 친양자를 학대 또는 유기하거나 그 밖에 친양자의 복리를 현저히 해하는 때 ② 친양자의 양친에 대한 패륜행위로 인하여 친양자관계를 유지시킬 수 없게 된 때가 있다. 이러한 사유가 있는 경우, 양친, 친양자, 친생의 부 또는 모 그리고 검사는 가정법원에 파양을 청구할 수 있다. 친양자 파양에는 조정전치주의가 적용되며(「가사소송법」 제50조, 제2조), 조정이 성립되거나 파양청구를 인용하는 판결에 의하여 파양의 효력이 발생한다.

Ⅳ. 친권

1. 의의

친권(親權)이란 부모가 미성년인 자녀를 보호·교양하는 권리이자 의무를 말한다(제913조). 이처럼 친권은 권리의 성격과 의무의 성격을 모두 가지고 있으며, 성년의제의 효력을 받는 미성년인 자녀에게는 친권이 미치지 않는다.

2. 친권자

부모가 혼인 중에는 부모 모두 친권자가 되며, 친권은 공동으로 행사하여야 한다(제909조 제2항 본문). 여기서 공동의 의미는 부모의 공동의사를 의미하며, 이러한 의사가 있다면 부부 중 일방이 행사하여도 무방하다. 만약 부모의 의견이 일치하지 않는다면

---

77) 이는 보고적 신고라고 할 것이다.

당사자의 청구에 의하여 가정법원이 이를 정한다(제2항 단서). 그리고 부모의 일방이 친권을 행사할 수 없을 때에는 다른 일방이 이를 행사한다(제3항).

혼인 외의 출생자의 경우에는 그의 모가 친권자가 된다. 만약 그 자녀에 대해 임의 인지가 이루어진 경우에는 부모의 협의로 친권자를 정하고 협의가 이루어지지 않는 경우에는 가정법원이 친권자를 지정하여야 한다(제4항 본문). 반면, 강제인지의 경우에는 가정법원이 직권으로 친권자를 정한다(제5항).

양자의 경우에는 양부모가 친권자가 된다(제909조 제1항 2문). 그리고 부모가 협의이혼을 한 경우에는 먼저 부모의 협의로, 협의가 이루어지지 않으면 가정법원이 지정한다(제4항 본문). 반면, 재판상 이혼의 경우에는 가정법원이 직권으로 친권자를 정한다(제5항).

가정법원은 자의 복리를 위하여 필요하다고 인정되는 경우, 자의 4촌 이내의 친족의 청구에 의하여 정해진 친권자를 다른 일방으로 변경할 수 있다(제6항).

3. 친권의 내용

(1) 자녀의 신분에 관한 권리·의무

친권자는 자녀를 보호하고 교양할 권리·의무가 있다. 이는 실제로 자녀를 양육, 교육, 부양한다는 의미이다. 그리고 이에 필요한 비용은 부부가 공동으로 부담하는 것이 원칙이다(제833조). 만약 제3자가 불법적으로 자녀를 억류하고 있는 경우, 친권자는 자녀의 인도를 청구할 수 있다. 그 밖에 거소지정권(제914조), 징계권(제915조), 그리고 친권자는 미성년 자녀의 법정대리인으로서 법률에 규정이 있는 경우, 자녀의 신분상의 행위를 대리할 수 있다. 예컨대 인지청구의 소(제863조), 13세 미만의 자녀에 대한 입양의 승낙(제869조 제2항), 상속의 승인 또는 포기(제1019조) 등의 대리가 가능하다.

(2) 자녀의 재산에 관한 권리·의무

자녀가 자기의 명의로 취득한 재산은 그의 특유재산으로 하고 법정대리인인 친권자가 이를 관리한다(제916조). 여기의 관리에는 원칙적으로 그 재산의 보존·이용·개량을 목적으로 하는 행위만을 의미하므로 처분행위는 예외적으로 인정될 것이다. 자녀의 재산을 관리하는 데 있어 친권자는 자기 재산에 관한 행위와 동일한 주의의무를 부담한다(제922조).[78] 그런데 무상으로 자에게 재산을 수여한 제3자가 친권자의 관리에 반대하는 의사를 표시한 경우, 친권자는 그 재산을 관리하지 못한다(제918조 제1항). 법정대리인인 친권자의 권한이 소멸한 때에는 그 자녀의 재산에 대한 관리의 계산을 하여야 한다(제923조). 이때 자녀의 재산으로부터 수취한 과실은 그 자녀의 양육, 재산관리비용과 상계한 것으로 본다(제923조 제2항 본문). 예컨대 제3자가 미성년 자녀에게 금전을 증여한 경우, 부모는 그 자녀가 성년이 되었을 때, 증여 받은 원금을 자녀에게 반환하면 되는 것이다.

그 밖에 친권자는 미성년 자녀에 대한 법정대리인으로서(제911조), 자녀의 재산에 관한 법률행위에 대하여 그 자를 대리한다(제920조 본문). 그러나 ① 처분을 허락받은 재산(제6조) ② 허락받은 영업에 관한 재산(제8조) ③ 근로계약의 체결(「근로기준법」 제67조)[79] ④ 임금의 청구(「근로기준법」 제68조) 등은 대리할 수 없다. 그리고 친권자는 미성년인 자녀가 재산상의 법률행위를 하는 데 대하여 동의권을 갖는다(제5조 제1항).

(3) 이해상반행위

법정대리인인 친권자와 자녀 사이 또는 친권에 따르는 여러 자녀 사이에 이해가 충돌하는 경우에는 친권의 공정한 행사가 어렵기 때문에 이러한 경우에는 친권자의 친권 행사를 제한하고 가정법원이 선임한 특별대리인이 그 행사를 대신하도록 한다(제921조). 법원이 이러한 이해상반행위로 판단한 것으로는 친권자인 부가 자신의 영업자금을 마련하기 위하여 미성년 자녀의 소유부동산에 타인의 저당권을 설정한 경우,[80] 모와 자녀들이 공동상속인이 된 때에 모가 미성년 자녀의 친권자로서 상속재산을 분할하는 협의를 한 경우,[81] 양모가 미성년의 양자를 상대로 소유권이전등기 청구소송을 제기하는 행위[82] 등이 있다.

이와 같은 이해상반행위를 특별대리인에 의하지 않고 친권자 스스로 행한 경우, 그 행위는 무권대리가 된다.[83] 다만 그 미성년자가 성년자가 된 이후에 추인을 하면 유효

---

78) 구체적 과실을 의미함.

79) 「민법」 제920조 단서는 "그 자의 행위를 목적으로 하는 채무를 부담할 경우에는 본인의 동의를 얻어야 한다."라고 규정하는데, 이 규정은 「근로기준법」 제67조에 따라 미성년자의 근로계약에는 적용되지 않는다. 따라서 미성년자는 직접 근로계약을 체결하여야 하며, 이때 친권자의 동의가 필요하다.

80) 대판 1971.7.27. 71다1113.

81) 대판 1993.4.13. 92다54524.

82) 대판 1991.4.12. 90다17491.

83) 대판 1964.8.31. 63다547.

가 된다.

4. 친권의 소멸과 회복

(1) 친권의 소멸

친권이 절대적으로 소멸하는 경우로는 ① 미성년인 자녀가 사망한 경우 ② 자녀가 성년이 된 경우 ③ 미성년인 자녀가 혼인한 경우(성년의제)가 있으며, 상대적으로 소멸하는 경우로는 ① 친권자가 사망한 경우 ② 자녀가 다른 사람의 양자가 된 경우 ③ 부모의 이혼 또는 혼인의 무효·취소로 부모의 일방이 친권자가 된 경우(제909조 제4항, 제5항) ④ 법원의 심판에 의하여 친권자가 변경된 경우(제909조 제6항) ⑤ 친권상실의 선고를 받은 경우(제924조) 등이 있다.

(2) 친권의 상실·일시 정지

부 또는 모가 친권을 남용하여 자녀의 복리를 현저히 해치거나 해칠 우려가 있는 경우에는 자녀, 자녀의 친족, 검사 또는 지방자치단체의 장의 청구에 의해 그 친권의 상실 또는 일시 정지를 선고할 수 있다(제924조 제1항). 친권상실의 사유로는 친권의 남용(예컨대 자녀의 신체적·정신적 학대, 자녀의 취학 거부), 친권자의 현저한 비행(예컨대 상습도박, 범죄),[84] 그 밖에 친권행사를 기대할 수 없는 중대한 사유[85] 등이 있다.[86]

가정법원은 친권의 일시 정지를 선고할 때에는 자녀의 상태, 양육상황, 그 밖의 사정을 고려하여 그 기간을 정하는데, 그 기간은 2년을 넘을 수 없다(제924조 제2항). 그리고 자녀의 복리를 위해 친권의 일시 정지 기간의 연장이 필요한 경우에는 일정한 자의 청구에 의해 2년의 범위에서 그 기간을 한 차례만 연장할 수 있다(제3항).

또한 가정법원은 거소의 지정이나 징계, 그 밖의 신상에 관한 결정 등 특정한 사항에 관하여 친권자가 친권을 행사하는 것이 곤란하거나 부적당한 사유가 있어 자녀의 복리를 해치거나 해칠 우려가 있는 경우에는 자녀, 자녀의 친족, 검사 또는 지방자치단체의 장의 청구에 의하여 구체적인 범위를 정하여 친권의 일부 제한을 선고할 수 있다

---

[84] 과거의 비행은 친권상실 사유가 되지 않는다(대판 1959.4.16. 4291민상659).

[85] 대판 1991.12.10. 91므641.

[86] 친권 상실 선고 등의 판단기준에 대하여는 「민법」 제925조의 2에서 규정한다.

(제924조의 2).

(3) 대리권과 재산관리권의 상실

가정법원은 법정대리인인 친권자가 부적당한 관리로 인하여 자녀의 재산을 위태롭게 한 경우에는 자녀의 친족, 검사 또는 지방자치단체의 장의 청구에 의하여 그 법률행위의 대리권과 재산관리권의 상실을 선고할 수 있다(제925조). 이처럼 친권자의 대리권과 재산관리권 상실선고의 심판이 확정되면, 친권자는 이러한 권한을 상실하지만, 자녀의 신분사항에 대해서는 여전히 친권을 행사할 수 있다. 공동친권자인 부모 중 일방이 이러한 선고를 받으면, 다른 일방이 대리권과 재산관리권을 행사하게 된다. 또한 친권자는 정당한 사유가 있는 경우, 법원의 허가를 얻어 대리권과 재산관리권을 포기할 수 있다(제927조 제1항).

(4) 실권회복

친권상실선고, 친권의 일부 제한의 선고, 대리권·재산관리권 상실선고가 있은 후 그 선고의 원인이 소멸된 경우, 가정법원은 본인, 자녀, 자녀의 친족, 검사 또는 지방자치단체의 장의 청구에 의하여 실권회복을 선고할 수 있다(제926조).

제4절 후견

Ⅰ. 후견의 의의

후견(後見)이란 제한능력자를 보호하기 위한 것을 말하는데, 여기에는 미성년후견과 성년후견으로 나누어진다.

Ⅱ. 미성년후견

미성년자에 대한 후견이 개시되는 경우는 미성년자에게 친권자가 없거나 또는 친권자가 친권상실선고(제924조), 친권의 일부 제한의 선고(제924조의 2), 대리권·재산관리권 상실선고(제925조), 법정대리인의 대리권과 재산관리권의 사퇴(제927조)에 따라 친권의 전부 또는 일부를 행사할 수 없는 때이다(제928조). 미성년후견인의 수는 1명으로 한다(제930조 제1항).

미성년후견인은 먼저 친권자인 부모가 유언으로 지정하고(제931조), 유언으로 지정된 미성년후견인이 없는 경우에는 가정법원은 직권으로 또는 미성년자, 친족, 이해관계인, 검사, 지방자치단체의 장의 청구에 의하여 미성년후견인을 선임한다(제932조).

Ⅲ. 성년후견

가정법원에 의한 성년후견개시심판이 있는 경우에는 그 심판을 받은 사람의 성년후견인을 두어야 한다(제929조). 이때 성년후견인은 가정법원이 직권으로 선임한다(제936조 제1항). 가정법원은 성년후견인이 사망, 결격, 그 밖의 사유로 없게 된 경우에도 직권으로 또는 피성년후견인, 친족, 이해관계인, 검사, 지방자치단체의 장의 청구에 의하여 성년후견인을 선임한다(제2항). 가정법원이 성년후견인을 선임할 때에는 피성년후견인의 의사를 존중하여야 하며, 그 밖에 피성년후견인의 건강, 생활관계, 재산상황, 성년후견인이 될 사람의 직업과 경험, 피성년후견인과의 이해관계의 유무 등의 사정도 고려하여야 한다(제4항).

성년후견인은 피성년후견인의 신상과 재산에 관한 모든 사정을 고려하여 여러 명을 둘 수 있으며, 법인도 성년후견인이 될 수 있다(제930조 제2항, 제3항). 또한 가정법원은 성년후견인이 선임된 경우에도 필요하다고 인정하면 직권 또는 일정한 청구권자나 성년후견인의 청구에 의하여 추가로 성년후견인을 선임할 수 있다(제936조 제3항).

Ⅳ. 후견사무

1. 신분에 관한 사무

(1) 미성년후견인의 권리·의무

미성년후견인은 친권자와 마찬가지로 보호·교양의 권리·의무(제913조), 거소지정권(제914조), 징계권(제915조)을 갖는다. 다만 친권자가 정한 교육방법, 양육방법 또는 거소를 변경하는 경우, 미성년자를 감화기관이나 교정기관에 위탁하는 경우, 친권자가 허락한 영업을 취소하거나 제한하는 경우에는 미성년후견감독인이 있다면 그의 동의를 받아야 하는 제한이 있다(제945조). 그 밖에 미성년후견인은 미성년자의 친족법상의 일정한 행위(예컨대 약혼, 혼인)에 대하여 동의권을 가지며, 신분과 관련한 일정한 행위(예컨대 인지청구의 소제기, 대락입양)에 대하여 대리권을 갖는다.

(2) 성년후견인의 권리·의무

성년후견과 관련하여 피성년후견인의 잔존능력이 있는 한 이를 존중하여, 피성년후견인은 자신의 신상에 관하여 그의 상태가 허락되는 범위에서 단독으로 결정한다(제947조의 2). 성년후견인이 피성년후견인을 치료 등의 목적으로 정신병원이나 그 밖의 다른 장소에 격리하려는 경우, 가정법원의 허가를 받아야 한다(제2항). 피성년후견인의 신체를 침해하는 의료행위에 대하여 피성년후견인이 동의할 수 없는 경우에는 성년후견인이 그를 대신하여 동의할 수 있지만(제3항), 이와 같은 의료행위의 직접적인 결과로 피성년후견인이 사망하거나 상당한 장애를 입을 위험이 있을 때에는 가정법원의 허가를 받아야 한다. 다만 허가절차로 의료행위가 지체되어 피성년후견인의 생명에 위험을 초래하거나 심신상의 중대한 장애를 초래할 때에는 사후에 허가를 청구할 수 있다(제4항). 그 밖에 성년후견인은 피성년후견인의 약혼(제802조), 혼인(제808조), 협의이혼(제835조), 임의인지(제856조), 입양(제873조) 등에 있어 동의권을 가지며, 혼인취소(제817조), 인지청구의 소(제863조), 입양취소(제887조), 상속의 승인·포기(제1020조) 등과 관련하여 대리권을 갖는다.

2. 재산에 관한 사무

(1) 재산조사 및 목록작성

후견인은 지체 없이 피후견인의 재산을 조사하여 2개월 내에 그 목록을 작성하여야 한다(제941조 제1항 본문). 후견감독인이 있는 경우, 재산조사 및 목록작성은 후견감독인의 참여가 없으면 효력이 없으며(제941조), 만약 피후견인에 대한 채권·채무가 있는 경우, 재산목록의 작성을 완료하기 전에 후견감독인에게 이 내용을 알려야 한다(제942조 제1항). 만약 이러한 의무를 게을리한 경우, 후견인은 그 채권을 포기한 것으로 본다(제2항). 후견인은 재산조사와 목록작성을 완료하기까지는 긴급 필요한 경우가 아니면 그 재산에 관한 권한을 행사하지 못한다(제943조 본문).

(2) 재산관리권·대리권 등

후견인은 피후견인의 재산을 관리하고 그 재산에 관한 법률행위에 대하여 피후견인을 대리한다(제949조). 후견인이 피후견인 사이에 이해상반되는 행위를 함에는 후견인은 법원에 피후견인의 특별대리인 선임을 청구해야 한다. 다만 후견감독인이 있는 경우에는 특별대리인 선임을 청구할 필요는 없다(제949조의 3). 그리고 후견인이 피후견인의 재산을 관리함에 있어서는 선량한 관리자의 주의로써 하여야 한다(제956조).

후견인이 피후견인을 대리하여 다음의 어느 하나의 행위를 하거나 동의를 하는 경우, 후견감독인이 있으면 그의 동의가 필요한데(제950조), ① 영업에 관한 행위 ② 금전을 빌리는 행위 ③ 의무만을 부담하는 행위 ④ 부동산 또는 중요한 재산에 관한 권리의 득실변경을 목적으로 하는 행위 ⑤ 소송행위 ⑥ 상속의 승인, 한정승인 또는 포기 및 상속재산의 분할에 관한 협의가 그러하다.

성년후견인이 피성년후견인을 대리하여 피성년후견인이 거주하고 있는 건물 또는 그 대지에 대하여 매도, 임대, 전세권의 설정, 저당권의 설정, 임대차의 해지, 전세권의 소멸, 그 밖에 이에 준하는 행위를 하는 경우에는 가정법원의 허가를 받아야 한다(제947조의 2 제5항).

원칙적으로 성년후견인은 피성년후견인의 법률행위를 취소할 수 있다(제10조 제1항). 한정후견인은 법원이 정한 행위에 대해 동의권을 행사할 수 있다(제13조 제1항). 법원은 후견인의 청구에 의해 피후견인의 재산상태를 참작하여 피후견인의 재산 중에서 상당한 보수를 후견인에게 수여할 수 있다(제955조). 또한 후견인이 후견사무를 수행하는 데 필요한 비용은 피후견인의 재산 중에서 지출한다(제955조의 2).

Ⅴ. 후견인의 결격사유 및 사임·변경

1. 후견인의 결격사유

① 미성년자 ② 피성년후견인 ③ 회생절차개시결정 또는 파산선고를 받은 자 ④ 자격정지 이상의 형의 선고를 받고 그 형기 중에 있는 자 ⑤ 법원에서 해임된 법정대리인 ⑥ 법원에서 해임된 성년후견인 등과 그 감독인 ⑦ 행방이 불분명한 사람 ⑧ 피후견인을 상대로 소송을 하였거나 하고 있는 사람 ⑨ ⑧에서 정한 사람의 배우자와 직계혈족(다만 피후견인의 직계비속은 제외)은 후견인이 되지 못한다(제937조).

2. 후견인의 사퇴·변경

후견인은 정당한 사유가 있는 경우, 가정법원의 허가를 받아 사임할 수 있고(제939조) 가정법원은 피후견인의 복리를 위하여 후견인을 변경할 필요가 있다고 인정하는 경우, 직권으로 또는 피후견인, 친족, 후견감독인, 검사, 지방자치단체의 장의 청구에 의하여 후견인을 변경할 수 있다(제940조).

제5절 부양

Ⅰ. 부양의 의의

부양(扶養)이란 일정한 범위의 친족이 다른 친족의 생활을 부조(扶助)하는 것을 말한다. 민법상 부양에는 ① 부부간의 부양(제826조 제1항)[87] ② 친권자의 미성년 자녀에 대한 부양(제913조)[88] ③ 직계혈족 및 그 배우자 간 부양(제974조 1호) ④ 생계를 같이 하는 기타의 친족 간 부양(제974조 2호)이 있는데, ①과 ②의 부양의무는 공동생활 자체에서 당연히 요구되는 의무로서 1차적 부양의무이며, ③과 ④의 부양의무는 부양자에게 여력이 있는 경우 피부양자가 최저생활을 유지할 수 있게 해주는 정도의 2차적 부양의무이다. 이러한 부양의무는 부양을 받을 자가 자기의 자력 또는 근로에 의하여 생활을 유지할 수 없는 경우에만 인정된다(제975조).

Ⅱ. 부양청구권의 특수성

부양청구권은 친족법상의 권리이지만 재산법상의 권리와 유사성을 가지며, 다음과 같은 특수성이 있다. 부양청구권은 행사상·귀속상 일신전속권으로서 채권자대위권의 피대위채권이 되지 않는다(제404조 제1항 단서). 부양청구권은 압류가 금지되며, 이를 수동채권으로 하여 상계할 수 없다(제497조). 또한 부양청구권은 양도할 수 없다(제979조). 그리고 부양청구권이 침해된 경우, 불법행위로서 손해배상청구가 가능하며(제750조), 부양청구권은 상속이 되지 않는다(제1005조 단서).

---

87) 하지만 부부 사이에는 과거의 부양료를 청구할 수 없다는 것이 판례의 태도이다(대결 2008.6.12. 2005스50).

88) 부부의 일방은 과거에 지출한 자녀의 양육비를 청구할 수 있다는 것이 판례의 태도이다(대결(전합) 1994.5.13. 92스21).

Ⅲ. 부양당사자

2차적 부양의무를 규정한 「민법」 제974조 1호는 "직계혈족 및 그 배우자 간", 3호는 "기타 친족 간(생계를 같이 하는 경우에 한하다.)"에 부양의무가 발생함을 규정하고 있다. 먼저 직계혈족 사이에는 부양의무가 발생한다. 하지만 친권자의 미성년 자녀에 대한 부양은 1차적 부양으로 여기에 포함되지 않는다. 따라서 여기의 직계혈족 간이란 예컨대 부모와 성년인 자녀 사이의 부양의무, 조부모와 손자녀 사이의 부양의무를 말한다. 또한 직계혈족의 배우자 간에도 부양의무가 발생하는데, 예를 들어 계모와 부의 자녀, 계부와 처의 자녀, 며느리와 시부모, 사위와 장인·장모 등이 여기에 해당한다.

또한 생계를 같이 하는 친족 간에는 부양의무가 발생하는데, 「민법」 제777조가 규정하는 친족 중 생계를 같이 하는 경우에는 서로 부양의무가 있다. 예컨대 형제자매가 같이 생활하는 경우가 그것이다.

부양의무를 부담할 자와 부양을 받을 자가 수인인 경우, 부양의 순위는 당사자간의 협정으로 정하고 협정이 없으며 당사자의 청구에 의하여 법원이 정한다(제976조).

Ⅳ. 부양의 내용

부양의 정도 또는 방법에 관하여 먼저 당사자 간의 협정으로 정하고 협정이 없으면 당사자의 청구에 의하여 법원이 부양을 받을 자의 생활 정도와 부양할 자의 자력 기타 제반사항을 참작하여 이를 정한다(제977조). 부양의 구체적인 방법은 동거부양과 급부부양이 있는데, 급부부양이 일반적이다. 이와 같은 부양에 관한 협정이나 법원의 판결이 있더라도 이에 대한 사정변경이 있는 때에는 당사자의 청구에 의하여 그 협정이나 판결을 취소 또는 변경할 수 있다(제978조).

제5장　　　상속법

제1절 상속

Ⅰ. 상속의 의의

상속(相續)이란 피상속인의 사망으로 피상속인의 법률상 권리·의무가 상속인에게 포괄적으로 승계되는 것을 말한다. 여기서 피상속인의 사망은 자연사망 이외에 실종선고(제28조)나 인정사망(「가족관계의 등록에 관한 법률」 제87조)과 같은 사유도 이에 포함된다. 상속은 피상속인의 주소지에서 개시되며(제998조) 상속에 관한 비용은 상속재산 중에서 지급한다(제998조의 2). 여기서 상속에 관한 비용이란 상속재산의 관리 및 청산에 필요한 비용을 의미한다.[1] 그리고 부조금 또는 조위금은 장례비용에 충당하고 남은 것이 있다면, 특별한 다른 사정이 없는 한 공동상속인들이 각자의 상속분에 따라 권리를 취득한다.[2]

Ⅱ. 상속인

1. 상속인의 자격

상속인이 되기 위해서는 권리능력이 있어야 하며, 법인은 유증을 받을 수 있지만 상속인이 될 수 없다. 그리고 ① 고의로 직계존속, 피상속인, 그 배우자 또는 상속의 선순위나 동순위에 있는 자를 살해하거나 살해하려 한 자 ② 고의로 직계존속, 피상속인과 그 배우자에게 상해를 가하여 사망에 이르게 한 자 ③ 사기 또는 강박으로 피상속인의 상속에 관한 유언 또는 유언의 철회를 방해한 자 ④ 피상속인의 상속에 관한 유언서를 위조·변조·파기 또는 은닉한 자는 상속인으로서 자격이 상실된다(제1004조). 판례에 따르면, 모가 상속의 동순위가 될 태아를 낙태한 경우에도 상속인의 결격사유에 해당한다고 판시한다.[3] 이와 같은 결격사유가 상속개시 전에 생긴 때에는 결격자는 후에

---

1) 대판 1997.4.25. 97다3996.

2) 대판 1992.8.18. 92다2998.

상속이 개시되더라도 상속을 하지 못하고 상속개시 후에 생긴 때에는 상속이 소급해서 무효가 된다. 이때 진정 상속인은 상속회복청구를 할 수 있다.

2. 상속인의 순위

법정상속인은 ① 피상속인의 직계비속 ② 피상속인의 직계존속 ③ 피상속인의 형제자매 ④ 피상속인의 4촌 이내의 방계혈족의 순이다(제1000조 제1항). 동순위의 상속인이 수인인 때에는 최근친을 선순위로 하고 동친 등의 상속인이 수인인 때에는 공동상속인이 된다(제2항). 예컨대 직계비속으로 자와 손자가 있더라도 자만이 최근친으로 상속인이 된다. 태아는 상속순위에 관하여 이미 출생한 것으로 본다(제3항). 한편 피상속인의 배우자는 피상속인의 직계비속이나 피상속인의 직계존속이 있는 경우에는 그 상속인과 공동상속인이 되고 그 상속인이 없는 경우에는 단독상속인이 된다(제1003조 제1항). 예를 들어 남편이 사망한 경우, 자녀가 없다면 처는 시부모와 공동상속인이 되며, 시부모가 없다면 단독상속인이 된다.

3. 대습상속

대습상속(代襲相續)이란 상속이 개시되기 전에 상속인이 될 직계비속 또는 형제자매가 상속개시 전에 사망하거나 결격자가 된 경우, 그의 직계비속과 배우자가 사망하거나 결격된 자의 순위에 갈음하여 상속인이 되는 것을 말한다(제1001조, 제1003조 제2항). 따라서 대습상속이 인정되기 위해서는 피상속인의 사망보다 피대습자가 먼저 사망하여야 한다. 그런데 동시사망의 경우에는 사망자 사이에 상속이 없으므로(제30조), 대습상속이 부정되어야 할 것이다. 그런데 판례는 동시사망의 경우, 대습상속을 인정한다.[4] 한편 결격의 경우에는 피상속인의 사망 이후 결격된 경우에도 대습상속의 요건을 갖춘다고 할 것이다. 왜냐하면 상속결격의 효과는 상속개시 시에 소급하기 때문이다.

대습상속분에 관하여, 대습자는 피대습자가 받았을 상속분을 상속하게 된다(제1010조 제1항). 만약 대습자가 수인인 경우에는 법정상속의 방법에 따라 상속을 한다(제2항). 예컨대 피대습자의 배우자와 자녀가 있는 경우, 피대습자의 상속분을 배우자가 1.5, 자녀가 1을 상속하게 된다.

---

3) 대판 1992.5.22. 92다2127.

4) 대판 2001.3.9. 99다13157.

III. 상속의 효력

1. 일반적 효과

상속인은 상속이 개시된 때로부터 피상속인의 재산에 관한 권리·의무를 포괄적으로 승계한다(제1005조 본문). 따라서 적극재산뿐만 아니라 채무와 같은 소극재산도 상속이 되며, 장래에 구체화될 법률관계, 예컨대 매도인의 담보책임도 이에 포함된다. 반면, 재산권이 아닌 인격권이나 가족권 그리고 재산적인 것이더라도 피상속인의 일신에 전속한 것은 상속의 대상이 아니다(제1005조 단서). 그 밖에 사원권은 원칙적으로 상속이 되지 않으며(제56조) 조합에서 조합원이 사망하면 당연히 탈퇴하게 되고(제717조 1호), 조합원의 지위가 상속인에게 승계되지 않는다.[5]

「민법」 제1008조의 3은 "분묘에 속한 1정보 이내의 금양임야와 600평 이내의 묘토인 농지,[6] 족보와 제구의 소유권은 제사를 주재하는 자가 이를 승계한다."라고 규정하여 피상속인의 재산 중 제사용 재산은 공동상속이 되거나 분할되지 않고 특정인에게 상속되도록 하였다. 이는 조상숭배나 가통(家統)의 계승을 중시하는 우리의 습속이나 국민감정에 기인한 것이다.[7] 그리고 이러한 제사용 재산의 소유권은 제사를 주재하는 자가 승계하는데(제1008조의 3), 제사를 주재하는 자가 누구인지에 대하여는 견해의 대립이 있다. 판례에 따르면, ① 공동상속인의 협의 ② 장남 ③ 장남이 사망한 경우, 장남의 아들(장손자) ④ 공동상속인 중 아들이 없는 경우에는 장녀가 제사 주재자가 된다고 한다.[8] 제사용 재산은 일반 상속재산이 아닌 특별재산이므로 상속분이나 유류분의 산정에서 고려되지 않으며, 상속포기를 한 자도 제사용 재산을 승계할 수 있다.

2. 상속분

(1) 법정상속분

일반적으로 상속분이란 각 공동상속인이 상속재산에 대하여 가지는 권리·의무의 비

---

5) 대판 1994.2.25. 93다39225.

6) 봉사의 대상이 되는 분묘 1기당 600평 이내를 의미한다(대판 1996.3.22. 93누19269).

7) 대판 1997.11.28. 96누18069.

8) 대판(전합) 2008.11.20. 2007다27670.

율을 말한다(제1007조). 그리고 피상속인은 유언으로 상속분을 지정하지 못하지만(이른바 지정상속분) 포괄적 유증을 통해 이와 유사한 효과를 발생시킬 수 있다.

법정상속분은 동순위 상속인이 수인인 경우, 그 상속분은 균등하며, 피상속인의 배우자의 상속분은 직계비속 또는 직계존속과 공동으로 상속할 때에는 그들의 상속분에서 5할을 가산한다(제1009조). 예컨대 상속인이 피상속인의 처와 자녀인 아들과 딸이 있는 경우, 자녀들의 상속분은 각각 1이며, 처의 상속분은 1.5가 된다.

(2) 특별수익자의 상속분

「민법」 제1008조는 "공동상속인 중에 피상속인으로부터 재산의 증여 또는 유증을 받은 자가 있는 경우에 그 수증재산이 자기의 상속분에 달하지 못한 때에는 그 부족한 부분의 한도에서 상속분이 있다."라고 하여 특별수익자의 상속분을 규정하고 있다. 예컨대 아버지가 장남에게만 생전에 사업자금을 주었던 경우, 나중에 상속분을 계산할 때 이 부분을 고려하는 것이다.9)

(3) 기여분

기여분 제도란 공동상속인 중에 상당한 기간 동거·간호 그 밖의 방법으로 피상속인을 특별히 부양하거나 피상속인의 재산의 유지 또는 증가에 특별히 기여한 자가 있을 때, 그 상속인의 상속분을 높여주는 것을 말한다(제1008조의 2). 따라서 기여분을 인정받기 위해서는 특별부양 또는 재산상의 특별기여를 하여야 한다. 여기서 특별부양이 되려면, 친족 간의 통상의 부양의무 범위를 넘는 것이어야 한다. 그러므로 일반적인 부양의무의 이행에 불과한 경우에는 특별부양으로 보지 않는다.10)

기여분은 1차적으로 공동상속인들의 협의로 정하고 협의가 되지 않거나 협의할 수 없는 경우에는 가정법원이 기여자의 청구에 의하여 기여의 시기·방법 및 정도와 상속재산의 액 기타의 사정을 참작하여 기여분을 정한다(제1008조의 2 제2항).

---

9) 이러한 특별수익의 가액이 상속분을 초과하는 경우, 그 초과분을 반환하여야 하는지에 대하여 견해의 대립이 있다.

10) 대판 1996.7.10. 95스30.

3. 상속재산의 공유관계

상속인이 복수인 경우, 상속재산은 공동상속인의 공유가 된다(제1006조). 그러므로 상속재산에 대한 보존행위는 각자가 할 수 있지만, 공유물의 관리에 관한 사항은 공유자의 지분의 과반수로 결정한다(제265조). 따라서 공동상속인 중의 1인은 보존행위로서 공유 부동산에 관한 원인 무효의 등기 전부의 말소를 구할 수 있다.[11] 그리고 상속재산에 속하는 개개의 물건 또는 권리의 처분은 공동상속인의 전원의 일치로만 할 수 있으며, 각 공동상속인은 단독으로 할 수 없다(제264조). 다만 상속재산에 속하는 개개의 물건 또는 권리에 대한 지분은 각 공동상속인이 단독으로 유효하게 처분할 수 있다(제263조).

4. 상속재산의 분할

상속재산을 공유하고 있는 공동상속인들은 분할 절차를 거쳐 상속재산을 각자의 단독소유로 변경할 수 있는데, 분할 방법에는 ① 유언에 의한 지정분할 ② 공동상속인에 의한 협의분할 ③ 가정법원에 의한 심판분할의 3가지가 있다. 먼저 피상속인은 유언으로[12] 상속재산의 분할방법을 정하거나 이를 정할 것을 제3자에게 위탁할 수 있고 상속개시의 날로부터 5년을 초과하지 않는 기간 내에서 그 분할을 금지할 수 있다(제1012조). 여기서 분할방법의 지정은 공동상속인의 법정상속분에 따른 것이어야 하며, 이와 다른 지정을 한 경우에는 유증으로서 효력이 있을 뿐이다.

유언에 의한 지정분할이 없는 경우, 공동상속인은 언제든지 그 협의에 의하여 상속재산을 분할할 수 있다(제1013조 제1항). 이러한 협의분할은 공동상속인 사이의 계약으로서 공동상속인 전원의 참여가 있어야 하며, 일부 상속인만의 참여로 이루어진 협의분할은 무효이다.[13] 협의분할의 방법에는 제한이 없으며, 지정분할과 다르게 반드시 법정상속분에 따라서 분할할 필요는 없다.

공동상속인에 의한 협의분할이 이루어지지 않은 경우, 공동상속인의 청구에 의해 가정법원이 결정한다(제1013조 제2항, 제269조 제1항). 이때 조정전치주의가 적용된다. 분할의 방법과 관련하여 현물분할이 원칙이지만, 현물로 분할할 수 없거나 분할로 인

---

11) 대판 1996.2.9. 94다61649.

12) 유언이 아닌 생전행위에 의한 분할방법의 지정은 효력이 없다(대판 2001.6.29. 2001다28299).

13) 대판 1995.4.7. 93다54736.

하여 현저히 그 가액이 감손될 우려가 있는 때에는 법원은 물건의 경매를 명하여 그 대금을 분할할 수 있다(제269조 제2항).

상속재산의 분할은 상속이 개시된 때로 소급하여 효력이 생긴다(제1015조 본문).[14] 따라서 각 상속인은 분할에 의하여 피상속인으로부터 직접 권리를 취득한 것으로 된다. 그리고 상속이 개시된 이후에 인지 또는 재판의 확정에 의하여 공동상속인으로 된 자는 당연히 상속이 개시된 때부터 공동상속인이었던 것으로 된다. 하지만 이러한 인지 또는 재판이 확정되기 전에 공동상속인들이 이미 분할을 마친 경우에는 어떻게 할 것인가? 이에 대해 「민법」 제1014조는 "상속개시 후의 인지 또는 재판의 확정에 의하여 공동상속인이 된 자가 상속재산의 분할을 청구할 경우에 다른 공동상속인이 이미 분할 기타 처분을 한 때에는 그 상속분에 상당한 가액의 지급을 청구할 권리가 있다."라고 규정한다. 한편 「민법」은 공동상속인들 사이에 공평의 견지에서 서로 간에 담보책임을 인정하고 있다(제1016조부터 제1018조). 예컨대 공동상속인 중 1인이 채권을 상속했는데, 채무자가 무자력인 경우, 다른 상속인들 전원이 채무자의 자력을 담보하는 것이 그것이다.

5. 상속회복청구권

상속권이 참칭상속권자로 인하여 침해된 경우, 상속권자 또는 그 법정대리인은 상속회복의 소를 제기할 수 있다(제999조 제1항). 여기서 참칭상속권자란 재산상속인임을 신뢰하게 하는 외관을 갖추고 있거나 상속인이라고 참칭하여 상속재산의 전부 또는 일부를 점유하는 방법에 의하여 진정한 상속인의 상속권을 침해하는 자를 말한다.[15] 판례에 따르면, 상속등기가 공동상속인 중 1인 명의로 경료된 경우, 특별한 사정이 없다면 그 등기명의인도 참칭상속인이 된다고 한다.[16]

상속회복청구권은 그 침해를 안 날로부터 3년, 상속권의 침해행위가 있은 날로부터 10년이 경과하면 소멸된다(제999조 제2항). 여기서 상속권의 침해를 안 날이란 자기가 진정상속인임을 알고 또 자기가 상속에서 제외된 사실을 안 때를 말한다.[17] 그리고 위 기간은 제척기간이다.

---

14) 본 규정은 현물분할의 경우에만 적용되는 것으로 새겨야 한다.

15) 대판 2012.5.24. 2010다33392.

16) 대판 1997.1.21. 96다4688.

17) 대판 2007.10.25. 2007다36223.

Ⅳ. 상속의 승인·포기

1. 상속의 승인·포기의 자유

「민법」은 상속에 의한 권리·의무의 당연한 승계를 인정하면서(제1005조), 상속인에게 권리취득이나 불이익을 강요하지 않기 위하여 상속을 단순승인, 한정승인 또는 포기할 수 있도록 하고 있다(제1019조 이하). 이러한 승인과 포기는 상대방 없는 단독행위지만 한정승인과 포기는 법원에 신고를 요하는 요식행위이다. 그리고 승인과 포기할 수 있는 권리는 행사상 일신전속권으로서 채권자대위권이나 채권자취소권의 대상이 되지 않는다. 판례에 따르면, 상속이 개시되기 전에 한 포기약정은 무효라고 한다.[18] 왜냐하면 상속포기는 일정한 절차와 방식에 따라서 이루어져야 하며, 피상속인의 사망 전에는 상속인에게 상속권이 발생하지 않기 때문이다.

2. 단순승인

단순승인이란 피상속인의 권리·의무를 제한 없이 승계되는 것을 인정하는 상속인의 의사표시로서, 실제로 이러한 의사표시가 적극적으로 행하여지는 경우는 거의 없고 다음의 사유에 해당되어 단순승인한 것으로 의제되는 경우가 대부분이다. 구체적으로 ① 상속인이 상속재산에 대한 처분행위를 한 경우 ② 상속인이 상속개시 있음을 안 날로부터 3개월 내에 한정승인 또는 포기를 하지 않은 경우 ③ 상속인이 한정승인 또는 포기를 한 후에 상속재산을 은닉하거나 부정소비하거나 고의로 재산목록에 기입하지 않는 경우에 단순승인이 이루어진다(제1026조). 판례는 상속인이 피상속인의 채권을 추심하여 변제받은 경우에도 상속재산에 대한 처분행위로 본다.[19] 또한 "상속개시 있음을 안 날"이란 상속개시의 원인이 되는 사실의 발생을 알고 또 이로써 자기가 상속인이 되었음을 안 날을 의미한다.[20] 그리고 "3개월"은 상속인이 상속재산을 조사해 보고 (제1019조 제2항) 승인이나 포기를 할 수 있도록 부여된 고려기간으로서 법적 성질은 제척기간이다. 이러한 고려기간은 이해관계인 또는 검사의 청구에 의해 가정법원이 연

---

18) 대판 1998.7.24. 98다9021.

19) 대판 2010.4.29. 2009다84936.

20) 대판 2005.7.22. 2003다43681.

장할 수 있다(제1019조 제1항 단서).

3. 한정승인

한정승인이란 상속으로 인하여 취득할 재산의 한도에서 피상속인의 채무와 유증을 변제할 것을 조건으로 상속을 승인하는 의사표시를 말한다(제1028조). 이러한 한정승인은 상속재산 중 소극재산이 적극재산을 초과하는지의 여부가 불분명한 경우에 이용될 수 있을 것이다. 한정승인을 하려면, 상속개시 있음을 안 날로부터 3월 내 또는 상속인이 상속채무가 상속재산을 초과하는 사실을 중대한 과실 없이 위 기간 내에 알지 못하고 단순승인을 한 경우[21])에는 그 사실을 안 날로부터 3월 내에 상속재산의 목록을 첨부하여 법원에 한정승인의 신고를 하여야 한다(제1030조 제1항).

한정승인이 이루어지면, 상속인은 상속으로 인하여 취득할 적극재산의 한도에서 피상속인의 채무와 유증을 변제하면 된다. 즉 상속채무는 모두 승계되지만 책임의 범위가 상속재산에 한정된다는 의미이다. 따라서 상속채권자는 상속인에게 채무 전부에 관하여 이행을 청구할 수 있으며,[22]) 상속인이 상속재산의 초과부분에 대하여 변제를 하면 이는 비채변제가 아닌 유효한 변제가 된다.

4. 상속포기

상속포기란 상속인이 상속의 효력을 확정적으로 소멸하게 하는 일방적인 의사표시를 말한다. 이러한 포기는 포괄적·무조건적으로만 할 수 있으며,[23]) 일부의 포기나 조건부 포기는 인정되지 않는다. 상속포기의 방법은 3개월의 고려기간 내에 가정법원에 포기의 신고를 하면 된다(제1041조). 그리고 상속의 포기는 상속이 개시된 때에 소급하여 효력이 있다(제1042조). 따라서 만약 상속인 전원이 상속포기를 하게 되면, 그 전원이 상속개시 시부터 상속인이 아니었던 것으로 되기 때문에 다음 순위에 있는 자가 상속을 하게 된다.[24])

---

21) 이를 특별한정승인이라고 하며, 여기에는 제1026조 1호와 2호의 사유도 포함된다.

22) 대판 2003.11.14. 2003다30968.

23) 대판 1995.11.14. 95다27554.

24) 대판 1995.9.26. 95다27769.

Ⅴ. 상속인의 부존재

상속인의 부존재란 상속인의 존부가 분명하지 않은 것을 말한다. 예컨대 신원을 알 수 없는 자가 사망한 경우나 유일한 상속인이 상속결격자가 된 경우 등이 그것이다. 「민법」은 이와 관련하여, 상속인을 수색하면서 상속재산을 관리하고 청산하는 제도를 두고 있다(제1053조부터 제1059조).

1. 상속재산관리인

상속인의 존부가 분명하지 아니한 때에는 법원은 피상속인의 친족(제777조) 기타 이해관계인 또는 검사의 청구에 의하여 상속재산관리인을 선임하고 지체 없이 이를 공고하여야 한다(제1053조 제1항). 이러한 관리인의 임무는 상속인이 나타나 상속의 승인을 한 때에 종료하며, 이때 관리인은 지체 없이 상속인에 대하여 관리의 계산을 하여야 한다(제1055조). 반면, 상속재산관리인을 선임하였다는 공고가 있은 날로부터 3월 내에 상속인의 존부를 알 수 없는 경우에는 상속재산관리인은 일반상속채권자와 유증받은 자에 대하여 2개월 이상의 기간을 정해 그 기간 내에 신고할 것을 공고하여야 하고(제1056조 제1항), 한정승인에 있어서 청산방법에 따라 청산하여야 한다(제1033조부터 제1039조). 관리인이 상속채권자와 유증받은 자에 대하여 채권을 신고하도록 2개월 이상으로 정한 기간이 경과하여도 상속인의 존부를 알 수 없는 때에는, 법원은 관리인의 청구에 의하여 상속인이 있으면 1년 이상의 기간을 정하여 그 기간 내에 그 권리를 주장할 것을 공고하여야 한다(제1057조). 이러한 공고는 청산의 결과 잔여재산이 있는 경우에만 하여야 하며, 잔여재산이 없으면 필요하지 않다. 그리고 공고 기간이 지나도록 상속인이 나타나지 않으면 상속인의 부존재가 확정된다.

2. 특별연고자에 대한 분여

상속인 수색공고로 정한 기간 내(1년 이상)에 상속권을 주장하는 자가 없는 때에는 가정법원은 피상속인과 생계를 같이 하고 있던 자, 피상속인의 요양간호를 한 자 기타 피상속인과 특별한 연고가 있던 자의 청구에 의하여 상속재산의 전부 또는 일부를 분여할 수 있다(제1057조의 2). 여기의 재산분여는 상속이 아니므로 법인이나 권리능력 없는 사단도 받을 수 있으며, 반드시 특별연고자가 피상속인이 사망한 시기에 함께 있어야 하는 것은 아니므로, 과거의 어느 시기에 특별연고가 있었어도 재산분여를 받을 수 있다.

3. 국가귀속

특별연고자에게 분여가 되지 않은 상속재산은 국가에 귀속한다(제1058조 제1항). 그리고 이때 상속재산관리인의 임무도 종료하므로 그는 지체 없이 관할 국가기관에 대하여 관리의 계산을 하여야 한다(제2항). 이처럼 잔여 상속재산이 국가에 귀속한 이후에는 상속재산으로 변제를 받지 못한 상속채권자나 유증을 받은 자는 국가에 대하여 그 변제를 청구하지 못한다(제1059조).

제2절 유언

Ⅰ. 유언 일반

1. 의의

유언(遺言)이란 자연인이 그의 사후(死後)의 법률관계 중 법정된 사항에 관하여 정하는 일방적인 의사표시이다. 이러한 유언은 일정한 방식에 따라야 하는 요식행위이며, 그 방식에 따르지 않는 유언은 무효이다(제1060조). 이는 유언이 유언자의 사망 후에 그 효력이 생기므로 유언자의 확실한 의사를 확보해 두기 위함이다. 또한 유언은 유언자가 언제든지 철회할 수 있다(제1108조). 이는 유언자의 최종의사를 존중하기 위해서이다.

2. 유언의 법정사항

유언은 법정된 사항에 대한 것만 효력이 있는데, ① 재단법인 설립을 위한 재산출연행위(제47조 제2항) ② 친생부인(제850조) ③ 인지(제859조 제2항) ④ 미성년후견인의 지정(제931조 제1항) ⑤ 상속재산의 분할방법 지정·위탁 및 분할금지(제1012조) ⑥ 유증(제1074조) ⑦ 유언집행자의 지정·위탁(제1093조) 등이 그것이다.

반면, 그 밖의 사항, 예컨대 상속인의 지정 또는 상속분의 결정[25] 등은 허용되지 않는다. 즉 「민법」은 법정상속만 인정한다.

3. 유언능력

만 17세 미만의 자는 유언능력이 없으며(제1061조), 만 17세 이상의 미성년자는 법정대리인의 동의 없이 유언을 할 수 있다(제1062조). 따라서 동의 없음을 이유로 유언을 취소할 수 없다. 그 밖에 피성년후견인의 경우에는 그의 의사능력이 회복한 때에만

---

25) 유언상속의 내용이다.

유언을 할 수 있으며, 이때 의사가 심신회복의 상태를 유언서에 부기하고 서명날인하여야 한다(제1063조).

Ⅱ. 유언의 방식

「민법」이 정하는 유언의 방식에는 5가지가 있으며, 그 방식에 따르지 않은 유언은 설사 유언자의 진정한 의사에 합치하더라도 무효가 된다.[26] 그리고 자필증서에 의한 유언을 제외한 나머지 4가지 유언의 방식에는 증인이 참여하는데, ① 미성년자 ② 피성년후견인과 피한정후견인 ③ 유언으로 이익을 받을 사람, 그의 배우자와 직계혈족 ④ 공정증서에 의한 유언의 경우, 「공증인법」에 따른 결격자는 증인이 되지 못한다(제1072조).

1. 자필증서에 의한 유언

자필증서에 의한 유언은 유언자가 그 전문과 연월일, 주소, 성명을 자서하고 날인함으로써 성립한다(제1066조 제1항). 자필증서에 문자를 삽입, 삭제 또는 변경하기 위해서는 유언자가 이를 자서하고 날인하여야 한다(제2항). 유언자가 위의 내용을 모두 직접 써야 하므로 타자기, 컴퓨터 등을 이용하거나 타인에게 대필하게 한 경우도 모두 무효이다. 날인의 경우에는 행정청에 신고한 인감일 필요는 없고 무인(拇印)이라도 상관없다.[27]

2. 녹음에 의한 유언

녹음에 의한 유언은 유언자가 유언의 취지, 그 성명과 연월일을 구술하고 이에 참여한 증인이 유언의 정확함과 그 성명을 구술함으로써 성립하는 유언이다(제1067조).

---

26) 대판 2008.8.11. 2008다1712.
27) 대판 1998.5.29. 97다38503.

3. 공정증서에 의한 유언

공정증서에 의한 유언은 유언자가 증인 2인이 참여한 공증인의 면전에서 유언의 취지를 구수(口授)하고 공증인이 이를 필기·낭독하여 유언자와 증인이 그 정확함을 승인한 후 각자 서명 또는 기명날인함으로써 성립하는 유언이다(제1068조). 판례는 유언자가 반혼수상태에서 공증인의 물음에 고개만 끄덕거린 경우에는 유언자가 구수한 것이라고 볼 수 없어 무효라고 한다.[28]

4. 비밀증서에 의한 유언

비밀증서에 의한 유언은 유언자가 필자의 성명을 기입한 증서를 엄봉날인하고 이를 2인 이상의 면전에 제출하여 자기의 유언서임을 표시한 후 그 봉서 표면에 제출연월일을 기재하고 유언자와 증인이 각자 서명 또는 기명날인하고 그 표면에 기재된 날로부터 5일 내에 공증인 또는 법원서기에게 제출하여 그 봉인상에 확정일자인을 받음으로써 성립하는 유언이다(제1069조). 비밀증서에 의한 유언의 경우, 유언자가 증서 그 자체를 직접 쓸 필요는 없지만 타인에게 필기를 부탁한 경우에는 그 타인(필자)의 성명을 기재하여야 한다.

5. 구수증서에 의한 유언

구수(口授)증서에 의한 유언은 질병 기타 급박한 사유로 인하여 다른 방식에 의한 유언을 할 수 없는 경우, 유언자가 2인 이상의 증인의 참여로 그 1인에게 유언의 취지를 구수하고 그 구수를 받은 자가 이를 필기·낭독하여 유언자의 증인이 그 정확함을 승인한 후 각자 서명 또는 기명날인함으로써 성립하는 유언이다(제1070조 제1항). 따라서 유언자가 다른 4가지 방식에 의한 유언이 가능한 경우, 구수증서에 의한 유언은 허용되지 않는다.[29] 그리고 구수증서에 의한 유언은 그 증인 또는 이해관계인이 급박한 사유가 종료한 날로부터 7일 이내에 법원에 검인을 신청해야 한다(제1070조 제2항). 검인신청기간 내에 검인신청을 하지 않은 구수증서 유언은 무효가 된다.

---

28) 대판 1996.4.23. 95다34514.
29) 대판 1999.9.3. 98다17800.

Ⅲ. 유언의 효력

1. 유언의 일반적 효력

유언은 유언자가 사망한 때로부터 그 효력이 발생한다(제1073조 제1항). 그리고 가족법상의 행위에는 조건과 기한을 붙이지 못하는 것이 원칙이지만, 유언의 경우에는 그 성질상 허용되지 않는 경우를 제외하고 이러한 부관을 붙이는 것이 가능하다. 따라서 유언에 정지조건이 있는 경우, 그 조건이 유언자의 사망 후에 성취한 때에는 그 조건이 성취한 때로부터 유언의 효력이 발생한다(제1073조 제2항). 예컨대 유언자가 그의 자녀가 혼인한 경우, 집을 유증하기로 한 경우가 그것이다. 한편 정지조건이 불성취로 확정되면 그 유언은 무효가 된다(제151조 제3항).

유언도 상대방 없는 단독행위, 즉 법률행위이므로, 총칙편의 무효·취소에 관한 규정이 적용될 수 있다. 예컨대 유언의 내용이 공서양속(제103조)이나 강행규정(제105조)에 위반하는 경우 또는 의사무능력자의 유언은 무효[30]가 되고 착오(제109조) 또는 사기·강박(제110조)에 의한 유언이라면 취소할 수 있다.

2. 유증

(1) 의의

유증(遺贈)이란 유언을 통하여 재산상의 이익을 타인에게 무상으로 증여하는 단독행위를 말한다. 유증은 유언자가 사망한 때에 효력이 생기는 사인(死因)행위로서 사인증여와 같지만, 사인증여는 계약이라는 점에서 차이가 있다.[31] 유증의 목적인 재산상의 이익(권리)은 원칙적으로 상속재산에 속하는 것이어야 하지만 예외적으로 유언자의 의사에 따라 상속재산에 속하지 않은 것도 유증의 목적이 될 수 있다(제1087조). 또한 채무를 면제하는 것도 유증이 된다. 이러한 유증은 유언자가 자유롭게 할 수 있지만 유류분의 제한을 받는다.

유증의 효력이 발생하면, 원칙적으로 상속인이 유증을 실행할 의무를 부담한다. 그밖에 포괄적 수증자(제1078조), 상속인의 존부가 불분명한 때의 상속재산관리인(제

---

30) 제한능력자의 유언은 무조건 취소할 수 있는 것은 아니다(제1062조).
31) 하지만 사인증여는 유증과 유사한 성격이 있으므로 유증에 관한 규정을 준용한다(제562조).

1056조), 유언집행자(제1103조)도 유증의무자가 된다.

한편 유언에 유증을 받는 자로 지정된 수증자는 자연인에 국한되지 않고 법인, 권리 능력 없는 사단·재단, 기타 단체나 시설도 수증자가 될 수 있다. 그리고 유언자의 사망 전에 수증자가 사망한 때에는 유증의 효력은 발생하지 않는다(제1089조). 이를 동시존재의 원칙이라고 한다.

(2) 포괄적 유증

포괄적 유증이란 유증의 목적이 상속재산의 전부 또는 그에 대한 비율로 표시되는 유증으로서, 포괄적 유증을 받은 자는 상속인과 동일한 권리·의무가 있다(제1078조). 즉 유증의 효력이 발생하면, 수증자는 상속인과 마찬가지로 수증분에 해당하는 유증자의 권리·의무를 포괄적으로 승계한다(제1005조 본문). 따라서 유증의 목적물이 동산·부동산의 경우, 인도나 등기 없이32) 그리고 채권인 경우, 채권양도의 대항요건을 갖추지 않더라도 이를 승계한다.

(3) 특정유증

특정유증은 상속재산 중에 특정재산을 목적으로 하는 유증을 말한다. 특정유증의 경우에는 포괄적 유증과 다르게 그 재산이 일단 상속인에게 귀속하고, 수증자는 유증의무자에 대하여 그 이행을 청구할 수 있는 채권을 취득하게 된다. 그리고 그 채권 행사를 통하여 이행이 완료된 경우 특정재산이 수증자에게 귀속한다. 수증자는 유증의 이행을 청구할 수 있는 때로부터 그 목적물의 과실을 취득하며(제1079조 제1항), 유증의무자는 이러한 과실수취비용에 대한 상환청구권(제1080조), 그 목적물에 비용을 지출한 경우에는 비용상환청구권(제1081조)을 가지며, 유증의 목적인 불특정물에 하자가 있는 경우 담보책임을 부담한다(제1082조).

(4) 유증의 승인·포기

유증을 받을 자는 유언자의 사망 후에 언제든지 유증을 승인 또는 포기할 수 있으며, 이러한 승인 또는 포기의 효력은 유언자가 사망한 때로 소급한다(제1074조). 수증

---

32) 대판 2003.5.27. 2000다73445.

자가 유증의 승인·포기를 하지 않고 사망한 때에 유언자가 유언으로 다른 의사표시를 하지 않았다면, 수증자의 상속인이 그 상속분의 한도에서 승인·포기를 할 수 있다(제1076조).

유증의무자나 이해관계인은 상당한 기간을 정하여 그 기간 내에 승인 또는 포기를 확답할 것을 수증자 또는 그 상속인에게 최고할 수 있으며, 그 기간 내에 확답하지 않은 경우, 유증을 승인한 것으로 본다(제1077조).

그 밖에 부담부 유증을 받은 자가 그 부담의무를 이행하지 않은 때에는 상속인 또는 유언집행자는 상당한 기간을 정하여 이행할 것을 최고하고 그 기간 내에 이행하지 않은 때에는 법원에 유언의 취소를 청구할 수 있다(제1111조 본문).

IV. 유언의 집행

유언의 집행이란 유언이 효력을 발생한 후, 그 내용을 실현하기 위하여 하는 행위 또는 절차를 말한다.

1. 유언의 검인·개봉

유언의 증서나 녹음을 보관한 자 또는 이를 발견한 자는 유언자의 사망 후 지체 없이 법원에 제출하여 그 검인을 청구하여야 한다(제1091조 제1항). 여기의 "검인"은 일종의 검증절차 또는 증거보전절차일 뿐 유언의 효력을 판단하는 것은 아니다.[33] 그리고 공정증서나 구수증서에 의한 유언은 검인이 필요 없거나 이미 검인을 받았기 때문에 추가로 검인을 청구할 필요는 없다(제1091조 제2항).

법원이 봉인된 유언증서를 개봉할 때에는 유언자의 상속인, 그 대리인 기타 이해관계인의 참여가 있어야 한다(제1092조). 그러나 개봉기일에 상속인, 그 대리인, 기타 이해관계인이 출석하지 않은 때에는 이들의 참여 없이 개봉할 수 있다.

---

33) 대결 1980.11.19. 80스23.

2. 유언집행자

친생부인(제850조)이나 인지(제859조의 제2항) 등의 경우처럼 유언의 집행이 필요한 경우에는 유언집행자가 필요한데, 유언집행자에는 ① 지정 유언집행자 ② 법정 유언집행자 ③ 선임 유언집행자가 있다. 먼저 유언자는 유언으로 유언집행자를 지정할 수 있고 그 지정을 제3자에게 위탁할 수 있다(제1093조). 그리고 이러한 지정 유언집행자가 없는 때에는 상속인이 유언집행자가 된다(제1095조). 판례에 따르면, 지정 유언집행자가 사망·결격 기타의 사유로 자격을 상실한 때에는 상속인이 있더라도 유언집행자를 선임해야 한다고 판시한다.[34] 마지막으로 유언집행자가 없거나 사망, 결격 기타 사유로 인하여 없게 된 때에는 법원은 이해관계인의 청구에 의하여 유언집행자를 선임하여야 한다(제1096조 제1항).

유언이 재산에 관한 것인 때에는 지정 또는 선임에 의한 유언집행자는 지체 없이 그 재산목록을 작성하여 상속인에게 교부하여야 하며(제1100조 제1항), 유언집행자는 유증의 목적인 재산의 관리 기타 유언의 집행에 필요한 행위를 할 권리·의무가 있다(제1101조).

---

34) 대판 2010.10.28. 2009다20840.

제3절 유류분

Ⅰ. 유류분의 의의

유류분(遺留分)이란 법률상 상속인에게 귀속되는 것이 보장된 상속재산에 대한 일정 비율을 말한다. 만약 피상속인이 과도한 재산을 법정상속인 이외의 자에게 생전에 증여를 하거나 유증을 한다면, 법정상속인의 상속분이 감소하거나 없게 되어 그들의 생활유지나 부양에 문제가 생길 수 있는데, 이러한 문제점을 해결하기 위한 것이 유류분제도이다. 상속이 개시되면 일정 범위의 상속인에게 유류분권이 생기며, 유류분을 침해하는 수증자에 대하여 부족분의 반환을 청구할 수 있는 유류분반환청구권이 발생한다.

Ⅱ. 유류분의 내용

1. 유류분권자

피상속인의 직계비속, 피상속인의 배우자, 피상속인의 직계존속, 피상속인의 형제자매는 유류분권을 갖는다(제1112조). 그리고 대습상속의 경우, 피상속인의 직계비속과 형제자매의 대습자도 유류분권을 갖는다(제1118조).[35] 또한 태아는 상속에 관하여 이미 출생한 것으로 보기 때문에 태아도 유류분권을 갖는다.

유류분권자의 유류분은 피상속인의 직계비속과 배우자는 법정상속분의 2분의 1이고 피상속인의 직계존속과 피상속인의 형제자매는 법정상속분의 3분의 1이다. 대습상속인의 유류분은 피대습자의 유류분과 동일하다.

---

35) 「민법」 제1118조가 대습자로서 피상속인의 배우자(제1003조 제2항)를 규정하고 있지 않지만 당연히 유류분권을 갖는다고 해석할 것이다.

2. 유류분의 산정

유류분을 산정하기 위해서는 먼저 유류분 산정의 기초가 되는 재산을 산정해야 하는데, 이는 피상속인의 상속개시 시에 있어서 가진 재산의 가액에 증여재산의 가액을 가산하고 채무의 전액을 공제하여 이를 산정한다(제1113조 제1항). 유류분 산정의 기초가 되는 재산을 산정할 때 산입될 증여는 상속개시 시로부터 1년간에 이루어진 것을 포함하는데, 당사자 쌍방이 유류분권리자에게 손해를 가할 것을 알고 증여를 한 때에는 1년 전에 한 것이라도 유류분의 산정에 포함된다(제1114조). 예컨대 피상속인이 4천만 원의 예금채권과 1천만 원의 채무를 남기고 사망한 경우, 사망 시로부터 1년 내에 상속인이 아닌 제3자에게 7천만 원을 증여했다면, 유류분 산정의 기초가 되는 재산은 1억 원이 된다. 여기서 주의할 점은 공동상속인 중에 피상속인으로부터 재산의 증여에 의하여 특별수익을 한 자가 있는 경우에는 「민법」 제1114조가 적용되지 않기 때문에 그 증여는 상속개시 전 1년간에 행한 것인지의 여부에 관계없이 유류분산정을 위한 기초재산에 산입된다는 것이다.[36]

3. 유류분의 보전

유류분권리자가 피상속인의 증여, 유증으로 인하여 그 유류분에 부족이 생긴 때에는 부족한 한도에서 그 재산의 반환을 청구할 수 있다(제1115조 제1항). 즉 유류분을 침해하는 유증이나 증여가 당연히 무효로 되는 것은 아니고 유류분권자에게 유류분반환청구권이 생기게 될 뿐이다. 예컨대 위의 사례에서 피상속인의 상속인으로서 1명의 직계비속이 있는 경우, 그의 유류분은 5천만 원이 되며, 수증자에 대하여 2천만 원(유류분 부족액)을 반환청구할 수 있다.

유류분반환청구권자는 유류분권자와 그로부터 반환청구권을 승계한 포괄·특정승계인이며,[37] 상대방은 증여 또는 유증의 수증자와 그 포괄승계인, 유언집행자이다. 반환청구권은 재판상 또는 재판 외에서 행사할 수 있으며,[38] 유류분이 부족한 한도에서 행사하여야 한다(제1115조 제1항). 그리고 반환청구의 대상으로 유증과 증여가 병존하는 경우, 먼저 유증을 받은 수증자에게 반환을 청구하고 부족한 부분에 한하여 증여를 받

---

36) 대판 1995.6.30. 93다11715.

37) 유류분반환청구권은 일신전속권이 아니므로 양도·상속이 가능하다.

38) 대판 2002.4.26. 2000다8878.

은 수증자에게 청구하여야 한다(제1116조). 유류분권자가 반환을 청구하는 것은 원칙적으로 증여 또는 유증된 원물 자체이고 이러한 원물반환이 불가한 경우에는 그 가액상당액을 반환청구할 수 있다.[39]

유류분반환청구권은 유류분권리자가 상속의 개시와 반환하여야 할 증여 또는 유증을 한 사실을 안 때로부터 1년 내 또는 상속이 개시한 때로부터 10년을 경과하면 소멸한다(제1117조). 여기의 기간은 모두 소멸시효기간이다.[40]

---

39) 대판 2005.6.23. 2004다51887.
40) 대판 1993.4.13. 92다3595.

윤일구

전남대학교 법과대학 졸업
동 대학원 석·박사(법학박사)
한국연구재단 박사 후 연구원(Roma법 사전편찬)
전남대학교 법학연구소 선임연구원
현 전남대학교 법학전문대학원 강사

■ 저서
· 민법입문(2012)
· 고대법의 기원 함무라비 법전(2015)

민법제요

초판인쇄 2021년 4월 9일
초판발행 2021년 4월 9일

지은이 윤일구
펴낸이 채종준
펴낸곳 한국학술정보㈜
주소 경기도 파주시 회동길 230(문발동)
전화 031) 908-3181(대표)
팩스 031) 908-3189
홈페이지 http://ebook.kstudy.com
전자우편 출판사업부 publish@kstudy.com
등록 제일산-115호(2000. 6. 19)

ISBN 979-11-6603-389-6 93360